SELECTION Design

Protection Law

선혜민
디자인보호법

머리말

안녕하세요. 선혜민 변리사입니다.
이 교재는 변리사 1차 시험을 준비하는 수험생을 위한 디자인보호법 기본서입니다.

디자인보호법은 수험생 입장에서 시간 대비 효율이 특히 중요한 과목입니다. 특히 시험 직전에는 제한된 시간 안에 전 과목 1회독을 마쳐야 하므로, 최종적으로 시험 3일 전부터 하루 1시간을 투자하여 회독이 가능한 흐름이 되도록 구성하고자 했습니다.

또한 수험생이라면 누구나 한번쯤 겪는 "내가 가진 책에는 없는데, 다른 책엔 있는 내용은 아닐까?" 하는 불안감도 고려했습니다. 디자인보호법은 비조문 영역이 넓고, 사례나 시각자료를 통해 접근하는 경우가 많은 과목이기에, 내용 누락에 대한 우려가 더 크게 다가올 수 있습니다.

그래서 이 교재는 내용은 충실하게 담되, 중요도 조절을 통해 빠르게 회독이 가능하도록 설계했습니다. 그 과정에서 제가 선택한 집필 전략은 다음과 같습니다.

1) 핵심과 보충의 구분
시험에 필요한 내용은 본문에 정리하고, 중요도는 낮지만 참고할 만한 내용은 박스나 각주로 분리했습니다. 필요할 땐 바로 찾아볼 수 있고, 흐름을 끊지 않고 읽을 수 있도록 구성했습니다.

2) '초반 이해 중심 → 후반 속도 중심' 회독이 가능한 설계
초반에는 시각자료와 도해 중심으로 개념의 틀을 잡고, 후반으로 갈수록 강조 처리된 키워드와 요약표를 활용해 빠르게 회독할 수 있도록 구성했습니다.

3) 책의 주요 내용
- 디자인보호법의 핵심 내용을 빠짐없이 정리하고, 관련 법령·조문·심사기준을 함께 수록했습니다.
- 각 단원의 소목차는 일관성을 유지하고, 대단원 구성은 주요 2차 교재들과 흐름을 맞췄습니다.

- 최신 개정 법령과 심사기준, 주요 판례까지 반영하여, 이 교재 한 권으로 충분한 시험 대비가 가능하도록 했습니다.

교재를 만들며 가장 많이 고민했던 것은 어떤 내용을 본문에 두고, 어떤 내용을 각주나 보충자료로 넘길지 결정하는 일이었습니다. 출제 가능한 내용을 누락하지 않으면서, 정보 과잉으로 학습 부담이 되지 않도록 균형을 잡는 데 많은 고민을 했습니다.

이 교재는 그러한 고민 끝에 완성된, 즉, 시험에 나올 정보를 "선별"해 읽을 수 있도록 의도된 교재입니다.

공부했던 기간동안 수험서를 이용할 때 겪었던 아쉬움을 떠올리며, 여러분이 같은 불편을 겪지 않도록 만드는 데 초점을 맞췄습니다. 부디 이 책이 여러분의 학습에 실질적인 도움이 되기를 바랍니다.

감사의 말씀

좋은 강사가 되고, 좋은 책을 만들 수 있도록 늘 따뜻한 관심을 보내주시는 김지영 실장님, 오세현 파트장님, 강내영 사원님, 서수련 사원님께 깊이 감사드립니다.

또한 집필 과정에서 꼼꼼한 검수와 조언으로 큰 힘이 되어 주신 정주윤 변리사님, 이창영 변리사님께도 진심으로 감사드립니다.

마지막으로, 항상 저를 믿고 응원해주시는 어머니 나영화, 아버지 선선기, 오빠 선호민께 가장 큰 사랑과 감사를 전합니다.

2025년 6월,
저자 **선혜민**

CONTENTS

디자인보호법 개괄

디자인보호법 목적 및 정의	**목적**	제1조
	정의	(1) 일반디자인: 물품성·형태성·시각성·심미성 (2) 특유디자인: 부분·글자체·화상·화면·완성품과 부품·형상만·문자 포함·동적·식품·캐릭터·색채

디자인등록출원	**출원서**	– 출원일 불인정 사유, 출원서류 등의 반려, 절차 보정 등
	도면	– 물품 및 물품류/디자인의 설명, 도면·사진·견본 등

디자인등록요건	**등록요건**	출원인 적격(제3조) 디자인의 유사 여부 판단 공업상 이용가능성(제33조 제1항 본문) 신규성(제33조 제1항 각호) 창작비용이성(제33조 제2항) 확대된 선출원(제33조 제3항) 부등록사유(제34조) 관련디자인(제35조) 선출원주의(제46조) 1디자인 1출원 원칙(제40조 제1항) 정당한 물품명 기재(제40조 제2항) 복수디자인등록출원(제41조) 한 벌 물품의 디자인(제42조)
	일부심사	일부심사등록제도(제2조 제6호) → 심사등록요건: 제62조 제1항 → 일부심사등록요건: 제62조 제2항~제4항

심사 절차 및 조치	**출원 시**	신규성 상실의 예외(제36조), 조약우선권 주장(제51조)
	출원 계속 중	보정(제48조), 분할출원(제50조)
	기타	출원공개(제52조), 정보제공(제55조), 우선심사 신청(제61조), 비밀디자인제도(제43조)

등록 후	**등록의 효력**	디자인권(제92조), 이용·저촉(제95조), 실시권
	등록 후 절차	이의신청, 심판·소송·재심, 분쟁시 조치

국제출원	**헤이그 협정에 따른 국제출원**	국제출원 개요, 국제출원(직접출원과 간접출원) – Outgoing(제9장 제1절), 국제디자인등록출원 – Incoming(제9장 제2절)

선별
디자인보호법

제1편
목적

디자인보호法

제1조(목적) 이 법은 디자인의 보호와 이용을 도모함으로써 디자인의 창작을 장려하여 산업발전에 이바지함을 목적으로 한다.

---

1. 서설

디자인보호법은 디자인 창작자에게 독점배타적 권리를 부여하여 사적인 이익을 추구할 수 있도록 하고(사적 보호), 제3자에게 디자인을 적절하게 이용하여 물품 수요 증대에 이바지할 수 있도록 하여(공적 보호) 디자인의 보호와 이용을 도모한다. 궁극적으로 디자인의 창작을 장려하여 산업발전에 기여한다.

2. 디자인보호법만의 특징

(1) **디자인과 물품의 불가분성** … 17page

(2) **디자인의 본질적 특징**

 1) 디자인보호법 전반을 이해함에는, 디자인 업계의 거래 관념이 고려되어야 한다. (1물품의 판단, 유사여부 판단)

 2) 디자인은 특허법의 보호 대상인 기술적 사상과는 달리 외형으로 표현되므로 모방이 용이하고, 유행성이 강하며, 수명이 짧고, 권리범위가 협소할 수 있다.

(3) **디자인보호법 특유의 제도**

 1) 관련디자인 … 161page

 2) 1디자인 1출원, 정당한 물품명 … 166, 173page

 3) 한 벌의 물품의 디자인 … 181page

 4) 일부심사등록 … 188page

 5) 비밀디자인청구 … 220page

 6) 신청에 의한 출원공개 … 217page

 7) 선출원에 의한 통상실시권 … 279page

3. 디자인보호법에는 없는 제도

 1) 심사청구제도

 2) 출원공고

 3) 조기공개신청

 4) 국내우선권주장출원

 5) 변경, 분리 출원

6) 국방상 필요한 디자인
7) 재정에 의한 강제실시권 및 강제 실시 의무
8) 정정청구, 정정심판, 정정무효심판
9) 존속기간 연장·갱신 제도

기출 지문 OX

1. 특허법은 발명을 보호·장려하고 그 이용을 도모함으로써 기술의 발전을 촉진하여 산업 발전에 이바지함을 목적으로 하며, 디자인보호법은 디자인의 보호와 이용을 도모함으로써 디자인의 창작을 장려하여 산업 발전에 이바지함을 목적으로 한다. 55회　　　　　　　　　　　　　　　　　　　　　　　　　[○ | ×]

2. 특허법상의 발명의 이용은 실시에 의한 이용 이외에도, 창작물의 공개에 의한 문헌적·연구적인 이용이 있으나, 디자인보호법상의 디자인은 수단적 가치인 기술과는 달리 외재적인 목적 그 자체가 목적 가치에 해당되므로, 실시에 의한 이용이 일반적이다. 55회　　　　　　　　　　　　　　　　　[○ | ×]

정답 | 1. ○ 2. ○

※ 기타 총칙 조문

	디자인보호법 조문 내용	특허법 대응조문
행위능력 (法4)	1) **미성년자·피한정·피성년**: 법정대리인 필요 (미성년자·피한정 예외 有) 2) 법정대리인은 **후견감독인 동의 없이 상대방이 청구**한 이의신청, 심판, 재심 대응 가능	특허법 제3조 동일
비법인사단 등 (法5)	대표자 등 있는 경우, 그 이름으로 **이의신청인, 심판과 재심의 청구·피청구인 可**	특허법 제4조 동일 (단, 특허법의 '취소신청인' 없으며, 대신 '이의신청인'이 포함됨)
재외자 (法6, 15)	(1) **재외자의 디자인관리인** 　1) **국내 주소·영업소 없는 자**로서 **국내에 체류하지 않는 자**는, 이 법의 절차 진행과 소 제기 시 디자인관리인 필요 　2) 디자인관리인: 위임 범위 내 본인 대리 (2) **재판관할** 　디자인관리인이 **있는** 경우: 디자인관리인의 주소 또는 영업소 　디자인관리인이 **없는** 경우: 특허청 소재지	특허법 제5,13조 동일
대리인 (디자인 관리인)의 범위·증명 (法7, 8, 11)	(1) **특별수권사항** 　1) 출원 포기·취하, <u>디자인권의 포기</u> 　2) 신청의 취하 　3) 청구의 취하 　4) 제119조 또는 제120조에 따른 심판청구 　5) <u>복대리인의 선임</u> (2) **증명 방식: 서면** 증명 (3) 대리인이 **2인 이상**인 경우: **각자 대리** (개별 대리)	특허법 제 6,7,9조 대응 (특허법과 달리, 변경출원·존속기간연장출원 취하·국내우주 주장 또는 취하 부분 없음. 대신, 보정각하불복심판, 취소결정불복심판청구 추가)
행위능력 등 흠결 추인 (法9)	보정(補正)된 당사자나 법정대리인이 추인 시, **행위 시로 소급**하여 **효력 발생**	특허법 제7조의2 동일
대리권 불소멸 (法10)	대리권은 다음 사유가 있어도 소멸하지 않는다. 1) **본인** 사망, 행위능력 상실, 법인 합병 2) 본인인 수탁자의 신탁임무 종료 3) **법정대리인의 사망, 행위능력 상실, 대리권 소멸**	특허법 제8조 동일
대리인의 선임, 교체 (法12)	1) **특허청장 또는 심판장**은, 필요한 경우 대리인 선임 또는 교체 명령 가능 2) 명령 후, 기존 진행된 절차의 **전·일부**를 신청에 따라 **무효로 할 수 있다.**	특허법 제10조 동일
복수당사자 대표 (法13)	(1) **모두가 해야 하는 경우 (개별 대표 불가)** 　1) 출원 포기·취하 　2) 신청의 취하 　3) 청구의 취하 　4) 출원공개 신청 　5) 제119조 또는 제120조에 따른 심판청구 (2) **증명 방식: 서면** 증명 (3) 당사자가 2인 이상: **각자가 모두를 대표**	특허법 제11조 대응 (특허법과 달리, 변경출원·존속기간연장출원 취하·국내우주 주장 또는 취하 부분 없음. 대신, 출원공개신청, 보정 각하불복심판, 취소결정 불복심판청구 추가)
기간 계산 (法16)	1) **초일 불산입** (단, 오전 0시 시작 제외) 2) 기간의 **마지막날이 토요일·공휴일**(근로자의 날 포함)일 경우, 기간은 **다음날**로 만료 ※**주의**: 심결취소소송 등의 제소기간 계산 시, 공휴일에 '근로자의 날' 불포함 (판례)	특허법 제14조 동일

기간 연장 등 **(法17)**	1) **특허청장**은 **청구 또는 직권**으로 이의신청 **이유 등의 보정기간**, 심판 **청구기간**(제119조·제120조)을 **30일** 이내, **한 차례만** 연장 가능 단, 교통이 불편한 지역: 횟수 및 기간을 추가로 연장 가능(시규法29: 1회, 30일) 2) **특허청장·특허심판원장·심판장·심사관**이 **절차를 밟을 기간**을 정한 경우: – **청구**에 따라: 기간 **단축** 또는 **연장** 가능 – **직권**으로: 기간 **연장** 가능 3) **심판장·심사관**이 **절차를 밟을 기일**을 정한 경우: **청구 또는 직권**으로 기일 변경 가능	특허법 제15조 동일 (단 3에서, 특허법과 달리 심사관 추가)
절차 **추후보완** **(法19)**	**불귀책 사유**(정당한 사유 X)로 **심판** 청구기간(제119조·제120조), **재심** 청구기간을 지키지 못한 경우: 사유 소멸일 ~2개월, 기간 만료일 ~1년 이내 추후 보완 가능	특허법 제17조 동일 (단, 특허와 달리 보정각하불복, 취소결정불복심판청구 추가)
절차의 **승계, 속행** **(法20, 21)**	1) 디자인권·디받권에 관한 절차의 효력: 승계인에게 미침 2) 특허청장·심판장: 절차 계속 중 권리 이전 시 승계인에게 절차 속행 명령 가능	특허법 제18,19조 동일
절차중단사유 **및** **절차 수계인** **(法22, 23)**	**절차 중단 사유** (대리인이 있는 경우, 중단 X) 및 **수계인**	특허법 제20,21조 동일
	1) 당사자 사망 2) 법인 합병 소멸 3) 절차를 밟을 능력 상실 4) 법정대리인 사망, 대리권 상실 5) 수탁자의 임무가 끝난 경우 6) 제13조제1항 단서에 따른 대표자의 사망, 자격상실 7) 파산관재인 등 자격 상실, 사망	1) 상속인·상속재산관리인 등. (단, 상속인은 상속 포기 가능 기간 동안 절차 수계 불가) 2) 합병으로 설립·합병 후 존속 법인 3) 능력 회복한 당사자·법정대리인 4) (3과 동일) 5) 새로운 수탁자 6) 새로운 대표자 또는 각 당사자 7) 같은 자격을 가진 자	
수계신청 **(法24)**	1) **상대방**: 특허청장·심판관에게 **수계신청명령 요청 가능** 2) 특허청장·**심판장**: 수계신청 **상대방 통지 필요** 3) 특허청장·심판관: 수계신청 직권 조사 후 이유 없으면 기각결정 4) 특허청장·심판관: 수계 없는 경우 직권으로 **수계 명령해야 한다.** 이후, 수계하지 않으면 기간의 **다음날**에 수계 간주.	특허법 제22조 동일 (단, 특허法22④ 대응조문 없음: 결정 또는 심결 등본 송달 후의 수계신청에 대해 수계하게 할것인지 결정해야 한다)
절차 중지 **(法25, 26)**	1) **특허청장·심판관**이 천재지변 등 불가피한 사유로 직무 수행 불가 시, 절차 자동 중지 2) **당사자**에게 장애 사유로 절차 속행 불가시, 특허청장·심판관 결정으로 중지 명령 가능 / 결정 취소 가능 3) 절차 중단·중지 후 수계통지·절차 속행된 경우: **전체기간 새로 진행**	특허법 제23,24조 동일
외국인의 **권리능력** **(法27)**	외국인이 재내자·상호주의국가의 국민·동맹국 및 준동맹국의 국민인 경우, 디자인권 또는 디자인에 관한 권리 가질 수 있다.	특허법 제25조 동일
서류제출의 **효력 발생** **(法28)**	1) 출원서·청구서 등의 효력발생시기: 특허청장·특허심판원장에게 서류 도달 시 2) **우편 제출 시**, 서류 도달일로 간주되는 날 도장에 표시된 날이 분명한 경우: 도장에 표시된 날 불분명한 경우: 우체국 제출한 날 3) 단, **디자인권 및 디자인에 관한 권리 등록신청서류**의 경우, 우편 제출하였더라도 특허청장·특허심판원장에게 **서류 도달된 날 효력 발생**	특허법 제28조 동일

제4조(미성년자 등의 행위능력) ① 미성년자·피한정후견인 또는 피성년후견인은 법정대리인에 의하지 아니하면 디자인등록에 관한 출원·청구, 그 밖의 절차(이하 "디자인에 관한 절차"라 한다)를 밟을 수 없다. 다만, 미성년자와 피한정후견인이 독립하여 법률행위를 할 수 있는 경우에는 그러하지 아니하다.

② 제1항의 법정대리인은 후견감독인의 동의 없이 상대방이 청구한 디자인일부심사등록 이의신청, 심판 또는 재심에 대한 절차를 밟을 수 있다.

제5조(법인이 아닌 사단 등) 법인이 아닌 사단 또는 재단으로서 대표자 또는 관리인이 정하여져 있는 경우에는 그 사단 또는 재단의 이름으로 디자인일부심사등록 이의신청인, 심판의 청구인·피청구인 또는 재심의 청구인·피청구인이 될 수 있다.

제6조(재외자의 디자인관리인) ① 국내에 주소 또는 영업소가 없는 자(이하 "재외자"라 한다)는 재외자(법인인 경우에는 그 대표자)가 국내에 체류하는 경우를 제외하고는 그 재외자의 디자인에 관한 대리인으로서 국내에 주소 또는 영업소가 있는 자(이하 "디자인관리인"이라 한다)에 의하지 아니하면 디자인에 관한 절차를 밟거나 이 법 또는 이 법에 따른 명령에 따라 행정청이 한 처분에 대하여 소(訴)를 제기할 수 없다.

② 디자인관리인은 위임된 권한의 범위에서 디자인에 관한 절차 및 이 법 또는 이 법에 따른 명령에 따라 행정청이 한 처분에 관한 소송에서 본인을 대리한다.

제7조(대리권의 범위) 국내에 주소 또는 영업소가 있는 자로부터 디자인에 관한 절차를 밟을 것을 위임받은 대리인(디자인관리인을 포함한다. 이하 같다)은 특별히 권한을 위임받지 아니하면 다음 각 호의 행위를 할 수 없다.

　1. 디자인등록출원의 포기·취하, 디자인권의 포기
　2. 신청의 취하
　3. 청구의 취하
　4. 제119조 또는 제120조에 따른 심판청구
　5. 복대리인의 선임

제8조(대리권의 증명) 디자인에 관한 절차를 밟는 자의 대리인의 대리권은 서면으로 증명하여야 한다.

제9조(행위능력 등의 흠결에 대한 추인) 행위능력 또는 법정대리권이 없거나 디자인에 관한 절차를 밟는 데에 필요한 권한의 위임에 흠이 있는 자가 밟은 절차는 보정(補正)된 당사자나 법정대리인이 추인하면 행위를 한 때로 소급하여 그 효력이 발생한다.

제10조(대리권의 불소멸) 디자인에 관한 절차를 밟는 자의 위임을 받은 대리인의 대리권은 다음 각 호의 사유가 있어도 소멸하지 아니한다.

　1. 본인의 사망이나 행위능력의 상실
　2. 본인인 법인의 합병에 의한 소멸
　3. 본인인 수탁자의 신탁임무 종료
　4. 법정대리인의 사망이나 행위능력의 상실
　5. 법정대리인의 대리권 소멸이나 변경

제11조(개별대리) 디자인에 관한 절차를 밟는 자의 대리인이 2인 이상이면 특허청장 또는 특허심판원장에 대하여 각각의 대리인이 본인을 대리한다.

제12조(대리인의 선임 또는 교체 명령 등) ① 특허청장 또는 제132조에 따라 지정된 심판장(이하 "심판장"이라 한다)은 디자인에 관한 절차를 밟는 자가 그 절차를 원활히 수행할 수 없거나 구술심리에서 진술할 능력이 없다고 인정되는 등 그 절차를 밟는 데에 적당하지 아니하다고 인정하면 대리인이 그 절차를 밟을 것을 명할 수 있다.

② 특허청장 또는 심판장은 디자인에 관한 절차를 밟는 자의 대리인이 그 절차를 원활히 수행할 수 없거나 구술심리에서 진술할 능력이 없다고 인정되는 등 그 절차를 밟는 데에 적당하지 아니하다고 인정하면 그 대리인을 바꿀 것을 명할 수 있다.

③ 특허청장 또는 심판장은 제1항 및 제2항의 경우에 변리사로 하여금 대리하게 할 것을 명할 수 있다.

④ 특허청장 또는 심판장은 제1항 또는 제2항에 따라 대리인의 선임 또는 교체명령을 한 경우에는 제1항에 따른 디자인에 관한 절차를 밟는 자 또는 제2항에 따른 대리인이 그 전에 특허청장 또는 특허심판원장에 대하여 한 디자인에 관한 절차의 전부 또는 일부를 디자인에 관한 절차를 밟는 자의 신청에 따라 무효로 할 수 있다.

제13조(복수당사자의 대표) ① 2인 이상이 공동으로 디자인에 관한 절차를 밟을 때에는 다음 각 호의 어느 하나에 해당하는 사항을 제외하고는 각자가 모두를 대표한다. 다만, 대표자를 선정하여 특허청장 또는 특허심판원장에게 신고하면 그 대표자가 모두를 대표한다.

    1. 디자인등록출원의 포기·취하

    2. 신청의 취하

    3. 청구의 취하

    4. 제52조에 따른 출원공개의 신청

    5. 제119조 또는 제120조에 따른 심판청구

② 제1항 단서에 따라 신고하는 경우에는 대표자로 선임된 사실을 서면으로 증명하여야 한다.

제14조(「민사소송법」의 준용) 이 법에서 대리인에 관하여 특별히 규정한 것을 제외하고는 「민사소송법」 제1편제2장 제4절을 준용한다.

제15조(재외자의 재판관할) 재외자의 디자인권 또는 디자인에 관한 권리에 관하여 디자인관리인이 있으면 그 디자인관리인의 주소 또는 영업소를, 디자인관리인이 없으면 특허청 소재지를 「민사소송법」 제11조에 따른 재산이 있는 곳으로 본다.

제16조(기간의 계산) 이 법 또는 이 법에 따른 명령에서 정한 기간의 계산은 다음 각 호에 따른다.

    1. 기간의 첫날은 계산에 넣지 아니한다. 다만, 그 기간이 오전 0시부터 시작하는 경우에는 그러하지 아니하다.

    2. 기간을 월 또는 연으로 정한 경우에는 역(曆)에 따라 계산한다.

    3. 월 또는 연의 처음부터 기간을 기산(起算)하지 아니하는 경우에는 마지막 월 또는 연에서 그 기산일에 해당하는 날의 전날로 기간이 만료한다. 다만, 월 또는 연으로 정한 경우에 마지막 월에 해당하는 날이 없으면 그 월의 마지막 날로 기간이 만료한다.

    4. 디자인에 관한 절차에서 기간의 마지막 날이 토요일이나 공휴일(「勤勞者의날制定에관한法律」에 따른 근로자의 날을 포함한다)에 해당하면 기간은 그 다음 날로 만료한다.

제17조(기간의 연장 등) ① 특허청장은 청구에 따라 또는 직권으로 제69조에 따른 디자인일부심사등록 이의신청 이유 등의 보정기간, 제119조 또는 제120조에 따른 심판의 청구기간을 30일 이내에서 한 차례만 연장할 수 있다. 다만, 교통이 불편한 지역에 있는 자의 경우에는 산업통상자원부령으로 정하는 바에 따라 그 횟수 및 기간을 추가로 연장할 수 있다.〈개정 2022. 2. 3.〉

② 특허청장·특허심판원장·심판장 또는 제58조에 따른 심사관(이하 "심사관"이라 한다)은 이 법에 따라 디자인에 관한 절차를 밟을 기간을 정한 경우에는 청구에 따라 그 기간을 단축 또는 연장하거나 직권으로 그 기간을 연장할 수 있다. 이 경우 특허청장 등은 그 절차의 이해관계인의 이익이 부당하게 침해되지 아니하도록 단축 또는 연장 여부를 결정하여야 한다.

③ 심판장 또는 심사관은 이 법에 따라 디자인에 관한 절차를 밟을 기일을 정한 경우에는 청구에 따라 또는 직권으로 그 기일을 변경할 수 있다.

제19조(절차의 추후 보완) 디자인에 관한 절차를 밟은 자가 책임질 수 없는 사유로 다음 각 호에 따른 기간을 지키지 못한 경우에는 그 사유가 소멸한 날부터 2개월 이내에 지키지 못한 절차를 추후 보완할 수 있다. 다만, 그 기간의 만료일부터 1년이 지났을 때에는 그러하지 아니하다.

    1. 제119조 또는 제120조에 따른 심판의 청구기간

    2. 제160조에 따른 재심청구의 기간

제20조(절차의 효력 승계) 디자인권 또는 디자인에 관한 권리에 관하여 밟은 절차의 효력은 그 디자인권 또는 디자인에 관한 권리의 승계인에게 미친다.

제21조(절차의 속행) 특허청장 또는 심판장은 디자인에 관한 절차가 특허청 또는 특허심판원에 계속(係屬) 중일 때 디자인권 또는 디자인에 관한 권리가 이전되면 그 디자인권 또는 디자인에 관한 권리의 승계인에 대하여 그 절차를 속행(續行)하게 할 수 있다.

제22조(절차의 중단) 디자인에 관한 절차가 다음 각 호의 어느 하나에 해당하는 경우에는 특허청 또는 특허심판원에 계속 중인 절차는 중단된다. 다만, 절차를 밟을 것을 위임받은 대리인이 있는 경우에는 그러하지 아니하다.
1. 당사자가 사망한 경우
2. 당사자인 법인이 합병에 따라 소멸한 경우
3. 당사자가 절차를 밟을 능력을 상실한 경우
4. 당사자의 법정대리인이 사망하거나 그 대리권을 상실한 경우
5. 당사자의 신탁에 의한 수탁자의 임무가 끝난 경우
6. 제13조제1항 각 호 외의 부분 단서에 따른 대표자가 사망하거나 그 자격을 상실한 경우
7. 파산관재인 등 일정한 자격에 따라 자기 이름으로 다른 사람을 위하여 당사자가 된 자가 그 자격을 상실하거나 사망한 경우

제23조(중단된 절차의 수계) 제22조에 따라 특허청 또는 특허심판원에 계속 중인 절차가 중단된 경우에는 다음 각 호의 구분에 따른 자가 그 절차를 수계(受繼)하여야 한다.
1. 제22조제1호의 경우: 그 상속인·상속재산관리인 또는 법률에 따라 절차를 계속할 자. 다만, 상속인은 상속을 포기할 수 있는 동안에는 그 절차를 수계하지 못한다.
2. 제22조제2호의 경우: 합병에 따라 설립되거나 합병 후 존속하는 법인
3. 제22조제3호 및 제4호의 경우: 절차를 밟을 능력을 회복한 당사자 또는 법정대리인이 된 자
4. 제22조제5호의 경우: 새로운 수탁자
5. 제22조제6호의 경우: 새로운 대표자 또는 각 당사자
6. 제22조제7호의 경우: 같은 자격을 가진 자

제24조(수계신청) ① 제22조에 따라 중단된 절차에 관한 수계신청은 제23조 각 호에 규정된 자가 할 수 있다. 이 경우 그 상대방은 특허청장 또는 제130조에 따른 심판관(이하 "심판관"이라 한다)에게 제23조 각 호에 규정된 자에 대하여 수계신청할 것을 명하도록 요청할 수 있다.
② 특허청장 또는 심판장은 제22조에 따라 중단된 절차에 관한 수계신청이 있을 때에는 그 사실을 상대방에게 알려야 한다.
③ 특허청장 또는 심판관은 제22조에 따라 중단된 절차에 관한 수계신청에 대하여 직권으로 조사하여 이유 없다고 인정하면 결정으로 기각하여야 한다.
④ 특허청장 또는 심판관은 제23조 각 호에 규정된 자가 중단된 절차를 수계하지 아니하면 직권으로 기간을 정하여 수계를 명하여야 한다.
⑤ 제4항에 따라 수계명령을 받은 자가 같은 항에 따른 기간에 수계하지 아니하면 그 기간이 끝나는 날의 다음 날에 수계한 것으로 본다.
⑥ 특허청장 또는 심판장은 제5항에 따라 수계가 있는 것으로 본 경우에는 그 사실을 당사자에게 알려야 한다.

제25조(절차의 중지) ① 특허청장 또는 심판관이 천재지변이나 그 밖의 불가피한 사유로 그 직무를 수행할 수 없을 때에는 특허청 또는 특허심판원에 계속 중인 절차는 그 사유가 없어질 때까지 중지된다.
② 당사자에게 특허청 또는 특허심판원에 계속 중인 절차를 속행할 수 없는 장애사유가 생긴 경우에는 특허청장 또는 심판관은 결정으로 장애사유가 해소될 때까지 그 절차의 중지를 명할 수 있다.
③ 특허청장 또는 심판관은 제2항에 따른 결정을 취소할 수 있다.
④ 제1항 및 제2항에 따른 중지 또는 제3항에 따른 취소를 하였을 때에는 특허청장 또는 심판장은 그 사실을 각각 당사자에게 알려야 한다.

제26조(중단 또는 중지의 효과) 디자인에 관한 절차가 중단되거나 중지된 경우에는 그 기간의 진행은 정지되고 그 절차의 수계통지를 하거나 그 절차를 속행한 때부터 전체기간이 새로 진행된다.

제27조(외국인의 권리능력) 재외자인 외국인은 다음 각 호의 어느 하나에 해당하는 경우를 제외하고 디자인권 또는 디자인에 관한 권리를 누릴 수 없다.

    1. 그 외국인이 속하는 국가에서 대한민국 국민에 대하여 그 국민과 같은 조건으로 디자인권 또는 디자인에 관한 권리를 인정하는 경우

    2. 대한민국이 그 외국인에 대하여 디자인권 또는 디자인에 관한 권리를 인정하는 경우에는 그 외국인이 속하는 국가에서 대한민국 국민에 대하여 그 국민과 같은 조건으로 디자인권 또는 디자인에 관한 권리를 인정하는 경우

    3. 조약 및 이에 준하는 것(이하 "조약"이라 한다)에 따라 디자인권 또는 디자인에 관한 권리가 인정되는 경우

제28조(서류제출의 효력 발생 시기) ① 이 법 또는 이 법에 따른 명령에 따라 특허청장 또는 특허심판원장에게 제출하는 출원서·청구서, 그 밖의 서류(물건을 포함한다. 이하 이 조에서 같다)는 특허청장 또는 특허심판원장에게 도달한 날부터 그 효력이 발생한다.

② 제1항의 출원서·청구서, 그 밖의 서류를 우편으로 특허청장 또는 특허심판원장에게 제출하는 경우에는 다음 각 호의 구분에 따른 날에 특허청장 또는 특허심판원장에게 도달한 것으로 본다. 다만, 디자인권 및 디자인에 관한 권리의 등록신청서류를 우편으로 제출하는 경우에는 그 서류가 특허청장 또는 특허심판원장에게 도달한 날부터 효력이 발생한다.〈개정 2018. 4. 17.〉

    1. 우편법령에 따른 통신날짜도장에 표시된 날이 분명한 경우: 표시된 날

    2. 우편법령에 따른 통신날짜도장에 표시된 날이 분명하지 아니한 경우: 우체국에 제출한 날(우편물 수령증으로 증명한 날을 말한다)

③ 제1항 및 제2항에서 규정한 사항 외에 우편물의 지연, 우편물의 망실(亡失) 및 우편업무의 중단으로 인한 서류제출에 필요한 사항은 산업통상자원부령으로 정한다.

제29조(고유번호의 기재) ① 디자인에 관한 절차를 밟는 자는 산업통상자원부령으로 정하는 바에 따라 특허청장 또는 특허심판원장에게 자신의 고유번호의 부여를 신청하여야 한다.

② 특허청장 또는 특허심판원장은 제1항에 따른 신청을 받으면 신청인에게 고유번호를 부여하고 그 사실을 알려야 한다.

③ 특허청장 또는 특허심판원장은 제1항에 따라 고유번호를 신청하지 아니하는 자에게는 직권으로 고유번호를 부여하고 그 사실을 알려야 한다.

④ 제2항 또는 제3항에 따라 고유번호를 부여받은 자가 디자인에 관한 절차를 밟는 경우에는 산업통상자원부령으로 정하는 서류에 자신의 고유번호를 적어야 한다. 이 경우 이 법 또는 이 법에 따른 명령에도 불구하고 그 서류에 주소(법인인 경우에는 영업소의 소재지를 말한다)를 적지 아니할 수 있다.

⑤ 디자인에 관한 절차를 밟는 자의 대리인에 관하여는 제1항부터 제4항까지의 규정을 준용한다.

⑥ 고유번호의 부여 신청, 고유번호의 부여 및 통지, 그 밖에 고유번호에 관하여 필요한 사항은 산업통상자원부령으로 정한다.

제30조(전자문서에 의한 디자인에 관한 절차의 수행) ① 디자인에 관한 절차를 밟는 자는 이 법에 따라 특허청장 또는 특허심판원장에게 제출하는 디자인등록출원서, 그 밖의 서류를 산업통상자원부령으로 정하는 방식에 따라 전자문서화하고 이를 정보통신망을 이용하여 제출하거나 이동식 저장장치 또는 광디스크 등 전자적 기록매체에 수록하여 제출할 수 있다.

② 제1항에 따라 제출된 전자문서는 이 법에 따라 제출된 서류와 같은 효력을 가진다.

③ 제1항에 따라 정보통신망을 이용하여 제출된 전자문서는 그 문서의 제출인이 정보통신망을 통하여 접수번호를 확인할 수 있는 때에 특허청 또는 특허심판원에서 사용하는 접수용 전산정보처리조직의 파일에 기록된 내용으로 접수된 것으로 본다.

④ 제1항에 따라 전자문서로 제출할 수 있는 서류의 종류·제출방법, 그 밖에 전자문서에 의한 서류의 제출에 필요한 사항은 산업통상자원부령으로 정한다.

제31조(전자문서 이용신고 및 전자서명) ① 전자문서로 디자인에 관한 절차를 밟으려는 자는 미리 특허청장 또는 특허심판원장에게 전자문서 이용신고를 하여야 하며, 특허청장 또는 특허심판원장에게 제출하는 전자문서에 제출인을 알아볼 수 있도록 전자서명을 하여야 한다.

② 제30조에 따라 제출된 전자문서는 제1항에 따른 전자서명을 한 자가 제출한 것으로 본다.

③ 제1항에 따른 전자문서 이용신고 절차, 전자서명 방법 등에 관하여 필요한 사항은 산업통상자원부령으로 정한다.

제32조(정보통신망을 이용한 통지 등의 수행) ① 특허청장, 특허심판원장, 심판장, 심판관, 제70조제3항에 따라 지정된 심사장(이하 "심사장"이라 한다) 또는 심사관은 제31조제1항에 따라 전자문서 이용신고를 한 자에게 서류의 통지 및 송달(이하 "통지등"이라 한다)을 하려는 경우에는 정보통신망을 이용하여 할 수 있다.

② 제1항에 따라 정보통신망을 이용하여 한 서류의 통지등은 서면으로 한 것과 같은 효력을 가진다.

③ 제1항에 따른 서류의 통지등은 그 통지등을 받을 자가 자신이 사용하는 전산정보처리조직을 통하여 그 서류를 확인한 때에 특허청 또는 특허심판원에서 사용하는 발송용 전산정보처리조직의 파일에 기록된 내용으로 도달한 것으로 본다.

④ 제1항에 따라 정보통신망을 이용하여 행하는 통지등의 종류·방법 등에 관하여 필요한 사항은 산업통상자원부령으로 정한다.

기출 지문 OX

1. 법인이 아닌 사단 또는 재단으로서 대표자 또는 관리인이 정하여져 있는 경우에는, 그 사단 또는 재단의 이름으로 디자인일부심사등록 이의신청인이 될 수 있다. 57회 [○ | ×]

2. 특허심판원장은 청구에 따라 또는 직권으로 제69조에 따른 디자인일부심사등록 이의신청 이유 등의 보정 기간을 30일 이내에서 한 차례만 연장할 수 있으나, 교통이 불편한 지역에 있는 자의 경우에는 산업통상자원부령으로 정하는 바에 따라 그 횟수 및 기간을 추가로 연장할 수 있다. 59회 [○ | ×]

3. 특허청장 또는 특허심판원장이 천재지변이나 그 밖의 불가피한 사유로 그 직무를 수행할 수 없을 때에는, 특허청 또는 특허심판원에 계속 중인 절차는 그 사유가 없어질 때까지 중지된다. 58회 [○ | ×]

4. 피성년후견인의 법정대리인은 후견감독인의 동의 없이 상대방이 청구한 디자인일부심사등록 이의신청에 대한 절차를 밟을 수 있다. 61회 [○ | ×]

정답 | 1. ○ 2. × 3. × 4. ○

선별
디자인보호법

제2편
디자인의 정의 및 성립요건

디자인보호法

제2조(정의) 이 법에서 사용하는 용어의 뜻은 다음과 같다.

1. "디자인"이란 **물품** [물품의 부분, 글자체 및 화상을 포함한다. 이하 같다]의 **형상·모양·색채 또는 이들을 결합한** 것으로서 시각을 통하여 **미감을 일으키게** 하는 것을 말한다.

2. "글자체"란 기록이나 표시 또는 인쇄 등에 사용하기 위하여 공통적인 특징을 가진 형태로 만들어진 한 벌의 글자꼴(숫자, 문장부호 및 기호 등의 형태를 포함한다)을 말한다.

2의2. "화상"이란 디지털 기술 또는 전자적 방식으로 표현되는 도형·기호 등 (기기의 조작에 이용되거나 기능이 발휘되는 것에 한정하고, 화상의 부분을 포함한다)을 말한다.

I. 디자인의 성립요건

물품성, 형태성, 시각성, 심미성

II. 흠결 시 효과

제2조 제1호에 따른 디자인의 정의에 저촉되는 것으로 보아 제33조 제1항 본문 위반으로 거절이유(法62①②), 정보제공사유(法55), 이의신청이유(法68①), 또는 무효사유(法121①)에 해당하여 등록받을 수 없다.

기출 지문 OX

1. 특허법상의 발명은 물품을 통하여 사상의 창작을 구현하지만, 디자인보호법상의 디자인은 그 자체를 보호하기 위한 것으로, 물품과는 독립된 별개의 개념이다. 55회 [○ | ×]

2. 디자인일부심사등록출원된 디자인이 『디자인보호법』 제2조(정의) 제1호에 따른 디자인의 정의에 합치되지 않는 경우, 심사관은 디자인등록거절결정을 하여야 한다. 55회 [○ | ×]

정답 | 1. × 2. ○

제2장 물품성

I. 의의

명문 규정은 없지만, 대법원 판례 및 심사기준에 따르면 물품은 '**독립성**이 있는 **구체적**인 **유체동산**'으로 해석된다. (**독·구·유·동**)

> ### 디자인과 물품의 불가분성
>
> 디자인은 물품에 화체되는 것을 전제로 하므로, 디자인과 물품은 불가분적이다. (제2조 제1호 '디자인의 정의' 참고)
> 디자인보호법의 대상이 되는 디자인으로 성립하기 위해서는 **추상적 모티브**만으로는 부족하고, **물품에 창작내용이 포함**되어 있어야 한다(심사기준).
>
> 구분) 글자체, 화상디자인

II. 요건

1. 독립성

(1) 원칙

1) 물품은 **독립하여 거래의 대상**이 될 수 있어야 한다.
2) i) 양말의 뒷굽, 병의 주둥이, 찻잔의 손잡이 등 과 같은 물품의 부분, ii) 합성물의 구성각편과 같이 독립하여 거래의 대상이 될 수 없는 것은 물품으로 인정되지 않는다.
3) **부품**의 경우, **독립된 거래의 대상** 및 **호환의 가능성**이 있어야 물품으로 인정된다.
   [판례] 이때, 반드시 실제 거래사회에서 현실적으로 거래되고 다른 물품과 호환될 것을 요하는 것은 아니고, 독립 거래의 대상 및 호환의 가능성만 있으면 된다.[1]

(2) 예외

1) 물품의 **부분** 또는 (완성형태가 단일한) 합성물의 **구성각편**은 부분디자인으로 출원하여 등록을 받을 수 있다(제2조 제1호 괄호).
2) 완성형태가 **다양한** 조립완구(합성물)의 구성각편 등 독립거래의 대상이 되는 것은 물품성을 갖춘 것으로 보아 디자인 등록대상이 된다.

---

1) 98후2900, 스위치 사건 및 2003후274, 온열치료기용 롤러 사건

2. 구체성(정형성)

(1) 원칙

1) 물품은 형상이 구체적으로 특정될 수 있어야 하므로, **일정한 정형적인 형상**을 유지하여야 한다.
2) i) **분상물 또는 입상물의 집합**(시멘트, 설탕 등), ii) **물품 자체의 형태가 아닌 것**(손수건 또는 타월을 접어서 이루어진 꽃모양과 같이 상업적 과정에서 만들어지는 디자인)은 물품으로 인정되지 않는다.

(2) 예외

다만, 분상물 또는 입상물의 집합이 **정형화, 고형화**되어 그 집합단위로서 그 형태를 갖춘 경우에는 물품으로 인정된다(각설탕, 고형시멘트, 고형화장분 등).

3. 유체성

(1) 원칙

1) 물품은 공간상에 일정한 형태를 가지는 **유체물**이어야 한다.
2) 따라서 일정한 형체가 없는 무체물(기체, 액체, 전기, 광, 열, 음향, 전파, 불꽃 등)은 물품으로 인정되지 않는다.

(2) 예외

다만, 무체물인 **글자체** 및 **화상**은 법상 물품으로 간주된다(제2조 제1호 괄호).

4. 동산성

(1) 원칙

1) 디자인보호법상 물품은 부동산이 아니어야 한다. 즉, **반복생산가능성과 운반가능성**[2]이 있는 동산일 것을 요한다.
2) **[판례]** 물품의 재질, 구조, 형상, 모양 등에 비추어 볼 때 **현장시공**을 통해 건축되는 부동산으로서 공업적 생산방법으로 양산되고 운반될 가능성이 없는 것은 물품으로 인정되지 않는다.[3]

(2) 예외

최종적으로 토지에 정착하여 부동산이 되는 것이라도, 공업적으로 **양산**되고 **운반** 가능하며 유통과정에서 동산으로 취급되는 것(방갈로, 공중전화박스, 이동판매대, 방범초소, 승차대, 이동화장실, 조립가옥 등)은 물품으로 인정된다.

---

2) 공업상 이용가능성의 요건이기도 하다. 위반될 경우, 제33조 제1항 본문 위반으로 보는 결론은 동일하다.
3) 2007후4311, 한증막 사건

보충

(1) 자연물에 관한 해석
  1) 디자인의 성립부정설 VS 공업성요건 결여설(심사기준)
  2) 어느 견해에 의하더라도 자연물은 디자인의 등록요건이 결여된 것이라는 결론에는 차이가 없다. 다만, 자연물에 대한 가공비율이 높아 동일물품이 공업적 생산방법에 의해 다량 생산될 수 있는 것이라면 디자인등록의 대상이 된다.
(2) 인테리어 디자인: 현행법상 보호대상 아님
(3) 2차원디자인이나 캐릭터 등을 그대로 디자인으로 출원할 경우, 추상적 모티브에 해당하여 등록 불가능하다. 이 경우, 화상디자인으로 보호받을 수 있다.

기출 지문 OX

1. '냉장고 도어용 손잡이'는 디자인등록의 대상이 된다. 50회 　　　　　　　　　　　　　　　　　　[○ | ×]

2. 독립거래의 대상이 되지 않는 합성물의 구성각편은 디자인등록의 대상이 되지 않지만, 부분디자인으로 출원하는 경우 디자인등록을 받을 수 있다. 55회 　　　　　　　　　　　　　　　　　　[○ | ×]

3. 완성형태가 다양한 조립완구의 구성각편과 같이 독립거래의 대상이 되고 있는 것은 디자인등록의 대상이 된다. 53회 　　　　　　　　　　　　　　　　　　[○ | ×]

4. 디자인보호법상 물품은 유체동산에 한정되므로 부동산은 반복생산이 가능하고 운반이 가능하더라도 물품성을 인정할 수 없다. 54회 　　　　　　　　　　　　　　　　　　[○ | ×]

5. '도로의 입체교차로'는 디자인등록의 대상이 된다. 45회 　　　　　　　　　　　　　　　　　　[○ | ×]

6. '사각형태로 접은 형상 및 모양의 와이셔츠'는 디자인등록의 대상이 된다. 47회 　　　　　　　　[○ | ×]

7. '독특한 방식에 의한 포장 형태'는 디자인등록의 대상이 된다. 45회 　　　　　　　　　　　　[○ | ×]

8. 화상이 표시되는 물품의 형상이 도시되지 않은 모양 및 색채만의 결합디자인을 화상디자인으로 출원하는 경우 디자인등록을 받을 수 없다. 55회 　　　　　　　　　　　　　　　　　　[○ | ×]

9. 각설탕, 고형시멘트 등과 같이 정형화 또는 고형화된 분상물 또는 입상물의 집합은 집합 단위로서 그 형체를 갖춘 경우 디자인등록의 대상이 된다. 54회 　　　　　　　　　　　　　　　　　　[○ | ×]

10. '입상물을 고형화한 고형사탕'은 디자인등록의 대상이 된다. 47회 　　　　　　　　　　　　[○ | ×]

정답 | 1. ○ 2. ○ 3. ○ 4. × 5. × 6. × 7. × 8. × 9. ○ 10. ○

제3장

형태성

I. 의의

형태란 물품에 화체된 형상·모양·색채 또는 이들을 결합한 것을 의미한다.

> **법적 지위**
>
> 1) **형태의 특정**: 형태는 도면, 사진, 또는 견본에 의해 명확하게 특정되어야 한다.
> 2) **디자인의 동일유사 판단**: 디자인의 동일유사 여부는 물품의 동일유사성을 전제로 하되, 그 형태의 동일유사성으로 판단된다.
> 3) **1디자인 1출원**: 원칙적으로 하나의 물품에 적용된 하나의 형태를 하나의 디자인으로 인정한다.

II. 구성요소

1. 형상

(1) 물품이 **공간을 점유하고 있는 윤곽**을 말한다.

(2) **입체적 형상**(예: 휴대폰)과 **평면적 형상**(예: 전사지)으로 구분된다.

(3) 형상은 물품이 구비해야 하는 **필수적 구성요소**이다. 다만, **글자체** 및 **화상**은 형상을 수반하지 않아도 형태성을 구비할 수 있다(제2조제1호괄호).

(4) 형상은 물품 자체가 가지는 1차적 형상을 의미하고, 상업적 과정에서 임의로 형성되는 물품의 2차적 형상을 의미하는 것은 아니다.

2. 모양

(1) 물품의 외관에 나타나는 **선도, 색구분, 색흐림**을 말한다. **(선·구·림)**

(2) **선도**는 선으로 그린 도형, **색구분**은 공간이 선이 아닌 색채로써 구획되어 있는 것, **색흐림**은 색과 색의 경계를 흐리게 하여 색이 자연스럽게 옮아가는 것 같이 보이게 하는 것을 말한다.

(3) 형상에 선택적으로 부가될 수 있는 **임의적 구성요소**이다.

(4) 일반적인 물품의 형상의 표면에 표현되지만, 투명한 부분을 포함하는 물품의 경우 형상 내부에 모양이 표현될 수 있다.

3. 색채

(1) 물체에 반사되는 빛에 의하여 인간의 **망막**을 **자극**하는 물체의 성질을 말한다. **(사·망·자)**

(2) **무채색**(백색, 회색, 흑색), **유채색**, **금속색**, **투명색**을 포함한다. **(무·유·금·투)**

(3) 물품의 형상에 선택적으로 부가될 수 있는 **임의적 구성요소**이다.

(4) 하나의 색을 의미하는 것이 원칙이며, 2 이상의 색채가 조합된 상태는 모양으로 해석한다.

4. 이들의 결합

① 형상·모양의 결합디자인, ② 형상·색채의 결합디자인, ③ 형상·모양·색채의 결합으로 표현될 수 있다.

기출 지문 OX

1. 형상을 수반하지 않는 글자체는 물품으로 인정되지만, 한 벌의 글자꼴이 아닌 개별 글자꼴은 디자인으로 인정되지 않는다. **55회** [○ | ×]

정답 | **1.** ○

제4장 시각성

Ⅰ. 의의

시각성이란 **육안으로 식별**할 수 있는 특성을 의미한다.

Ⅱ. 요건

1. 시각으로 파악될 것

시각 이외의 다른 감각(청각, 후각 등)으로 파악되는 것은 시각성을 인정할 수 없다.

2. 육안으로 식별될 것

(1) 원칙

육안으로 형태를 판별하기 어려운 것(**분상물** 또는 입상물의 **하나의 단위**, 확대경과 같은 도구를 사용하여 확대해야만 식별할 수 있는 것 등)은 시각성을 인정할 수 없다.

(2) 예외

다만, 디자인에 관한 **통상적인 거래시 확대경 등을 사용**하여 물품의 형상 등을 관찰하는 것이 **일반적**이거나[4], 특수한 표시부를 통해 관찰하는 것이 통상적인 화면디자인은 시각성을 인정할 수 있다.[5]

3. 외부에서 보일 것

(1) 원칙

통상적인 물품의 거래시 외부에서 볼 수 있어야 한다.
[판례] 통상적인 물품의 거래시 외부에서 볼 수 없고, 오로지 **분해 또는 파괴**해야만 볼 수 있는 것은 시각성을 인정할 수 없다.[6]

(2) 예외 (부·뚜·명)

i) 완성품의 내부에만 결합하는 **부품**, ii) **뚜껑**을 여는 것과 같은 구조로 된 물품의 내부, iii) **투명**한 부분을 포함하는 물품의 내부로 된 것은 그 내부도 디자인의 대상이 될 수 있다.

---

4) (심사기준 예시) 한 변의 길이가 0.4mm 인 발광 다이오드 소자
5) 화면디자인이 표시된 가상현실(VR) 헤드셋 디스플레이 패널 등
6) 98후2689, 조명기구용 틀 사건

1. 뚜껑을 여는 것과 같은 구조로 된 것은 그 내부도 디자인등록의 대상이 된다. 55회 　　　　[○ | ×]

2. 프린터 토너 카트리지는 물품으로서의 시각성을 충족시키지 못하므로 디자인등록대상이 아니다. 54회

　　　　[○ | ×]

정답 | 1. ○ 2. ×

제5장

심미성

Ⅰ. 의의

심미성이란 미감을 일으키게 하는 특성을 말한다.

"미감을 일으키게 하는 것" 의 의미

- **견해의 대립**: 주의환기성설, 취미성설, 심미성설, 미적처리설
- **심사기준**: "해당 물품으로부터 아름다움을 느낄 수 있을 정도의 **형태적 처리**가 되어 있는 것을 말한다." 라고 하여, 미적처리설로 해석된다.
- **판례**: "디자인의 본체는 이를 보는 사람의 마음에 어떤 취미감을 환기시키는 것에 있는 것" 이라고 하여, 취미설로 해석된다.
- **검토**: 법 목적에 부합하도록 심미성설을 원칙으로 하되, 판단의 객관적인 관점에서 미적처리설을 가미하는 것이 타당하다.

"미감"의 정의

- **견해의 대립**: 장식미설, 기능미설
- **판례**: "개개의 형상·모양을 결합한 것이 새로운 장식적 심미감을 불러일으키지 아니하거나 기술적 창작으로서의 가치도 없을 때에는 디자인등록의 대상이 될 수 없다" 고 판시한 바 있다.

Ⅱ. 심미성의 판단 (심사실무) (기·작·효·주·미·짜·조·미)

1) 심미성은 미감의 유무(有無)로 판단할 뿐 미감의 고저(高低)로 판단하지 않는다.
2) **기능, 작용, 효과를 주목적**으로 한 것으로서 **미감**을 거의 일으키게 하지 않는 것, 디자인으로서 **짜임새**가 없고 **조잡감**만 주는 것으로서 **미감**을 거의 일으키게 하지 않는 것은 **심미성이 없는 것**으로 본다.

> **기출 지문 OX**
>
> 1. 디자인보호법에서의 심미성이란 반드시 미학적으로 높은 수준의 우아하고 고상한 것을 요구하는 것은 아니다.
> [O | ×]
>
> 정답 | 1. ○

선별
디자인보호법

제3편
특유디자인

제1장

특유디자인 개괄

구분	의의	요건
부분디자인	물품의 부분의 형태 (한 벌, 화상 포함)	1) 통상의 물품 (독립거래 대상) 2) 물품의 부분의 형태 (형상 등) 3) 타디자인과 대비 대상 + 하나의 창작단위 인정
글자체디자인	기록·표시·인쇄 등 사용 위해 공통적 특징을 가진 형태로 만들어진 한 벌의 글자꼴	1) [기·표·인] 실용적 목적 (미적감상X) 2) [공·특·형] 통일과 조화, 모양·규모·색채·질감 등 비슷 3) [한 벌의 글자꼴] 개개의 글자꼴X, 부분X
화상디자인	화상의 형상, 모양, 색채 또는 이들의 결합으로서, 시각을 통해 미감을 일으키는 것	1) [디·기·전·방·도·기] 디지털 기술·전자적 방식으로 표현되는 도형·기호 등 2) [기·조·기·발] 기기의 조작에 이용되거나 기능이 발휘 3) 부분 가능
물품의 부분에 표현된 화면디자인	표시부의 발광 현상에 의해 시각을 통해 인식되는 모양 및 색채 또는 이들의 결합	1) [물품성] 표시부 구비·특정, 구체적 물품 도시 2) [시각성] 표시부 육안 식별
완성품과 부품 관계	[완성품] 독립 거래의 대상 + 단독 실시 [부품] 완성품의 일부 구성 + 분리 가능 + 독립 거래의 대상	(요건 문제 없음) 등록요건 판단 시, 상호 비유사물품으로 보며, 부품의 구성이 완성품에 가까운 경우 유사물품으로 보는 점 주의
형상만의 디자인	도면에 형상만 도시, 내부 여백에 대한 어떠한 표시나 설명 無	(요건 문제 없음)
문자를 포함하는 디자인	[문자] 직접 또는 결합에 의하여 시각적으로 의미가 전달될 수 있는 기호	1) '장식기능' 혹은 '정보전달과 동시에 장식기능' 수행시, 디자인의 구성요소 인정 (모양) 2) 오로지 정보 전달 목적으로 사용할 경우, 모양 인정 X
동적디자인	물품의 형태가 발휘하는 특이한 변화 상태에 창작의 요점이 있는 디자인	1) 물품의 형태가 기능에 의해 변화 2) 형태 변화가 시각에 의해 감지 3) 변화 후 상태의 예측 비용이성 4) 변화의 일정성
식품디자인	음식물의 형상, 모양, 색채 또는 이들의 결합	[물품성] 1) 형상 및 모양이 일정 범위 내에서 정형으로 고정 2) 독립적인 단위로 판매 가능
캐릭터의 취급	소설, 영화 등에서 독특한 개성을 가진 이미지가 부여된 인물, 동물 등이 디자인에 도입된 것	1) 캐릭터 그 자체 출원 불가 (물품성 문제) 2) 물품에 표현하여 출원 3) 부분·동적·화면디자인 등 이용 가능
색채디자인	물체에 반사된 빛이 인간의 망막을 자극하는 물체의 성질	(요건 문제 없음) 디자인의 구성요소로서 취급 문제 (소극): 유사판단시 고려요소X

제2장	**부분디자인**

I. 의의

1) "물품의 부분"이란 물품의 **전체 중에 일정한 범위를 점하는 부분의 형태**로서 당해 물품에 있어서 다른 디자인과 **대비 대상**이 될 수 있는 부분을 의미한다.

2) "부분디자인"이란 **물품의 부분의 형상, 모양, 색채 또는 이들의 결합**으로서 이에 대한 디자인 등록을 허여하는 제도를 말한다(제2조 제1호 괄호).

3) '**한 벌의 물품**'의 부분 및 '**화상**'의 부분이 포함된다.

II. 성립요건 (통·형·대·창) 보충자료1

1. 부분디자인의 대상이 되는 물품이 통상의 물품에 해당할 것

(1) 독립성이 있고 구체적인 유체물로서 거래의 대상이 될 수 있을 것(물품성이 인정되는 물품의 부분일 것)[7]

(2) 로카르노 협정에 따른 물품류 중 어느 하나의 물품류에 속하는 물품일 것

2. 물품의 부분의 형태라고 인정될 것[8]

(1) 물품의 형상을 수반하지 않은 모양, 색채 또는 이들을 결합한 것만을 표현한 것이 아닐 것

(2) 물품 형태의 실루엣을 표현한 것이 아닐 것

3. 다른 디자인과 대비함에 있어 대비의 대상이 될 수 있는 부분으로서, 하나의 창작단위로 인정되는 부분일 것

4. 흠결 시 법적 취급[9]

제2조 제1호의 디자인의 정의에 합치되지 아니하는 것으로 보아, 제33조 제1항 본문(공업상 이용가능성) 위반으로 거절이유, 정보제공사유, 이의신청이유 또는 무효사유에 해당하여 등록받을 수 없다.

---

7) 다만, 화상의 부분도 부분디자인으로 출원할 수 있으므로, 예외 존재.

8) (1) 누비이불 사례 (2) 머그컵 사례 (심사기준)

9) (2차 대비) - '디자인의 대상이 되는 물품이 기계에 의한 생산방법 또는 수공업적 방법에 의하여 반복적으로 양산될 수 있을 것', '시각을 통하여 미감을 일으키게 하는 것' 이 요건으로 추가되기도 한다.

Ⅲ. 출원 절차

1. 출원서 (제37조 제1항)

(1) '부분디자인 여부'란에 부분디자인의 **취지**를 기재한다.

(2) '디자인의 대상이 되는 물품'란에 **물품의 부분이 아닌** 독립거래의 대상이 되는 **물품명**을 기재한다.

2. 도면 (제37조 제2항)

(1) 부분디자인으로 등록 받고자 하는 부분의 **범위를 명확하게 특정**하고, 등록받고자 하는 부분의 **전체형태**를 도면에 명확하게 나타내야 한다.

(2) 등록 받고자 하는 부분을 **실선**으로, 그 외의 부분은 **파선**으로(혹은 이에 상응하는 방법으로) 표현하며, 경계가 불명확하면 그 경계를 **일점쇄선**으로(혹은 이에 상응하는 방법으로) 도시해야 한다.

(3) 부분디자인으로 등록 받으려는 부분을 도면 등에서 특정하는 방법(실선, 파선, 일점쇄선 등)에 대한 설명이 필요한 경우, 그에 대한 **취지**를 디자인의 **설명에 기재**해야 한다.

Ⅳ. 부분디자인의 유사여부 판단 (물·기·용·형·위·크·범)

(1) 전체디자인과 부분디자인은 등록받고자 하는 대상 및 방법이 상이하여 **상호 비유사**한 것으로 본다.

(2) 디자인의 대상이 되는 **물품**, 등록받고자 하는 **부분의 기능·용도·형태** 및 차지하는 **위치·크기·범위**를 종합적으로 고려하여 판단한다.

(3) 이들 중 전부가 동일한 경우 양 디자인은 동일한 디자인으로 보고, 어느 하나라도 유사한 경우 양 디자인은 유사한 디자인으로 본다.

(4) 등록받으려고 하는 부분 이외의 형상 또는 모양의 차이가 극히 미세하여 전체적으로 심미감이 동일한 경우에만 양 디자인은 동일한 디자인으로 본다.

Ⅴ. 등록요건

1. 공업상 이용가능성 (제33조 제1항 본문)

(1) 부분디자인의 공업상 이용가능성 요건

일반적인 공업상 이용가능성 등록요건에 따른다.

(2) 구체성 요건 보충자료2

부분디자인으로서 등록받고자 하는 부분이 명확하게 **특정**되지 않거나, 부분디자인으로서 등록받고자 하는 부분의 전체 **형태**가 도면에 명확하게 표현되지 않은 경우 등록받을 수 없다.[10]

---

10) [심사기준] 등록받고자 하는 부분 이외의 부분 중 일부만이 표시되어 있으나, 등록받고자 하는 부분의 위치, 크기, 범위를 도출할 수 있는 경우에는 구체성이 있는 것으로 볼 수 있다. ('손목시계 무브먼트' 사례)

2. 신규성 (제33조 제1항 각호)

(1) 전체디자인이 공지된 후 출원된 **부분디자인**의 경우, **신규성 위반**이다.

(2) **부분디자인**이 공지된 후 출원된 **전체디자인**의 경우, i) 물품의 **부분만이 공지**되었다면 그 전체디자인은 신규성 위반이 아니지만, ii) **파선으로 표현된 부분을 포함**하는 **전체디자인**에 관한 도면이 공개된 후 전체디자인이 출원되었다면 신규성 위반이다.

3. 창작비용이성 (제33조 제2항)

(1) 전체디자인의 창작비용이성에 관한 판단기준에 따른다.

(2) 다만, 전체에서 부분디자인으로 등록받으려는 부분의 기능 및 용도, 위치, 크기, 범위 등을 종합적으로 고려하여 판단한다.

4. 확대된 선출원 (제33조 제3항)

(1) 선출원이 전체디자인, 후출원이 부분디자인인 경우 (기·용·형·대·표)

후출원 부분디자인이 선출원 전체디자인 중 후출원 부분디자인에 상당하는 부분과 **기능 및 용도**에 공통성이 있고, **형태가 동일 또는 유사**하며, **대비가능한 정도로 충분히 표현**되어 있으면 확대된 선출원 위반이다.

(2) 선출원과 후출원 모두 부분디자인인 경우 (파·전·상·대·표)

선출원이 부분디자인으로서 **파선으로 표현된 부분 등을 포함한 전체디자인** 중에 후출원 디자인에 **상당하는 부분**이 **대비할 수 있는 정도로 충분히 표현**되어 있는 경우 전체를 표현하는 도면은 확대된 선출원의 지위가 있다.

5. 관련디자인 (제35조), 선출원주의 (제46조)

전체디자인과 부분디자인 간에는 물품이 동일한 경우라도 **등록받고자 하는 대상 및 방법**이 상이하여 서로 **비유사**하므로, 관련디자인 및 선출원주의 규정이 적용되지 아니한다.

6. 1디자인1출원 (제40조 제1항) 보충자료3

(1) 출원서, 도면, 디자인의 설명에 나타난 **출원인의 창작의도**를 고려하여 판단한다.

(2) **형태적 일체성** 또는 **기능적 일체성**이 인정될 경우 1디자인으로 인정한다.

1) **형태적 일체성**: **물리적으로 분리된 부분**이 다음과 같은 관련성을 가질 경우 인정한다.
   - **대칭** 또는 **한 쌍**을 이루는 경우
   - **하나의 대상**을 인식하게 하는 경우
   - 하나의 창작단위로 인식되는 경우

2) **기능적 일체성**
   - **물리적으로 분리된 부분**이 전체적으로 또는 각 부분으로서 **하나의 기능**을 수행하는 관련성을 가질 경우 인정한다.

7. 정당한 물품류 및 물품명 (제40조 제2항)

(1) 물품류는 로카르노 협정에 따른 물품류 구분을 따른다.

(2) 출원서 및 도면의 '디자인의 대상이 되는 물품'란에 물품의 부분에 관한 명칭을 사용하면 정당한 물품명이 아니다.

VI. 절차 및 조치

1. 신규성 상실의 예외 (제36조)

전체디자인(또는 부분디자인)의 공지일로부터 12개월 이내에 부분디자인을 출원하는 경우, 공지된 전체디자인(또는 부분디자인)에 대해 신규성 상실의 예외를 주장하여 신규성 또는 창작비용이성 흠결을 극복할 수 있다.

2. 조약우선권주장 (제51조)

(1) 제1국 전체디자인을 기초로 조약우선권주장을 수반하여 제2국에서 부분디자인을 출원하는 경우, 양 디자인 간 동일성이 인정되지 아니한다.

(2) 다만 제1국이 부분디자인을 인정하지 않는 경우, 우선권 증명서류 및 제1국의 제도를 종합적으로 고려하여 동일성 여부를 판단할 수 있는 경우가 있다.[11)]

3. 보정 (제48조) 보충자료4

(1) 전체디자인출원과 부분디자인출원 간 **출원 형식을 보정**할 경우, 등록받고자 하는 대상 및 방법이 상이해지므로 **요지변경**에 해당한다. 다만, 보정이 **단순한 착오나 오기의 정정이거나 실질적인 출원 내용이 변경되지 않는 경우**에는 그러하지 아니한다.

(2) 부분디자인에 관한 보정의 요지변경은, 디자인의 대상이 되는 **물품**, 부분디자인으로서 등록을 받고자 하는 **부분의 기능, 용도, 형태**, 차지하는 **위치, 크기, 범위** 등을 종합적으로 판단하여 최초 출원된 디자인과 보정된 디자인 간 **동일성이 유지되는지**를 기준으로 판단한다.

4. 분할출원 (제50조)

하나의 물품에 관한 전체디자인에서 일부를 부분디자인으로 분할 출원하는 것은 소급효가 인정되는 분할출원의 취지상 인정되지 않는다.

---

11) 제6편. 심사 절차 및 조치_제4장. 조약우선권주장 _보충자료1. 실질적 동일성 판단 (212p) 참고

VII. 디자인권

1. 디자인권 효력 및 침해 판단 (제92조)

(1) 디자인권자는 업으로서 등록디자인 또는 이와 유사한 디자인을 실시할 권리를 독점한다(제92조). 부분디자인에 관한 디자인권자는 전체적으로 비유사하더라도 등록받고자 하는 부분이 동일 또는 유사한 경우 침해를 주장할 수 있다.

(2) 다만 침해 여부는 물품의 동일·유사를 기준으로 판단하므로, 디자인의 대상이 되는 물품이 비유사한 경우, 등록받고자 하는 부분이 동일 또는 유사하더라도 침해를 주장할 수 없다.

2. 이용관계 (제95조)

후출원 전체디자인이 등록될 경우, 해당 물품이 선출원 부분디자인을 그대로 포함하면 이용 관계가 성립될 수 있다.

참고

물품의 일부는 독립된 물품으로 인정되지 않지만, **부분디자인으로 출원하면 등록이 가능하다.**
부분디자인은 권리범위가 넓어 강력한 보호가 가능하지만, 등록 가능성은 낮아질 수 있어 신중한 선택이 필요하다.

[2요건] 물품의 부분의 형태라고 인정될 것

(1) 물품의 형상을 수반하지 않은 모양·색채 또는 이들을 결합한 것만을 표현한 것이 아닐 것	(2) 물품 형태의 실루엣을 표현한 것이 아닐 것
[불인정 사례] 물품의 형상을 수반하지 않고 물품의 부분만을 표현한 누비이불	**[불인정 사례]** 부분디자인을 등록받고자 하는 부분의 형태를 실루엣만으로 표현한 머그컵
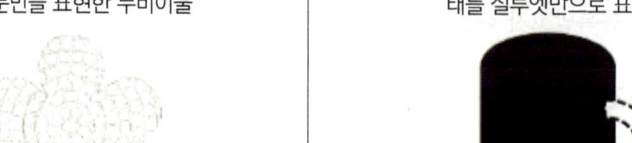	

[3요건] 다른 디자인과 대비의 대상이 될 수 있는 부분으로서 하나의 창작단위로 인정되는 부분일 것

[사례] "물 컵"

창작단위로 인정	창작단위로 인정	창작단위로 불인정

1. 부분디자인으로 등록받으려는 부분의 범위가 명확하게 특정되지 않은 경우, 구체성 흠결이다.

(1) 전체디자인 중 부분디자인으로 **등록받으려는 부분을 실선으로 표현**하고 **그 외의 부분을 파선**으로 표현하는 방법에 따르지 않았거나 이와 상응하는 표현방법을 따르지 않은 경우

> **단, 인정되는 경우:** 채색 또는 경계선 등을 통해 부분디자인으로 등록받으려는 부분을 명확하게 특정한 것으로 인정할 수 있는 경우

| "운동화" | "트랙터" | "테이프디스펜서" |

※ "운동화" 디자인의 경우 1점쇄선으로 부분디자인으로 등록받으려는 부분과 그렇지 않은 부분간의 경계를 표시했고, "트랙터" 디자인과 "테이프 디스펜서" 디자인의 경우 부분디자인으로 등록받으려는 부분에서 제외되는 부분을 착색함

(2) 부분디자인으로 등록을 받으려는 부분을 **특정하는 방법**에 대한 **설명**이 필요함에도, 그 취지를 「디자인의 설명」란에 기재하지 않은 경우

(3) 부분디자인으로 등록을 받으려는 부분과 그렇지 않은 부분간의 **경계가 불명확함**에도 그 **경계를 1점쇄선** 또는 이와 상응하는 방법으로 도시하지 않았거나, 그에 관한 **설명**이 필요하나 그 취지를 「디자인의 설명」란에 기재하지 않은 경우

2. 등록을 받으려는 부분의 전체형태가 도면에 명확하게 나타나있지 않은 경우, 구체성 흠결이다.

※ 단, 부분디자인으로 등록받지 않으려는 부분의 일부만이 도시되어 있지만, 부분디자인으로 **등록받으려는 부분의 위치, 크기, 범위를 충분히 도출**할 수 있는 정도라면 구체성 인정된다.

> **인정되는 경우:**
> 손목시계 '밴드' 부분의 도시가 완전하지 않지만 통상의 지식 수준의 디자이너 관점에서 부분디자인으로 **등록 받고자하는 시계 '무브먼트' 부분**이 손목시계 전체에서 차지하는 **위치, 크기, 범위를 충분히 도출**할 수 있는 정도라면 구체성이 결여되지 않은 것으로 판단할 수 있다.
>
>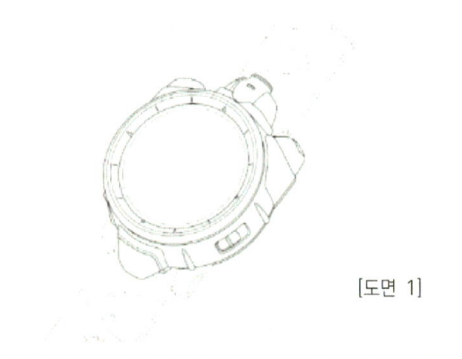
>
> [도면 1]

(1) 형태적 일체성이 인정되는 것

1) 물리적으로 분리된 부분이지만 **대칭**이 되거나 **한 쌍**이 되는 등 관련성 있는 것 예시) 핸드백

〈 이해를 돕기 위한 확대도 〉

2) 물리적으로 분리된 부분이지만 **하나의 대상으로 인식**하게 하는 등 관련성 있는 것 예시) 휴대폰 케이스

〈대법원 2012후3343(2013.2.15. 선고) 판결 참조〉

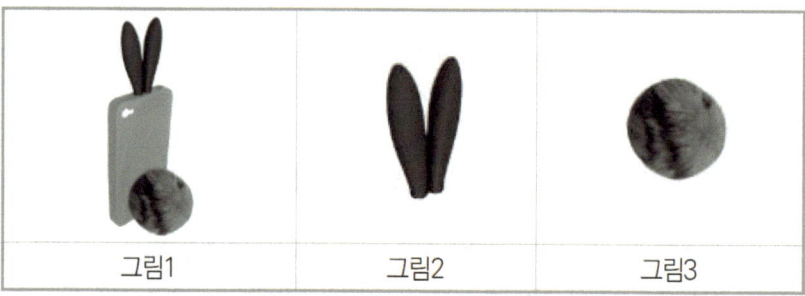

| 그림1 | 그림2 | 그림3 |

··· (생략) 이 사건 출원디자인은 [그림 2] 부분과 [그림 3] 부분이 물리적으로 떨어져 있더라도 이를 보는 사람이 [그림 2] 부분은 "토끼 귀"로, [그림 3] 부분은 "토끼 꼬리"로 각각 인식할 수 있어서, **그들 사이에 형태적으로 일체성이 인정**되고, 그로 인하여 이를 보는 사람으로 하여금 **그 전체가 "토끼 형상"과 유사한 일체로서 시각을 통한 미감을 일으키게 하므로**, 이 사건 출원디자인은 디자인보호법 제40조 제1항에서 규정한 "1디자인"에 해당한다고 할 것이다.

3) 물리적으로 분리된 부분이지만 **하나의 창작단위로 인식**하게 하는 등 관련성 있는 것 예시) 미세분쇄기용 스윙 해머

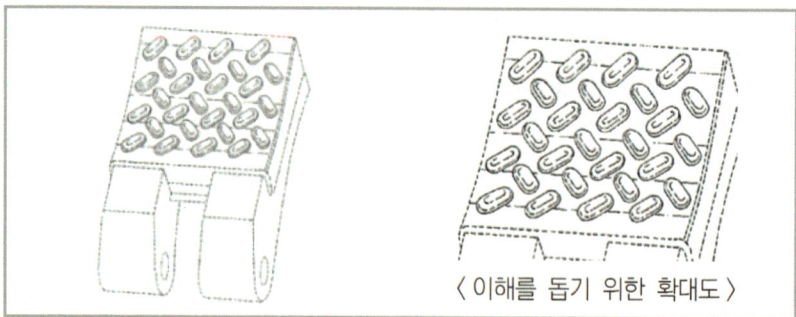

〈 이해를 돕기 위한 확대도 〉

(2) 기능적 일체성이 인정되는 것

물리적으로 분리된 부분들이 전체 또는 각 부분으로서 **하나의 기능을 수행**하는 등 관련성 있는 것

예 1) 잉크젯프린터용 잉크스틱

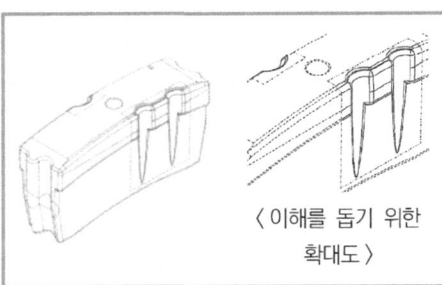

〈 이해를 돕기 위한
확대도 〉

디자인의 설명 : "정면에 있는 2개의 홈과 뒷면에 있는 한 개의 홈이 전체로서 프린터에 카트리지가 장착할 때 정확한 위치를 알 수 있도록 하는 기능을 수행하는 것임"

예 2) 자동차

[도면 1]	[도면 2]
디자인의 설명 : 자동차의 전면에 대칭을 이루고 있는 램프디자인	

〈심사기준 요약〉

요지변경에 해당하는 경우	요지변경에 해당하지 않는 경우
(1) 등록받으려는 부분(**위치·크기·범위**)이 **변경**되는 경우 (2) **명백한 부분**디자인 출원인데, 부분디자인 여부를 **삭제**하거나, '등록받으려는 부분'을 특정하는 **기재 삭제** (3) **부분/전체 불명확**할 때, 부분디자인 여부를 **삭제·추가** (4) **명백한 전체**디자인 출원인데, 부분디자인 여부 **추가** (5) '부분디자인으로 등록받으려는 부분'이 불명확할 때, 이를 **특정하는 기재 보충**	(1) 등록받으려는 부분은 그대로 두고, **그 외의 부분**만 보정 (2) 명백한 **전체디자인 출원**일 때, **부분디자인 여부**를 삭제하거나, '부분디자인으로 등록받으려는 부분' 특정하는 기재 삭제 (3) 명백한 **부분디자인 출원**일 때, 부분디자인 여부를 추가하거나, 당연히 도출되는 "등록받으려는 부분"에 대한 기재 보충

1. 부분디자인의 보정이 요지변경에 해당하는 경우

i) 등록받으려는 부분이 아닌 부분을 등록받으려는 부분으로 보정하거나 그 반대의 경우, 또는 등록받으려는 부분의 **위치, 크기, 범위가 변경**되는 경우

ii) 최초 출원서 및 도면 등을 종합적으로 고려하여 부분디자인 출원으로 당연히 인정되는 경우, **부분디자인 여부를 삭제**하는 보정

iii) 최초 출원서 및 도면 등을 종합적으로 고려해도 부분디자인 출원인지 전체디자인 출원인지 불명확한 경우, **부분디자인 여부를 삭제**하는 보정

iv) 최초 출원서 및 도면 등을 종합적으로 고려해도 부분디자인 출원인지 전체디자인 출원인지 불명확한 경우, **부분디자인 여부를 추가**하는 보정

v) 최초 출원서 및 도면 등을 종합적으로 고려하여 전체디자인 출원으로 당연히 인정되는 경우, **부분디자인 여부를 추가**하는 보정

vi) 최초 출원서 및 도면 등을 종합적으로 고려하여 부분디자인 출원으로 당연히 인정되는 경우, "**부분디자인으로 등록을 받으려는 부분**"을 특정하는 기재를 삭제하는 보정

vii) 최초 출원서 및 도면 등을 종합적으로 고려해도 "부분디자인으로 등록을 받으려는 부분"이 불명확한 경우, "**부분디자인으로 등록을 받으려는 부분**"을 특정하는 기재를 보충하는 보정

2. 부분디자인의 보정이 요지변경에 해당하지 않는 경우

i) 등록받으려는 부분이 아닌 부분을 보정하더라도 등록받으려는 부분의 **위치, 크기, 범위가 변경되지 않는** 경우

ii) 최초 출원서 및 도면 등을 종합적으로 고려하여 **전체디자인** 출원으로 당연히 인정되는 경우, **부분디자인 여부를 삭제**하는 보정

iii) 최초 출원서 및 도면 등을 종합적으로 고려하여 **부분디자인** 출원으로 당연히 인정되는 경우, **부분디자인 여부를 추가**하는 보정

iv) 최초 출원서 및 도면 등을 종합적으로 고려하여 **전체디자인** 출원으로 당연히 인정되는 경우, "**부분디자인으로 등록을 받으려는 부분**"을 특정하는 기재를 삭제하는 보정

v) 최초 출원서 및 도면 등을 종합적으로 고려하여 **부분디자인** 출원인 것이 명확하고, "부분디자인으로 등록을 받으려는 부분"이 당연히 도출되는 경우, **디자인의 설명에 "부분디자인으로 등록을 받으려는 부분"을 특정하는 기재를 보충**하는 보정

파선을 부분디자인이 아닌 모양선을 나타내기 위해 도시할 때, 그 취지가 불분명 하다고 인정될 경우에는 이에 대하여 「디자인의 설명란」에 기재하여야 한다.
(예) 챙부분의 파선은 등록받고자 하지 아니하는 부분이며, 본체부의 파선은 재봉선을 나타냄

1. 부분디자인에서 '부분'이란 다른 디자인과 대비의 대상이 될 수 있는 하나의 창작단위로 인정되는 것이므로 창작단위로 인정되는 부분을 구비하지 못한 경우에는 디자인의 정의에 합치되지 않는 것으로 본다. **59회**
   [○ │ ×]

2. 경제적으로 한 개의 물품으로 독립하여 거래의 대상이 되는 부품에 대하여 부분디자인으로 디자인등록을 받을 수 있는 경우가 있다. **47회**
   [○ │ ×]

3. 부분디자인이 공지된 이후 출원된 전체디자인의 경우는 그 부분디자인의 공개 태양에 따라 신규성을 상실하는 경우와 그렇지 않은 경우가 있다. **60회**
   [○ │ ×]

4. 하나의 물품 중에 물리적으로 떨어져 있는 2 이상의 부분에 관한 부분디자인이더라도 그들 사이에 형태적으로나 기능적으로 일체성이 있어 보는 사람으로 하여금 그 전체가 일체로서 시각을 통한 미감을 일으키게 한다면 그 디자인은 '1디자인'에 해당하여 1디자인등록출원으로 디자인등록을 받을 수 있다. **55회** [○ │ ×]

5. 부분디자인등록출원에 있어 하나의 물품 중 물리적으로 분리된 2 이상의 부분이 하나의 창작단위로 인식하게 하는 관련성을 가지고 있는 경우 '형태적 일체성'이 인정되는 1디자인등록출원으로 본다. **55회**
   [○ │ ×]

6. 부분디자인에 있어 물리적으로 분리된 부분들이 일체적 심미감을 가졌는지 여부는 디자인 창작자의 주관적인 창작 모티브를 기준으로 판단하여야 한다. **55회**
   [○ │ ×]

7. 부분디자인으로 등록받으려는 부분이 아닌 부분을 보정하여도 등록받으려는 부분의 위치, 크기, 범위가 변경되지 않는다면 디자인등록출원의 요지변경에 해당하지 않는다. **59회**
   [○ │ ×]

정답 │ 1. ○ 2. ○ 3. ○ 4. ○ 5. ○ 6. × 7. ○

제3장 글자체디자인

Ⅰ. 의의[12]

1) 글자체란 기록이나 표시 또는 인쇄 등에 사용하기 위하여 공통적인 특징을 가진 형태로 만들어진 한 벌의 글자꼴(숫자, 문장부호 및 기호 등의 형태를 포함한다)을 말한다(제2조 제2호).
2) 글자체는 무체물이나, 법상 디자인의 정의 규정 중 물품에 글자체를 포함하여 글자체디자인으로 독자적으로 보호하고 있다(제2조 제1호 괄호).

Ⅱ. 성립요건

1. 기록이나 표시 또는 인쇄 등에 사용하기 위한 것일 것 (기·표·인)

(1) 글자체는 단순히 미적 감상의 대상이 아니고, 기록이나 표시 또는 인쇄 등에 사용하기 위한 **실용적 목적**으로 창작된 것이어야 한다.
(2) 미적 감상 의도로써 창작된 **서예**나, 회사 또는 상품의 이름 등을 표상하기 위한 **로고타입** 등은 성립요건의 위반으로 글자체디자인에 해당되지 않는다.

2. 공통적인 특징을 가진 형태로 만들어진 것일 것 (공·특·형)

글자체란 글자들 간에 **통일과 조화**를 이루도록 만들어진 **한 벌의 글자**들로서,
공통적인 특징을 가진 형태란 개개 글자꼴들이 지니는 **모양·규모·색채·질감 등**이 서로 **비슷**하여 시각적으로 서로 닮았거나 같은 그룹으로 보이는 형태를 말한다.

3. 한 벌의 글자꼴일 것

글자체란 글자꼴 하나하나를 가리키는 것이 아니라, 개개 글자꼴들 간에 공통적인 특징을 가지도록 만들어진 한 벌의 글자꼴로서 개개의 글자꼴이 모인 **전체로서의 조합**을 의미하므로, 한 벌의 글자꼴 중 일부 글자꼴에 관한 **부분디자인 출원**은 **불가능**하다.

4. 성립요건 흠결시

제2조 제1호의 디자인의 정의에 합치되지 아니하는 것으로 보아, 제33조 제1항 본문(공업상 이용가능성) 위반으로 거절이유, 정보제공사유 또는 무효사유에 해당하여 등록받을 수 없다.[13]

---

12) 취지: 종래 글자체는 유체물이 아닌 이유로 디자인보호법에서 보호되지 않고, 저작권법, 컴퓨터프로그램 보호법 등에 의해 우회적으로 보호를 시도했지만, 창의적인 글자체의 보호와 지속적인 개발을 촉진하기 위하여 2005년 7월 1일 시행법부터 보호되었다.
13) 글자체는 로카르노 협정에 따른 물품류 제18류에 해당하여 일부심사출원 대상이 아니므로, 이의신청 사유에 해당하지 않는다.

III. 출원 절차

1. 출원서 (제37조 제1항)

(1) 물품류 및 물품은 로카르노 협정에 따른 물품류에 근거하여 기재한다. (한글 글자체, 영문자 글자체, 기타 외국문자 글자체, 숫자 글자체, 특수기호 글자체, 한자 글자체 중 해당하는 하나의 글자체를 선택하여 기재한다.)

(2) 활자 및 글자체는 **제18류 제03군**에 해당한다.

2. 도면 (제37조 제2항) (지·보·대·폰)

(1) 시행규칙 별표 1에 따른 **지정글자 도면, 보기문장 도면, 대표글자 도면**(2D 이미지 파일)을 도시한다. 다만, 이에 갈음하여 또는 이와 혼합하여 **폰트파일(TTF)**로 제출할 수 있다.

(2) 디자인의 설명에 글자체의 종류 및 사용목적 등에 관한 설명을 기재한다.

(3) 참고도면은 동영상 파일로도 제출할 수 있다.

IV. 글자체디자인의 유사여부 판단

1. 물품의 유사판단 (글자체)

시행규칙 별표 4의 물품류 제18류 제3군의 '글자체' 중, 한글 글자체, 영문자 글자체(라틴어 계열14)), 한자 글자체, 그 밖의 외국문자 글자체, 숫자 글자체, 특수기호 글자체는 **상호 간에 비유사한 물품**으로 본다.

2. 디자인의 유사판단

(1) 판례의 태도[15] (문·기·독·구·크·변·특·참)

1) **일반적인 디자인의 유사판단 법리(판례)**[16]는 글자체 디자인의 경우에도 마찬가지로 적용된다.

2) 한편, 글자체디자인은 물품성을 요하지 않고, **문자의 기본 형태와 가독성**을 필수적인 요소로 고려하여 디자인하여야 하는 관계상, **구조적으로 그 디자인을 크게 변화시키기 어려운 특성**이 있으므로, 이와 같은 글자체디자인의 **고유한 특성을 충분히 참작**하여 그 유사 여부를 판단하여야 한다.

---

14) 라틴어 계열의 글자체인 영문자, 덴마크어, 독일어 등은 서로 유사한 것으로 본다.

15) 2012후597, 영문자 글자체 사건

16) 유사판단 일반원칙 판례 (디자인의 유사판단 파트에서 후술): 디자인의 유사 여부는 이를 구성하는 각 요소를 분리하여 개별적으로 대비할 것이 아니라, **외관을 전체적으로 대비관찰**하여 보는 **사람으로 하여금 상이한 심미감**을 느끼게 하는지의 여부에 따라 판단하여야 한다. 따라서, 디자인의 **지배적인 특징**이 유사하다면, **세부적인 점에 다소 차이**가 있더라도 유사하다고 보아야 한다. (2000후3388).

(2) 심사기준

1) 글자체디자인의 유사 여부 판단 시

기존 글자체의 **복사나 굵기**의 변화 정도에 해당되는 경우, 기존 글자체의 **기계적 복제**(예: 기존 글자체의 장체, 평체, 그대로 기울인 정도에 해당되는 경우)에 해당되는 경우, 출원디자인이 기존 글자체디자인과 동일·유사한 것으로 본다.

2) 동적 글자체디자인

- 동적 글자체의 정지 상태의 모양이 전체에서 차지하는 미감이 지배적이고, 그 동적 변화에 특이성이 없으면 유사한 디자인으로 본다.
- 동적 글자체의 모양 변화에 신규성·창작성이 있을 때에는 정적 글자체와 비유사한 디자인으로 본다.
- 동적 글자체 상호 간에는 그 정지 상태의 모양과 동적 변화를 전체로서 비교하여 유사 여부를 판단한다.

V. 등록요건

1. 공업상 이용가능성 (제33조 제1항 본문) 보충자료1

(1) 지정글자도면, 보기문장도면, 대표글자도면이 i) 시행규칙 별표 1에서 정하는 방식대로 도시되지 아니한 경우이거나, ii) 이들 중 일부가 없는 경우, 디자인의 표현이 구체적이지 않아 공업상 이용가능성 위반이다.

(2) 또한, 영문자 글자체에 관한 도면에 대문자 및 소문자를 전부 포함하지 않는 경우와 같이, 도면이 구체적이지 않은 경우도 공업상 이용가능성 위반이다.

(3) 도면이 글꼴 폰트파일(TTF)로 제출된 경우에 그 작성이 올바르지 않은 경우에도 구체성 흠결로 본다.

2. 신규성 (제33조 제1항 각호), 관련디자인 (제35조), 선출원주의 (제46조)

글자체 디자인 간에만 적용하며, 글자체의 유사판단 방법에 의하여 적용여부를 판단한다.

3. 창작비용이성 (제33조 제2항)

당업자가 출원 전 공지된 글자체 또는 주지 형태에 의하여 쉽게 창작할 수 있는 글자체는 창작비용이성 요건 위반이다.

4. 확대된 선출원 (제33조 제3항)

출원 시 제출된 지정글자도면, 보기문장도면, 대표글자도면은 선출원디자인을 특정하기 위한 판단의 기초가 된다.[17]

---

17) 현행법 상 글꼴 폰트파일 (TTF)을 기초로 할 수도 있다.

5. 1디자인1출원 (제40조 제1항)

(1) 한글 글자체, 영문자 글자체, 숫자 글자체, 특수기호 글자체, 한자 글자체, 라틴 글자체(라틴어 확장체를 포함한다), 딩벳글자체 및 그 밖의 외국문자 글자체 등은 각각 1개의 출원으로 한 벌의 글자꼴을 구성한다.

(2) 1 글자체 디자인으로 인정되지 않는 경우 보충자료2

  1) 한글 글자체와 영문자 글자체, 한글 글자체와 특수기호 글자체, 영문자 글자체와 숫자 글자체 등을 함께 도시한 경우

  2) 낱자의 일부 또는 전부를 2개 이상으로 도시한 경우

  3) 자족(子族, 패밀리 글자체)을 1개의 출원에 함께 도시한 경우

(3) 1 글자체 디자인으로 인정되는 경우

모든 낱자의 변화의 전·후 상태를 변화 전후의 도면 또는 디자인의 설명 등으로 파악할 수 있는 "동적 영문자 글자체"

6. 정당한 물품류 및 물품명 (제40조 제2항)

로카르노 협정에 따른 물품류 구분을 따르되, 다음과 같은 경우 정당한 물품명이 아니다.

  1) '한글 글자체'를 '한글'로 기재하는 등 명칭에 글자체임이 기재되지 않은 경우

  2) "안상수체", "헤움체" 등 출원인의 이름이나 거래명을 기재한 경우

  3) 도면은 영문자 글자체로 도시하면서 물품명칭을 '한글 글자체'로 적은 경우

Ⅵ. 절차 및 조치

1. 보정 (제48조)

글자체디자인의 **요지변경 여부**에 대한 판단은 원칙적으로 **지정글자도면을 기준**으로 한다.

(1) 요지변경이 되는 경우

글자체디자인에 관한 **보기문장도면 또는 대표글자도면을 기준**으로 하여 **지정글자도면을 보정**함으로써, 최초에 제출한 도면으로부터 상기되는 것과 다른 디자인이 되는 경우

(2) 요지변경이 아닌 경우의 예

  1) 글자체디자인에 관한 지정글자도면(지정글자 도면 중 일부가 부족한 경우 포함), 보기문장도면 또는 대표글자도면 중 일부가 부족한 경우에 그것을 **보충**하기 위한 도면이 이미 제출된 도면으로부터 상기될 수 있는 디자인과 **동일성이 상실되지 않는 정도**의 것으로 보정된 경우[18]

  2) 최초 제출된 도면을 기준으로, 상거래 관행상 당업계의 수준에서 상식적으로 판단하여 동일성이 인정되는 범위에서 글자체디자인에 관한 **지정글자도면을 기준**으로 하여 **보기문장도면 또는 대표글자도면을 보정**하는 경우에는 요지변경으로 보지 않는다.

---

18) 예시) 소문자가 따로 없이 알파벳 대문자만으로 출원한 영문자 글자체의 도면을 제출한 경우에, 대문자의 크기만을 변화하여 소문자를 보정한 경우

2. 분할출원 (제50조)

한글 글자체와 영문자 글자체, 한글 글자체와 숫자 글자체 등을 함께 출원한 경우에는 1디자인 1 출원 위반이므로, 이를 분할출원에 의해 극복할 수 있다.

VII. 디자인권

1. 디자인권의 효력 및 침해 판단 (제92조)

(1) 디자인권의 효력

디자인권자는 업으로서 등록디자인 또는 이와 유사한 디자인을 실시할 권리를 독점한다(제92조). 글자체디자인에 관한 디자인권자는 제3자가 등록된 글자체디자인과 동일 또는 유사한 글자체 디자인을 실시하는 경우 침해를 주장할 수 있다.

(2) 효력의 제한 (타·조·인·결)

제3자가 **타자, 조판 또는 인쇄 등 통상적인 과정**에서 글자체를 사용하는 경우나, 상기 글자체의 사용으로 생산된 **결과물을 실시**하는 경우, 글자체에 관한 디자인권의 효력이 미치지 않는다(제94조 제2항). 일반 사용자의 통상적인 정보 교환 과정에 미치는 영향이 커 산업 발전을 저해할 위험이 있기 때문이다.

1. 한글 글자체 도면: 지정글자 500자, 보기문장, 대표글자

【지정글자 도면 1】

가 각 간 갈 감 갔 강 갖 같
개 갯 거 건 걸 겁 것 게 겠
겨 격 겸 견 결 겼 경 계 고
골 곳 공 과 관 교 구 국 군
굴 궁 귀 그 극 근 글 금 급
기 길 김 깁 깃 까 깎 깔 깡
깨 꾸 꾼 꿈 꿔 뀌 끄 끗 끝
끼 낀 껍 나 난 날 남 났 낭
낮 낯 낱 내 낸 낼 냄 냅 냇
냈 녀 넌 널 넘 넛 넣 네 녀
넌 녕 노 논 놀 놓 누 눈 눌
느 는 늘 니 닌 님 닙 다 닭

【지정글자 도면 2】

단 달 닭 담 닷 당 대 댁
더 딘 덩 데 도 독 돈 돈 돌
동 돼 되 된 될 됩 두 둑 둘
둥 뒤 뒷 드 득 든 들 듭 둥
디 따 땀 때 떤 떨 떻 또 폭
뚝 뛰 뜨 뜻 라 란 랄 람 랑
래 러 럭 런 럼 립 릿 렀 렁
레 력 련 럼 렀 례 로 록 롱
루 류 르 른 를 리 린 림 릿
마 막 만 많 말 맑 맙 망 맞
매 맷 머 먹 먼 멍 며 면 명
몇 모 목 몸 못 묘 무 묶 문

【보기문장 도면】

새로 스물여덟
자를 만드니
사람마다 쉽게
익혀 늘 씀에
편케하고자
함이라

새로 스물여덟 자를 만드니 사
람마다 쉽게 익혀 늘 씀에 편
케하고자 함이라

【대표글자 도면】

가 낡 더
떴 끼 릭
맷 료 콤
으 숲 황

– 지정글자 도면 1–5 중 일부 (일부 수록 생략)

※ 참고: 딩벳글자체의 도면 (중요도 下) 시험 직전에는 읽지 마세요!

1) 그림 글자체(딩벳 글자체 또는 심볼 글자체)는 문자로서의 정보 전달력이 없는 그림을 서체 형식으로 구성한 것이다.
2) 지정글자, 보기문장, 대표글자 도면은 해당 그림문자를 구성하기 위하여 기준으로 작성된 언어(한글 또는 영문자)에 따라 제출한다.
3) 이 때, 작성에 기준이 된 언어와 작성방법을 디자인 설명란에 기재하여야 한다.
4) 딩벳(Dingbat): 그림문자만 구성한 폰트. 자판을 누르면 그림문자가 입력되며 일반적으로 a~z, A~Z, 0~9의 자리에 문자를 배정한다.

[사례] 본원 디자인은 한글 개별글자에 각각의 그림을 배정하여 만든 그림 글자체이며, 한글 글자체 도면을 기본으로 작성하였음

[보기문장 도면]

2. 영문자 글자체 도면: 지정글자 52자, 보기문장, 대표글자

3. 숫자 글자체 도면: 지정글자 10자, 보기문장, 대표글자

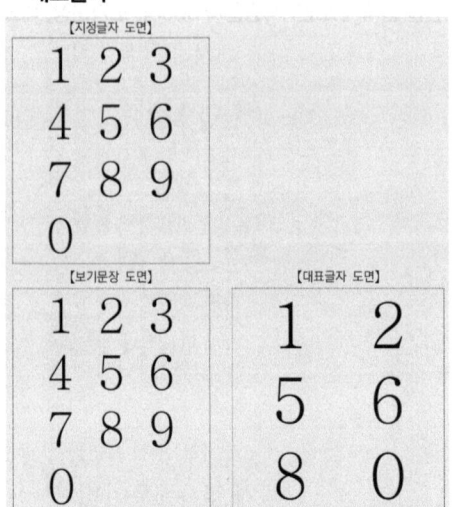

4. 특수기호 글자체 도면: 지정글자 6자, 보기문장, 대표글자

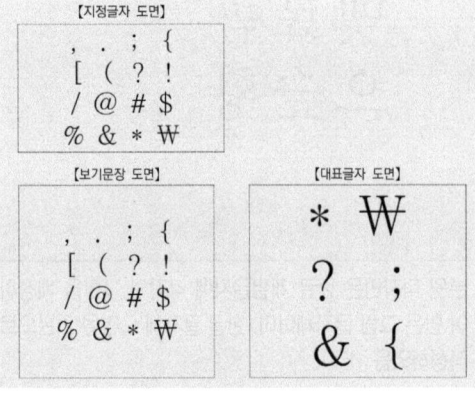

5. 한자 글자체 도면: 지정글자 900자, 보기문장, 대표글자

[지정글자 도면 1-9 (일부 수록 생략)]

1. 1디자인 1디자인등록출원으로 인정되는 예

모든 낱자의 변화 전·후 상태를 변화 전후의 도면 또는 디자인의 설명 등으로 파악할 수 있는 "동적 영문자 글자체"

※ 예) 각조의 도면은 해당 알파벳의 변화 과정을 나타낸 것으로, 도면A 부터 도면Z는 각 알파벳의 변화 과정을 도시하였음

[도면A 1.1]   [도면A 1.2]   [도면A 1.3]   [도면A 1.4]   [도면A1.5]   [도면A 1.6]

2. 1디자인 1디자인등록출원으로 인정되지 않는 예

1) 낱자의 일부 또는 전부를 2개 이상으로 도시하는 경우	2) 한글 글자체와 영문자 글자체, 한글 글자체와 특수 기호 글자체, 영문자 글자체와 숫자 글자체 등을 함께 도시한 경우
1 2 3 4 5 6 7 8 9 0 0	A B C D E F G H I J K L M N O P Q R S T U V W X Y Z a b c d e f g h i j k l m n o p q r s t u v w x y z 1 2 3 4 5 6 7 8 9 0 ! " § $ % & / ( ) = ? * #

3) 자족(子族, 패밀리 글자체)을 1개의 출원에 함께 도시한 경우

ABCDEFG ABCDEFG
HIJKLMN HIJKLMN
OPQRSTU OPQRSTU
VWXYZ VWXYZ

1. 글자체의 도면은 디자인보호법 시행규칙 별표1에 따라 지정글자, 보기문장, 대표글자도면을 작성해 제출하여야 하며, 동 규칙에서 정한 방식으로 도시되지 아니한 경우 부적법한 서류로 보아 반려사유에 해당한다. 60회 [○ | ×]

2. 글자체 디자인으로 등록받기 위해서는 디자인심사등록출원서로 제출하여야 하며, 글자체 디자인의 종류에 상관없이 지정글자도면, 보기문자도면, 대표글자도면을 도시하여 제출하여야 한다. 51회 [○ | ×]

3. 글자체는 다양하게 개발되어왔고, 문자의 기본 형태와 가독성을 필수적인 요소로 고려하여 디자인하여야 하는 관계상 구조적으로 그 디자인을 크게 변화시키기 어려운 특성을 참작하여야 하므로, 일반 디자인과는 유사 판단의 기본 법리를 달리 적용하여야 한다. 60회 [○ | ×]

4. 디자인등록출원된 글자체 디자인이 기존 글자체의 복사나 기계적 복제에 해당되는 경우에는 기존 글자체 디자인과 동일·유사한 것으로 본다. 56회 [○ | ×]

5. 글자체 디자인에는 한글 글자체, 영문자 글자체, 숫자 글자체, 특수기호 글자체, 한자 글자체 및 기타 외국 문자 글자체가 있다. 51회 [○ | ×]

6. 글자체 디자인의 유사 여부 판단의 주체는 인쇄업자 또는 글자체 개발자로 한정하여야 한다. 56회 [○ | ×]

7. 글자체가 디자인권으로 설정등록된 경우 그 디자인권의 효력은 타자·조판 또는 인쇄 등의 통상적인 과정에서 글자체의 사용으로 생산된 결과물인 경우에는 미치지 아니한다. 62회 [○ | ×]

8. 글자체는 물품성이 없어 오랫동안 디자인 등록대상이 아니었고 현재는 디자인의 정의 조항에 등록 가능한 대상으로 명시되어 있으나 로카르노협정 물품류에 글자체가 명시되어 있지 않아 국제출원의 대상이 되는지는 불투명하다. 60회 [○ | ×]

정답 | 1. × 2. ○ 3. × 4. ○ 5. ○ 6. × 7. ○ 8. ×

화상디자인

디자인보호法

제2조(정의) 이 법에서 사용하는 용어의 뜻은 다음과 같다.

2의2. "화상"이란 디지털 기술 또는 전자적 방식으로 표현되는 도형·기호 등[기기(器機)의 조작에 이용되거나 기능이 발휘되는 것에 한정하고, 화상의 부분을 포함한다]를 말한다.

7. "실시"란 다음 각 목의 구분에 따른 행위를 말한다

나. 디자인의 대상이 화상인 경우 그 화상을 생산·사용 또는 전기통신회선을 통한 방법으로 제공하거나 그 화상을 전기통신회선을 통한 방법으로 제공하기 위하여 청약(전기통신회선을 통한 방법으로 제공하기 위한 전시를 포함한다. 이하 같다)하는 행위 또는 그 화상을 저장한 매체를 양도·대여·수출·수입하거나 그 화상을 저장한 매체를 양도·대여하기 위하여 청약(양도나 대여를 위한 전시를 포함한다. 이하 같다)하는 행위

Ⅰ. 의의[19][20]

1) 화상이란 **디지털 기술** 또는 **전자적 방식**으로 표현되는 **도형·기호** 등을 말하며(제2조 제2호의2), **기기의 조작에 이용되거나 기능이 발휘**되는 것에 한정하며, 화상의 **부분**을 포함한다.

2) 화상디자인이란 화상의 형상, 모양, 색채 또는 이들의 결합으로서, 시각을 통해 미감을 일으키는 것을 말한다(제2조 제1호 괄호).

3) 물품의 부분에 표현된 화면디자인과 달리, 물품과는 무관하게 화상 그 자체로 보호된다. 즉, 독립적으로 물품성을 갖춘 것으로 본다.[21]

---

19) 취지: 디지털 기술의 발달과 함께, 신기술을 활용한 새로운 디자인 제품의 출시가 증가하고, 이에 따라 물품으로부터 분리되어 구현되는 화상디자인 자체에 대한 보호 필요성이 대두되었다.

이에 따라 2021.10.21. 개정법에서는 '화상'의 정의에 관한 규정(제2조 제2호의2) 및 화상디자인의 실시에 관한 규정(제2조 제7호 나목)을 신설하였다. 또한, 2021.10.21. 시행 심사기준 및 2023.1.1. 시행 심사기준에서도 화상디자인의 심사에 관한 구체적인 내용을 추가하였다.

20) 현행법상 출원인이 화상에 관한 디자인을 등록받는 방법은 i) 물품과 독립적인 '화상디자인'으로 보호받는 방법, ii) 물품에 수반됨을 전제로 '물품의 부분에 표현된 화면디자인'으로 보호받는 방법이 있다.

21) 화상은 물품성을 의제한 것일 뿐, 실제로 물리적인 형상을 갖지 않으므로 물리적인 견본 또는 모형을 제출하거나 재질에 대한 설명을 기재할 수 없다. (공업상 이용가능성 위반)

II. 성립요건

1. 디지털 기술 또는 전자적 방식으로 표현되는 도형·기호 등 일 것 (디·기·전·방·도·기)

디지털 기술 또는 전자적 방식으로 표현되는 도형·기호 등을 전제로 한다. 다만, TV 방송 화상, 영화, 풍경사진 등과 같이 기기의 조작이나 기능과 관련이 없는 **단순한 시각저작물**에 불과한 것은 화상디자인으로 **성립할 수 없다.**

2. 화상의 법정 용도에 해당할 것 (가·조·기·발)

(1) 기기의 조작에 이용되는 것(기기 조작용 화상) 보충자료1

기기를 제어하기 위해 지시, 명령 등을 **입력**하는 데 사용하는 도형, 기호 등을 의미하며, 조작의 대상인 기기가 반드시 **물품일 필요는 없다.**
예: 조작용 입력 버튼, 바(bar), 다이얼, 정보통신기기용 아이콘[22] 등

(2) 기기의 기능이 발휘되는 것(기능 발휘용 화상) 보충자료2

기기가 **발휘**하는 기능을 표현하는 도형·기호 등을 의미한다.
예: 각종 그래프, 상태표시등, 경고등, 인디케이터(indicator) 등

(3) 기기의 조작 및 기능 발휘를 겸하는 것(기기 조작 및 기능 발휘용 화상)

출원서 및 도면의 기재사항 등에 이러한 특징이 충분히 기재 또는 표현되어야 한다.

3. 화상의 부분디자인의 경우 보충자료3

화상의 전체 중에 일정한 범위를 점유하는 부분으로서, 해당 화상에 있어서 다른 디자인과 대비 대상이 될 수 있는 부분을 말한다.[23]

4. 성립요건 흠결시

제2조 제1호의 디자인의 정의에 합치되지 아니하는 것으로 보아, 제33조 제1항 본문(공업상 이용 가능성) 위반으로 거절이유, 정보제공사유 또는 무효사유에 해당하여 등록받을 수 없다.[24]

---

22) "정보통신기기용 아이콘" 화상디자인의 경우 "화면디자인이 표시된 디스플레이 패널" 디자인과 달리, 매개가 되는 물품(예: 디스플레이 패널 등)의 존재를 성립요건 판단에 고려하지 않으므로 화상자체를 표현하는 것으로 족하다. (심사기준)
23) '화상의 부분디자인'이 다른 디자인과 대비 대상이 될 수 없거나 하나의 창작단위로 인정되지 못하는 경우에도 제2조 제1호 디자인의 정의에 합치되지 아니하는 것으로 본다.
24) 화상디자인은 물품류 제14류에 해당하여 일부심사출원 대상이 아니므로, 이의신청 대상에 해당하지 않는다.

["정보통신기기용 아이콘" 화상]
정보통신기기에서 구동되는 아이콘이므로 **디지털 기술 또는 전자적 방식으로 표현**되는 것이며, 외견상 <u>홈(home)버튼</u> 기능을 수행하는 것으로 파악되어 "기기의 **조작**에 이용되는 화상"으로 인정할 수 있다.

["게임조작용 그래픽 유저 인터페이스" 화상]
도면에 표현된 모양으로 볼 때 <u>운전과 관련된 게임의 조작(control)</u> 인터페이스를 표현한 것이므로, "기기의 **조작**에 이용되는 화상"으로 인정할 수 있다.

[도면 1]
명칭: 정보통신기기용 아이콘

[도면 1]
명칭: 게임조작용 그래픽 유저 인터페이스

["VR조작용 GUI"]
사시도, 정면도, 우측면도 등을 갖추고 있으므로 <u>VR환경 안에서 입체적으로 표현되는</u> 것임을 알 수 있다. 또한 명칭을 통해 VR환경 안에서 **특정한 조작 기능을 수행**하기 위한 것임을 인식할 수 있으므로 "기기의 **조작**에 이용되는 화상"으로 인정할 수 있다.

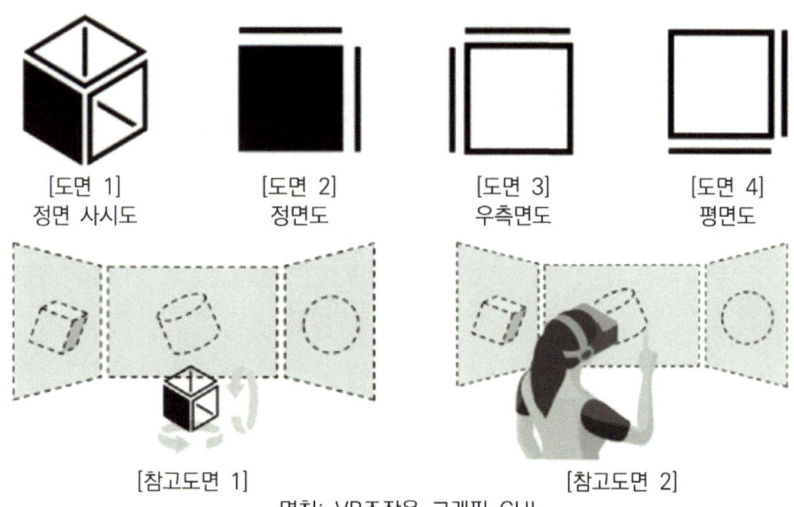

[도면 1]
정면 사시도

[도면 2]
정면도

[도면 3]
우측면도

[도면 4]
평면도

[참고도면 1]

[참고도면 2]

명칭: VR조작용 그래픽 GUI

["차량정보 표시용 아이콘" 화상]
차량의 특정 **상태**(예: 고장상태)를 시각적으로
표현하고 있으므로 "표시기능이 **발휘**되는 화상"으로
인정할 수 있다.

[도면 1]
명칭: 차량정보 표시용 아이콘

["정보표시용 GUI" 화상]
사용자의 건강상태를 스마트폰 애플리케이션을 통해
전자적 방식으로 표현하고 있으므로 "기능이 **발휘**되는
화상"으로 인정할 수 있다.

[도면 1]
명칭: 정보표시용 GUI

["차량정보 표시용 GUI" 화상]
차량의 상태를 사용자가 다양한 각도에서 살펴볼 수 있도록
3차원으로 구현하여 표현하고 있으므로
"기능이 **발휘**되는 화상"으로 인정할 수 있다.

[도면 1]
정면 사시도

[도면 2]
우측면도

[도면 3]
배면 사시도

[사용상태도 1]

[사용상태도 2]

명칭: 차량정보 표시용 GUI

(1) "화상의 부분디자인"이란 화상의 전체 중에 **일정한 범위를 점유**하는 부분으로서 해당 화상에 있어서 **다른 디자 인과 대비 대상이** 될 수 있는 부분을 말한다.

> 아래 **"정보표시용 화상"** 디자인의 경우, 시계의 형상을 띄고 있는데, 부분디자인으로 보호하고자 하는 부분은 자 판부의 형태이며 시계의 바늘부분은 권리범위에서 제외하도록 표현하였다. 따라서 화상의 부분디자인으로 인 정할 수 있다.
>
>
>
> [도면 1]
>
> 명칭: 정보표시용 화상

(2) "화상의 부분디자인"이 다른 디자인과 **대비의 대상**이 될 수 없는 부분이거나 **하나의 창작단위**로 인정될 수 없는 부분일 경우 법 **제2조(정의) 제1호에 따른** 디자인의 **정의**에 합치되지 않으므로 공업상 이용가능성이 결여된 것 으로 보고 거절이유통지한다.

III. 출원 절차

1. 출원서 (제37조 제1항)

(1) 화상디자인의 용도

출원서에 화상디자인의 **용도**를 명확하게 기재해야 한다.[25]

(2) 물품류 구분

로카르노 협정에 따른 물품류에 근거하여, **제14류**를 기재한다.

(3) 디자인의 대상이 되는 물품

「디자인의 대상이 되는 물품」란에 디자인을 인식하는 데 적합한 명칭을 적되, 용도가 명확하게 이해되고 해당 분야에서 일반적으로 사용되는 명칭은 인정할 수 있다.

1) 인정되는 경우

- ○○용 화상으로 기재되는 경우
- ○○용 화상, 혹은 심사기준 예시 명칭으로 기재되지 않은 경우(예:GUI, 아이콘)라도, 제출된 도면, 디자인의 설명란 등의 기재내용 등을 종합적으로 고려하여 **용도를 특정**할 수 있는 정도라면 화상디자인의 명칭으로 인정할 수 있다.

2) 인정되지 않는 경우

- 물품의 부분에 표현된 **화면디자인의 명칭**을 기재한 경우[26]
- 기기의 조작에 이용되거나 기능이 발휘되는지 여부가 불명확한 명칭을 기재한 경우[27]

2. 도면 (제37조 제2항)

(1) 도면의 제출 방식

평면화상 또는 입체화상을 나타내는 도면을 제출한다.

(2) 기재 정도

해당 분야에서 통상의 지식을 갖춘 창작자가 출원서 및 도면의 기재사항 등을 통해 디자인의 구체적인 내용을 파악할 수 있으면, 디자인 표현의 구체성을 인정할 수 있다.[28]

(3) 동적 화상디자인의 경우

동적 화상디자인은 **변화의 순서와 형태**가 분명하게 표현되어야 하며, **형태의 관련성**과 **변화의 일정성**이 있어 구체적인 하나의 디자인의 내용으로 도출될 수 있어야 한다.

---

25) 예를 들어, ○○○ 조작용 또는 ○○○ 기능발휘용 중 하나를 선택할 수 있고, 조작과 기능 발휘의 용도를 모두 포함하는 경우에는 ○○○ 조작용 및 ○○○ 기능발휘용으로 기재할 수 있다.
26) '화면디자인이 표시된 휴대용 단말기', '화면디자인이 표시된 디스플레이 패널' 등
27) '화상', '화상디자인' 등
28) 화상디자인은 물품성이 의제되므로 화상 자체를 표현하는 것으로 충분하다.

IV. 화상디자인의 유사여부 판단 보충자료4 ┄┄┄┄┄┄┄┄┄┄┄┄┄┄┄┄┄┄┄┄┄┄

1. 화상디자인 상호 간

1) 화상의 **형태의 유사성**, 2) '용도 또는 기능'의 **동일·유사** 혹은 **혼용 가능성**을 기준으로 판단하며, 화상의 형태의 유사성은 **일반적인 디자인의 유사 판단** 기준에 따른다.[29]

2. 화면디자인과 화상디자인 상호 간

(1) 물품의 부분에 표현된 화면디자인의 표시부가 화상디자인의 형태와 설령 동일·유사하더라도, 화면디자인은 물품의 부분디자인이고 화상은 그 자체로 독자적인 물품이므로 **물품이 서로 달라 비유사**한 것으로 본다.

(2) 따라서, 양자 간에는 확대된 선출원(제33조 제3항), 선출원(제46조), 관련디자인(제35조)이 적용되지 않는다.

3. 동적 화상디자인의 경우

(1) 정적 화상디자인과 동적 화상디자인의 유사 판단

1) 정적 화상디자인과 동적 화상디자인은 **원칙**적으로 **비유사**하다.

2) 다만, **일부 정지 상태**가 정적 화상디자인과 동일 또는 유사하고, 그 **정지 상태**가 전체에서 차지하는 **미감이 지배적**이며, **전체적인 변화의 특이성이 미미**하다면 유사한 디자인으로 인정할 수 있다.

(2) 동적 화상디자인 상호 간의 유사 여부 판단

그 정지 상태와 동적 변화를 **전체로 비교**하여 유사 여부를 판단한다. 이 경우 **속도, 간격**의 차이는 **고려하지 않는다.**

---

29) 1) 두 화상디자인의 **형태**가 동일하거나 유사하고, 두 화상디자인의 **용도 또는 기능**이 **동일** 또는 **유사**한 경우, 혹은 2) 두 화상디자인의 **형태**가 동일하거나 유사하고, 두 화상디자인이 **혼용 가능성**이 있는 경우, 양 디자인은 동일 또는 유사한 것으로 판단된다.

두 디자인은 가로로 긴 장방형의 복수의 개체들이 종으로 배열되어 있어 <u>형태면에서는</u> <u>유사</u>하나 명칭이 "재고 관리용 화상"과 "회의실관리용 화상"으로 <u>세부용도는</u> 상이하다. 그러나 복수의 선택지에서 하나를 선택하고, 그 정보를 표시하는 것으로서 <u>기능면에서 유사</u>하므로 <u>유사한 디자인</u>으로 인정할 수 있다.

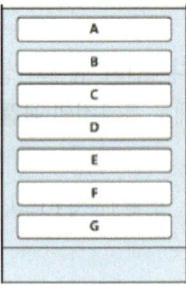

〈 선행 디자인 〉   〈 출원디자인 〉

"재고관리용 화상"   "회의실관리용 화상"

[디자인의 설명]   [디자인의 설명]

"세로로 배치된 복수의 긴 직사각형은   "세로로 배치된 복수의 긴 직사각형은
각 상품의 종류를 나타내며 이것을 클릭하면   각각의 회의실을 나타내며 이것을 클릭
해당 상품의 재고수가 화상으로 표시됨"   하면 예약한 회의실이 화상으로 표시됨"

두 디자인은 <u>형태면에서 유사</u>하나 "디지털 도어록용 화상"과 "스마트폰용 화상"으로 <u>화상의 세부용도는 다르</u> <u>다</u>. 그러나 양자 모두 <u>수치를 입력하는 기능</u>을 수행한다는 면에서 극히 유사하므로 <u>유사한 디자인</u>으로 인정할 수 있다.

〈 선행디자인 〉   〈 출원디자인 〉

"디지털 도어록용 화상"   "스마트폰용 화상"

V. 등록요건

1. 공업상 이용가능성 (제33조 제1항 본문)

(1) 공업상 이용가능성 인정 요건

1) "**공업적 생산방법**"이란 디지털 기술 또는 전자적 방식으로 표현되는 화상을 구현하는 것을 포함한다.

2) "**양산**"은 동일한 형태의 화상을 반복적으로 계속하여 생산하는 것을 말한다. 여기서 동일한 형태의 화상이란 완전히 같은 화상이 아닌, **통상의 디자이너**[30]가 합리적으로 해석하여 **같은 화상으로 볼 수 있는 수준의 동일성**을 말한다.

3) **물리적인 견본 또는 모형**으로 제출되거나 **재질**에 대하여 설명이 기재되어 있는 경우는 공업상 이용할 수 있는 화상디자인으로 **인정할 수 없다.**

(2) 구체성 흠결의 유형

1) 화상의 **용도 또는 기능**을 파악하기 어려운 경우

2) 화상 전체가 구체적으로 **표현**되어 있지 않은 경우

3) 도면이 선명하지 않아 디자인의 **요지 파악**이 불가한 경우

4) 출원서의 기재사항 및 출원서에 첨부한 **도면 간에 정합성**이 결여된 경우

5) 형태가 변화하는 **동적 화상**인 경우에 **변화의 순서나 형태**가 분명하지 않은 경우

2. 신규성 (제33조 제1항 각호), 관련디자인 (제35조), 선출원주의 (제46조)

(1) 화상디자인의 유사여부 판단 방법에 의해 적용여부를 판단한다.

(2) '물품의 부분에 표현된 화면디자인'과의 관계에서는 본 규정이 적용되지 않는다.

3. 창작비용이성 (제33조 제2항) <u>보충자료5</u>

(1) 일반적인 창작비용이성 판단 기준에 따른다.[31]

(2) 물품디자인과의 관계에서 창작비용이성 판단

1) 물품과 화상 간에도 **용도, 기능, 사용 실태** 등을 고려하여 서로 유사하거나 **혼용 가능성**이 있다면, 둘 중 하나가 공지된 경우 창작성 요건에 관해 판단할 수 있다.

2) 공지의 **물품디자인**(또는 물품의 부분에 표현된 **화면디자인**)에 **표현된 형태**를 화상디자인으로 **전용**하는 것이 해당 분야의 통상의 지식을 가진 자에게 **용이**한 수준이라면, 본 규정을 적용할 수 있다.

---

30) '그 물품에 관한 분야에서 통상의 지식을 가진 자', 혹은 '당업자'

31) 용이창작의 유형
　i) 구성요소 일부 치환 ii) 복수 디자인의 단순 조합 iii) 구성요소의 단순 배치 변경 iv) 구성요소 비율 변경 또는 구성단위 수 증감 v) 프레임 분할 방식의 단순 변경에 의한 용이창작

4. 확대된 선출원주의 (제33조 제3항) _{보충자료6}

(1) 화상디자인 상호 간

일반적인 확대된 선출원주의 기준에 따른다. 따라서 후출원된 화상디자인이 선출원된 화상디자인의 일부와 동일 또는 유사한 경우, 후출원은 확대된 선출원 위반으로 등록받을 수 없다.

(2) 화상디자인과 화면디자인 상호 간

물품의 부분에 표현된 화면디자인과 화상디자인 간에는 확대된 선출원을 **적용하지 않는다**.[32]

5. 1디자인1출원 (제40조 제1항)

(1) 원칙

화상디자인등록출원의 1디자인이란 **1화상에 대한 1형태**를 말한다.

(2) 위반 유형

1) **2 이상의 용도**를 「디자인의 대상이 되는 물품」란에 기재한 경우[33]

2) 도면에 **2 이상의 화상**이 표현된 경우(다만, 변화하는 화상 등에 해당하여 하나의 디자인으로 인정되는 경우는 제외한다.)

3) 하나의 화상에 **물리적으로 분리된 2 이상의 형태**가 표현된 경우

(3) 위반의 예외 _{보충자료7}

1) 도면에 2 이상의 화상이 표현된 경우에도, i) 화상들 간에 **상호 연관성**이 있거나, ii) 사용 행태 등을 고려할 때 복수의 화상이 하나로서 **일체로 실시**되는 경우에는 1디자인으로 인정할 수 있다.

2) 하나의 화상에 물리적으로 분리된 2 이상의 디자인이 표현된 경우라도, 출원서 및 도면의 기재사항, 사용 행태 등을 고려하여 디자인 **창작의 일체성**이 인정되는 경우에는 1디자인으로 인정할 수 있다.

(4) 동적 화상디자인의 경우

출원서 및 도면 등에 **동적 화상디자인**을 표현한 것임이 **명확**하게 설명된 경우, 1디자인으로 인정할 수 있다. 예를 들어, i) **동일한 기능을 수행**하거나, ii) 변화 전후의 화상디자인에 대하여 도형들 간의 공통점으로 인해 **형태의 관련성**이 있는 경우 1디자인으로 인정될 수 있다.

6. 정당한 물품명 (제40조 제2항)

i) 물품명에 **용도**가 포함되지 않은 경우(예: 화상디자인, 화상 등), 또는 물품명에 다른 용도가 포함된 경우(예: "○○ 조작용 화상"을 출원하면서 "○○ 기능발휘용 화상"으로 물품명을 기재한 경우), ii) "물품의 부분에 표현된 화면디자인"의 물품의 명칭을 기재하는 방식으로 **화면디자인의 물품명**을 기재한 경우(예: 화면디자인이 표시된 휴대용 단말기, 화면디자인이 표시된 액정 패널 등), 물품명 기재 위반으로 본다.

---

32) 예를 들어, 화면디자인이 선출원되고 화상디자인이 후출원된 경우에, 화면 표시부의 모양과 정보표시용 화상의 형태가 동일하거나 유사하더라도 해당 화상이 정보통신기기의 일부분과 반드시 유사한 디자인이라고는 볼 수 없으므로, 본 규정을 적용할 수 없다. (심사기준)
33) 예: 차량정보 표시용 화상 및 의료용 정보표시용 화상

VI. 절차 및 조치

1. 신규성 상실의 예외 (제36조)

(1) 공지된 물품디자인에 대하여 공지일로부터 12개월 이내에 화상디자인을 출원하면서 신규성 상실의 예외를 주장할 수 있다.

(2) 캐릭터 등은 디자인으로 성립되지 않으므로 원칙적으로 신규성 상실의 예외 주장의 대상이 될 수 없지만, 그 **캐릭터 그림 등**이 정보통신기기 **디스플레이 패널 등을 통해 표현**되었거나 **화상 디자인으로 공지**된 것이라면 **화상**디자인 출원 시에는 **신규성 상실의 예외 주장의 대상**이 된다.

2. 보정 (제48조), 분할출원 (제50조)

최초 출원된 도면과 동일성이 인정되는 범위에서 보정할 수 있으며, 소급효를 인정하는 제도의 취지상 1디자인 1출원 원칙을 위반한 경우에만 분할출원을 할 수 있다.

3. 조약우선권주장 (제51조)

(1) 제1국의 디자인이 화상디자인의 정의에 부합할 경우, 우선권을 주장하여 우리나라에 화상디자인을 출원할 수 있다.[34]

(2) 제1국에서 "물품의 부분에 표현된 화면디자인"을 출원하고, 우선권 주장하여 우리나라에서 "화상디자인"으로 출원한 경우, 설령 물품의 표시부 모양과 화상의 형태가 동일하더라도 동일성을 인정할 수 없다.

VII. 디자인권

1. 디자인권의 효력 (제92조)

화상디자인에 관한 디자인권자는 업으로서 등록디자인 또는 이와 유사한 디자인을 실시할 권리를 독점하므로(제92조), 등록된 화상디자인과 동일하거나 유사한 디자인을 실시하는 자에게 침해를 주장할 수 있다.

2. 침해 판단

(1) 화상디자인은 물품을 전제로 하지 않으므로, 실시된 화상이 등록된 화상디자인과 동일하거나 유사한 경우 침해가 성립할 수 있다. 반면, 물품의 부분에 표현된 화면디자인은 원칙적으로 화상디자인과 비유사하므로, 단순히 화면디자인을 실시한 것만으로는 침해로 보기 어렵다.

(2) 다만, 등록디자인의 구현 방식, 용도, 기능 등을 종합적으로 고려할 때, 물품의 표시부에 화면디자인으로 구현된 화상이 등록된 화상디자인의 실질적 실시로 볼 수 있는 경우에는 예외적으로 침해가 인정될 수 있다. 또한 화상디자인은 표시부의 특정이 요구되지 않으므로, 투사 방식이나 홀로그램 등 비전통적 구현 방식도 권리 범위에 포함될 수 있다.

---

34) [제6편. 심사 절차 및 조치_제4장. 조약우선권주장_보충자료1. 실질적 동일성 판단 (212p) 참고] 예를 들어, 우선권을 주장하는 제1 국의 출원디자인이 기기의 조작에 이용되거나 기능이 발휘되는 화상디자인으로 볼 수 있고, 그와 실질적으로 동일한 디자인을 우선권 주장하여 우리나라에 화상디자인으로 출원했다면 그 우선권 주장을 인정할 수 있다. (심사기준)

1. 공지디자인 등에 의하여 쉽게 창작할 수 있는 디자인의 유형 (치·조·배·비·단)

(1) 화상디자인의 구성요소의 일부분을 다른 디자인으로 치환
사례: 공지된 "영상편집용 화상"의 일부를 다른 공지디자인의 일부로 치환하여 구성

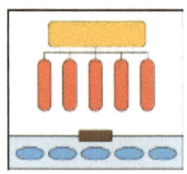 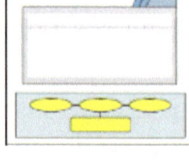 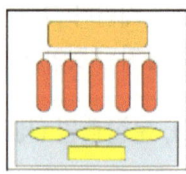

〈 공지디자인1 〉　　　　〈 공지디자인2 〉　　　　〈 출원디자인 〉

(2) 복수의 공지된 화상디자인을 조합하여 하나의 화상디자인을 구성
사례: 공지된 각각의 아이콘들을 단순하게 결합하여 구성

〈 공지디자인1 〉　　　　〈 공지디자인2 〉　　　　〈 출원디자인 〉

(3) 화상디자인의 구성요소의 배치변경
사례: 공지된 화상의 일부 구성요소의 위치를 단순하게 변경한 것에 불과한 "영상편집용 화상"

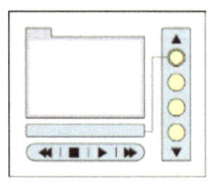  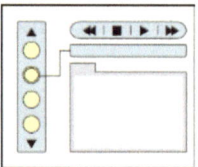

〈 공지디자인 〉　　　　　　　　〈 출원디자인 〉

(4) 화상디자인의 구성요소의 비율을 변경하거나 구성단위(연속단위) 수의 증감
사례: 공지된 화상디자인의 가로·세로간의 비례감을 변경하여 하나의 화상을 구성한 것에 불과한 "영상편집용 화상"

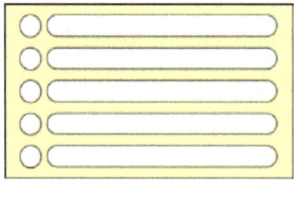 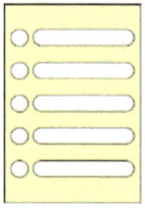

〈 공지디자인 〉　　　　　　　　〈 출원디자인 〉

(5) 프레임 분할 방식의 단순한 변경에 의한 용이창작

사례: 공지된 화상디자인의 세로형 프레임 분할방식을 단순히 가로형으로 변경한 것에 불과한 것

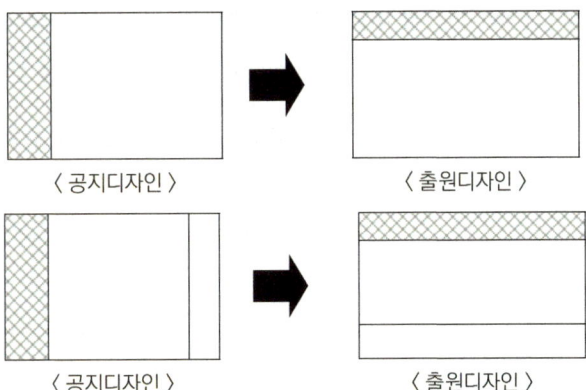

2. 공지의 **물품디자인에 표현된 형태**를 화상디자인으로 **전용(轉用)**하는 것이 해당분야의 통상의 지식을 가진 디자이너에게 **용이한 수준**이라면 창작이 용이한 디자인으로 본다.

사례1: 아래의 사례와 같이 공지된 "자동차의 디자인"을 거의 그대로 "정보표시용 화상디자인"으로 전용한 것이 해당분야에서 용이한 것이라면 창작성을 인정할 수 없다.

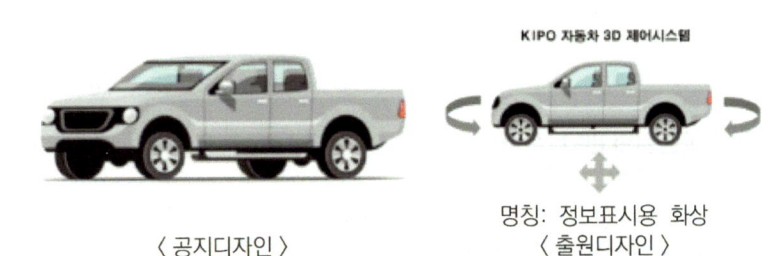

※ 공지된 "자동차 디자인"이 자기의 디자인이라면 공지일로부터 12개월 이내에 "정보표시용 화상디자인"을 출원하면서 신규성상실의 예외를 주장할 경우 등록받을 수 있다.

사례2: 아래의 사례와 같이 공지된 "화면디자인이 표시된 정보통신기기 디자인"의 화면 표시부를 거의 그대로 "정보표시용 화상디자인"으로 전용하는 것이 해당분야에서 용이한 것이라면 창작성을 인정할 수 없다.

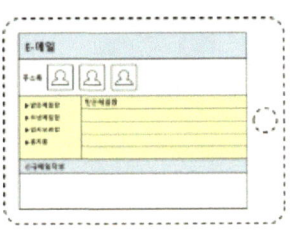
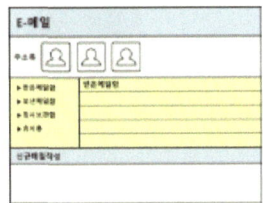

〈 공지디자인 〉
명칭: 화면디자인이 표시된 정보통신기기

〈 출원디자인 〉
명칭: 정보표시용 화상

화면디자인과 화상디자인 간의 등록요건 판단 (심사기준)

(1) [심사기준 中 '심사관 참고'] 화면디자인과 화상디자인 간 확대된 선출원주의 적용 (소극)

아래와 같이 **"화면디자인이 표시된 정보통신기기"**의 디자인이 **선출원**되고 **"정보표시용 화상"**의 디자인이 **후출원**된 후에 선출원 디자인이 공보에 게재된 경우, 화면표시부의 모양과 정보표시용 화상의 **형태가** 설령 동일·유사**하더라도** 해당 화상이 정보통신기기의 일부분과 반드시 유사한 디자인이라고는 볼 수 없으므로 **확대된 선출원 규정을 적용할 수 없다.**

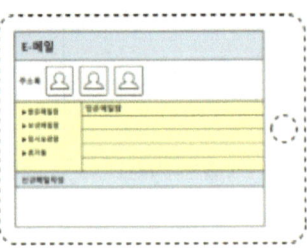
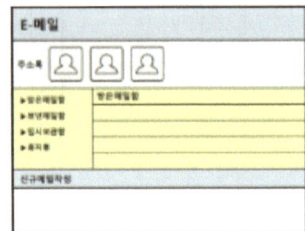

〈 선출원디자인 〉   〈 후출원디자인 〉

명칭: 화면디자인이 표시된 정보통신기기   명칭: 정보표시용 화상

(2) 그러나 물품과 화상 간에 **용도, 기능, 사용실태** 등을 고려하여 서로 **유사** 하거나 **혼용가능성**이 있다면, 둘 중 하나가 공지된 경우 **창작비용이성**에 관한 판단은 가능하다.

1디자인 등록출원의 판단 (심사기준)

(1) 도면에 2 이상의 화상이 표현된 경우에도, i) 화상들 간에 상호 연관성이 있거나, ii) **사용 행태** 등을 고려할 때 복수의 화상이 하나로서 일체로 실시되는 경우(아래 사례)에는 1디자인으로 인정할 수 있다.

사례) **"차량정보 표시용 화상"**으로서 3개의 **화상이 서로 분리**되어 있으나 일반적으로 **속도계, 엔진회전수계, 연료 잔량계** 등은 차량에 일체로서 탑재되어 사용되므로 하나의 디자인으로 인정할 수 있다.

[도면 1]
명칭: 차량정보 표시용 화상

(2) 하나의 화상에 물리적으로 분리된 2 이상의 디자인이 표현된 경우라도, **출원서 및 도면의 기재사항, 사용 행태** 등을 고려하여 **디자인 창작의 일체성이 인정**되는 경우에는 1디자인으로 인정할 수 있다.

사례) 계기판 부분과 지시바늘 등 개별 구성요소들이 각각 **물리적으로 분리**되어 있으나, 정보를 표현하기 위하여 **일체로서 기능하고 인식**되므로 1디자인으로 인정할 수 있다.

[도면 1]
명칭: 정보표시용 화상

(3) **동적화상디자인**의 경우, 「디자인의 설명」을 포함한 출원서 및 출원서에 첨부된 도면 등에 동적 화상디자인을 표현한 것임이 명확하게 설명되어 있다면 하나의 화상디자인으로 인정할 수 있다.

1) 동일한 기능을 위한 화상디자인일 것
아래는 만보기 기능의 화상디자인으로서 동적 변화 상태를 표현한 것이며 각각의 화상이 하나로서 동일한 기능을 수행하므로 하나의 디자인으로 인정할 수 있다.

[도면 1]　　　　[도면 2]　　　　[도면 3]　　　　[도면 4]
명칭: 정보표시용 화상

2) 변화 전후의 화상디자인에 대하여 도형들 간의 공통점으로 인하여 형태의 관련성이 있을 것
아래는 "정보표시용 화상"의 변화 전·후의 상태를 표현한 것인데, 원호 형상의 눈금자 부분의 형상, 도형과 문자의 배치상태 등이 일관되게 유지되고 있어 하나의 디자인으로 인정할 수 있다.

[도면 1]　　　　　　　　[도면 2]
명칭: 정보표시용 화상

1. '화상의 부분'은 화상디자인의 부분디자인으로 등록될 수 있다. **59회** 　　　[○ | ×]

2. 화상디자인으로 출원하는 경우, 공업적 생산방법에 의하여 동일한 디자인을 양산할 수 있어야 하며, 이때 '공업적 생산방법'이란 디지털 기술 또는 전자적 방식으로 표현되는 화상을 구현하는 것을 포함하며, '양산'이란 동일한 형태의 화상을 반복적으로 계속하여 생산하는 것을 뜻한다. **57회** 　　　[○ | ×]

3. 변화하는 화상디자인 상호 간에는 그 정지 상태와 변화 상태를 전체로서 비교하여 유사 판단하고, 변화하는 화상디자인에서 변화를 구성하는 속도, 간격의 차이는 유사 판단에서 고려하지 않는다. **53회** 　[○ | ×]

4. 변화하지 않는 "화상디자인"과 변화하는 "화상디자인"의 일부 정지 상태의 모양이 동일 또는 유사할 경우, 변화하는 "화상디자인"의 정지 상태의 해당 모양이 전체에서 차지하는 미감이 지배적이고 변화에 특이성이 없으면 양 디자인은 유사한 디자인으로 본다. **53회** 　　　[○ | ×]

정답 | 1. ○ 2. ○ 3. ○ 4. ○

제5장 물품의 부분에 표현된 화면디자인

I. 의의 (표·발·시·인·모·색)

1) "물품의 부분에 표현된 화면디자인(이하, '화면디자인'이라고 함)"이란 물품의 액정화면 등 **표시부의 발광 현상**에 의해 **시각**을 통해 **인식**되는 **모양 및 색채 또는 이들의 결합**을 말한다.

2) 법적으로는 물품의 모양, 즉 표면 장식이므로 '**부분디자인**'으로만 표현 가능하다.[35]

II. 성립요건[36]

1. 물품성

(1) 물품의 표시부에 통전(通電) 현상을 통해 일시적으로 구현되는 것이기는 하나, 물품의 일반적인 사용 상태를 기준으로 삼아 물품성을 갖춘 것으로 본다.

(2) 물품성을 갖추지 못한 경우 보충자료1

1) 물품 내에 **표시부가 구비**되지 않고 공간 또는 외부 매개물에 빛을 투사하여 표현되는 도형·기호 등의 경우, 혹은 표시부가 어느 하나로 **특정**될 수 없는 경우

2) 도형 또는 기호는 명확하게 도시되었으나, 출원 시 도면에 화면디자인이 표시되는 **구체적인 물품**(예: 디스플레이 패널)이 **도시**되지 않은 경우

2. 시각성 보충자료2

(1) 일반적인 물품의 표시부가 **육안으로 식별**될 수 없는 경우, 시각성이 인정되지 않는다.

(2) 다만, **통상적**으로 식별될 수 있는 **특수한 표시부**를 통해 화면을 관찰하는 것이 가능한 경우에는 시각성을 인정할 수 있다.

3. 성립요건 흠결시

제2조 제1호의 디자인의 정의에 합치되지 아니하는 것으로 보아, 제33조 제1항 본문(공업상 이용가능성) 위반으로 거절이유, 정보제공사유, 이의신청이유, 무효사유에 해당하여 등록받을 수 없다.

---

35) '물품의 부분에 표현되는 화면디자인' (예: 화면디자인이 표시된 모니터)으로 출원하는 대신 물품의 전체디자인으로 출원(예: 모니터)할 수도 있으며, 이러한 경우 물품의 명칭은 일반 물품의 명칭(예: 모니터)으로 기재하여야 한다.

36) 물품의 부분에 표현된 화면디자인의 성립 요건은 일반적인 부분디자인의 성립 요건과 기본적으로 동일하다.

(1) 물품 내에 **표시부가 구비되지 않고** 공간 또는 외부 매개물에 **빛을 투사**(Projection)하여 표현되는 도형, 기호 등은 물품성을 갖추지 못한 것으로 본다.

> **[사례]** 정맥 투시기의 화면디자인: **기기 내부에 표시부가 형성되어 있지 않고** 불특정한 외부 매개물(인체부) 표면에 화면이 표현되므로 대상을 특정하기 어려워 화면디자인으로서의 물품성을 인정할 수 없다.
>
>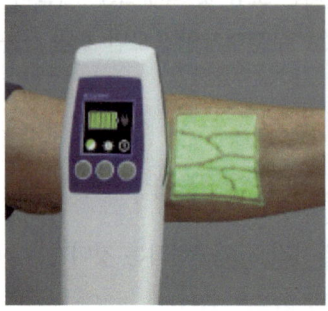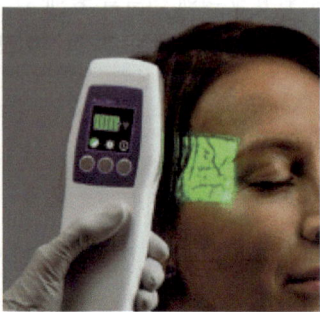
>
> (출처: AccuVein 사(社)의 AV500)

(2) 도형 또는 기호는 명확하게 도시되었으나 출원시 도면에 화면디자인이 표시되는 **구체적인 물품**(예: 디스플레이 패널)이 **도시되지 않은 경우**, 물품성을 인정할 수 없다.

> **[사례]** "화면디자인이 표시된 휴대전화기"로 물품의 명칭은 적절히 기재되었으나 다음과 같이 물품이 누락되어 도시된 경우 물품성을 인정할 수 없다. (표시부가 어느 하나로 특정될 수 없는 경우)
>
>
>
> [도면 1]
> 명칭: 화면디자인이 표시된 휴대전화기

시각성이 인정되는 경우 (심사기준)

[사례] 표시창을 통해 형태를 식별할 수 있는 정도이면 "화면디자인이 표시된 가상현실(VR) 헤드셋 디스플레이 패널" 로서 시각성을 인정할 수 있다.

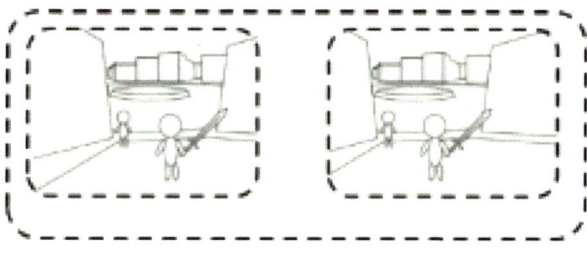

[도면 1]

명칭: 화면디자인이 표시된 가상현실(VR) 디스플레이 패널

III. 출원 절차

1. 출원서 (제37조 제1항)

(1) 물품류

로카르노 협정에 따른 물품류에 근거하여 기재하되, 화면이 표시되는 물품이 속하는 물품류 구분에 따라 심사 또는 일부심사 대상 물품으로 구분한다.

(2) 디자인의 대상이 되는 물품

로카르노 협정에 따른 물품류에 근거하여 화면이 표시되는 물품을 특정하여 기재한다.

예시: "화면디자인이 표시된 휴대용 단말기"(물품의 명칭), "화면디자인이 표시된 디스플레이 패널"(부품의 명칭을 기재) 등

2. 도면 (제37조 제2항)

(1) 화면디자인 **전부**가 도면에 명확하게 **도시**되어 보호대상을 충분히 특정할 수 있을 정도로 디자인의 표현이 구체적이어야 한다.

(2) **화면디자인이 도시되는 부분의 도면**(예: 표시부가 포함된 정면도)만 제출할 수 있으며, 나머지 도면을 생략한 취지를 디자인의 **설명**란에 기재해야 한다.37)

(3) 부분디자인으로 등록을 받으려는 부분과 제외되는 부분 간에 경계가 불명확한 경우, **경계를 1점쇄선** 또는 이와 상응하는 방법으로 도시해야 한다. 필요하다고 인정되면, 그 취지를 디자인의 설명란에 기재해야 한다.

---

37) 통상적으로 하나의 도면만으로도 디자인의 요지를 충분히 파악할 수 있는 경우에는 별도의 설명을 기재하지 않아도 된다.

(4) 2D 이미지 파일과 3D 모델링 파일을 각각 또는 혼합하여 제출할 수 있다. 참고도면은 동영상 파일 형식으로 제출할 수 있다.

(5) 곡면 디스플레이와 같이 표시부가 **입체적인 형상**이라면 정면도 외에도 디자인을 구체적으로 특정하기 위한 **2 이상의 도면**을 제출해야 한다.

(6) 동적 화면디자인 관련 기준

정지 상태 및 그 동작 상태를 알 수 있는 도면을 요하며, 필요하면 확대도 또는 사용 상태도를 제출해야 한다. 필요하다고 인정되면, 그 취지를 디자인의 설명란에 기재해야 한다.

IV. 화면디자인의 유사여부 판단

1. 물품의 동일·유사성 판단

(1) 물품의 유사여부 판단은 **일반적인 물품의 판단기준**에 따르며, 화면이 표시되는 물품의 유사여부를 따진다.

(2) **비유사물품**인 경우에도, 물품의 부분에 표현된 화면디자인의 특성상 **용도가 혼용**될 수 있는 경우에는 유사한 물품으로 인정할 수 있다.[38]

(3) 서로 용도가 상이하여도, **구체적인 기능**을 고려하여 물품의 유사여부를 판단할 수 있다.[39]

2. 형태의 동일·유사성 판단 (물·형·기·모·위·크·범·배)

(1) 디자인의 유사여부 판단방법

일반적인 디자인의 유사판단 기준에 따른다. 이 경우, **물품** 및 **표시부의 형상**, 화면디자인의 **구체적 기능, 모양·색채 이들의 결합**, 차지하는 **위치·크기·범위·배치** 등을 종합적으로 고려한다.

(2) 그 외의 고려할 부분

1) 등록받고자 하는 부분의 위치나 크기가 물품의 특성상 이용 과정에서 이동·확대·축소가 가능한 경우, 미감에 현저한 영향을 미치지 않는 것으로 판단한다.

2) '등록받고자 하는 부분을 제외한 부분'도 '등록받고자 하는 부분'의 구체적 용도와 기능, 위치, 범위 등을 파악하는 데 고려될 수 있다.

3) 색상이나 부수적인 시각적 표현이 미감에 영향을 미치는 경우 유사판단 시 고려될 수 있다.

4) 디자인의 유사여부는 모양의 기초가 되는 도안과 색상, 배치 및 구성 등의 시각적 표현을 종합하여 판단한다.

(3) 동적화면디자인의 경우[40]

---

38) [심사기준 사례] 1) **냉·온수 조작**을 위한 "화면디자인이 표시된 **냉·온수기**"와 "화면디자인이 표시된 **정수기**", 2) **날씨기능**을 나타내는 "화면디자인이 표시된 디스플레이 **패널**"과 "화면디자인이 표시된 디스플레이 **스크린**"

39) [심사기준 사례] "지도검색을 위한 물품의 부분에 표현된 화면디자인"과 "문서편집을 위한 물품의 부분에 표현된 화면디자인"은 서로 **용도가 상이**하나 **형태와 기능**이 유사하면 동일·유사한 물품으로 인정될 수 있다.

40) 동적 화상디자인의 유사여부 판단과 내용 동일.

V. 등록요건

1. 공업상 이용가능성 (제33조 제1항 본문)

(1) 공업상 이용할 수 있는 디자인의 요건

일반적인 부분디자인의 공업상 이용 가능성 요건을 따르며, 화면이 표시되는 물품이 기계에 의한 생산방법 또는 수공업적 방법에 의해 반복적으로 양산될 수 있어야 한다.

(2) 디자인의 구체성 흠결 사유

1) 제출된 도면에 화면디자인 전부가 충분히 도시되지 않아 구체적인 형태를 파악하기 어려운 경우

2) 부분디자인으로 등록받으려는 부분의 범위가 명확하게 특정되지 않았거나, 그 경계가 불명확한 경우

3) 물품의 부분에 표현된 동적 화면디자인의 심사 시, 제출된 변화 전·후의 도면만으로는 디자인의 요지를 구체적으로 파악하기 어려운 경우

2. 신규성 (제33조 제1항 각호), 관련디자인 (제35조), 선출원주의 (제46조)

화면디자인의 유사판단 방법에 의하여 적용여부를 판단한다.

3. 창작비용이성 (제33조 제2항) 보충자료3

(1) 창작비용이성 요건, 유형 및 판단방법은 일반적인 창작비용이성 판단 기준을 따른다.

(2) i) 표시부 내에서 부분디자인으로 등록받고자 하는 부분(실선 부분)을 중심으로 용이창작 여부를 판단하되, ii) 필요한 경우 파선 부분의 기능 및 용도 등을 종합적으로 고려하여 판단할 수 있다.

4. 1디자인1출원 (제40조 제1항)

(1) **1개의 표시부 내**에 도시된 것[41]이라면, 각각의 구성요소의 형태적·기능적 일체성 여부와 관계없이 1디자인으로 본다.

(2) 동적 화면디자인의 경우

화면디자인을 표현하는 2 이상의 디자인들 간에 **형태적 관련성 및 변화의 일정성**이 있는 경우에는 하나의 디자인으로 본다.

5. 정당한 물품명 (제40조 제2항)

아래와 같은 경우 물품명 기재방법 위반으로 등록받을 수 없다.

1) **표시부 자체**를 물품의 명칭으로 기재하거나, **구체적인 물품**이 지정되지 않은 경우[42]

2) 화면디자인이 표시되는 **물품을 특정**하지 않은 경우[43]

3) 물품의 명칭과 디자인 도면에 표현된 **물품이 상이**한 경우[44]

---

41) 도형들이 물리적으로 분리되어 있어도 전체적으로 하나의 아이콘으로서 일체감을 지니는 경우("화면디자인이 표시된 태블릿 PC"), '재생, 정지, 빨리감기, 볼륨조절' 버튼이 하나의 표시부에 배치되는 경우("화면디자인이 표시된 디스플레이 패널") 등
42) "화면디자인이 표시된 디스플레이", "화면디자인이 표시된 정보통신기기" 등
43) "그래픽 유저 인터페이스", "어플리케이션 디자인", "캐릭터" 등
44) 물품의 명칭은 "화면디자인이 표시된 디스플레이패널"로 기재하였으나, 디자인 도면에는 "휴대폰"의 형상이 도시된 경우

VI. 절차 및 조치

1. 보정 (제48조), 분할출원 (제50조)

최초 출원된 도면과 동일성이 인정되는 범위에서 보정할 수 있다. 소급효를 인정하는 제도의 취지상, 1디자인 1출원 원칙을 위반한 경우에만 분할출원을 할 수 있다.

2. 조약우선권 주장 (제51조)

(1) 우선권 주장의 요건, 방식, 절차 등의 구체적인 판단은 일반적인 물품의 심사기준에 따른다.

(2) 물품의 동일성 여부 판단

물품 명칭이 다르더라도, 우선권 증명서류의 기재내용 및 도면 등을 종합적으로 고려하여, 물품의 용도·기능이 실질적으로 동일하면 물품의 동일성을 인정할 수 있다.

(3) 디자인의 동일성 여부 판단

1) 우선권 증명서류에 표현된 디자인 가운데 우리나라 출원디자인과 실질적으로 동일한 디자인이 포함되어 있으면 동일성이 인정되는 것으로 본다.[45]

2) 제1국 디자인이 전체 디자인으로 출원되었으나 우리나라에는 부분디자인으로 출원한 경우, 디자인의 동일성을 인정하지 않는 것이 원칙이다.

3) 다만, 제1국에 부분디자인 제도가 없는 경우에는 등록받고자 하는 부분의 실질적 동일성, 물품의 명칭, 디자인의 설명, 물품류 구분 등을 종합적으로 고려하여 디자인의 동일성 여부를 판단한다.

VII. 디자인권

1. 디자인권의 효력 (제92조)

물품의 부분에 표현된 화면디자인에 관한 디자인권자는 업으로서 등록디자인 또는 이와 유사한 디자인을 실시할 권리를 독점하므로(제92조), 등록된 화면디자인과 동일하거나 유사한 디자인을 실시하는 자에게 침해를 주장할 수 있다.

2. 침해 판단

화면디자인 침해 여부는 디자인의 대상이 되는 물품의 동일·유사를 기준으로 판단하므로, 화면이 표시되는 물품이 비유사한 경우, 디자인권의 효력이 미치지 않는다.[46]

---

45) 우리나라에서 등록받으려는 디자인이 우선권 증명서류에 포함된 도면 중 참고도면(예: reference, embodiment, appendix 등)에만 표현되어 있더라도, 디자인의 동일성 여부는 물품의 명칭, 디자인의 설명, 물품류 등을 종합적으로 고려하여 판단한다.
46) 다만, '화면디자인이 표시된 디스플레이 패널' 등과 같은 부품의 명칭으로 등록받은 경우, 비유사한 물품이라 하더라도 '디스플레이 패널'을 포함하는 완성품에 대해서는 침해를 주장할 수 있다.

1. **'물품의 부분에 표현된 화면디자인'이 해당 분야에서 통상의 지식을 가진 디자이너라면 누구나 손쉽게 창작할 수 있는 디자인으로 인정되는 경우, 창작비용이성 위반이다.**

> **[사례]** 공지의 손목시계의 **"시계문자판 디자인"**을 물품의 **"부분에 표현된 화면디자인"**으로 **전용**하여 나타낸 것은, 해당 분야의 통상의 지식을 가진 디자이너가 용이하게 창작할 수 있는 이른바 **상업적, 기능적 변형**에 불과한 것이어서 디자인등록을 받을 수 없다.

명칭 : 손목시계   명칭 : 화면디자인이 표시된 디스플레이 패널

〈 공지디자인 〉   〈 출원디자인 〉

> **[사례]** 공지의 **형상, 모양, 색채의 결합**(공지디자인 1 + 공지디자인 2)에 기초하여 **흔한 방법으로 변화 전·후를 표현**한 것에 불과한 것은 창작이 용이한 디자인으로 본다.

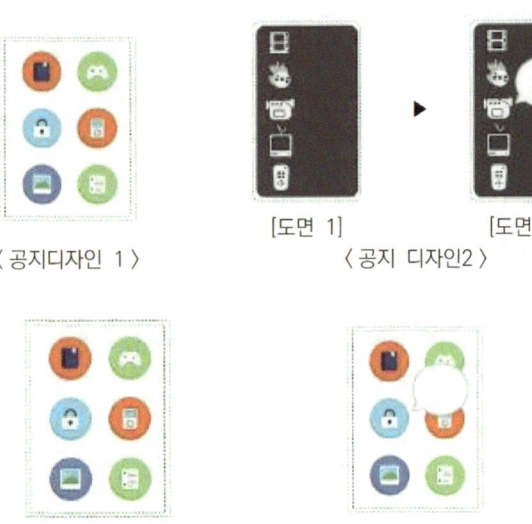

〈 공지디자인 1 〉   [도면 1]   [도면 2]

〈 공지 디자인2 〉

[도면 1]   [도면 2]

〈 출원디자인 〉

[사례] 아이콘메뉴창의 구성 일부의 위치를 단순하게 변경한 것에 지나지 않는 "화면디자인이 표시된 태블릿 PC"디자인은 창작이 용이한 디자인으로 본다.

〈 공지디자인 〉 　　　　　　　 〈 출원디자인 〉

[사례] 공지디자인의 음악재생 목록일부를 단순히 연장하여 표현한 것에 불과한 "화면디자인이 표시된 태블릿 PC"디자인은 창작이 용이한 디자인으로 본다.

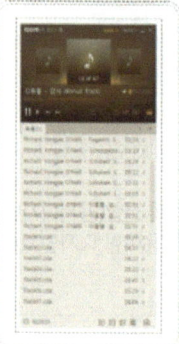

〈 공지디자인 〉 　　　　　　 〈 출원디자인 〉

2. 쉽게 창작할 수 있는 디자인의 유형

(1) 공지디자인 등의 결합에 의하여 쉽게 창작할 수 있는 디자인

(가) 디자인의 구성요소의 일부분을 다른 디자인으로 치환

[사례] 공지된 휴대전화기 메인화면 디자인(공지디자인 1)의 일부를 공지된 화면디자인(공지디자인 2)으로 치환한 "화면디자인이 표시된 휴대전화기"는 창작이 용이한 디자인으로 본다.

〈 공지디자인 1 〉 　　　 〈 공지디자인 2 〉 　　　 〈 출원디자인 〉

(나) 복수의 디자인을 조합하여 하나의 디자인을 구성

[사례] 공지된 각각의 아이콘들을 단순하게 결합하여 구성한 "화면디자인이 표시된 휴대전화기"

| 〈 공지디자인 1 〉 | 〈 공지디자인 2 〉 | 〈 출원디자인 〉 |

(다) 공지된 모양·색채 또는 화면을 다른 물품에 거의 그대로 표현

[사례] 공지된 'TV 화면'을 '게임기'에 거의 그대로 나타낸 "화면디자인이 표시된 게임기"

〈 공지디자인 〉   〈 출원디자인 〉

(2) 주지의 형상·모양·색채 또는 이들의 결합에 기초

(가) 물품의 부분에 표현된 화면디자인이 업계 또는 특정 운영체제(Operating system)의 표준 픽토그램이나 아이콘 등 주지의 모양 또는 이들의 결합으로 이루어진 경우

잠김	찾기	음악	하트	홈
해제	인터넷	쇼핑	메일	시간
음량	말풍선	여행	즐겨찾기	선택

(나) **색채**는 그것이 모양을 이루는 경우에 한하여 판단요소로 하고 단일색으로 채색된 것은 **창작성 판단에 영향이 없는 것**으로 본다.

(다) **자연물**, 유명한 저작물, 유명한 건조물, 유명한 경치 등의 사진을 거의 **그대로 물품의 부분에 표현된 화면디자인으로 출원**한 경우 쉽게 창작할 수 있는 디자인으로 본다.
※ 단, 자연물, 유명한 저작물 등이더라도 그 표현방법이 독창적이거나 변형의 폭이 큰 경우 주지의 형상으로 보지 않는다.

(라) **일반적인 방법의 프레임 분할** 정도에 지나지 않은 경우 (흔한 레이아웃, 프레임 분할, 배치 등)

(3) 공지디자인이 주지의 모양 등과 결합한 창작비용이성

[사례] 공지디자인과 주지의 사각형 모양을 결합하여 "화면디자인이 표시된 디스플레이 패널"로 나타낸 경우도 쉽게 창작할 수 있는 디자인으로 본다.

3. 부분디자인으로 등록받고자 하는 부분(실선 부분)을 고려하여 창작비용이성 여부를 판단하되, 필요한 경우 파선 부분의 기능 및 용도 등을 종합적으로 고려하여 판단할 수 있다.

[창작성 불인정] 등록받고자 하는 부분이 주지의 사각형을 단순히 균등하게 분할한 정도에 불과한 경우	**[창작성 인정]** 표시부 내부에 주지의 사각형을 배열하였으나 크기 변화, 구성, 배치 등을 종합적으로 고려하였을 때 창작성을 인정할 수 있다.
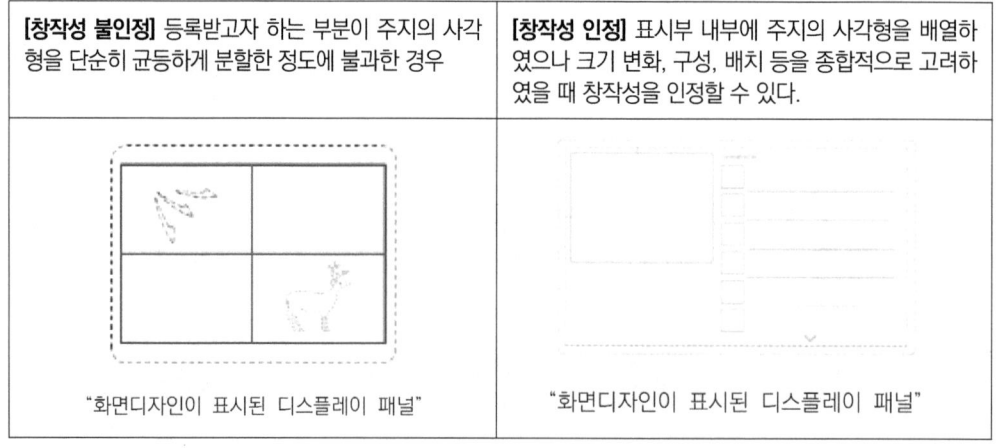	
"화면디자인이 표시된 디스플레이 패널"	"화면디자인이 표시된 디스플레이 패널"

1. 물품의 액정화면 등 표시부에 표시되는 도형 등(물품의 부분에 표현된 화면디자인)이 물품에 일시적으로 구현되는 경우에도 그 물품은 화면디자인을 표시한 상태에서 공업상 이용할 수 있는 디자인으로 취급한다. **51회**

[O | X]

2. 물품의 부분에 표현된 화면디자인은 물품의 표시부에 일시적으로 구현되는 것이라면 화면을 표시한 상태로써 물품성을 갖추지 못한 것으로 본다. **53회**

[O | X]

3. 물품의 부분에 표현된 동적 화면디자인의 출원에 있어 움직임에 형태적 관련성 및 변화의 일정성이 없거나 변화의 과정이 도시되지 않은 경우에는 1디자인 1디자인등록출원에 위반되는 것으로 취급한다. **51회**

[O | X]

정답 | **1.** ○ **2.** ✕ **3.** ○

제6장 완성품과 부품의 관계 (부품디자인)

Ⅰ. 의의

1) **완성품**이란 독립 거래의 대상이 되고 단독으로 실시할 수 있는 물품을 말하고, **부품**이란 완성품의 일부를 구성하는 물품으로서 분리가 가능하고 독립 거래의 대상이 되는 것을 말한다.

2) 원칙적으로 완성품과 부품은 용도가 달라 **비유사물품**으로 본다. 다만, **예외적으로 부품의 구성이 완성품에 가까운 경우**에는 유사물품으로 보아 디자인의 유사 여부를 판단한다. **(부·구·완·가)**

Ⅱ. 성립요건 관련 문제: 물품성

부품은 독립된 거래의 대상 및 호환의 가능성이 있어야 물품으로 인정된다.

[판례] 반드시 실제 거래사회에서 현실적으로 거래되고 다른 물품과 호환되어야 하는 것은 아니며, **독립된 거래의 대상 및 호환의 가능성**만 있으면 디자인 등록의 대상이 된다.[47]

Ⅲ. 등록요건

1. 신규성 (제33조 제1항 각호)

(1) 완성품이 먼저 공지된 경우, 공지된 완성품에 부착된 부품과 동일 또는 유사한 부품은 신규성 위반이다.

(2) 부품이 먼저 공지된 경우, 공지된 부품을 포함하는 완성품은 신규성 위반이 아니다. 다만, 부품의 구성이 완성품에 가까운 경우에는 유사물품으로 취급되므로 신규성 위반이 될 수 있다.

2. 창작비용이성 (제33조 제2항)

(1) 원칙적으로 공지 또는 주지의 부품이 결합하여 완성품을 구성하는 경우, 창작성 요건을 충족하지 않아 창작성 요건 위반이 될 수 있다.

(2) 다만, 그 결합이 당업계의 통상의 지식으로 이루어질 수 없는 경우에는 창작성 요건 위반이 아니다.

3. 확대된 선출원 (제33조 제3항)

(1) 원칙적으로 후출원된 부품은 선출원된 완성품의 일부를 구성하므로, 선출원이 출원공개 또는 등록공고된 경우에는 확대된 선출원 위반에 해당한다.

---

47) 98후2900

(2) 다만, 부품의 구성이 완성품에 가까운 경우에는 유사물품으로 취급되므로, 확대된 선출원이 아닌 선출원주의 위반 여부가 문제된다.[48]

4. 선출원주의 (제46조), 관련디자인 (제35조)

(1) 완성품디자인과 부품디자인은 상호 비유사하므로, 유사를 전제로 하는 관련디자인 제도와 선출원주의는 적용될 수 없다.

(2) 다만, 부품의 구성이 완성품에 가까운 경우에는 적용될 수 있다.

IV. 절차 및 조치

1. 신규성 상실의 예외 (제36조)

완성품이 공지 등이 된 후 부품을 출원하는 경우, 공지 등이 된 완성품 디자인에 대해 신규성 상실의 예외를 적용받을 수 있다(그 역도 같다).

2. 조약우선권 주장 (제51조), 보정 (제48조)

완성품디자인과 부품디자인 상호 간에는 동일성을 전제로 하는 조약우선권 주장이나 보정의 대상이 될 수 없다.[49]

3. 분할출원 (제50조)

최초 출원된 완성품에 관한 출원을 그 각각의 부품으로 분할출원 할 수 없다. 완성품은 1디자인으로 인정되기 때문이며, 나아가 서로 상이한 디자인에 대해 소급효를 인정하는 것은 분할출원의 취지에 부합하지 않기 때문이다.

V. 등록 이후의 법률관계

1. 완성품에 관한 디자인권이 존재하는 경우

(1) 원칙적으로 완성품과 부품은 **비유사**하므로, 그 부품의 실시는 **직접침해를 구성하지 않는다.** 다만, 부품의 구성이 완성품에 가까운 경우에는 직접침해를 구성할 수 있다.

(2) 완성품과 동일 또는 유사한 물품의 생산에만 사용하는 부품을 업으로서 생산하거나 유통하는 경우에는 **간접침해**가 성립할 수 있다(제114조).

---

48) 심사 실무상, 확대된 선출원 규정과 선출원주의 규정이 동시에 적용되지는 않는다.
49) 완성품디자인과 부품디자인은 비유사하며, 부품의 구성이 완성품에 가까운 경우라도 상호 간 유사한 디자인으로 인정받을 수 있을 뿐, 동일성은 인정되지 않기 때문이다.

2. 부품에 관한 디자인권이 존재하는 경우

(1) 원칙적으로 완성품과 부품은 비유사물품으로 취급되지만, 완성품의 실시는 해당 부품을 **그대로 포함**한 상태로 실시되는 것이므로 **직접침해**를 구성한다. 또한, 부품의 구성이 완성품에 가까운 경우에도 유사물품으로 취급되므로 **직접침해**가 성립한다.

(2) 등록 단계에서는 부품과 완성품이 비유사물품으로 각각 등록될 수 있으나, 이 경우 후출원 완성품의 실시는 선출원된 부품디자인에 대해 **이용관계**가 성립할 수 있다(제95조).

기출 지문 OX

1. 물품이 디자인등록의 대상이 되기 위해서는 통상의 상태에서 독립된 거래의 대상이 되어야 하고, 그것이 부품인 경우에는 다시 호환성을 가져야 하나, 이는 반드시 실제 거래사회에서 현실적으로 거래되고 다른 물품과 호환될 것을 요하는 것은 아니고, 그러한 독립된 거래의 대상 및 호환의 가능성만 있으면 디자인등록의 대상이 된다. 59회 　　　　　　[○ | ×]

2. 공지된 완성품에 부착된 물품과 동일하거나 유사한 부품에 대한 출원은 신규성을 상실한다. 50회 [○ | ×]

3. 공지된 부품을 이용한 완성품은 그 부품이 공지된 것을 이유로 거절한다. 53회 　　　[○ | ×]

4. 1디자인 1디자인등록출원으로 출원한 완성품 디자인에 관한 디자인등록출원은 각각의 부품별로 분할하여 출원할 수 있다. 50회 　　　　　　　　　　　　　　　[○ | ×]

5. 완성품에 관한 등록디자인에 포함된 부품을 제3자가 정당한 권원 없이 업으로서 실시하는 경우, 부품의 구성이 완성품에 가까워 유사 물품인 경우를 제외하고는 직접 침해가 성립할 수 없다. 50회 　　[○ | ×]

정답 | 1. ○ 2. ○ 3. × 4. × 5. ○

제7장

형상만의 디자인

Ⅰ. 의의

형상이란 물품이 공간을 점하고 있는 윤곽을 말하며, 형상만의 디자인이란 도면에 형상만을 도시하고 형상의 내부 여백에 어떠한 표시도 없으며, 이에 대해 디자인의 설명에도 어떠한 설명도 없는 디자인을 말한다.[50)]

Ⅱ. 내부 여백에 대한 해석

1. 학설의 대립

(1) 무색설

형상만을 추상적으로 상정한 것이므로, 여백 부분은 아무것도 정하고 있지 않다는 견해

(2) 무모양일색설

도면의 여백 부분이 무모양·일색임을 적극적으로 표명하고 있는 것이라는 견해

2. 검토

무모양일색설은 출원인의 의사를 무시하고 여백 부분에 무모양·일색이 존재한다고 해석하는 데에 문제가 있다. 무색설은 보호범위가 과도하다는 우려가 있으나, 형상 자체의 참신한 창작적 가치를 인정한다면 형상만의 디자인 그 자체를 보호할 필요성이 있으므로 무색설이 타당하다.

Ⅲ. 형상만의 디자인과 이에 색채 또는 모양이 결합된 디자인의 유사 여부

1. 형상만의 디자인과 이에 색채를 부가한 디자인 간의 유사 여부

색채는 모양을 구성하지 않는 한 유사 판단의 요소로 고려되지 않으므로(판례), 양 디자인은 유사하다.

2. 형상만의 디자인과 이에 모양을 부가한 디자인 간의 유사 여부

원칙적으로 양 디자인은 모양이 상이하여 비유사하다. 다만, 예외적으로 형상이 매우 참신하여 전체적인 디자인의 미감에 큰 영향을 미치는 경우에는 모양이 달라도 양 디자인은 유사한 것으로 취급될 수 있다.

---

50) 논의의 취지: 실질적으로 형상이 존재하고 모양 또는 색채가 없는 물품은 존재하지 않지만, 형상은 원칙적으로 형태의 필수적 구성요소로 해석된다. 일반적으로 형상의 창작은 모양의 창작에 우선하며, 형상과 모양은 관념적으로 분리가 가능하므로 도면에 형상만을 표현할 수 있어 형상만의 디자인도 보호될 수 있는 것으로 해석된다.

IV. 문제되는 등록요건

1. 신규성 (제33조 제1항 각호)

(1) 형상만의 디자인이 공지된 경우

1) 형상만의 디자인과 이에 모양을 부가한 디자인은 원칙적으로 신규성 위반이 아니다. 다만, 형상이 매우 참신하여 디자인이 유사한 것으로 취급되는 경우에는 신규성 위반이 될 수 있다.

2) 형상만의 디자인과 이에 색채를 부가한 디자인은 신규성 위반이다.

(2) 모양·색채와 결합된 디자인이 공지된 경우

모양이나 색채와 결합된 디자인이 공지되면, 그 형상도 함께 공지된 것으로 보므로, 이후 형상만의 디자인을 출원하면 신규성 위반이 된다.

> **형상만의 디자인에 대한 확대된 선출원주의(제33조 제3항) 적용 여부에 관한 견해**
>
> **(1) 비적용 견해**
> 디자인의 일부란 선출원디자인의 외관 중 포함된 하나의 폐쇄된 영역을 의미하며, 형상·모양·색채와 같은 구성요소를 관념적으로 분리한 것은 디자인의 일부에 해당하지 않는다. 따라서 선출원디자인이 결합디자인인 경우, 형상만의 디자인에 관한 후출원은 <u>확대된 선출원주의 위반이 아니라는</u> 견해가 있다.
>
> **(2) 적용 견해**
> 선출원 결합디자인의 구성요소인 형상을 그대로 포함하면서, 창작적 요소 중 하나인 모양을 제외한 형상만의 디자인을 후출원하여 등록받는 것은, 결과적으로 선출원디자인보다 더 넓은 권리범위를 인정하게 된다. 따라서 이를 방지하기 위해 형상만의 디자인에 관한 후출원에는 확대된 선출원주의 규정을 적용해야 한다는 견해가 있다.

V. 형상만의 디자인과 형상·모양의 결합디자인 간의 이용관계 성립 여부

1. 이용관계에 대한 판례의 태도

이용관계란, 선출원 등록디자인과 **비유사하나**, 선등록 디자인의 **요지를 전부 포함**하고 선등록디자인의 **본질적 특징**을 손상시키지 않은 채 자신의 디자인 내에 **그대로 도입**하고 있어, 후등록디자인을 실시하면 **필연적으로 선등록디자인을 실시**하는 관계일 것을 요한다는 입장이다.[51]

---

51) 선등록디자인과 후디자인이 이용관계에 있는 경우, 후디자인은 선등록디자인의 권리범위에 속하게 된다. 후디자인이 선등록디자인을 이용하는 관계란, 후디자인이 전체적으로는 선등록디자인과 유사하지 않더라도(즉, 비유사) 선등록디자인의 요지를 전부 포함하고, 그 본질적 특징을 손상시키지 않은 채 그대로 자신의 디자인 내에 도입하고 있어 후디자인을 실시하면 필연적으로 선등록디자인을 함께 실시하는 관계에 있는 경우를 말한다. (99후888 및 2009후2968)

2. 견해의 대립

(1) 긍정설: 형상 및 모양의 결합디자인의 실시는 등록된 형상만의 디자인을 전부 실시하는 것이 되므로, 이용관계가 성립된다.

(2) 부정설: 디자인은 형상·모양·색채가 혼연일체로 결합되어 성립되는 것이므로, 양자는 별개의 디자인으로 해석되어 유사성이 인정되지 않는 경우 이용관계도 성립할 수 없다.

(3) 절충설: 형상 및 모양의 결합디자인에 관한 물품을 생산할 때, 형상을 먼저 만들고 그 위에 모양을 부가하는 경우에 한해 이용관계를 인정한다.

3. 검토

부정설은 형상만의 디자인에서 내부 여백에 대한 자의적 해석을 전제로 한다는 점에서 타당하지 않으며, 절충설은 물품의 제조 방식에 따라 법적 판단이 달라질 수 있다는 점에서 일관성을 결여하므로 타당하지 않다. 결국, 판례의 태도에 따를 때, 참신한 형상(요지)에 모양이 결합하더라도 본질적 특성이 손상되는 것은 아니며, 형상과 모양은 구별 가능한 요소이므로, **결합디자인을 실시하면 형상을 그대로 실시하는 이용관계로** 보아야 한다. 따라서 긍정설이 타당하다.

제8장 문자를 포함하는 디자인

I. 의의[52] (직·결·시·전·기)

문자란 직접 또는 결합에 의하여 시각적으로 그 의미가 전달될 수 있는 기호를 말한다.

II. 문자의 법적취급 – 디자인의 구성요소(모양) 인정 여부

1) 물품에 표현된 문자가 물품을 장식하는 기능만을 하거나, 정보 전달 기능과 장식 기능을 함께 수행하는 경우, 문자를 모양으로 보아 디자인의 구성요소로 취급한다.

2) 오로지 정보 전달을 위해 사용되는 경우에는 모양으로 보지 않으므로, 디자인의 구성요소로 취급하지 않는다. 다만, 이 경우에도 삭제를 요구하지는 않는다.

3) 오로지 정보 전달만을 위해 사용되는 문자의 예 (신·문·성·사·인) 보충자료↑
i) 신문·서적의 문장 부분 ii) 성분표시, 사용설명, 인증표지 등을 보통의 형태로 나타낸 문자

III. 등록요건

1. 공업상 이용가능성 (제33조 제1항 본문)

(1) 디자인의 내용 설명을 위한 문자, 그 밖에 디자인을 구성하지 않는 점·선·부호 또는 문자를 표시한 경우에는 도면 기재불비에 해당한다.

(2) 다만, i) 합리적으로 해석하여 디자인의 요지를 파악할 수 있는 경우, ii) 모양과 혼동되지 않는 범위에서 제한적으로 사용하는 경우에는 도면 기재불비로 보지 않는다. 모양과 혼동되지 않게 하기 위하여 필요한 경우 디자인의 설명란에 그 취지를 기재할 수 있다. (합·파·혼·제·사)

2. 유사 판단 (신규성, 선출원주의 등)

(1) 문자는 모양으로 인정되므로, 신규성 및 선출원주의 (제33조 제1항 각호, 제46조) 판단 시 문자 자체의 동일 또는 유사 여부는 해당 물품을 전제로 한 모양의 유사 판단에 의한다.

(2) 따라서 문자를 포함하는 디자인의 유사 여부는 i) 디자인의 대상이 되는 물품의 동일 유사를 전제로, ii) 주제의 표현방법, 배열, 무늬의 크기 및 색채 등을 종합적으로 고려하여 판단한다. (주·표·배·무·크·색)

---

52) 종래에는 문자가 갖는 정보성과 공지성으로 인해 문자를 디자인의 구성요소로 인정하지 않는 입장이었으나, 문자를 응용한 디자인의 창작을 충분히 보호하고 장려하기 위하여, 2003년 7월 1일 시행된 심사기준 개정을 통해 장식성이 있는 문자를 디자인의 구성요소 (모양)로 인정하게 되었다.

3. 창작비용이성 (제33조 제2항)

문자를 그대로 형상 또는 모양으로 표현한 출원디자인은 주지 형태로부터 쉽게 창작할 수 있는 디자인에 해당되어 창작비용이성 위반이 문제될 수 있다.

[판례] "KOREA FORK"와 같은 영문자만을 단순히 표현한 경우, 이미 공지·공용된 것으로 **창작성이 결여되어 있으므로 단순히 영문자만을 표시**한 디자인은 등록 대상이 될 수 없다.53)

4. 부등록사유 (제34조 제1호 내지 제3호)

다음에 해당하는 문자를 포함하는 디자인은 등록을 받을 수 없다.
1) 국기, 국제기구 등 **특정 기관의 문자와 동일**하거나 **유사한 문자**(제1호)
2) 디자인이 주는 **의미나 내용** 등이 일반인의 통상적인 도덕관념에 반하거나 선량한 풍속 및 공공질서를 해칠 우려가 있는 문자(제2호)
3) 타인의 **저명한 문자 상표**를 디자인으로 표현하여, 타인의 업무에 관계되는 **물품과 혼동**을 가져올 염려가 있는 문자(제3호)

IV. 절차 및 조치

1. 보정 (제48조)

(1) 오로지 **정보 전달만을 위한 문자를 삭제**하는 보정, 또는 **디자인을 구성하지 않는** 지시선, 부호, 문자 등을 **삭제하는 보정은 요지변경에 해당하지 않으므로 허용**된다.
(2) 다만, 디자인을 구성하는 문자가 단순하고 흔한 문자 배열이 아니라 상당 부분 **도안화·도형화**되어 모양 또는 패턴으로 인식될 정도에 이른 경우에는, 이를 **삭제하는 보정은 요지변경**에 해당한다.

V. 디자인권

1. 디자인권 및 침해 여부 (제92조)

디자인권자는 업으로서 문자를 포함하는 등록디자인 또는 이와 유사한 디자인을 실시할 권리를 독점한다. 다만, 등록디자인과 물품이 비유사한 경우, 비록 문자부분이 동일·유사하더라도 침해를 주장할 수 없다.

2. 부등록사유 (제34조) 및 이용·저촉 문제 (제95조)

(1) 주지·저명한 문자상표를 포함하는 디자인은, 타인의 업무와 관계되는 물품과 혼동의 염려가 있으므로 등록을 받을 수 없다(제34조 제3호).
(2) 그러나 주지·저명하지 않은 선출원 문자상표를 포함하는 디자인의 경우, 타인의 업무와 관계되는 물품과 혼동의 염려가 없다면 등록받을 수 있다. 향후 해당 문자상표가 상표로 등록된다면 디자인권과 상표권 간의 이용 또는 저촉 관계가 문제될 수 있다.

---

53) 88후1021 판결

물품에 표현된 문자·표지의 취급 (심사기준 中 심사관 참고)

(1) 물품에 표현된 문자표지 중 아래 사항은 모양으로 보아 디자인의 구성요소로 취급한다.

   1) 상당한 정도로 도형화되어 물품을 장식하는 기능만을 하는 것

   2) 정보를 전달하는 기능과 물품을 장식하는 기능을 함께 하는 것

(2) 물품에 표현된 문자표지 중 오로지 정보전달을 위해 사용되고 있는 것으로서 아래의 경우는 모양으로 보지 않아 디자인을 구성하는 것으로 취급하지 않는다. 다만, 물품에 표현되어 있어도 삭제를 요하지 않는다.

1) 신문·서적의 문장부분 2) 성분표시, 사용설명, 인증표지 등을 **보통의 형태**로 나타낸 문자·표지

문자가 표시된 "휴대전화기"   인증마크가 표시된 "포장지"

기출 지문 OX

1. 디자인등록출원서에 첨부된 도면에 기재된 물품의 표면에 표현된 문자가 정보 전달 이외에 물품의 장식을 위하여도 사용되어 있는 경우에는 당해 문자를 포함하여 등록디자인의 보호범위를 정한다. 47회   [○ | ×]

정답 | 1. ○

제9장

동적디자인

I. 의의[54]

(1) 동적디자인이란, **물품의 형태**가 그 물품이 가지는 **기능에 의하여 변화**하는 것을 말한다.

(2) 물품의 형태 변화 유형에 따라 다음과 같이 구분된다.

　i) 형상 동적디자인, ii) 모양 동적디자인, iii) 색채 동적디자인, iv) 형상·모양·색채의 결합 동적디자인

II. 성립요건 (기·시·예·일)

1. 물품의 형태가 기능에 의해 변화할 것

(1) 물품의 형태가 물품의 기능에 따른 구조적 변화에 따라 발휘되는 특성을 기초로, 변해야 한다.

(2) 따라서, 정지 상태의 디자인에 물리적 요소가 추가 또는 교체되는 경우, 재질의 연성에 의해 형태가 변하는 경우[55] 등은 동적디자인으로 볼 수 없다.

2. 형태의 변화가 시각에 의해 감지될 것

디자인은 시각적으로 인식되어야 하므로, 동작의 내용 역시 시각을 통해 파악 가능해야 한다.

3. 변화 후의 상태가 용이하게 예측되지 않을 것

변화 상태에 창작적인 가치가 인정되어야 하므로, 정지한 상태에서 변화 후의 상태가 예측 가능하지 않아야 한다.[56]

4. 변화의 일정성이 있을 것

동작의 변화 패턴이 일정하게 특정되지 않으면 보호범위를 특정할 수 없으므로, 변화의 일정성이 명확히 특정되어야 한다.

5. 성립요건 흠결 시 취급

복수의 디자인이 기재되어 있는 것이 되므로, 1디자인 1출원 원칙에 위반된 것으로 본다(제40조 제1항).

---

54) 취지: 동적디자인은 물품의 형태적 변화 자체도 보호할 가치가 있는 창작으로 보고, 출원인이 동작 과정의 각각의 상태마다 개별적으로 출원해야 하는 부담을 덜어주기 위해 인정되고 있다.

55) 로프·호스·포대 등

56) 예측 가능한 기능 변화에 해당하는 예: 가위, 냉장고 문처럼 고정된 형상과 기능상 예측 가능한 변화를 보이는 물품, 접이식 의자처럼 형상이 고정되고 변화의 규칙성이 명확한 물품

Ⅲ. 출원 절차

1. 출원서 (제37조 제1항)

물품류 및 물품의 명칭은 로카르노 협정에 따른 물품류에 근거하여 기재한다.

2. 도면 (제37조 제2항)

(1) 동작의 내용, 즉 **변화 전·후의 상태**를 각각 도면으로 명확히 도시해야 한다. 또한, 디자인의 설명란에 이에 대한 설명을 기재한다.

(2) 연속적인 일련의 과정을 통해 형태가 변화하는 경우에는, **정지 상태와 동작 상태**[57]를 알 수 있는 도면을 도시한다. 또한, 디자인의 설명란에 이에 대한 설명을 기재한다.

Ⅳ. 동적디자인의 유사여부 판단

1. 동적디자인과 정적디자인 간

(1) 형태가 변화하는 디자인(동적디자인)과 형태가 변화하지 않는 디자인(정적디자인) 간에는, 동적디자인의 **정지 상태 및 동작 중의 기본적 주체를 이루는 자태**가 정적디자인과 유사하면, 유사한 디자인으로 본다.

(2) 다만, **동작의 내용이 특이**한 경우에는 **비유사**한 디자인으로 본다.

2. 동적디자인 상호 간

(1) [판례] 형태가 변화하는 디자인(동적디자인) 상호 간에는, **형태 변화의 전후 상태** 또는 **일련의 변화 과정**을 기준으로 **서로 같은 상태**에서 대비하여 전체적으로 판단한다.[58] [59]

(2) 이 경우, 정지 상태 또는 동작 중의 기본적 주체를 이루는 자태와 동작의 내용을 전체적으로 비교하여 유사 여부를 판단한다.

Ⅴ. 등록요건

1. 공업상 이용가능성 (제33조 제1항 본문)

다음의 경우, 디자인의 구체성 흠결로 공업상 이용가능성 위반이다. 보충자료1

(1) **열리고 닫히거나, 펼쳐지고 접히는 등 형태가 변화하는 물품의 디자인**[60]으로서, 변화하기 전후의 상태를 도시하지 아니하면 그 디자인을 충분히 표현할 수 없음에도 불구하고,

1) 변화하기 전과 후의 상태를 알 수 있는 각각의 도면이 없거나,

2) 필요하다고 인정됨에도 「디자인의 설명」란에 그에 관한 설명이 없는 경우

---

57) 동작 중 기본적 자세, 동작을 나타내는 궤적 등
58) 대법원 2020후23739
59) [유사 취지 판례] 대비되는 대상 물품이 그 기능 내지 속성상 사용에 의해 당연히 형태의 변화가 일어나는 경우, 그 디자인의 유사여부는 형태 변화의 전후에 따라 서로 같은 상태에서 대비하여 전체적으로 판단한다. (2010다23739)
60) 인정 사례(심사기준): "탁자가 부설된 의자"의 펼쳐진 상태의 도면 및 접힌 상태의 도면

(2) 연속적인 일련의 과정을 통해 형태가 변화하는 물품의 디자인[61]으로서, 그 움직이는 상태를 표현하지 아니하면 그 디자인을 충분히 파악할 수 없으나,

　　1) 정지 상태의 도면과 그 동작 상태를 알 수 있는 도면(동작 중의 기본적 자세, 동작 내용을 나타내는 궤적 등)이 없거나,

　　2) 필요하다고 인정될 경우에 「디자인의 설명」란에 그에 관한 설명이 없는 경우

2. 신규성 (제33조 제1항 각호)

(1) 동적 디자인이 공지된 경우

동적 디자인의 일부 정지 상태와 유사한 정적 디자인이 출원된 경우, 정적 디자인은 신규성 위반에 해당한다.

(2) 정적 디자인이 공지된 후 동적 디자인이 출원된 경우

동적 디자인과 정적 디자인 간의 유사 여부 판단에 의한다.

3. 창작비용이성 (제33조 제2항)

일반적인 디자인의 창작비용이성에 관한 판단기준에 따르되, 동적 디자인을 이루는 정지 상태의 형상 및 모양뿐만 아니라, 동적 변화의 특이성을 종합적으로 고려하여 판단한다.

4. 확대된 선출원 (제33조 제3항)

동적 디자인에 관한 출원 후 정적 디자인에 관한 출원이 있는 경우, 동작 중의 일 정지 상태를 관념적으로 분리한 것은 디자인의 일부에 해당하지 않으므로 확대된 선출원주의 위반이 아니라는 견해가 있다.[62]

5. 1디자인1출원 (제40조 제1항) 보충자료2

형태가 변하는 디자인의 경우 **변화 과정**이 없거나, 또는 변화 과정에 **일정성 및 통일성**이 없는 경우, 그 변화 전후를 별개의 디자인으로 취급하여 복수의 정적디자인을 출원한 것으로 보므로 본 규정에 위반된다.

---

61) 인정 사례(심사기준): "접이식 어린이용 카시트"의 형태가 변화하는 연속동작을 나타내는 일련의 도면

62) 1) 근거가 되는 견해: 다만, 디자인의 일부란 선출원 디자인의 외관 중 하나의 폐쇄된 영역을 말하며, 동작 중의 일 정지 상태를 관념적으로 분리한 것은 디자인의 일부에 해당하지 않으므로, 선출원이 동적 디자인인 경우에 동작 중의 일 정지 상태를 나타낸 정적 디자인에 관한 후출원은 확대된 선출원주의 위반이 아니라는 견해

2) 반대견해: i) 선출원주의를 보완하여 선출원인의 이익을 보장하려는 규정의 취지와, ii) 실질적으로 동적 디자인을 이루는 구성요소인 일 정지 상태를 그대로 포함하면서, 오히려 선출원의 주요 창작적 요소인 '동작의 내용'을 제외한 후출원 정적 디자인을 등록해 더 넓은 권리범위를 인정하는 것은 불합리하다는 점을 고려할 때, 선출원 동적 디자인의 일 정지 상태를 나타낸 후출원에는 확대된 선출원주의가 적용된다고 보는 것이 타당하다는 견해

Ⅵ. 절차 및 조치

1. 보정 (제48조)

동작 상태에 관한 도면이 부족하여 이를 보충하기 위한 추가 도면을 제출한 경우, 최초의 동작 상태와 **동일성**이 유지되지 않으면 **요지 변경**으로 본다.

2. 분할출원 (제50조)

(1) 원칙적으로 하나의 동적 디자인을 각각의 정적 디자인으로 분할하는 것은 허용될 수 없다.

(2) 다만, 동적 디자인의 **성립 요건을 만족하지 못한 경우**로서 2 이상의 정적 디자인을 포함하는 경우에는 1디자인 1출원 원칙 위반에 해당하므로 **분할출원을 할 수 있다.**

Ⅶ. 디자인권

1. 디자인권 및 침해 여부 (제92조)

(1) 동적 디자인권자는 업으로서 등록디자인 또는 이와 유사한 디자인을 실시할 권리를 독점한다.

(2) 다만, 동작의 내용을 포함한 **전체로서 하나의 디자인권**이 인정되는 것이므로, 동적 디자인에 포함된 각각의 정지 상태마다 개별적으로 디자인권이 발생하는 것은 아니다.[63]

2. 이용관계 (제95조)

선출원된 정적 등록 디자인과 비유사한 후출원 동적 디자인은 적법하게 등록될 수 있다. 이 경우, 후출원 등록 동적 디자인의 실시는 선출원 등록 정적 디자인을 그대로 포함할 수 있으므로 이용관계가 성립될 수 있다.

---

63) 따라서 정적디자인을 실시하더라도 동적디자인과 비유사할 경우 침해가 성립되지 않는다.

열리고 닫히거나 펼쳐지고 접히는 등 **형태가 변화하는 디자인**으로서 (변화 전후의 상태를 도시하지 아니하면 그 디자인을 충분히 표현할 수 없음에도) **변화 전후 상태를 알 수 있는 각각의 도면**이 없거나, **설명**이 필요함에도 그에 관한 설명이 없는 경우

※ 예) 인정 "탁자가 부설된 의자"의 펼쳐진 상태의 도면 및 접힌 상태의 도면

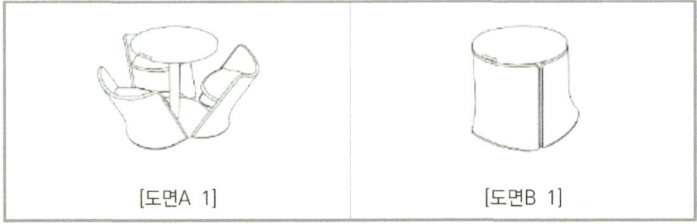

[도면A 1] [도면B 1]

연속적인 일련의 과정을 통해 형태가 변화하는 물품의 디자인으로서(그 움직이는 상태를 표현하지 아니하면 그 디자인을 충분히 파악할 수 없으나) **정지상태의 도면과 그 동작 상태를 알 수 있는 도면**(동작 중의 기본적 자세, 동작내용을 나타내는 궤적 등)이 없거나, **설명**이 필요함에도 그에 관한 설명이 없는 경우

※ 예) 인정 "접이식 어린이용 카시트"의 형태가 변화하는 연속동작을 나타내는 일련의 도면

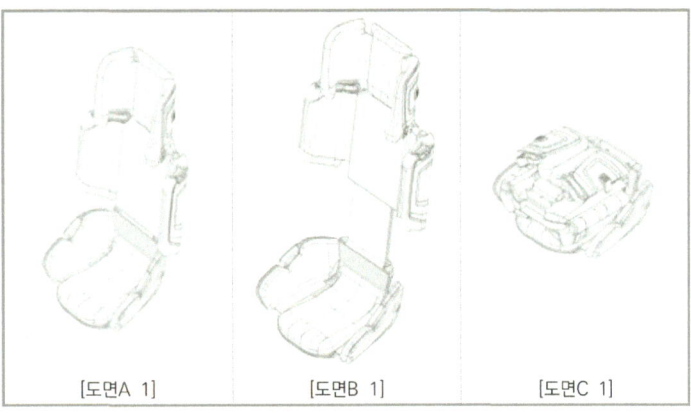

[도면A 1] [도면B 1] [도면C 1]

※ 예) 다음 '로봇완구'사례와 같이 형태변화 과정의 구체적인 표현 여하에 따라 형태변화과정의 일정성과 통일성을 판단할 수 있다.

[도면A 1]　　　　　　　　　　[도면B 1]

☹ **불인정**　변화과정이 구체적으로 표현되지 않아
변화의 일정성 및 통일성을 인정할 수 없는 경우

[도면A 1]　　　　[도면B 1]　　　　[도면C 1]

인정　변화과정이 구체적으로 표현되어
변화의 일정성 및 통일성을 인정할 수 있는 경우

기출 지문 OX

1. 대비되는 디자인의 대상 물품들이 다같이 그 기능 내지 속성상 사용에 의하여 당연히 형태의 변화가 일어나는 경우에 그 디자인의 유사 여부는 형태의 변화 전후에 따라 서로 같은 상태에서 각각 대비한 다음, 이를 전체적으로 판단한다. 50회, 61회　　　　　　　　　　　　[○ | ×]

정답 | 1. ○

제10장 식품디자인

I. 의의

식품디자인이란 음식물의 형상, 모양, 색채 또는 이들의 결합을 말한다.[64]

II. 성립요건 – 물품성

1. 원칙

형상 및 모양이 일정 범위 내에서 정형으로 고정되고(**구체성, 정형성**), 독립적인 단위로 판매가 가능한(**독립성**) 식품은 물품성이 인정된다.

2. 흠결 유형: 물품성 불인정 사례 보충자료1

i) 액상, 분상물의 집합 등 **일정한 형상이 없어** 용기에 담지 않고서는 정형적인 형상 또는 배열 상태를 유지할 수 없는 식품

ii) 식품의 고유한 형상이 아니라, **상업적 취급 과정**(전시·판매 등)에서 **일시적**으로 형성되는 디자인(서비스 디자인)

3. 성립요건 흠결 시

제2조 제1호의 디자인의 정의에 합치되지 아니하는 것으로 보아, 제33조 제1항 본문(공업상 이용가능성) 위반으로 거절이유, 정보제공사유, 이의신청이유, 무효사유에 해당하여 등록받을 수 없다.

III. 출원 절차

1. 출원서 (제37조 제1항)

(1) 물품류

로카르노 협정에 따른 물품류 구분에 따라 물품류는 **제1류**[65]로 적는다.

(2) 물품명

로카르노 협정에 따른 물품류 구분에 따라 특허청장이 고시한 [디자인 물품류별 물품목록 고시]에서 물품명을 적는다.

---

64) 거래업계상 식품디자인 보호의 필요성에 대응하여, 2019년 개정 심사기준은 식품디자인의 성립요건을 규정하며 디자인의 보호대상으로 하였다.

65) 이에 따라 식품에 관한 디자인은 일반적으로 일부심사등록출원의 대상이 된다.

IV. 식품디자인의 유사여부 판단

1) 일반적인 디자인의 유사 판단에 따르되, 해당 식품 종류별 업계의 과거 디자인 개발의 형태적 흐름과 창작적 특이점을 종합적으로 고려한다.

2) 다만, 자연물의 본래적인 특징 또는 조리 시 통상적인 변화로 인해 나타나는 차이는 유사 판단에 고려하지 않는다.

V. 등록요건

1. 공업상 이용가능성 (제33조 제1항 본문)

공업적 생산방법에 의하여 동일한 식품[66]을 양산할 수 있어야 한다.

(1) '공업적 생산방법'에 의하여[67]

식품의 **기계**에 의한 생산방법은 물론, **수공업적** 생산방법(제조·가공)도 포함한다. 다만, 주방 등에서 조리되어 서비스로 제공되는 식품은 공업적 생산방법으로 인정되지 않는다.

(2) '양산'할 수 있는 디자인[68]

식품이 최종 판매 단계까지 동일한 형상을 유지할 수 있어야 한다.

(3) 인정되는 경우 (가·반·냉) 보충자료2

1) 천연 **자연물을 가공**하여 자연물 고유의 형상과 모양이 변형되고, 통상적인 가공 과정에서는 나오기 어려운 형상과 모양을 갖춘 경우

2) 물품의 특성상 완벽하게 동일한 형태로 생산할 수는 없다 하더라도, 당업계 통상의 지식을 가진 자가 물품의 형상에 동일성이 있다고 인정할 수 있는 수준으로 **반복 재현이 가능**한 경우

3) 유통 과정에서 **냉동·건조** 등을 통해 고정된 형태를 유지하여 일반 수요자의 시점에서 일정한 형상을 가진 제품으로 인식되는 경우

(4) 인정되지 않는 경우 보충자료3

1) 가공되지 않은 **자연물을 원형 그대로 차용**하였거나, 경미한 가공으로 원재료의 형상과 모양이 대부분 남아 있어 동일성 범위 내의 식품을 반복 생산할 수 없는 경우

2) 액상, 분상, 분절된 조각 등으로 구성되어 생산부터 판매까지 **동일한 형상을 유지하지 못하는** 경우 (단, 냉동 등의 방식으로 형상이 유지되는 경우는 제외)

3) 발효, 가열 등의 가공 과정을 거치며 **자연적·우연적**으로 형성된 형상·모양이 식품의 주된 심미감을 구성하는 경우[69]

4) 기계에 의한 생산 또는 수공업적 생산이 아닌, **주방 등에서 조리**되어 제공되는 경우

---

66) 물리적으로 완전히 같은 식품을 양산할 수 있는 디자인이어야 하는 것은 아니고, 그 식품디자인 분야에서 통상의 지식을 가진 사람이 그 지식을 기초로 합리적으로 해석하였을 때 같은 식품으로 보여질 수 있는 수준의 동일성을 가지는 것을 의미한다.

67) "공업적 생산방법"이란 원자재에 물리적 또는 화학적 변화를 가하여 유용한 물품을 제조하는 것을 말한다. (대법원 93후1247 판결 참고),

68) "양산할 수 있는 디자인"이란 동일한 형태의 물품을 반복적으로 계속하여 생산하는 것을 뜻하며(대법원 93후1247 판결 참고), 식품의 양산 가능성에 대한 설명이 필요하다고 인정될 경우에는 그에 대한 설명을 「디자인의 설명」 란에 기재한다.

69) 재현 불가능한 빵의 갈라짐, 불에 탄 흔적, 토핑, 핫도그 표면의 불균일한 감자조각 등이 이에 해당한다.

2. 신규성 (제33조 제1항 각호), 관련디자인 (제35조), 선출원주의 (제46조)

식품디자인의 유사 여부 판단에 의하여 적용여부를 판단한다.

3. 창작비용이성 (제33조 제2항) 보충자료4

(1) 식품디자인의 주지의 형상·모양 등을 판단하는 경우

i) 널리 알려진 형상과 모양뿐만 아니라, ii) 해당 식품의 통상적인 형태를 고려한다.

(2) 식품디자인의 공지디자인을 판단하는 경우

i) 국내외에 공지되었거나 공연 실시된 디자인 또는 이들의 결합 여부, ii) 공지된 음식 모양의 단순 변형, 결합, 배열 변경, 중첩 등에 해당하는지 여부를 고려한다.

4. 1디자인1출원 (제40조 제1항)

(1) 판단 기준

원칙적으로 식품과 식품을 구성하지 않는 **다른 물품**이 하나의 도면 내에 표현되어 있는 경우, **1디자인 1출원 원칙 위반**으로 판단한다.

(2) 인정되는 경우[70] 보충자료5

1) 식품에 **부가적인 물품**이 결합되어 있더라도, 거래 관행상 실시 전 과정(생산, 유통, 판매)에서 **일체화**된 물품인 경우
2) 식품 디자인의 형상·모양을 완전히 보여주기 위해 **보조적인 물품**을 이용하는 것이 명백한 경우(이 경우, 보조적인 물품이 적용된 취지를 디자인의 **설명**란에 기재하여야 한다.)

5. 정당한 물품류 및 물품명 (제40조 제2항)

'디저트', '제빵류' 등 물품이 명확히 한정되지 않아 특정할 수 없는 경우에는 물품명을 잘못 기재한 경우에 해당한다.

VI. 디자인권의 효력 (제92조)

식품디자인에 관한 디자인권자는 업으로서 등록디자인 또는 이와 유사한 디자인을 실시할 권리를 독점한다.[71]

---

70) **인정되지 않는 경우** 예 (식품과 일체성을 인정할 수 없는 타 물품이 함께 도시된 경우)
: "테이블웨어가 포함된 경우", "식품디자인의 부속물로 볼 수 없는 포장과 함께 도시된 경우", "물리적으로 분리된 식품이 다수 표현되어 있는 경우"
71) 제3자가 등록된 식품디자인과 동일·유사한 식품디자인을 실시하는 경우 침해이나, 제3자가 실시하는 식품이 식품디자인의 성립 요건을 만족하지 않는다면 침해가 성립하지 않는다.

1) 액상, 분상(가루)물의 집합 등 **일정한 형상이 없어** 용기에 담지 않고서는 정형적인 형상 또는 배열 상태를 유지할 수 없는 식품

"분상·입상 음식" "액상 음식"

2) 단일한 식품의 형상이 아니라 식품을 **상업적**으로 취급하는 과정에서 전시·판매 등을 위해 **일시적으로 형성**하는 디자인의 경우

"전시·판매를 위한 서비스디자인"

[심사관 참고]

위 사례는 물리적으로 분리된 통상의 아이스크림 과자 부분을 부채모양으로 배열한 것으로서 개별 과자를 기준으로 보면 물품성이 인정될 수 있다.

보충자료2 **공업상 이용할 수 있는 식품디자인으로 인정되는 경우 (심사기준)**

유통과정에 **냉동·건조** 등을 통하여 **고정된 형태**를 유지하여 일반 수요자의 시점에서 일정한 형상을 가진 제품으로 인식되는 경우

자연물을 반가공한 "꽃게다리 모양"에 창작성이 인정되고 냉동을 통해 판매시점까지 형상이 유지됨

형틀을 통해 동일한 형상이 재현 가능

표면 디자인이 공업적 또는 수공업적 방법으로 반복 재생산 가능

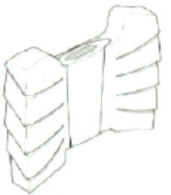  

"갈비" "떡" "마카롱"

보충자료3 공업상 이용할 수 있는 식품디자인으로 인정되지 않는 경우 (심사기준)

1) 가공되지 않은 **자연물을 원형 그대로** 차용하였거나, 경미한 가공으로 **원재료의 형상과 모양**이 대부분 남아있어 동일성 범위내의 식품 형상을 **반복 생산할 수 없는 경우**

"육포" (불인정) "상추 햄버거" (불인정)

2) 액상·분상·분절된 조각 등으로 구성되어 생산부터 판매까지 **동일한 형상을 유지하지 못하는** 경우(다만, 냉동 등의 방식으로 판매 시까지 동일 형상이 유지되는 경우는 제외)

불인정 : 일정한 형상 유지가 불가능한 경우 인정 : 형상·모양·색체 유지가 가능한 경우

막대에 휘감은 "솜사탕" "아이스크림"

[심사관 참고]

액상·분상 그 자체인 경우 물품성 결여로 판단하고, 여기에서의 형상유지 가능성은 "형상과 모양이 일정 범위 내에서 정형으로 고정되고 독립적인 단위로 판매가 가능하여 물품성이 인정" 된 식품이 최종 단계까지 동일 형상을 유지할 수 있는지에 관한 요건임

3) 발효·가열 등의 가공 과정을 거치며 **자연적·우연적**으로 형성된 형상·모양이 **식품의 주된 심미감을** 구성하는 경우 (다만, 우연적 형상이라도 동일성 범위 내에서 반복생산 가능한 경우는 제외)

불인정 : 단순한 자연물의 건조 불인정 : 우연적 형상의 토핑 배열/색상

"스낵과자" "피자"

4) 기계에 의한 생산·수공업적 생산(2차산업적 생산) 방법으로 제조·가공된 식품이 아닌 경우로서 **주방 등에서 조리 (3차산업적 서비스)되어 제공**되는 경우(다만, 조리되어 판매되는 식품이라도 재생가능한 공업적 생산방법으로 제조·가공되어 독립적으로 거래되는 경우는 제외)

불인정 : 조리 후의 배열   불인정 : 식품의 단순 배열

"비빔밥"

"새우튀김"

인정 : 가공식품   불인정 : 조리식품   인정 : 가공식품   불인정 : 조리식품

"아이스크림"   "라면"   "스파게티"

[심사관 참고]

공업상 이용할 수 있는 식품디자인으로 인정되지 않는 식품 유형

- 조리식품
  뜨겁게 제공되는 카푸치노 커피의 거품그림, 식당에서 조리·플레이팅되어 제공되는 음식, 주문 후 컵에 담아지는 비정형 아이스크림 등

- 조리와 가공(제조)이 동시에 되는 식품 : 가공/제조 식품의 경우만 인정

※ 인정가능 식품(예시)
건강보조식품, 제조식품, 축산가공식품(햄, 베이컨, 소세지, 훈제육, 소금절임 고기), 유제품(버터, 치즈), 가공수산물(어묵, 김, 다시마, 가공오징어), 가공농작물(두부, 곤약, 가공연근), 곡물가공식품(만두, 호빵), 빵, 쌀 식품(초밥, 김밥, 떡), 과자, 과자용 막대, 꼬치, 식품 장식종이 등), 아이스크림콘·컵 등

(1) 공지디자인 등에 의하여 쉽게 창작할 수 있는 경우

1) 2이상의 공지디자인을 **단순 결합한** 것에 지나지 않는 경우

❋ 예) 단순결합으로서 창작성을 인정할 수 없는 예시

"반반 피자"   "와플 아이스크림"

2) 공지디자인의 **구성요소의 배치 변경**, 또는 구성단위 수를 달리한 것에 지나지 않는 경우

❋ 예) 구성단위의 수를 달리하여 창작성을 인정할 수 없는 예시

"햄버거"   "아이스바"

3) 공지디자인의 일부를 다른 통상의 식품으로 **치환**한 경우

❋ 예) 통상의 식품 치환에 해당하여 창작성을 인정할 수 없는 예시

"소시지 말이 어묵"   "맛살 말이 어묵"

(2) 국내 또는 국외에서 널리 알려진 형상·모양(주지형태) 등에 의하여 쉽게 창작할 수 있는 경우

[사례] 주지의 형상과 모양을 본 따서 창작성을 인정할 수 없는 예시

불인정 : 원기둥·사면체·하트 등   불인정 : 주지의 식품 형태를   불인정 : 국내에 널리 알려진
주지의 기하 도형 형상 및 모양   그대로 이용하거나 전용   입체 형상을 그대로 나타냄

"하트 형상 빵, 초콜릿 등"   "무지개떡, 가래떡 등"   "초콜릿"

1) 식품에 **부가적인 물품**이 결합되어 있더라도, 거래 관행상 **실시 전 과정**(생산, 유통, 판매)에서 **일체화된 물품**인 경우

[사례] 음식 부속물(예: 과자용 막대, 꼬치, 식품 장식 종이, 아이스크림 콘·컵, 식용 가능한 소시지 포장지 등)과 결합된 음식으로서, 가공·제조된 식품을 직접 지지하거나 장식 등에 사용되어 음식과 결합된 하나의 물품으로 볼 수 있는 경우

"장난감이 장식된 케이크"

"막대 사탕"

"폐백육포"

2) 식품 디자인의 형상·모양을 완전히 보여주기 위해 **보조적인 물품**을 이용하는 것이 명백한 경우

[사례] 변화 전후의 디자인으로 나타낸 차잎에 대해, 디자인의 설명란에 "차의 형상과 모양을 완전하게 나타내기 위하여 컵에 물과 함께 도시한 것으로, 컵은 디자인을 구성하지 않는 부분임"이라 기재한 경우

도면 A 1

도면 B 1

기출 지문 OX

1. '초콜릿 바'는 디자인등록의 대상이 된다. 50회   [○ | ×]

2. 식품디자인의 경우, 액상·분상·분절된 조각 등으로 구성되어 생산부터 판매까지 동일한 형상을 유지하지 못하는 경우에는 공업상 이용 가능성이 없는 것으로 보지만, 유통과정에서 냉동 등의 방식으로 판매 시까지 동일한 형상을 유지하는 경우에는 공업상 이용 가능성이 있는 것으로 본다. 57회   [○ | ×]

3. '아이스 캔디'는 디자인등록의 대상이 된다. 45회   [○ | ×]

4. '시간의 경과에 따라 변질되어 일정한 형상을 유지할 수 없는 아이스 캔디'는 디자인등록의 대상이 된다. 47회   [○ | ×]

5. 투명한 용기에 담은 음료는 디자인등록의 대상이 된다. 50회   [○ | ×]

6. '투명한 용기에 담아 그 전체적인 형상 모양 색채 또는 이들의 결합을 파악할 수 있게 한 칵테일 음료'는 디자인 등록의 대상이 된다. 47회   [○ | ×]

정답 | 1. ○ 2. ○ 3. ○ 4. ○ 5. × 6. ×

제11장 캐릭터의 취급

Ⅰ. 의의

캐릭터란 소설, 영화, 만화, 게임 등에서 독특한 개성을 가진 이미지가 부여된 인물, 동물 등이 디자인에 도입된 것을 말한다.[72]

Ⅱ. 구체적인 캐릭터 보호방안

1. 캐릭터 자체의 등록가부[73]

캐릭터는 관념적 창작에 불과한 것으로서 제33조 제1항 본문 위반으로 등록받을 수 없다.

2. 물품의 형상·모양 등으로 보호

캐릭터를 입체 또는 평면적인 물품에 표현할 경우 디자인으로 보호될 수 있다.[74]

3. 특유디자인으로 보호

(1) 부분디자인

물품의 일부에 표현된 캐릭터는 부분디자인으로 등록받을 수 있다.

(2) 동적디자인

캐릭터의 동작 상태에 창작적 가치가 인정되는 경우, 그 동작 상태를 중심으로 동적디자인으로 등록받을 수 있다.

(3) 물품의 부분에 표현된 화면디자인

캐릭터가 물품의 표시부에 표시되는 것을 특징으로 하는 경우, '화면디자인이 표시된 디스플레이 패널'과 같은 부품을 물품으로 지정하여 디자인 등록 받을 수 있다.

Ⅲ. 관련 등록요건

1. 공업상 이용가능성 (제33조 제1항 본문)

(1) 캐릭터 자체를 출원할 경우, 제2조 제1호에 저촉되어 등록받을 수 없다.

(2) 캐릭터가 순수미술 분야에 속하는 저작물에 해당하는 경우, 공업상 이용가능성 흠결로 등록받을 수 없다.

---

72) 캐릭터는 저작권법, 상표법, 부정경쟁방지법 등 다양한 법률에 따라 보호될 수 있으나, 그 외형적 형상 자체를 보호하기 위해서는 디자인보호법에 의한 보호가 필요하다.
73) 물품을 수반하지 않은 캐릭터 그 자체의 출원은 추상적 모티브에 불과하여 제2조 제1호 디자인의 정의 규정에 저촉되기 때문이다.
74) 다만, 동일하거나 유사한 물품이 아니면 캐릭터 자체가 동일하더라도 권리범위의 효력이 미치지 않는다.

2. 신규성 (제33조 제1항 각호), 관련디자인 (제35조), 선출원주의 (제46조)

캐릭터가 동일·유사하더라도 물품이 비유사한 경우에는 본 규정이 적용될 여지가 없다.

3. 창작비용이성 (제33조 제2항)

(1) 캐릭터에 관한 디자인이 공지된 디자인 또는 주지 형태를 기초로 쉽게 창작할 수 있는 경우, 등록받을 수 없다.

(2) 쉽게 창작할 수 있는 경우

1) 유명캐릭터(주지형상)를 거의 그대로 인형으로 변형하여 만드는 경우
2) 공지디자인과 주지의 형상·모양을 결합한 경우 (예: 뿅뿅이 젓가락 판례)

4. 정당한 물품류 및 물품명 (제40조 제2항)

캐릭터가 구현된 독립 거래 대상이 되는 구체적인 물품명을 기재해야 한다.[75]

IV. 절차 및 조치

1. 신규성 상실의 예외 (제36조)

(1) **캐릭터 그림을 출원 전 공지한 경우**, 공지된 대상이 법 제33조 제1항 제1호 또는 제2호에 해당하는 경우(디자인보호법상 '디자인'의 성립요건을 갖춘 경우)에만 신규성 상실의 예외 주장이 가능하다.[76]

(2) 다만, 캐릭터 그림이 단지 추상적인 그림이 아니라 **정보통신기기 디스플레이 패널** 등을 통해 표현되었거나, **화상디자인으로 공지된** 것이라면 **화상디자인 출원 시** 신규성 상실의 예외 **주장이 가능**하다.

V. 등록 이후의 문제

1. 이용·저촉 관계 (제95조 제3항)

디자인권자 등은 등록디자인 또는 이와 유사한 디자인이 그 출원일 전에 발생한 타인의 저작물을 이용하거나, 그 저작권에 저촉되는 경우에는 저작권자의 허락을 받지 아니하고는 자기의 등록디자인 또는 이와 유사한 디자인을 업으로서 실시할 수 없다.

---

75) 인정되지 않는 경우: "캐릭터" 등과 같이 물품성이 없는 객체의 명칭을 기재한 경우
76) (심사기준) 신규성 상실의 예외 주장은 출원인이 자기의 출원디자인의 등록요건 판단 시 출원 전 공지된 사실을 예외로 간주해 달라고 요구하는 것이기 때문이다.

제12장 색채의 취급

I. 색채의 의미

색채는 물체에 반사된 빛이 인간의 망막을 자극하는 물체의 성질을 의미한다.

II. 디자인의 구성요소로서의 취급

1. 법적지위

디자인의 성립요건 중 하나인 형태성에서 말하는 '형태'란 형상, 모양, 색채 또는 이들의 결합을 의미하며, 이 중 색채는 형상에 부가되는 임의적인 구성요소에 해당한다. 따라서 색채만의 디자인은 인정되지 않는다.

2. 특유디자인과의 관계

(1) 부분디자인

형상이 전제되지 않은 모양, 색채 또는 이들의 결합은 물품의 부분으로 인정되지 않으므로, 부분디자인으로 등록받을 수 없다.

(2) 형상만의 디자인

형상만의 디자인에 색채를 부가한 디자인은 유사한 것으로 취급된다.

(3) 동적디자인

색채 변화에 의해 참신한 미감이 인정되는 경우, 동적디자인으로 보호될 수 있다.

III. 유사여부 판단시 취급

색채는 모양을 구성하지 않는 한, 유사 여부 판단의 요소로 고려되지 않는다. (판례)[77][78]

---

77) 따라서, 형상·모양이 동일하고 색채만 다른 디자인의 경우 유사한 것으로 취급되어 신규성, 관련디자인, 선출원주의 규정이 적용될 수 있다.
78) 창작비용이성 여부 판단 시에도, 판단의 요소로 고려하지 않는다.

IV. 권리범위 판단 시 취급

1. 판례의 태도 (형·모·기·채·구·동·다·선·심)

대비되는 두 디자인이 **형상과 모양**에서 **동일**하고, 색채의 구성에 있어서도 바탕색과 채색된 부분의 위치, 면적 등 **기본적인 채색 구도가 동일**하다면, 두 디자인의 채색된 부분의 구체적인 색채가 **다른 색으로 선택**되었다고 하여 **심미감**에 차이가 생긴다고 보기 어렵다. (즉, 채색 구도에 차이가 없는 한 유사하다.)[79]

기출 지문 OX

1. 대비되는 두 디자인이 형상과 모양에서 동일하고, 색채의 구성에 있어서도 바탕색으로 된 부분과 채색되어 있는 부분의 위치와 면적 등 기본적인 채색 구도가 동일하다면, 그 두 디자인의 채색된 부분의 구체적인 색채가 다른 색으로 선택되었다는 점만으로는 특별한 사정이 없는 한 유사한 디자인으로 본다. **50회** [○ | ×]

정답 | 1. ○

---

79) 2005후3307, 족구공 사건

선별
디자인보호법

제4편

디자인
등록출원

제37조(디자인등록출원) ① 디자인등록을 받으려는 자는 다음 각 호의 사항을 적은 디자인등록출원서를 특허청장에게 제출하여야 한다. 〈개정 2013. 7. 30.〉

　　1. 디자인등록출원인의 성명 및 주소(법인인 경우에는 그 명칭 및 영업소의 소재지)
　　2. 디자인등록출원인의 대리인이 있는 경우에는 그 대리인의 성명 및 주소나 영업소의 소재지(대리인이 특허법인·특허법인(유한)인 경우에는 그 명칭, 사무소의 소재지 및 지정된 변리사의 성명)
　　3. 디자인의 대상이 되는 물품 및 제40조제2항에 따른 물품류(이하 "물품류"라 한다)
　　4. 단독의 디자인등록출원 또는 관련디자인의 디자인등록출원(이하 "관련디자인등록출원"이라 한다) 여부
　　5. 기본디자인의 디자인등록번호 또는 디자인등록출원번호(제35조제1항에 따라 관련디자인으로 디자인등록을 받으려는 경우만 해당한다)
　　6. 디자인을 창작한 사람의 성명 및 주소
　　7. 제41조에 따른 복수디자인등록출원 여부
　　8. 디자인의 수 및 각 디자인의 일련번호(제41조에 따라 복수디자인등록출원을 하는 경우에만 해당한다)
　　9. 제51조제3항에 규정된 사항(우선권 주장을 하는 경우만 해당한다)

Ⅰ. 출원서의 기재사항

1. 일반적 기재사항

(1) 인적사항 (제37조 제1항 각호)

　1) **출원인**의 성명 및 주소 (법인인 경우, 명칭 및 영업소 소재지 포함)
　2) 대리인의 성명 및 주소 또는 영업소의 소재지
　3) **창작자**의 성명 및 주소[80)]

(2) 물품류 및 물품명

물품류 및 물품명은 로카르노 협정에 따른 물품류를 근거로 특허청장이 정하여 고시한 「디자인 물품류별 물품목록」에 따른다.[81)]

---

80) 디자인등록출원인이 착오로 창작자 일부를 누락하거나 잘못 기재한 경우에는 이를 추가하거나 정정할 수 있다(시행규칙 제50조 제1항).
81) 물품의 명칭 기재방법(심사기준)
　　ⅰ) 만약 해당 고시에 명시된 명칭이 없는 경우에는, 그 물품의 디자인을 인식하는 데 적합한 명칭을 적되, 용도가 명확히 이해되고 일반적으로 사용되는 명칭이어야 한다.
　　ⅱ) 실제 거래계에서 일반화된 명칭이 존재하지 않는 물품이라면, 용도를 최소한도로 규정한 "○○용 부재"와 같은 명칭도 가능하다. 다만, 용도에 대한 구체적인 표현 없이 포괄적으로 표현된 명칭은 등록받을 수 없다.

2. 필요시 기재사항

(1) 관련디자인등록출원

관련디자인 여부, 기본디자인의 등록번호 또는 출원번호

(2) 복수디자인등록출원

복수디자인 여부, 디자인의 수 및 일련번호

(3) 조약우선권주장출원

우선권주장 여부, 제51조 제3항의 기재사항(취지, 최초출원국·연월일)

(4) 그 밖의 사항

부분디자인 여부, 화상디자인의 용도, 출원공개 신청 여부, 비밀디자인 청구 여부, 신규성 상실의 예외 취지, 디자인 이전 희망 여부, 국가연구개발사업 해당 여부 등을 기재할 수 있다.

Ⅱ. 출원일 불인정 사유 및 보완

디자인보호法

제38조(디자인등록출원일의 인정 등)
① 디자인등록출원일은 디자인등록출원서가 특허청장에게 도달한 날로 한다. 다만, 디자인등록출원이 다음 각 호의 어느 하나에 해당하는 경우에는 그러하지 아니하다.
　1. 디자인등록을 받으려는 취지가 명확하게 표시되지 아니한 경우
　2. 디자인등록출원인의 성명이나 명칭이 적혀 있지 아니하거나 명확하게 적혀있지 아니하여 디자인등록출원인을 특정할 수 없는 경우
　3. 도면·사진 또는 견본이 제출되지 아니하거나 도면에 적힌 사항이 선명하지 아니하여 인식할 수 없는 경우
　4. 한글로 적혀 있지 아니한 경우
② 특허청장은 디자인등록출원이 제1항 각 호의 어느 하나에 해당하는 경우에는 디자인등록을 받으려는 자에게 상당한 기간을 정하여 보완할 것을 명하여야 한다.
③ 제2항에 따른 보완명령을 받은 자가 디자인등록출원을 보완하는 경우에는 절차보완에 관한 서면(이하 이 조에서 "절차보완서"라 한다)을 제출하여야 한다.
④ 특허청장은 제2항에 따른 보완명령을 받은 자가 지정기간 내에 디자인등록출원을 보완한 경우에는 그 절차보완서가 특허청장에게 도달한 날을 출원일로 본다. 다만, 제41조에 따라 복수디자인등록출원된 디자인 중 일부 디자인에만 보완이 필요한 경우에는 그 일부 디자인에 대한 절차보완서가 특허청장에게 도달한 날을 복수디자인 전체의 출원일로 본다.
⑤ 특허청장은 제2항에 따른 보완명령을 받은 자가 지정기간 내에 보완을 하지 아니한 경우에는 그 디자인등록출원을 부적법한 출원으로 보아 반려할 수 있다. 제41조에 따라 복수디자인등록출원된 디자인 중 일부 디자인만 보완하지 아니한 경우에도 같다.

1. 출원일 불인정 사유

(1) 원칙적으로, **출원서가 특허청장에게 도달한 날**을 출원일로 한다.

(2) i) 디자인등록의 **취지**가 불명확하거나, ii) 출원인의 **성명·명칭**이 없거나 불명확해 특정이 불가능한 경우, iii) **도면·사진·견본**이 없거나 인식 불가능한 경우, iv) 또는 **한글**로 작성되지 않은 경우에는 출원일이 인정되지 않는다. **(취·성·도·한)**

2. 보완의 절차 및 효과

(1) 출원일 불인정 사유에 해당하는 경우, 특허청장은 디자인등록을 받으려는 자에게 상당한 기간[82]을 정하여 **보완할 것을 명하여야 한다**(제38조 제2항).[83]

(2) 보완명령을 받은 자가 지정 기간 내에 **절차보완서**를 제출하여 디자인등록출원을 보완한 경우에는, 그 절차보완서가 **특허청장에게 도달한 날**을 출원일로 본다(제38조 제4항).

(3) 복수디자인등록출원의 보완

일부 디자인에만 보완이 필요한 경우에는, 그 **일부** 디자인에 대한 절차보완서가 특허청장에게 도달한 날을 복수디자인 **전체**의 출원일로 본다.

Ⅲ. 부적법한 출원서류의 반려

디자인보호法

시행규칙 제24조(부적법한 출원서류 등의 반려)

① 특허청장 또는 특허심판원장은 법 제37조, 제64조, 제68조, 제69조, 제126조 또는 제127조에 따른 디자인등록출원, 재심사의 청구, 디자인일부심사등록 이의신청 또는 심판 등에 관한 서류·견본이나 그 밖의 물건(이하 "출원서류등"이라 한다)이 다음 각 호의 어느 하나에 해당하는 경우에는 법령에 특별한 규정이 있는 경우를 제외하고는 적법한 출원서류등으로 보지 아니한다.〈개정 2016. 10. 4., 2017. 9. 22., 2018. 10. 18.〉

1. 법 또는 법에 따른 명령에서 정하는 기간 이내에 제출되지 아니한 서류인 경우
2. 법 또는 법에 따른 명령에서 정하는 기간 중 연장이 허용되지 아니하는 기간에 대한 기간연장신청서인 경우
3. 법 제38조제2항에 따라 디자인등록출원에 대한 보완명령을 받은 자가 지정기간 내에 보완하지 아니한 경우
4. 다음 각 목의 기간이 지나 제출된 기간연장신청서인 경우
   가. 법 제69조에 따른 디자인일부심사등록 이의신청 이유 등의 보정기간
   나. 법 제119조 또는 제120조에 따른 심판의 청구기간
   다. 특허청장·특허심판원장·심판장 또는 심사관이 지정한 기간
5. 제3조를 위반하여 건마다 서류를 작성하지 아니한 경우
6. 제5조제2항에 따라 제출하여야 하는 서류를 기간 내에 제출하지 아니한 경우
7. 제13조에 따라 제출하여야 하는 서류를 정당한 소명 없이 소명기간 내에 제출하지 아니한 경우
8. 「특허법 시행규칙」 별지 제2호서식의 대리인에 관한 신고서(포괄위임 원용 제한에 한정한다), 같은 규칙 별지 제3호서식의 포괄위임등록 신청(변경신청, 철회)서, 같은 규칙 별지 제4호서식의 특허고객번호 부여신청서 또는 직권으로 특허고객번호를 부여하여야 하는 경우로서 해당 서류가 불명확하여 수리(受理)할 수 없는 경우
9. 출원 또는 서류의 종류가 불명확한 경우
10. 한글로 적지 아니한 경우
11. 디자인등록에 관한 출원·청구나 그 밖의 절차를 밟은 자의 성명(법인인 경우에는 명칭을 말한다) 또는 특허고객번호(특허고객번호가 없는 경우에는 성명 또는 주소를 말하며, 법인인 경우에는 그 명칭 또는 영업소의 소재지를 말한다)를 적지 아니한 경우
12. 도면이 첨부되지 아니한 경우[법 제41조에 따른 복수디자인등록출원(이하 "복수디자인등록출원"이라 한다)인 경우에는 도면이 디자인의 수에 비하여 부족한 경우를 포함한다]
13. 제출한 도면이 별지 제1호서식의 기재방법 제8호바목, 별지 제2호서식의 기재방법 제12호바목부터 아목까지, 별지 제3호서식의 기재방법 제18호아목부터 차목까지, 별지 제4호서식의 기재방법 제4호다목 및 라목, 별지 제8호서식의 기재방법 제9호사목에 따른 파일 형식이나 용량을 위반한 경우

---

82) 지정기간은 1개월이다.
83) 출원인이 지정기간 내 보완하지 않는 경우, 특허청장은 출원을 반려할 수 있다.

14. 디자인의 대상이 되는 물품을 적지 아니한 경우
15. 국내에 주소 또는 영업소를 가지지 아니하는 자가 법 제6조제1항에 따른 디자인관리인에 의하지 아니하고 제출한 출원서류등인 경우
16. 해당 디자인에 관한 절차를 밟을 권리가 없는 자가 그 절차와 관련하여 제출한 서류인 경우
17. 정보통신망이나 전자적기록매체로 제출된 디자인등록출원서 또는 그 밖의 서류가 특허청에서 제공하는 소프트웨어 또는 특허청 홈페이지를 이용하여 작성되지 아니하였거나, 전자문서로 제출된 서류가 전산정보처리조직에서 처리가 불가능한 상태로 접수된 경우
18. 디자인에 관한 절차가 종료된 후 그 디자인에 관한 절차와 관련하여 제출된 서류인 경우
19. 동일한 출원인등이 이미 제출한 서류와 중복되는 서류를 제출한 경우

1. 부적법한 출원서류 등의 반려 (시행규칙 제24조)

(1) **특허청장 또는 특허심판원장**은 디자인등록출원·심판 등 관련 서류가 아래 사유 등에 해당하면, 적법한 출원서류로 보지 않고 반려할 수 있다.[84]

1) 법정 기한 내 미제출(제1, 3, 6, 7, 18호) 또는 연장 불가 기간에 대한 연장신청서류(제2, 4호)

2) 보완명령을 받은 자가 지정 기간 내에 보완하지 않은 경우(제3호)

3) 대리인·출원인 정보 미기재 또는 불명확(제8호, 제11호)

4) 한글로 작성되지 않은 경우(제10호)

5) 도면 미제출 또는 수 부족 등(제12호, 제13호)

(2) 반려하려는 경우, 출원인에게 **소명기간**을 주면서 반려이유를 기재한 **서면을 송부**하여야 한다.

IV. 절차 보정 및 무효처분

디자인보호法

제47조(절차의 보정) 특허청장 또는 특허심판원장은 디자인에 관한 절차가 다음 각 호의 어느 하나에 해당하는 경우에는 기간을 정하여 디자인에 관한 절차를 밟는 자에게 보정을 명하여야 한다. **(행·대·방·수)**
1. 제4조제1항 (**행**위능력) 또는 제7조 (**대**리권의 범위)에 위반된 경우
2. 이 법 또는 이 법에 따른 명령에서 정한 **방**식에 위반된 경우
3. 제85조에 따라 내야 할 **수**수료를 내지 아니한 경우

제18조(절차의 무효)
특허청장 또는 특허심판원장은 제47조에 따른 보정명령을 받은 자가 지정된 기간 내에 그 보정을 하지 아니하면 디자인에 관한 절차를 무효로 할 수 있다.
특허청장 또는 특허심판원장은 제1항에 따라 디자인에 관한 절차가 무효로 된 경우에 지정된 기간을 지키지 못한 것이 정당한 사유에 의한 것으로 인정될 때에는 그 사유가 소멸한 날부터 **2개월** 이내에 보정명령을 받은 자의 청구에 따라 그 무효처분을 취소할 수 있다. 다만, 지정된 기간의 만료일부터 **1년**이 지났을 때에는 그러하지 아니하다. 〈개정 2021. 10. 19.〉
③ 특허청장 또는 특허심판원장은 제1항에 따른 무효처분 또는 제2항 본문에 따른 무효처분의 취소처분을 할 때에는 그 보정명령을 받은 자에게 처분통지서를 송달하여야 한다.

---

84) 시행규칙 제24조 제1항 제7호, 제19호에 해당하는 경우 반려이유를 고지하고 즉시 반려'해야' 한다. (제2항 후단)

1. 절차의 보정 (제47조)

(1) 주체: **특허청장 또는 특허심판원장**

(2) 사유 **(행·대·방·수)**: i) 제4조 제1항(**행**위능력) 또는 제7조(**대**리권의 범위)에 위반된 경우, ii) **방**식에 위반된 경우, iii) **수**수료를 내지 아니한 경우

2. 절차의 무효처분 (제18조)[85]

(1) **특허청장 또는 특허심판원**장은 보정명령을 받은 자가 지정 기간 내 보정하지 않으면, 절차를 무효로 할 수 있다.

(2) 정당한 사유가 있을 경우, 사유 소멸일부터 **2개월** 이내 청구 시 무효처분을 취소할 수 있다. 단, 지정기간 만료일부터 **1년**이 지나면 취소할 수 없다.

V. 관련 문제

1. 정당한 물품명 (제40조 제2항)

물품류 및 물품명이 잘못 기재된 경우에는 등록을 받을 수 없다. 다만, 제48조에 따른 보정으로 거절이유를 극복한 경우에는 등록될 수 있다.

> **기출 지문 OX**
>
> **1.** 디자인등록출원서에 디자인등록을 받으려는 취지가 명확하게 표시되지 아니한 경우에는 그 디자인등록출원의 출원일은 디자인등록출원서가 특허청장에게 도달한 날로 인정되지 않는다. **56회** [○ | ×]
>
> **2.** 디자인등록출원이 한글로 적혀 있지 아니한 경우에 디자인등록을 받으려는 자에게 상당한 기간을 정하여 보완할 것을 명하는 것은 특허청장의 재량사항이다. **56회** [○ | ×]
>
> **3.** 특허청장 또는 특허심판원장은 제47조(절차의 보정)에 따른 보정명령을 받은 자가 지정된 기간 내에 그 보정을 하지 아니하면, 디자인에 관한 절차를 무효로 할 수 있다. **59회** [○ | ×]
>
> 정답 | 1. ○ 2. × 3. ○

---

85) 즉, 특허법 제46조 및 제16조와 동일합니다. (단, 제3자 심사청구에 관한 특허법 제16조 제1항 후단은 제외)

디자인 도면

디자인보호法

제37조(디자인등록출원)
② 제1항에 따른 디자인등록출원서에는 각 디자인에 관한 다음 각 호의 사항을 적은 도면을 첨부하여야 한다.
　1. 디자인의 대상이 되는 물품 및 물품류
　2. 디자인의 설명 및 창작내용의 요점
　3. 디자인의 일련번호(제41조에 따라 복수디자인등록출원을 하는 경우에만 해당한다)
③ 디자인등록출원인은 제2항의 도면을 갈음하여 디자인의 사진 또는 견본을 제출할 수 있다.

Ⅰ. 도면의 의미 및 지위

(1) 디자인등록을 받으려는 자는 출원서에 소정의 사항을 기재한 **도면**을 첨부하여야 한다. 이때, 출원인은 도면을 갈음하여 디자인의 **사진 또는 견본**을 제출할 수 있다.[86]

(2) 디자인의 **보호범위**는 **출원서**의 기재사항, 첨부된 **도면**·사진·견본 및 도면에 기재된 디자인의 **설명**에 따라 표현된 디자인에 의해 정해진다(제93조).

(3) 출원서 및 첨부 도면은 디자인의 창작 내용을 표현함으로써, 디자인의 구체적인 **보호범위를 확정**하는 기능을 한다.

(4) 디자인의 **전체적인 형태를 표현하는 도면**과, 이를 보다 구체적이고 명확하게 나타내기 위한 **전개도, 단면도, 확대도** 등은 디자인의 권리범위를 판단하는 **기초**가 된다.[87]

Ⅱ. 도면의 기재사항

1. 일반적 기재사항 (제37조 제2항)

1) 디자인의 대상이 되는 물품 및 물품류
2) 디자인의 설명
3) 창작내용의 요점[88]
4) 복수디자인등록출원의 경우, 디자인의 일련번호

2. 물품류 및 물품명

(1) 물품류

로카르노 협정에 따른 물품류에 따라 기재한다.[89]

---

86) 이 경우 디자인의 설명에 이러한 취지를 기재한다.
87) 참고도면은 사용상태도 등 디자인을 이해하는 데 도움을 주기 위한 것으로, 원칙적으로 권리범위에 직접적인 영향을 미치지 않는다.
88) 기존 법에서는 디자인 도면의 일반적 기재사항으로서 '창작내용의 요점' 기재를 요구하였으나, 2025. 11. 28 시행 개정법상 삭제됨.
89) 물품류 구분은 사무의 편의를 위한 것으로, 동종의 물품을 법적으로 규정한 것은 아니다. (판례)

(2) 물품명

1) 로카르노 협정에 따른 물품류에 따라 특허청장이 정하여 **고시한** 「디자인 물품류별 물품목록」 에서 하나의 물품을 지정하여 기재할 수 있다.

2) 고시된 명칭이 없는 경우에는, 그 물품의 디자인을 **인식하는 데 적합**하고, **용도가 명확**하게 이 해되며 일반적으로 사용하는 명칭을 적어야 한다.

3) 실제 거래계에서 물품의 일반화된 명칭이 없고, 명칭이 **용도를 최소한도로 규정**하여 표현된 경우에는 '○○용 부재'와 같은 명칭도 사용할 수 있다. 다만, 용도에 대한 구체적인 표현 없이 **포괄적**으로 표현한 명칭은 등록받을 수 **없다.**[90]

3. 디자인의 설명

(1) 시행규칙 별표 2에 따라 디자인을 이해하는 데 필요하다고 인정되는 경우 기재한다.

(2) [별표2] 디자인의 설명란의 기재사항[91]

1) 물품의 사용 **목적**, 사용 **방법**, **재질** 또는 **크기** 등의 설명이 필요한 경우 (**목·방·재·크**)

2) 도면(사진 또는 견본 포함)에 대한 설명이 필요한 경우

3) **길이** 표시를 생략하여 전체적인 형상이 명확하지 않은 경우

4) 색채에 있어 **흰색·회색·검은색 중 하나**를 생략한 경우

5) **투명한 부분(전부·일부)**에 대한 설명이 필요하다고 인정된 경우

6) **부분**디자인의 특정 방법에 대한 설명이 필요하다고 인정된 경우

7) **화상**디자인이 기기의 조작에 이용되거나 기능이 발휘되는 것에 관한 설명이 필요한 경우

8) 물품의 부분에 표현된 **화면**디자인으로서, 화면이 도시되는 부분만 제출한 경우

9) 물품의 기능에 따라 열리고 닫히거나 펼쳐지고 접히는 등 **형태가 변화하는 디자인**으로서, 변화 전후 상태에 대한 설명이 필요한 경우

10) 연속적인 일련의 과정으로 **형태가 변화하는 디자인**으로서, 정지 상태 및 동작 상태(기본 자세, 궤적 등)에 관한 설명이 필요한 경우

11) **토목건축용품**의 디자인으로서 **반복 생산성** 또는 **운반 가능성**에 대한 설명이 필요한 경우

12) **한 쌍**으로 이루어진 물품에 관한 디자인으로서, **한쪽만** 도면으로 제출하고 나머지를 생략한 경우

13) **의류 또는 패션잡화용품**의 디자인으로서, 형태를 완전하게 보여주기 위해 마네킹 등의 **보조적인 물품**을 사용한 경우

4. 창작내용의 요점[92]

---

90) 등록 받을 수 없는 경우: 창틀용 부재, 건축용 부재
91) [제5편. 디자인등록요건_제2장. 공업상 이용가능성_보충자료1. 구체성 흠결의 유형]에서, '디자인의 설명' 기재와 관련된 위반유형 참고
92) 기존에는 시행규칙 별표3에 따라 독창적으로 창작한 내용을 중심으로 창작내용의 요점을 쉽고 간결하게 기재하도록 하였으나, 2025. 11. 28 시행법상 삭제됨.

Ⅲ. 도면의 작성방법

1. 일반적 디자인

(1) 디자인의 도면은 등록받으려는 디자인의 **창작 내용**과 **전체적인 형태**를 명확하고 충분하게 표현할 수 있도록 **한 개 이상의 도면**[93]을 도시하여야 하며, 필요한 경우에는 각 도면에 대한 설명을 디자인의 설명란에 기재한다.

(2) 도면에는 절단부 단면도, 확대도, 분해사시도, 전개도 등이 포함될 수 있다.

(3) 도면만으로 디자인의 **용도** 등을 이해하기 어려운 경우에는 **사용상태도 등 참고도면을** 함께 제출할 수 있으며, 필요한 경우 그에 대한 설명도 디자인의 설명란에 기재한다.

(4) 도면은 2D 이미지 파일과 3D 모델링 파일을 **각각 또는 혼합하여** 제출할 수 있으며, **참고도면은 동영상 파일 형식으로도** 제출할 수 있다.

2. 특수한 디자인

(1) 글자체디자인의 도면은 지정글자 도면, 보기문장 도면, 대표글자 도면을 도시하거나, 이에 갈음하거나 또는 이와 혼합하여 글꼴 폰트파일(TTF)을 제출할 수 있다.

(2) 그 외 해당 단원별 도면 기재방법 참고

 1) 열리고 닫히는 디자인 또는 일련의 변화과정에 의하여 형태가 변화하는 디자인(동적 디자인)

 2) 부분디자인

 3) 한 벌의 물품의 디자인

 4) 조립완구와 같이 그 구성물의 도면만으로는 사용 상태를 충분히 표현할 수 없는 경우('1디자인 1출원' 파트)

Ⅳ. 흠결 시 취급 및 극복방법

1. 출원일 불인정 사유 및 보완

(1) 도면·사진 또는 견본이 **제출되지 않았거나,** 도면에 기재된 사항이 **선명하지 않아 인식할 수 없는 경우**에는 출원일이 인정되지 않는다.

(2) 이 경우, 특허청장은 디자인등록을 받으려는 자에게 상당한 기간[94]을 정하여 보완할 것을 **명하여야 한다**(제38조 제2항).[95]

(3) 보완명령을 받은 자가 지정 기간 내에 **절차보완서**를 제출하여 디자인등록출원을 보완한 경우에는, 그 절차보완서가 **특허청장에게 도달한 날**을 출원일로 본다(제38조 제4항).

---

93) 도면은 「디자인보호법 시행규칙」 별지 제4호 서식에 따라 작성하며, 글자체디자인의 경우에는 별지 제5호 서식에 따른다.
94) 지정기간은 1개월이다.
95) 출원인이 지정기간 내 보완하지 않는 경우, 특허청장은 출원을 반려할 수 있다.

2. 부적법한 출원서류의 반려 (시행규칙 제24조)

특허청장 또는 특허심판원장은 출원서류가 아래에 해당할 경우, 이를 적법한 출원서류로 보지 않고 반려할 수 있다.

i) **도면이 첨부**되지 않은 경우(복수디자인등록출원에서는 디자인 수에 비해 도면이 부족한 경우), ii) 디자인의 대상이 되는 **물품**이 기재되지 않은 경우, iii) 도면의 **파일 형식이나 용량**이 기준을 위반한 경우, iv) 보완명령에 대응하여 지정 기간 내에 **보완하지 않은 경우** 등

3. 절차의 보정 (제47조) 및 무효처분 (제18조)[96]

4. 공업상 이용가능성 (제33조 제1항 본문)

i) 디자인의 설명란의 기재에 흠이 있거나 ii) 도면이 불명확하여 디자인의 **요지를 파악**할 수 없는 경우에는 **공업상 이용가능성 위반**이다.

이 경우, 요지 변경이 되지 않는 범위 내에서 제48조에 따른 보정을 통해 극복할 수 있다.

5. 1디자인 1출원 (제40조 제1항)

2 이상의 물품을 도면에 표현하거나, 2 이상의 물품명을 기재한 경우에는 1디자인 1출원 원칙에 위반이다.

6. 정당한 물품명 (제40조 제2항)

물품명이나 물품류가 잘못 기재된 경우, 정당한 물품명 기재 요건 위반이다.

---

96) 종래에는 창작내용의 요점 미기재를 방식위반으로 보아 절차보정사유로 취급하였으나, 2025. 11. 28 시행 개정법에 따라 삭제됨.

1. 도면에서 디자인의 설명란의 기재 내용에 흠이 있는 경우에는 방식을 위반한 것으로 본다. 53회 　[○ | ×]

2. 교량이나 가옥 등 토목건축용품에 관한 디자인으로서 다량 생산 가능성이나 운반 가능성에 대한 설명이 필요하다고 인정될 경우에 그에 관한 설명을 '디자인 설명란'에 적지 않은 경우에는 공업상 이용할 수 없는 디자인으로 취급한다. 51회 　[○ | ×]

3. 디자인등록출원서에 첨부된 도면의 색채는 디자인의 대상이 되는 물품의 전부가 투명한 경우가 있다. 48회 　[○ | ×]

4. 디자인의 대상이 되는 물품이 백색과 흑색으로 표현되는 경우, 디자인등록출원서에 첨부된 도면의 채색을 모두 생략할 수 있다. 48회 　[○ | ×]

5. 부분디자인의 디자인등록출원을 하는 경우에 도면에 갈음하여 디자인의 사진 또는 견본을 제출할 수 있다. 46회 　[○ | ×]

6. 디자인등록출원서 및 이에 첨부된 도면은 디자인의 창작 내용을 표현하는 것으로서, 창작자 및 출원인을 특정하고 디자인의 구체적인 보호범위를 확정하는 기능을 한다. 53회 　[○ | ×]

정답 | 1. × 2. ○ 3. ○ 4. × 5. ○ 6. ○

선별
디자인보호법

제5편
디자인 등록요건

제1장 출원인 적격 및 공동출원

디자인보호法

제3조(디자인등록을 받을 수 있는 자) ① 디자인을 창작한 사람 또는 그 승계인은 이 법에서 정하는 바에 따라 디자인 등록을 받을 수 있는 권리를 가진다. 다만, 특허청 또는 특허심판원 직원은 상속 또는 유증(遺贈)의 경우를 제외하고 는 재직 중 디자인등록을 받을 수 없다.

제44조(무권리자의 디자인등록출원과 정당한 권리자의 보호) 디자인 창작자가 아닌 자로서 디자인등록을 받을 수 있 는 권리의 승계인이 아닌 자(이하 "무권리자"라 한다)가 한 디자인등록출원이 제62조제1항제1호에 해당하여 디자 인등록거절결정 또는 거절한다는 취지의 심결이 확정된 경우에는 그 무권리자의 디자인등록출원 후에 한 정당한 권 리자의 디자인등록출원은 무권리자가 디자인등록출원한 때에 디자인등록출원한 것으로 본다. 다만, 디자인등록거 절결정 또는 거절한다는 취지의 심결이 확정된 날부터 30일이 지난 후에 정당한 권리자가 디자인등록출원을 한 경 우에는 그러하지 아니하다.

제45조(무권리자의 디자인등록과 정당한 권리자의 보호) 무권리자라는 사유로 디자인등록에 대한 취소결정 또는 무효 심결이 확정된 경우에는 그 디자인등록출원 후에 한 정당한 권리자의 디자인등록출원은 취소 또는 무효로 된 그 등 록디자인의 디자인등록출원 시에 디자인등록출원을 한 것으로 본다. 다만, 취소결정 또는 무효심결이 확정된 날부 터 30일이 지난 후에 디자인등록출원을 한 경우에는 그러하지 아니하다.

제91조(디자인권의 존속기간) ② 정당한 권리자의 디자인등록출원이 제44조 및 제45조에 따라 디자인권이 설정등록 된 경우에는 제1항의 디자인권 존속기간은 무권리자의 디자인등록출원일 다음 날부터 기산한다.

Ⅰ. 출원인 적격

1. 제3조 제1항 본문

디자인의 **창작자 또는 그 승계인**은 디자인등록을 받을 수 있는 권리를 가진다.

2. 창작자

(1) 창작자란 **제2조 제1호의 "디자인" 창작 행위를 한 사람**을 말하며, 디자인의 전체적인 심미감 에 영향을 미치는 **요부 또는 지배적인 특징을 착상하거나, 구체화**하는 등 **실질적으로 해당 디 자인의 창작에 기여한 자**를 의미한다(심사기준).

(2) **창작자가 허위기재된 경우**

[판례] 출원서에 창작자가 사실과 다르게 기재되어 있다는 사정만으로는 제3조 제1항 본문의 **등 록무효사유에 해당하는 것으로 볼 수 없다**(2015후1669).

3. 승계인

디자인등록을 받을 수 있는 권리는 재산권이므로 자유롭게 이전할 수 있으며(제54조 제1항 전단), 따라서 승계인도 디자인등록을 받을 수 있는 권리의 주체가 된다.

제3조(디자인등록을 받을 수 있는 자) ② 2명 이상이 공동으로 디자인을 창작한 경우에는 디자인등록을 받을 수 있는 권리를 공유(共有)한다.

제39조(공동출원) 디자인등록을 받을 수 있는 권리가 공유인 경우에는 공유자 모두가 공동으로 디자인등록출원을 하여야 한다.

II. 공동출원

1. 제3조 제2항 및 제39조

2명 이상이 디자인을 **공동창작**한 경우, 디자인을 받을 수 있는 권리를 공유한다(제3조 제2항). 이 경우, 공유자 모두가 **공동출원 해야 한다**(제39조).[97]

2. 공동창작[98]

"공동창작"이란 복수의 사람이 **디자인의 완성**을 위하여 **실질적으로 기여**하고 **협력**하여 완성한 디자인을 말한다(심사기준).

III. 흠결 시 취급

1. 제3조 제1항 본문 및 단서 위반 또는 제39조 위반의 경우(즉, 무권리자 출원이거나 공동출원하지 않은 경우), 거절이유, 정보제공사유, 이의신청이유, 무효사유에 해당한다.
2. 출원서에 기재된 **출원인**(혹은 창작자)이 **진정한 권리자**(혹은 창작자)에 해당하는지에 대해 **합리적 의심**이 드는 경우, 심사관은 제62조에 따라 **거절이유를 통지할 수 있다**.

---

97) 2023.12.21 시행된 개정 디자인보호법 제39조에 따라, 어떠한 사유로든(출원 전 권리 이전 등) 디자인등록을 받을 수 있는 권리가 공유인 경우에는 공유자 전원이 공동으로 출원하여야 한다.

98) [특허법상 판례 참고 ('발명' → '디자인')] 디자인의 공동창작을 위하여 **실질적으로 상호 협력**하는 관계에 있어야 하며, 단순히 디자인에 대한 기본적인 과제와 아이디어만을 제공하거나, 디자인 개발자를 일반적으로 관리하고 디자인 개발자의 지시로 디자인에 관한 자료를 정리하거나 도면 작성만을 하였거나, 자금·설비 등을 제공하여 디자인의 창작을 후원·위탁하였을 뿐인 정도로는 부족하고, 디자인의 전체적인 심미감에 관한 구체적인 착상을 새롭게 제시·부가·보완하거나, 새로운 착상을 단순한 도면화를 넘어서 디자인적으로 구체화하거나, 디자인의 전체적인 심미감에 영향을 주는 구체적인 디자인적 요소의 제공 또는 구체적인 조언·지도를 통하여 디자인을 완성할 수 있게 한 경우 등과 같이 **디자인의 창작행위에 실질적으로 기여**하여야 한다(대법원 2009다75178).

개정 디자인권의 이전청구 제도 신설 및 관련 조항 개정 (2025. 11. 28. 시행 개정법) ★★★

1. 디자인권의 이전청구 제도 및 관련 조문이 다음과 같이 신설·개정되었다.

(1) 신설 조문

제96조의2: 디자인권의 이전청구

제89조 제3항: 새로운 등록증 발급

제100조의2: 이전청구에 따른 이전등록 전 실시로 인한 통상실시권

(2) 개정 조문

제121조 제1항 제1호 및 제2호의 체계 및 내용 일부 조정:

제1호는 무권리자 출원 및 공동출원 중심으로 개편되고, 이전등록이 있는 경우 무효사유에서 제외하는 단서가 신설됨. 또한 제3조 단서는 제2호로, 제39조는 제1호로 이동됨.

2. 디자인권의 이전청구 제도 (제96조의2 등)

(1) 요건

1) **디자인등록을 받을 수 있는 권리를 가진 자(=정당권리자)** 는

2) **무권리자 출원 또는 공동출원 위반**(제3조제1항본문, 제39조)에 해당하는 디자인권에 대해

3) **법원에 디자인권** 또는 그 **지분**의 이전을 청구할 수 있다 (제96조의2 제1항)

(2) 효과

1) **디자인권** 및 **보상금청구권**은 **설정등록일**부터 이전등록을 받은 자에게 있는 것으로 **본다. (제96조의2 제2항)**

2) 공유인 경우, **다른 공유자의 동의 없이도** 지분이전 가능. **(제96조의2 제3항)**

3) 이전등록된 경우, **특허청장의 새로운 등록증** 발급 의무 **(제89조 제3항)**

4) **이전등록 전의 실시에 의한 통상실시권 (제100조의 2)**

이전등록 전, 무효사유를 알지 못한 상태에서**(선의)** 국내에서 디자인을 **실시하거나 실시준비한** 원권리자 등은 그 사업범위 내에서 **유상의** 통상실시권을 가진다.

※ 원권리자: 디자인권자, 전용실시권자, 이전등록 당시 이미 등록된 통상실시권자 (법정실시권자는 등록 없이도 인정)

1. 제50조(창작자의 추가 등) 요약

(1) 출원서에 창작자의 기재를 일부 누락하거나 잘못 적은 경우, **창작자를 추가 또는 정정할 수 있다.**
   다만, **등록결정 시부터 설정등록 시**까지 창작자를 추가할 수 없고, 창작자의 **동일성이 유지**될 때만 창작자 **정정** 가능하다.

(2) **출원인**이 창작자 **추가 또는 정정** 시, **보정서**에 소정의 사항을 기재한 서류를 첨부. (단, 창작자 누락·잘못 기재가 명백한 경우 혹은 사망한 경우엔 2호 서류 생략 가능)
   1) **이유 설명서** 2) **출원인** 및 추가정정되는 **창작자**가 **서명·날인**한 확인서류 3) **대리권** 증명서류

(3) **디자인권자**가 설정등록 이후 창작자 추가 또는 정정 시, **정정발급신청서**에 소정의 사항을 기재한 서류 첨부 (이하 상기 (2)와 내용 동일)

[전문개정 2025. 2. 12.]

2. 제62조(디자인일부심사등록 이의신청 등)

① 일부심사등록 이의신청을 하려는 자는 **이의신청서**에 다음 각 호의 서류를 첨부하여 특허청장에게 제출하여야 한다.
   3. 출원인이 디자인 **창작자가 아닌 자**로서 디자인등록을 받을 수 있는 권리의 **승계인이 아닌 자임을 증명하는 서류** 1통 (정당한 권리자가 디자인일부심사등록 이의신청을 하는 경우만 해당한다)

삭제된 규정: 제42조(정당한 권리자에 대한 통지)
특허청장 또는 특허심판원장은 디자인등록출원이 무권리자 출원이라는 이유로 거절결정, 취소결정, 관련 심판청구에 대한 기각심결 또는 무효심결이 확정된 경우에는 그 사실을 그 정당한 권리자에게 서면으로 통지하여야 한다.

기출 지문 OX

1. 디자인 창작에 관여한 자가 창작자로 인정받으려면 해당 디자인의 창작에 실질적으로 기여하여야 하므로, 창작 아이디어만을 제공하거나 개발자의 지시로 도면만 작성한 경우 창작자로 인정되지 않는다. **60회**

   [○ | ×]

2. 디자인을 창작한 디자이너는 디자인등록을 받을 수 있는 권리를 가지며, 디자인 창작자의 이름과 주소는 디자인등록출원서는 물론 디자인 국제출원서(지정국 요구 시)의 필수적 기재사항이다. **60회**　　[○ | ×]

3. 창작자인 디자이너로부터 디자인등록을 받을 수 있는 권리를 승계한 승계인에 의하여 디자인등록 출원된 경우라도, 그 출원서에 디자인 창작자가 사실과 다르게 허위로 기재되어 있는 경우 무효출원으로 거절될 수 있다. **60회**　　[○ | ×]

4. 특허법과 마찬가지로, 디자인보호법은 창작자에게 디자인등록을 받을 수 있는 권리를 부여하고, 이를 기초로 선출원의 지위, 디자인권 등을 부여하고 있다. **55회**　　[○ | ×]

정답 | **1.** ○ **2.** ○ **3.** × **4.** ○

공업상 이용가능성

디자인보호法

제33조(디자인등록의 요건) ① 공업상 이용할 수 있는 디자인으로서 다음 각 호의 어느 하나에 해당하는 것을 제외하고는 그 디자인에 대하여 디자인등록을 받을 수 있다.

Ⅰ. 의의 (공·생·동·양)

'공업상 이용할 수 있는 디자인'이란, **공업적 생산방법**에 의하여 **동일한 물품을 양산**할 수 있는 디자인을 말한다.[99]

Ⅱ. 요건

1. 공업적 생산방법 (원·물·화·변·유·물·제)

(1) '공업적 생산방법'이란 **원자재**에 **물리적 또는 화학적 변화**를 가하여 **유용한 물품을 제조**하는 것을 말한다. (판례)

(2) **기계**에 의한 생산은 물론 **수공업적** 생산도 **포함**된다. 다만, **상업적·농업적** 생산방법에 의한 것은 **제외**된다.

2. 동일물품의 양산 가능성

(1) 동일물품

'**동일한 물품**'이란, 물리적으로 **완전히 동일한 물품의 의미는 아니며**, 해당 디자인 분야에서 통상의 지식을 가진 사람이 그 지식을 기초로 **합리적으로 해석**하였을 때 **같은 물품으로 인식**될 수 있는 수준의 동일성을 갖춘 물품을 말한다.[100]

(2) 양산 (동·형·물·반·계·생)

'**양산**'이란, **동일한 형태의 물품**을 **반복적**으로 **계속하여 생산**하는 것을 의미한다. (판례)

---

99) 취지: 이는 물품의 수요 증대를 통한 산업발전이라는 디자인보호법의 입법 목적을 달성하기 위해, 디자인이 물품과 함께 공업적으로 양산 가능해야 하기 때문이다.
100) 심사기준 예시: 꽃게다리 형상의 갈비 등

III. 흠결유형

1. 공업적 생산방법에 의하여 양산이 가능한 것으로 볼 수 없는 디자인 (공업성 흠결) (자·순·서·부)

(1) 자연물을 디자인의 구성 주체로 사용하여 다량 생산이 불가능한 경우

1) 동물 박제, 꽃꽂이, 수석 등 동일한 형태로 **반복 생산이 불가능**한 디자인은 공업상 이용가능성이 없다.

2) 다만, **가공 정도**가 높아 동일한 형태로 **양산이 가능**한 경우에는 공업상 이용가능성이 인정된다.[101]

(2) 순수미술 분야에 속하는 저작물

1) 직물, 유리공예작품, 도자기작품, 설치미술작품 등과 같이 **일품 제작**을 전제로 한 **저작물은 반복 생산이 어려워** 공업상 이용가능성이 없다.[102]

2) 다만, 거래 통념상 **물품에 화체**되어 **반복 생산성**이 확보된 저작물은 공업상 이용가능성이 인정된다.[103]

(3) 물품을 상업적으로 취급하는 과정에서 만들어지는 서비스디자인

1) 상품 진열이나 배치 형태 등 서비스디자인은 물품 자체의 형태가 아니므로 **물품성**이 인정되지 않으며, 또한 공업적 생산방법에 의한 반복 생산이 불가능하여 **공업상 이용가능성도** 인정되지 않는다.[104]

2) 다만, 물품의 서비스적 변형이 독립된 물품으로 창작된 경우에는 공업상 이용가능성이 인정될 수 있다.

(4) 부동산

1) 원칙적으로 부동산은 **물품성**이 인정되지 않으며, 다량생산이 불가능하여 **공업상 이용가능성**도 인정되지 않는다.[105]

2) 다만, **반복 생산성과 운반 가능성**을 갖춘 조립가옥 등은 공업상 이용가능성이 인정될 수 있다.

---

101) 악어가죽 지갑, 원목 가구 등. 이때의 '가공 정도'는 사안별로 개별 판단되어야 한다.

102) ① (심사기준) 회화 등 순수미술 분야 창작물이나 동물박제 등 자연물 그 자체를 구성주체로 사용한 것은 공업적 생산방법에 의하여 양산이 가능한 것으로 보지 않는 것이 원칙이다. ② 그러나 순수미술 분야에 속하거나, 자연물 그 자체를 구성주체로 하는지 여부는 디자인 물품류별 물품목록을 우선적으로 고려하여 판단한다. (예: 디자인 물품류별 물품목록은 "미술 도자기" "소형 장식품" "장식용 곤충표본집" 등의 명칭을 인정함)

103) 회화나 조각 등 관념화되지 않고 물품에 화체된 것

104) 예: 손수건을 소재로 한 장식물 등

105) 부동산이란 토지 자체에 의해 형태가 결정되는 정원·도로 또는 해당 토지 위에 존재해야만 형태를 갖추는 건축물·건조물 등을 말한다.

2. 디자인의 표현이 구체적이지 않은 경우 [=구체성 흠결]

(1) 의미 (전·형·표·부·추·남)

1) 도면에 디자인의 **전체적인 형태**가 명확하게 **표현**되지 않아, **일부**가 **추측 상태**로 **남아** 있어 디자인의 **요지**를 **파악**할 수 없는 경우, 디자인의 표현이 구체적이지 않아 공업상 이용가능성이 인정되지 않는다('도면 기재불비').106)107)

2) 도면 간의 불일치로 인해 디자인의 **요지**를 **특정**할 수 없는 경우(판례), 구체성 흠결이다.

(2) 구체성 흠결의 유형 보충자료1

1) **디자인의 설명이 필요**한 경우인데 기재하지 않은 경우108)

2) **도면** 상호 간 불일치가 **중대**하고 명백한 경우

3) 도면의 **선명도**가 낮아 인식이 곤란한 경우

4) 도면이 **추상적**으로만 표현된 경우

5) 디자인의 설명에 디자인의 사용 목적이나 용도가 기재되어 있으나, 해당 **물품의 혼용 가능한 범위**를 벗어난 경우

IV. 흠결 시 취급

제33조 제1항 본문 위반시, 거절이유(法62①②), 정보제공사유(法55), 이의신청이유(法68①) , 또는 무효사유(法121①)에 해당하여 등록받을 수 없다.

---

106) 디자인 실무에서는 도면 등의 표현 미비로 디자인의 **요지를 명확히 파악**할 수 없는 경우 구체성 흠결로 본다.

107) 다만, 디자인의 표현이 다소 부족하더라도, 경험칙에 따라 보완적으로 해석할 수 있어 당해 디자인의 요지를 파악할 수 있고, 당업자가 그 디자인을 실시할 수 있는 수준이라면, 이는 구체성 흠결로 보지 않는다.

108) [보충자료1] 또는 [제4편. 디자인등록출원_제2장. 디자인도면_II. 도면의 기재사항_3. 디자인의 설명] 참고

1. 출원서의 기재사항 및 도면 등을 종합적·합리적으로 해석해도 디자인의 요지를 파악할 수 없는 경우
2. 재질 또는 크기 등의 설명이 필요하다고 인정되나 기재하지 않은 경우
3. 신발, 이어폰, 귀걸이 등과 같이 통상적으로 좌우 대칭 형태로 이용되는 것이 자명한 물품의 디자인이 아님에도 디자인의 설명을 생략한 경우
4. 교량이나 가옥 등 토목 건축용품에 관한 디자인으로서 반복생산 가능성이나 운반 가능성에 대한 설명이 필요하다고 인정될 경우에도 그에 관한 설명을 기재하지 않은 경우
5. 「디자인의 설명」란에 디자인의 사용 목적이나 용도가 기재되어 있으나, 해당 물품의 통상적인 혼용 가능 범위를 벗어난 경우
   - 예) 불인정: "자동차"로 출원, 「디자인의 설명」란에 "본원 디자인은 자동차 모형으로 제작 가능함"
   - 예) 불인정: "라벨"로 출원, 「디자인의 설명」란에 "본원 디자인은 화상디자인으로 사용 가능함"
   - 예) 인정: "휴대폰 케이스"와 "지갑"의 혼용 가능성 인정
6. 물품의 부분으로서 표현되는 화면디자인 출원 시 화면이 도시되는 부분의 도면만(예: 정면도)을 제출하되, 그에 관한 설명을 기재하지 않은 경우

   단, 디스플레이 패널이나 정보통신기기에 표시되는 화면디자인과 같이 통상적으로 하나의 도면만으로 디자인의 요지를 충분히 파악할 수 있는 경우 별도의 설명이 없어도 구체성이 결여되지 않는 것으로 판단할 수 있다.
7. "화상디자인"인 경우 「디자인의 설명」란에 화상디자인이 기기(器機)의 조작에 이용되거나 기능이 발휘되는 것에 관한 설명을 명확하게 기재하지 않은 경우
8. 의류 및 패션잡화용품에 관한 디자인으로서 마네킹 등의 보조적인 물품을 사용하는 경우 그에 관한 설명을 기재하지 않은 경우
9. 도면에서 생략된 부분으로 인해 전체적인 형상이 명확하지 않아 설명이 필요함에도 기재하지 아니한 경우

   단, 다음의 경우로서 일부 도면만 제출하는 경우 「디자인의 설명」란에 이유를 기재한다.
   1) 평면적인 물품(포장지 등): 표면도만 제출하고 뒷면의 도면(이면도)을 미제출하거나 뒷면 부분에 대한 설명 미 기재의 경우, 뒷면에 모양이 없는 것으로 간주된다.
   2) 앞·뒷면/왼쪽·오른쪽면이 같거나 대칭인 경우: 한 면의 도면만 제출할 수 있고, 이 경우 생략 취지를 기재
   3) 항상 설치·고정되어 특정 부분을 볼 수 없는 경우: 특정 부분의 도면을 제외하여 제출할 수 있고, 이유를 기재
   4) 두께가 얇은 입체물품(예: 포장용 파우치 등): 주요부분의 도면만 제출할 수 있고, 이유 기재
10. 도면에 디자인의 전체적인 형태(뒷면 사시도 및 아래면 사시도를 포함한다)가 명확하게 표현되지 않아, 어떤 부분이 추측 상태로 남아 있어 디자인을 충분하게 파악할 수 없는 경우
11. 도면이 서로 불일치하여 경험칙에 의해서 종합적으로 판단한 경우에도 디자인의 요지를 특정할 수 없는 경우

    단, 도면에 서로 불일치하는 부분들이 있더라도 창작의 요점과 직접 관계 없는 부분으로서 통상의 디자이너가 요지를 충분히 특정할 수 있다면 공업상 이용가능성 인정 (판례 참조)
12. 도면(도면대용으로 제출하는 사진 포함), 견본 등이 선명하지 아니한 경우

    다만, 디자인의 표현 부족을 경험칙에 의하여 보충하여 볼 때 그 디자인의 요지 파악이 가능하여 당업자가 그 디자인을 실시할 수 있을 정도의 경우에는 그러하지 아니하다.
    - 예) 도면, 견본 등이 지나치게 작거나 선명하지 않아 디자인의 요지를 파악할 수 없는 경우
    - 예) 사진인 경우, 물품의 배경, 음영, 타 물품의 형태 등이 촬영되어 등록받고자 하는 디자인을 명확하게 특정할 수 없는 경우

13. 출원서 또는 도면 중에 문자나 부호 등을 과다하게 사용하여 형상, 모양 및 색채를 추상적으로 설명함으로써 디자인의 요지 파악이 불가능할 경우

14. 색채도면의 일부에 착색하지 아니한 부분이 있는 경우

　　다만, 도면의 무착색 부분에 대하여 아래의 사항을 기재한 경우 예외로 한다. 또한, 아래의 경우에 해당함이 명백하면 설명을 기재하지 않을 수도 있다. 1) 백색, 회색 또는 흑색 2) 투명 부분 3) 뚫린 부분

15. 정·배면도, 평·저면도, 좌·우측면도, 사시도 등의 제출 도면만으로는 디자인을 충분히 파악할 수 없는 경우

16. 단면도 등의 절단면 및 절단한 곳의 표시가 다음에 해당하는 경우

(1) 절단면에 평행사선 또는 이와 상응하는 방법의 절단면 표현이 불완전하게 표시되었거나 표시가 없는 경우

(2) 절단된 부분을 원래 도면에서 쇄선 등으로 표시(절단쇄선, 부호 및 화살표)하지 않았거나 이와 상응하는 방법으로 표시하지 않은 경우

17. 입체적인 물품으로서 형상이 연속하는 디자인 또는 평면적인 물품으로서 모양이 연속 또는 반복하는 디자인이 다음에 해당하는 경우

(1) 도면이 그 연속상태를 알 수 있도록 도시(단위모양이 1.5회 이상 반복되어야 한다)되지 않은 경우

　　– 다만, 단위모양이 1회만 도시되었더라도 「디자인의 설명」란에 반복(단위모양의 결합 및 배열) 상태를 기재하고 도면과 설명이 일치하며 반복상태를 명확히 알 수 있는 경우에는 예외로 한다.

　　– 예) "직물지" 디자인의 도면에서 모양이 상·하 및(또는) 좌·우로 연속·반복되는 상태를 나타내는 경우

올바른 도시
〈단위모양이 1회 도시되었고 「디자인의 설명」란에 반복상태를 기재하였으며 반복상태를 명확히 알 수 있는 경우 예시〉

(물품) 직물지
(디자인의 설명)
출원된 도면을 단위모양으로 하여 상하좌우 방향으로 반복되는 것임

(2) 「디자인의 설명」란에 형상이나 모양이 1방향 또는 상하좌우로 연속 또는 반복하는 상태에 대한 설명이 없는 경우

18. 길이가 한정된 물품의 중간을 생략한 도면으로서 다음에 해당하는 경우

(1) 생략한 부분을 두 줄의 평행한 1점쇄선으로 절단하여 표시하지 않았거나, 이와 상응하는 방법으로 표시하지 않아 디자인을 명확히 알 수 없는 도면

　　– 예) 인정: 두 줄의 굽은 곡선, 2점쇄선, 지그재그선 등으로 절단해도 공업상 이용 가능성 인정

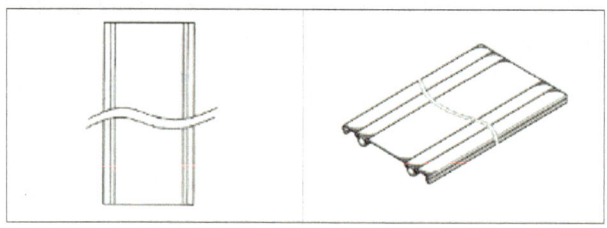

(2) 디자인의 전체적인 형상이 명확하지 않아 생략한 길이의 표시가 필요하다고 인정되나, 실제품의 크기 기준으로 몇 mm 또는 몇 cm 생략되었는지 「디자인의 설명」란에 기재하지 않은 경우

　　– 다만, 전선, 끈, 줄 등과 같이 물품의 구성주체가 아닌 부수적 구성물의 길이를 생략하는 경우에는 도면상 생략한 길이를 기재하지 않아도 된다.

19. 물품의 전부 또는 일부가 투명한 디자인으로서 그 도면이 다음 중 어느 하나에 해당하는 경우

(1) 외주면에 색채가 없고 모양이 없는 경우, 투명으로 보이는 부분을 보이는 그대로 표현하고 필요시 그 취지를 「디자인의 설명」란에 기재하여야 하나, 그렇지 않은 경우
　　– 다만, 물품의 특성상 투명한 것이 명백한 경우에는 생략 가능

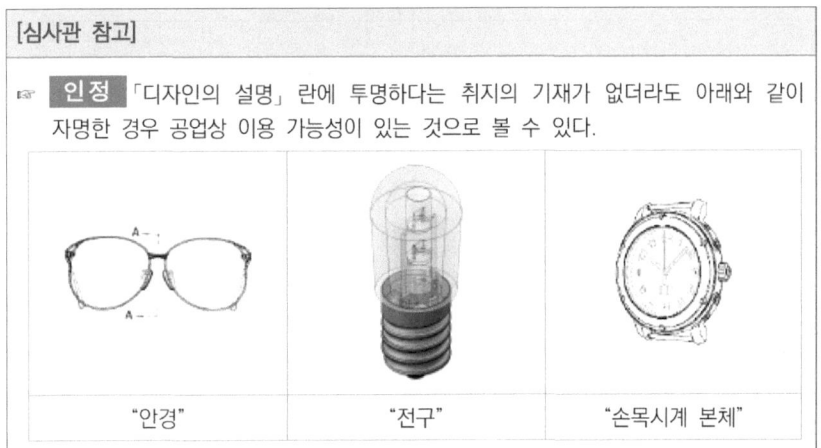

[심사관 참고]

☞ **인정** 「디자인의 설명」 란에 투명하다는 취지의 기재가 없더라도 아래와 같이 자명한 경우 공업상 이용 가능성이 있는 것으로 볼 수 있다.

"안경"　　　"전구"　　　"손목시계 본체"

(2) 외주의 외면·내면·두께 속의 어느 한 곳에 모양 또는 색채가 표현되어 있는 경우, 투명 부분을 보이는 대로 표현하는 도면을 제출하고, 모양 또는 색채를 명확히 알 수 있는 도면을 첨부해야 하나, 그렇지 않은 경우
　　– 예 1) 투명 입체물품에서 외주, 내면, 두께, 외면의 위치
　　– 예 2) 인정: 투명재질 전등갓의 내측면에 줄무늬가 형성된 '전기스탠드' 디자인은 재질 설명과 도면만으로 충분히 표현된 것으로 인정

(3) 외주의 외면·내면·두께 속이나 외주에 둘러싸인 내부에 둘 이상의 형상, 모양 또는 색채가 표현되어 있는 경우, 각 면별로 도면을 제출해야 하나 그렇지 않은 경우

(4) 투명 입체로서 일면에만 모양 또는 색채가 있는 경우, 그 면에만 표현해야 하나 다른 면에도 투영하여 표현하거나 필요한 설명을 기재하지 않은 경우

(5) 투명한 부분의 두께를 표현하지 않아 디자인의 내용을 명확하게 알 수 없는 경우에도, 투명 부분 두께 형상을 알 수 있는 단면도를 첨부하지 않았거나 절단된 부분에 해칭(연속된 빗금)을 사용하지 않은 경우

20. 3D 모델링 파일을 도면 대신 제출한 경우

(1) 3D 모델링 도면이 셰이딩(shading) 상태가 아닌 와이어프레임(wire frame) 상태로만 표현되었거나 3차원의 돌려보기가 불가능한 2차원 상태로 표현된 경우

(2) 3D 모델링 도면으로 물품의 전체적인 형태가 명확하게 도시되지 않아 형태를 파악하기 곤란한 경우

(3) 3D 모델링 도면을 실행했을 때 도면이 깨지거나 면이 터지는 현상이 발생하여 해당 물품을 파악하기 곤란한 경우

21. 도면 내의 도형 안에 디자인을 구성하지 않는 중심선, 기선(基線), 수평선 등을 표시하기 위한 세선(細線), 내용 설명을 위한 지시선·부호 또는 문자가 있는 경우

　　다만, 도면(3D 모델링 도면 포함)에 평면, 굴곡, 오목 및 볼록 등을 음영으로 표현하는 경우 혼동되지 않는 범위에서는 세선, 점 또는 농담(濃淡)을 제한적으로 사용할 수 있으며, 모양과 혼동되는 경우에는 「디자인의 설명」란에 그 취지를 기재하여야 한다.

– 예) 인정: 곡면의 입체감을 표현하기 위해 음영선을 사용한 경우, 모양과 혼동되지 않는 정도라면 허용

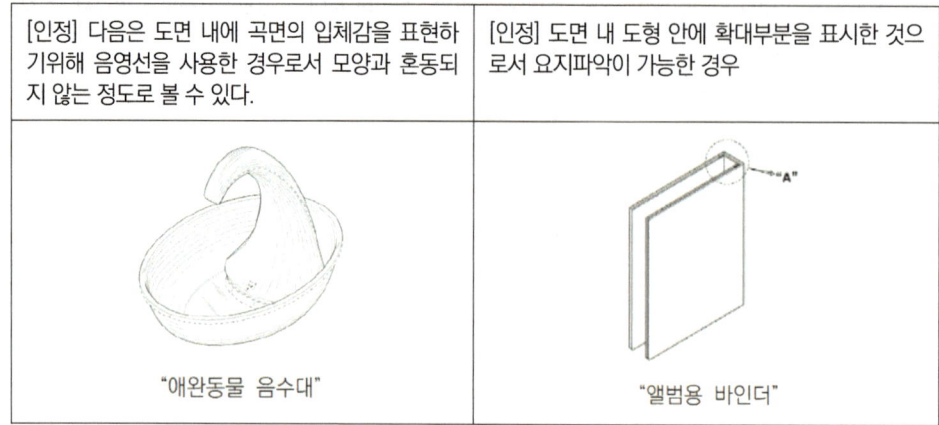

[인정] 다음은 도면 내에 곡면의 입체감을 표현하기 위해 음영선을 사용한 경우로서 모양과 혼동되지 않는 정도로 볼 수 있다.	[인정] 도면 내 도형 안에 확대부분을 표시한 것으로서 요지파악이 가능한 경우
"애완동물 음수대"	"앨범용 바인더"

기출 지문 OX

1. 출원서에 첨부된 도면을 종합적으로 해석한 경우에도 디자인에 관한 물품의 사용 목적·사용 방법 등이 불명확하여 디자인의 요지를 파악할 수 없는 경우에는 공업상 이용할 수 없는 디자인으로 취급한다. **51회**
[○ | ×]

2. 공업상 이용가능성이란 공업적 방법에 의하여 양산될 수 있음을 의미하고, 공업적 방법이란 원자재에 물리적, 화학적 변화를 가하지 않으면서 유용한 물품을 제조하는 것을 의미한다. **56회** [○ | ×]

3. 공업상 이용가능성이란 공업적 방법에 의하여 양산될 수 있음을 의미하므로, 물품을 양산할 수 있다고 하더라도 수공업적 생산방법에 의할 경우에는 공업상 이용 가능성이 없는 것으로 본다. **57회** [○ | ×]

4. 공업상 이용할 수 있는 디자인은 물리적으로 완전히 같은 물품을 양산할 수 있는 디자인이어야 하는 것은 아니다. **56회** [○ | ×]

5. 동물박제, 수석 등 자연물을 디자인의 구성 주체로 사용한 것으로서 다량 생산할 수 없는 것도 디자인등록을 받을 수 있다. **54회** [○ | ×]

6. 디자인등록출원서에 첨부된 입체를 표현하는 도면은 사시도와 정투상도법에 의한 6면도 중 일부의 도면을 생략할 수 있는 경우가 있다. **48회** [○ | ×]

7. 공업상 이용할 수 없는 디자인이 일부심사등록된 경우에는 디자인일부심사등록 이의신청의 대상이 될 수 있다. **56회** [○ | ×]

정답 | 1. ○ 2. × 3. × 4. ○ 5. × 6. ○ 7. ○

제3장

디자인의 동일·유사

Ⅰ. 의의

(1) '유사'의 의미

'디자인의 유사'란 양 디자인이 동일하진 않지만, 그 지배적인 특징으로 인해 전체로서 동일한 미감을 발휘하는 경우를 말한다.[109]

(2) 판단의 전제

물품의 동일·유사를 전제로 디자인(**형태**)의 동일·유사 여부를 판단하며, 시각을 통한 심미감에 바탕을 두어야 한다.[110]

(3) 관련 문제

신규성(제33조 제1항), 선출원(제46조), 확대된 선출원(제33조 제3항), 관련디자인(제35조), 디자인권의 효력범위 및 침해 여부(제92조) 등의 판단 시 문제된다.

Ⅱ. 물품의 유사 판단

1. 대법원 판례 (용·기·거·동·종·품)

(1) 물품의 동일·유사성 여부는 **물품의 용도, 기능** 등에 비추어, **거래 통념상 동일 종류의 물품**으로 인정할 수 있는지 여부에 따라 결정하여야 한다.[111]

(2) 시행규칙 소정의 **물품류 구분은 사무 편의**를 위한 것으로서 **동종의 물품을 법정**한 것은 **아니다.**[112]

2. 심사기준

(1) '**동일물품**'이란 **용도와 기능**[113]이 모두 **동일한 것**을 말하고, '**유사물품**'[114]이란 **용도는 동일**하지만 **기능이 다른 것**을 말한다.

(2) 비유사물품[115]인 경우에도, **혼용 가능성**[116] 있는 것은 **유사한 물품**으로 볼 수 있다.[117]

---

109) 취지: 디자인보호법에 '유사' 개념을 도입한 이유는, 디자인의 특성상 타인의 모방이 용이하고, 물품과의 불가분성으로 인해 권리범위가 협소하여, 동일성 범위만으로는 효율적인 보호가 곤란하기 때문이다.
110) 판단 기준: 통설 및 판례는 일반 수요자를 기준으로 판단하는 입장이며, 심사기준은 당업자의 관점도 함께 고려한다.
111) 98후492 판례
112) 시행규칙 소정의 물품류 구분은 사무 편의를 위한 것으로서 동종의 물품을 법정한 것은 아니므로, **물품구분표상 같은 유별**에 속하는 물품이라도 **동종 물품이 아닐 수 있고**, 서로 다른 유별에 속하는 물품이라도 동종 물품일 수 있다. (2000후3388)
113) '용도'란 물품이 실현하려는 사용 목적을 말하며, '기능'이란 용도를 실현할 수 있는 구조·작용 등을 말한다.
114) 예: 볼펜과 만년필, 탁상시계와 손목시계, 스탠드등과 조명등
115) 즉, 용도와 기능이 다른 물품의 경우이나, 혼용 가능성이 있는 경우
116) '혼용'이란 용도가 다르고 기능이 동일한 물품으로 서로 바꿔 사용하는 것을 의미한다.
117) 혼용 가능하여 물품의 유사성을 인정한 예: '음식찌꺼기 발효통'과 '쓰레기통'(판례, 2000후3388), '빨래 삶는 용기의 세제거품 넘침 방지구'와 '밥 짓는 가마솥(취반부)'(판례, 2002후2570), '핸드폰 케이스'와 '지갑'(심사기준)

(3) 물품이 비유사한 경우

1) **형틀과 그 형틀**로부터 만들어지는 물품은 비유사한 물품으로 본다(예: 빵틀과 빵).

2) 로카르노 협정에 따른 물품류 중 특허청장이 정한 물품 명칭에 있어, 한글 글자체, 영문자 글자체 등은 상호 간 비유사한 것으로 본다.

3) 완성품과 부품의 용도가 뚜렷이 다른 경우는 비유사한 물품으로 본다.

(4) 물품 및 형태의 동일·유사·비유사 영역 비교

구분	동일물품	유사물품	비유사물품
형상·모양·색채 동일	동일 디자인		
형상·모양·색채 유사		유사디자인	
형상·모양·색채 비유사			비유사디자인 (단, 혼용가능한 경우 주의)

III. 형태의 유사판단 (디자인의 유사판단)

1. 대법원 판례

(1) 일반원칙 (외·전·대·관·보·상·심, 지·특·유·세·차·유)

디자인의 유사 여부는 이를 구성하는 각 요소를 분리하여 개별적으로 대비할 것이 아니라, **외관을 전체적으로 대비관찰**하여 **보는 사람**으로 하여금 **상이한 심미감**을 느끼게 하는지의 여부에 따라 판단하여야 한다. 따라서, 디자인의 **지배적인 특징**이 유사하다면, **세부적인 점에 다소 차이**가 있더라도 **유사**하다고 보아야 한다(2000후3388).

(2) 요부관찰

이 경우, 디자인을 보는 사람의 **주의를 가장 끌기 쉬운 부분**을 **요부로 파악**하고, 이를 중심으로 심미감에 차이가 생기는지 여부의 관점에서 유사 여부를 판단하여야 한다(95후1135).

2. 심사기준

(1) 일반원칙

1) 물품의 유통과정에서 **일반 수요자**를 기준으로 관찰하여 **다른 물품과 혼동할 우려**가 있는 경우 유사한 디자인으로 본다.

2) 또한 혼동할 우려가 있을 정도로 유사하지 않더라도, 그 디자인 분야의 **형태적 흐름을 기초로** 두 디자인을 관찰하여 **창작의 공통성**이 인정되는 경우에도 유사한 디자인으로 본다.

(2) 육안관찰

원칙적으로 **육안**으로 비교하여 관찰하되, 물품의 거래에서 형상을 **확대하여 관찰**하는 것이 **통상적인** 경우에는 **확대경**이나 현미경 등을 사용할 수 있다.

3. 형태의 구성요소에 따른 판단

1) **형상이나 모양 중 어느 하나가 비유사**하면 **원칙적으로 비유사한** 디자인으로 보되, 형상이나 모양이 디자인의 미감에 미친 영향의 정도 등을 종합적으로 고려하여 디자인 전체로서 판단한다.

2) **모양의 유사 여부**는 주제의 표현방법과 배열, 무늬의 크기 및 색채 등을 종합하여 판단한다.

3) **공지의 형상에 독특한 모양**이 화체되어 새로운 미감을 일으키는 경우에는 **모양에 비중**을 두어 판단한다.

4) **색채**는 모양을 구성하지 아니하는 한, 유사 여부 판단의 요소로 고려하지 않는다.

4. 물품 속성에 따른 판단 (참·잘·당·대·재·기)

1) **참신한** 디자인일수록 유사의 폭은 넓게 보고, 반대로 동종류의 디자인이 많이 나올수록 유사의 폭은 좁게 본다. 보충자료1

2) 유사 여부 판단은 일반적으로 물품의 **잘 보이는 면**에 비중을 둔다.

3) 물품 중 **당연히** 존재해야 할 부분은 중요도를 낮게 평가하고, 다양한 변화가 가능한 부분을 중심으로 판단한다.[118]

4) 상식적인 범위 내의 **대소**의 차이는 유사 여부 판단 요소로 보지 않는다.

5) **재질**은 그 자체가 모양이나 색채로 외관에 표현되는 경우에 한하여 유사 여부 판단 요소로 참작된다.

6) **기능, 구조**, 정밀도, 내구력, 제조방법 **등**은 외관에 표현되지 않는 한 유사 여부 판단의 요소가 될 수 없다.

IV. 구체적인 판단 기준 (판례)

1. 공지 부분을 포함하는 경우

(1) 디자인의 등록요건(신규성 등) 판단 시 (공·형·특·심·포·전)

1) **공지 형상을 구성요소**로 하고 있는 경우, 그 부분이 **특별한 심미감**을 불러일으키지 못하는 것이 아닌 한 그것까지 **포함한 전체로서 관찰**하여 느껴지는 심미감에 따라 판단해야 한다(2007후4830).

2) 등록디자인을 구성하는 개개의 형상·모양이 공지·공용에 속하는 것이라도 이것들이 결합하여 새로운 심미감을 불러일으키는 경우에는 이를 디자인의 유사 여부 판단의 대상으로 삼을 수 있다(2005후2922).

---

118) 예를 들어 수저의 경우, 손잡이 부분의 형태에 유사 여부 판단의 비중을 둔다.

(2) 디자인의 권리범위(침해 여부 등) 판단 시 (공·낮·평, 공·제·특·부·대·부·유)

공지 부분의 **중요도를 낮게 평가**하여야 하고, 따라서 등록디자인과 그에 대비되는 디자인이 서로 공지 부분에서 동일·유사하다고 하더라도 등록디자인에서 **공지 부분을 제외한 특징적인 부분과 이에 대비되는 디자인의 해당 부분이** 서로 **유사하지 아니하다면**, 대비되는 디자인은 등록디자인의 권리범위에 속한다고 할 수 없다.

2. 기능적 형상을 포함하는 경우

(1) 물품의 기본적(기능적) 형상 (요부 不可) (당·기·기·형·낮·평)

양 디자인의 공통되는 부분이 그 물품으로서 **당연히 있어야 할 부분 또는 기본적·기능적 형태**인 경우에는 그 **중요도를 낮게 평가**하여야 하며, 이러한 부분이 동일·유사하다는 사정만으로는 디자인이 유사하다고 볼 수 없다(2003후1666).[119]

(2) 물품의 기능을 확보하는 데 불가결한 형상 (요부 不可)

양 디자인의 공통되는 부분이 물품의 기능 확보에 **불가결한 형상**인 경우에는 그 **중요도를 낮게 평가**하며, 해당 부분이 유사하다는 사정만으로 곧바로 양 디자인이 유사하다고 할 수 없다(2016후1710).

(3) 물품의 기능을 확보하는 데 필요한 형상인 경우 (요부 可) (기·확·선·대·형)

그 **기능을 확보**할 수 있는 **선택 가능한 대체적인 형상**이 그 외에 **존재**하는 경우에는, (그 부분이 공지의 형상에 해당된다는 등의 특별한 사정이 없는 한) 디자인의 유사 여부 판단에 있어서 그 **중요도를 낮게 평가**하여야 한다고 **단정할 수 없다**(2005후2274).[120][121]

3. 사용에 의하여 물품의 형태가 변화하는 경우

(1) 대비되는 디자인의 대상 물품이 그 **기능 내지 속성상** 사용에 의하여 **당연히 형태의 변화가** 일어나는 경우, 그와 같은 형태의 변화도 **참작**하여 유사 여부를 전체적으로 판단하여야 한다(2009후4148).

(2) 물품의 사용에 따라 형태가 변화하는 물품들 간에는, **형태 변화의 전후를 기준**으로 서로 같은 **상태에서 대비**하여 전체적으로 판단한다(2010다23739).[122]

4. 거래 시와 사용 시의 외관에 차이가 있는 물품의 경우

그 디자인이 표현된 물품의 **사용 시**뿐만 아니라 **거래 시의 외관에 의한 심미감도 함께 고려**하여야 한다(2000후129).

---

119) 음식물 저장용 밀폐용기 사건
120) 화물 차량용 공구함 사건
121) 건축 배관용 슬리브 사건. 건축 배관용 슬리브의 평면부는 반드시 오뚝이 형상일 필요는 없고, 전체적인 미감을 고려해 다양한 형상으로 구성될 수 있으며, 해당 형상이 공지된 형상도 아니므로 양 디자인은 유사하다고 판시하였다.
122) 휴대폰 포장용 상자 사건

5. 보는 방향에 따라 미감이 달라지는 물품의 경우

그 미감이 **같게** 느껴지는 방향으로 두고 이를 대비하여 유사 여부를 판단하여야 한다(2007후483).

V. 기타 참고 사항

1. 사진과 선도의 표현방식에 차이가 있는 경우

하나의 디자인을 각각 사진(렌더링 포함), 선도, 셰이딩(무채색 음영구분) 등 다양한 방식으로 표현한 경우, 상호 간 유사한 것으로 판단한다.

2. 동일성만 문제되는 경우

보정 및 요지변경(제48조), 분할출원(제50조), 조약우선권주장출원(제51조), 정당권리자출원(제44, 45조), (복수의 공지가 있을 때) 신규성 상실 예외의 주장(제36조)

유사의 폭 (새·포·특·옛·단·구·유)

1. 유사의 폭이 넓은 경우: 참신한 디자인의 경우 등

  1) 기존에 존재하지 않던 **새로운** 물품

  2) 동일 종류의 물품 중 **새로운 구성 요소를 포함**한 디자인

  3) **특이한 형상** 또는 모양을 가진 디자인

2. 유사의 폭이 좁은 경우: 동종류의 디자인이 많이 나온 경우 등

  1) **옛날부터 흔히** 사용되어 왔고, 다양한 디자인이 이미 창작된 물품 (예: 칼, 식기, 포장용 용기 등)

  2) **단순한 형태**로 오래전부터 사용되어 온 물품 (예: 젓가락, 편지지 등)

  3) **구조적**으로 디자인에 큰 **변화를 주기 어려운** 물품 (예: 자전거, 쌍안경, 운동화, 자동차 부품 등)

  4) **유행의 변화 폭이 제한적**인 물품 (예: 신사복, 한복 등)

기출 지문 OX

1. 물품의 동일·유사 여부 판단은 디자인등록출원한 디자인의 신규성 여부나 타인의 실시디자인이 등록디자인권의 권리범위에 속하는지 여부 등을 판단하기 위하여 하는 것이다. 49회   [○ | ×]

2. 디자인의 유사 여부를 판단함에 있어서, 디자인의 대상이 되는 물품이 유통과정에서 일반 수요자를 기준으로 관찰하여 다른 물품과 혼동할 우려가 있는 경우에는 유사한 디자인으로 본다. 55회   [○ | ×]

3. 비유사 물품인 경우에도 용도상으로 혼용될 수 있는 것은 유사한 물품으로 볼 수 있다. 49회   [○ | ×]

4. 등록된 디자인을 구성하는 개개의 형상, 모양이 공지·공용에 속하는 것이라도 이것들이 결합하여 새로운 심미감을 불러일으키는 경우에는 이를 디자인의 유사 여부 판단의 대상으로 삼을 수 있다. 50회   [○ | ×]

5. 디자인 유사 판단 기준은 일관성 있게 적용되어야 하므로, 공지 부분을 포함하는 경우의 유사 판단에 있어서도 등록요건 판단 시와 침해 판단 시에 그 기준은 동일하게 적용되어야 한다. 60회   [○ | ×]

6. 등록디자인이 신규성이 있는 부분과 함께 공지의 형상과 모양을 포함하고 있는 경우, 디자인권의 권리범위를 정함에 있어서는 공지 부분의 중요도를 낮게 평가하여야 한다. 57회   [○ | ×]

7. 디자인의 형태에 의한 유사 여부를 판단함에 있어서, 물품 중 당연히 있어야 할 부분은 그 중요도를 낮게 평가하고, 다양한 변화가 가능한 부분을 주로 평가한다. 55회   [○ | ×]

8. 디자인의 구성 요소 중 물품의 기능을 확보하는 데 필요한 형상 또는 공지의 형상 부분이 있다고 하여도, 그것이 특별한 심미감을 불러일으키는 요소가 되지 못하는 것이 아닌 한, 그것까지 포함하여 전체로서 관찰하여 느껴지는 장식적 심미감에 따라 판단한다. 50회   [○ | ×]

정답 | 1. ○   2. ○   3. ○   4. ○   5. ×   6. ○   7. ○   8. ○

제4장 신규성

제33조(디자인등록의 요건) ① 공업상 이용할 수 있는 디자인으로서 다음 각 호의 어느 하나에 해당하는 것을 제외하고는 그 디자인에 대하여 디자인등록을 받을 수 있다.

1. 디자인등록출원 전에 국내 또는 국외에서 공지(公知)되었거나 공연(公然)히 실시된 디자인
2. 디자인등록출원 전에 국내 또는 국외에서 반포된 간행물에 게재되었거나 전기통신회선을 통하여 공중(公衆)이 이용할 수 있게 된 디자인
3. 제1호 또는 제2호에 해당하는 디자인과 유사한 디자인

Ⅰ. 의의

출원 전 국내외 공지 등이 된 디자인과 동일하거나 유사한 디자인은 등록받을 수 없다(제33조 제1항 각 호).123)

Ⅱ. 요건

1. 주체적 요건

공지 주체는 **불문**이며, 신규성 구비 여부는 디자인의 동일·유사 판단에 의하므로 **일반 수요자**를 기준으로 판단한다.

2. 객체적 요건

(1) 신규성 상실 사유

1) 공지

불특정다수인(비밀유지의무가 없는 자)에게 **알려졌거나 알려질 수 있는 상태**를 말한다.

2) 공연실시

불특정인에게 알려졌거나 알려질 수 있는 상태로 실시된 것을 말한다.

3) 반포된 간행물에 게재

- '반포'란 국내 또는 국외에서 불특정 다수인이 열람할 수 있는 상태에 놓인 것을 의미한다.
- '**간행물**'이란 기계적 또는 전기적 인쇄·복제 수단에 의하여 제작되어 반포된 문서, 도화 및 사진 등124)을 의미한다(판례125)).126)

---

123) 취지: 이미 공지되어 새롭지 않은 디자인에 대해 특정인에게 독점적·배타적 권리를 부여하는 것은 디자인보호법의 목적에 반하기 때문이다.

124) 공보, 서적, 잡지, 신문, 카탈로그, 팸플릿, 사용설명서, CD-ROM, 마이크로필름 등

125) 92후377

126) 간행물은 발행 연도만이 기재되어 있는 경우에는 해당 연도의 말일, 연월만이 기재되어 있는 경우에는 해당 연월의 말일을 반포 시기로 추정한다.

- '**게재**'란 반드시 형태 전체를 모두 명확히 한 디자인뿐만 아니라, 그 자료의 **표현 부족**을 **경험칙에 의하여 보충**하여 그 디자인의 **요지 파악**이 가능한 정도를 말한다(판례).[127]

4) 전기통신회선을 통한 공중의 이용 가능

- '전기통신회선'이란 유선, 무선, 광선 및 기타의 전기·자기적 방식으로 쌍방향 송·수신이 가능한 전송로를 의미한다.[128]
- '공중의 이용 가능'은 불특정인이 볼 수 있는 상태에 놓인 것을 말한다.

(2) 판단 대상 및 판단 방법

국내외 공지디자인과 출원디자인의 동일 또는 유사 여부를 판단한다.

3. 시기적 요건

(1) 원칙

출원시(時)를 기준으로 한다.[129]

(2) 예외 (분·조·정·보·국)

1) **분할출원**: 원출원시(제50조 제2항 본문)
2) **조약우선권주장출원**: 제1국 출원시(제51조 제1항)
3) **정당권리자 출원**: 무권리자 출원시(제44조 및 제45조)
4) **설정등록 후 실체보정이 요지변경으로 경우**: 그 보정서를 제출한 때(제48조 제5항)
5) **출원을 보완한 경우**: 보완일(제38조 제4항)
6) **국제디자인등록출원의 경우**: 국제등록일 기준(제179조 제2항)

4. 구체적 판단 방법

(1) 사안별 판단

1) 등록된 비밀디자인은 **비밀지정기간 만료일 다음날**부터 공지디자인으로 본다.
2) 디자인이 **설정등록**된 경우 **공지된 것으로 본다**.[130]
3) 국제등록디자인은 국제등록된 디자인이 공고된 날(즉, **국제등록공개일**)에 공지된 것으로 본다.
4) 공개되지 않은 선출원디자인의 도면을 **후출원**에 대한 **거절이유의 근거로** 첨부하여 **의견제출통지**를 한 경우, 선출원디자인은 **공지디자인**에 해당한다.

---

127) 2007후425
128) 인터넷, 쌍방향 전송 케이블 텔레비전 등
129) '출원 전'이란 출원일이 아닌 시·분·초를 중심으로 하는 자연시 개념이며, 공지일과 출원일이 같고 시·분·초의 선후가 불명확한 경우 신규성 위반으로 보지 않는 것을 원칙으로 한다.
130) 등록디자인은 그 설정등록일부터 등록공고일 전까지 공지된 것으로 보고, 출원공개 또는 등록공고된 디자인은 그 공개일 또는 공고일부터 반포된 간행물에 게재된 것으로 본다.

(2) 신규성 판단에 관한 판례

1) 출원 전 **동종 업자에게 납품**한 사실이 있다면, 그 디자인은 일반 사람의 눈에 띔으로써 바로 알려져 모방할 수 있는 것이므로, **공지**로 본다(2000후3012).

2) **카탈로그**의 경우, 일단 **제작**되었다면 특별한 사정이 없는 한 **반포**된 것으로 본다(98후1884).

3) "**간행물에 기재된 디자인**"에 있어서의 기재된 정도는, **통상의 디자이너**가 그것을 보고 **용이하게 디자인**을 할 수 있을 정도로 표현되어 있으면 충분하다(94후1206).

4) **납품계약관계**에 있는 회사에 제출한 **형식승인의뢰서**에 제작도면이 첨부된 경우, 이를 반포된 간행물로 볼 수도 없고, **공지로 볼 수도 없다**(92후 377).

5) **창작자와 의뢰인** 간에는 신의칙상 **비밀유지의무**가 있다고 보며, **경쟁관계**에 있는 회사라고 하더라도 **마찬가지이다**(99후1768).

III. 흠결 시 취급

1. 심사등록출원의 경우

거절이유, 정보제공사유 또는 무효사유에 해당하여 등록받을 수 없다.

2. 일부심사등록출원의 경우

(1) 원칙적으로 거절이유에는 해당하지 않고(제62조 제2항), 정보제공사유, 이의신청이유, 무효사유에 해당한다.

(2) 정보제공이 있는 경우, 거절이유가 될 수 있다(제62조 제4항).

(3) 심사관은 신규성 위반에 해당함이 명백한 경우, 제62조 제2항에도 불구하고 제33조 제1항 각 호 위반을 이유로 거절결정을 할 수 있다(2025. 11. 28 시행 개정법 제62조 제5항).

IV. 극복방안 (신규성 상실의 예외)

디자인등록을 받을 수 있는 권리를 가진 자의 디자인이 공지된 경우, 12개월 이내에 출원한 디자인에 대하여 신규성을 적용함에 있어서는 공지되지 아니한 것으로 본다(제36조 제1항).[131]

---

131) 자신의 미공개 출원디자인이 후출원의 거절 참증자료로 첨부되어 공지되었더라도, 이를 기초로 한 자신의 후출원에서 신규성 상실의 예외를 주장하면, 해당 디자인은 신규성 및 창작비용이성 판단에서 제외된다. (심사기준)

1. '간행물에 게재된 디자인'에서 그 게재의 정도는, 그 디자인이 속한 분야에서 통상의 지식을 가진 자가 그것을 보고 용이하게 디자인을 창작할 수 있어야 하므로, 육면도나 참고 사시도 등으로 그 형상과 모양의 모든 것이 기재되어 있어야 한다. 51회 [○ | ×]

2. 해당 디자인과 동일한 형상, 모양의 물품을 그 출원일 이전에 동종 업자에게 납품한 사실이 있다면, 그 디자인은 일반 사람의 눈에 띔으로써 바로 알려져 모방할 수 있는 것이므로, 그 신규성 내지 비밀성을 잃어 공지로 된다. 52회 [○ | ×]

3. 비교대상디자인이 게재된 카탈로그가 제작되었다면, 카탈로그의 배부 범위, 비치 장소 등에 관하여 구체적인 증거가 없다고 하더라도 그 카탈로그가 반포, 배부되었음을 부인할 수는 없다. 52회 [○ | ×]

4. 형과 형틀로 만들어지는 물품은 용도와 기능이 다르므로, 일방의 공지에 의해 타방의 신규성이 부정되지 않는다. 60회 [○ | ×]

5. 디자인학 교수가 스스로 창작한 디자인의 견본을 가지고 강의실에서 학생들에게 강의한 후 디자인등록출원한 경우, 그 디자인은 디자인등록출원 전에 공지된 디자인에 해당한다. 48회 [○ | ×]

정답 | 1. × 2. ○ 3. ○ 4. ○ 5. ○

제5장

창작비용이성

디자인보호法

제33조(디자인등록의 요건) ② 디자인등록출원 전에 그 디자인이 속하는 분야에서 통상의 지식을 가진 사람이 다음 각 호의 어느 하나에 따라 쉽게 창작할 수 있는 디자인(제1항 각 호의 어느 하나에 해당하는 디자인은 제외한다)은 제1항에도 불구하고 디자인등록을 받을 수 없다.
  1. 제1항제1호·제2호에 해당하는 디자인 또는 이들의 결합
  2. 국내 또는 국외에서 널리 알려진 형상·모양·색채 또는 이들의 결합

Ⅰ. 의의

1. 그 디자인이 속하는 분야에서 통상의 지식을 가진 사람이 국내 또는 국외에서 **공지 등이 된 디자인** 또는 널리 알려진 형상·모양·색채 또는 이들의 결합(**주지형태**)에 따라 쉽게 창작할 수 있는 디자인은 등록받을 수 없다(제33조 제2항).132)
2. **[판단의 전제]** 창작비용이성은 **신규성을 구비한** 출원디자인에 **한해** 판단한다(제33조 제2항 괄호).133)

Ⅱ. 요건

1. 주체적 요건

공지 또는 주지의 주체는 불문이며, 창작비용이성의 구비 여부는 **당업자**, 즉 그 디자인이 속하는 분야에서 통상의 지식을 가진 사람을 기준으로 판단한다.

2. 객체적 요건

(1) 판단 대상 및 판단 방법

1) 국내외 기준(**국제주의**),
2) **공지 등이 된 디자인** 또는 **주지형태**를 기초로
3) 출원디자인이 **쉽게 창작될 수 있는지** 여부로 판단한다.
4) 출원디자인의 대상이 되는 물품에 한정하지 않고, **모든 물품**을 대상으로 판단할 수 있다.

---

132) 취지: 그 형태적 차이가 당업계에서 인정할 수 있는 창작적 가치를 가진 경우에 한해, 보호의 필요성이 생기기 때문이다.
133) 따라서, 공지디자인과 유사한 경우에는 제33조 제1항 제3호의 신규성 규정을 적용한다. 다만, 출원디자인이 공지 등이 된 디자인 A 와 동일하거나 유사하고, 또한 출원 전에 공지된 디자인 B를 기초로 용이하게 창작할 수도 있는 경우, 신규성 및 본 규정(제33조 제2항)을 각각 적용할 수 있다(심사기준).

(2) 쉽게 창작할 수 있는지 여부의 판단

1) 일반원칙 (그·모·상·기·흔·창·표)

'용이하게 창작할 수 있는 경우'란, 공지 등이 된 디자인 또는 주지형태를 거의 **그대로 모방**하거나, 가하여진 변화가 단순한 **상업적·기능적 변형**에 불과하거나, 또는 그 디자인 분야에서 **흔한 창작 수법이나 표현 방법**에 의해 이를 변경·조합하거나 전용하였음에 불과한 디자인과 같이 **창작 수준이 낮은** 경우를 말한다(2014후614).

보충 심사기준

(1) '상업적·기능적 변형'의 의미

당업계에서 통상의 지식을 가진 자라면 누구나 해당 디자인이 그 물품 또는 기능에 맞도록 하기 위하여 가할 수 있을 것이라고 생각되는 정도의 변화를 말한다.
(예: 주지의 사각형 천정판 측면에 경사면을 표현한 정도의 것, 주지의 계란형(卵形)을 뚜껑과 몸체로 분리하여 과자용기를 만드는 것, 유명 캐릭터에 손과 발, 몸통을 약간 변형하여 인형으로 만드는 것 등)

(2) '흔한 창작 수법이나 표현 방법'의 의미

해당 물품 분야에서 다수의 디자인이 채택하고 있는 흔한 모티브를 거의 그대로 채택하고, 단지 구성요소의 수, 배치, 비율, 곡률 등을 일부 단순히 변형하거나, 해당 물품 분야의 다수의 디자인이 채택하고 있는 흔한 표현방법을 거의 그대로 모방하거나 일부 단순히 변형하는 것과 같이, 창작의 난이도가 낮은 것을 말한다.

---

2) 공지디자인과 주지형태를 서로 결합하거나 이를 변경·조합·전용한 경우 (분·관·경·통·용·결)

공지디자인과 주지형태를 서로 결합하거나 이를 변경·조합하거나 전용한 경우에도 창작수준이 낮은 디자인에 해당할 수 있다. 디자인의 창작 수준을 판단할 때에는, 공지디자인의 대상 물품이나 주지형태의 알려진 **분야**, 공지디자인이나 주지형태의 외관적 특징들의 **관련성**, 해당 디자인 분야의 일반적 **경향** 등에 비추어 **통상의 디자이너가 용이하게** 그와 같은 **결합**에 이를 수 있는지를 함께 고려한다(2013후2613).

3) 하나의 공지디자인과 대비하여 창작수준이 낮은 경우

[판례] 출원디자인이 **하나의 공지디자인**과 대비하여 전체적인 **심미감에 차이**가 있으나 **창작 수준이 낮은** 경우 창작비용이성 위반이다(2008후2800).[134]

4) 창작비용이성이 인정되는 경우

- 공지디자인 또는 주지형태를 **취사선택**하여 결합한 것으로서, 전체적으로 관찰할 때 새로운 미감을 일으키는 경우
- 그 디자인이 속한 분야에서 **기본적 형상·모양** 등에 의해 물품디자인의 **형태를 구성**하는 경우가 **과거에 전혀 없었던 경우**[135]
- 물품의 용도, 기능, 형태 등의 관련성으로 인하여 그 디자인의 **결합이 당업계의 상식**으로 이루어질 수 없다고 판단되는 경우

---

134) 전체적인 심미감이 유사할 경우 신규성 위반이다.
135) 쉽게 창작할 수 있는 디자인으로 보지 않아 등록된, 주지의 직육면체 형상의 손거울 (심사기준 예시)

3. 시기적 요건 - 신규성과 동일

(1) 원칙

출원시(時)를 기준으로 한다.

(2) 예외[136] (분·조·정·보·국)

III. 흠결유형 (심사기준)

1. 공지디자인 또는 이들의 결합에 의하여 쉽게 창작할 수 있는 디자인

(1) 구체적 사례 (치·삭·조·배·비·단·크)

1) 일부 구성요소의 단순한 **치환·삭제**

2) 복수의 디자인을 그대로 **조합**한 경우

3) 디자인 구성요소의 **배치 변경**

4) 구성 **비율의 변경**이나 구성 **단위 수의 증감**

5) 디자인의 지배적인 특징을 유지한 상태로 **크기**를 확대·축소하거나 종횡비 등의 비율을 변경

2. 국내외 주지형태에 의하여 쉽게 창작할 수 있는 디자인 (일·간·T·널)

(1) **주지형태**(주지의 형상·모양 등)란, 국내 또는 국외에서 **일반인**이 알 수 있을 정도로 **간행물**이나 TV 등을 통해 **널리 알려진 형태**를 말한다.

(2) 구체적 사례

- 삼각형, 사각형과 같은 주지의 **평면적** 형상
- 기둥, 원, 통과 같은 주지의 **입체적** 형상
- 모눈, 도트, 스트라이프와 같은 **주지의 패턴** 모양
- 비행기, 자동차, 기차 등과 같은 **물품의 전형적인 형상**
- 봉황무늬, 거북등무늬, 물방울무늬와 같은 흔한 무늬
- **자연물**[137], 유명한 **저작물**[138], 유명한 **조형물**[139], 유명한 **경치**[140]

(3) 단, **조형물**이나 **경치**라도 보는 **각도**에 따라 특징을 지니도록 표현되어 있는 경우. **자연물**이더라도 그 **표현방법이 특이한** 것은 주지형태가 아니다.

---

136) [제4장.신규성_ II.요건 _ 3.시기적 요건 _ (2)예외]와 내용 동일

137) 새, 물고기, 소, 대나무잎, 꽃잎, 소나무, 나무결, 돌, 바위 등

138) 김홍도의 풍속도, 모나리자 등 널리 알려진 그림, 조각, 만화, 영화 등의 저작물

139) 남대문, 남산타워, 자유의 여신상, 불국사, 올림픽 주경기장 등

140) 백두산 천지, 금강산, 후지산, 나이아가라 폭포 등

3. 공지디자인과 주지형태의 결합에 의하여 쉽게 창작할 수 있는 디자인[141]

공지 등이 된 디자인과 주지형태의 단순한 결합에 의해 창작된 디자인으로서, 전체적으로 새로운 미감을 발휘하지 않는 경우를 말한다.[142]

4. 공지디자인이나 주지형태가 아닌 부분이 포함되어 있는 경우

그 부분이 부수적이거나 창작성이 낮아 전체적인 미감에 미치는 영향이 적은 경우에는 쉽게 창작할 수 있는 디자인에 해당하는 것으로 본다.

IV. 흠결 시 취급

1. 심사등록출원의 경우

거절이유, 정보제공사유, 무효사유에 해당하여 등록받을 수 없다.

2. 일부심사등록출원의 경우

(1) 공지디자인에 의한 용이창작

1) 원칙적으로 거절이유에는 해당하지 않고(제62조 제2항), 정보제공사유, 이의신청이유, 무효사유에 해당한다.
2) 정보제공이 있는 경우, 거절이유가 될 수 있다(제62조 제4항).

(2) 주지형태에 의한 용이창작

거절이유, 정보제공사유, 이의신청이유, 무효사유에 해당하여 등록받을 수 없다.[143]

V. 극복방안 (신규성 상실의 예외)

디자인등록을 받을 수 있는 권리를 가진 자의 디자인이 공지된 경우, 12개월 이내에 출원한 디자인에 대하여 신규성을 적용함에 있어서는 공지되지 아니한 것으로 본다(제36조 제1항).

---

141) [II.요건_2.객체적 요건_(2)쉽게 창작 여부 판단_2)공지디자인과 주지형태를 서로 결합하거나 이를 변경·조합·전용한 경우 (판례)] 내용 참고
142) 뿅뿅이 젓가락 (심사기준)
143) 즉, 디자인일부심사등록출원에 대해서는, 주지형태에 의한 용이창작 여부(제33조 제2항)만을 심사하는 것이 원칙이다. (심사기준)

(1) 33조 1항 2호에 따른 공지·공용 디자인 활용 시

1) 반포된 간행물에 게재 또는 전기통신회선을 통하여 공중이 이용가능하게 된 공지·공용 디자인 활용 시, 간행물 서지사항, 웹사이트 주소 등 객관적 증거를 의견제출통지서에 첨부해야 한다.
2) 단, 명백한 주지 형상·모양은 제시 생략 가능

(2) 흔한 창작수법 또는 표현방법 여부 판단 시

1) 구체적 증거 제시가 원칙이나,
2) 그 디자인 분야 통상의 구성이고, 흔한 창작수법이라는 점이 심사관에게 현저한 사실로 인정되는 경우(예: 실제 자동차를 장난감으로 단순 전용)에는 증거 제시 생략 가능

기출 지문 OX

1. 디자인등록출원에 대한 신규성 판단과 용이창작성 판단 시 공지디자인의 범위는 모두 국제주의를 취하고 있다. 60회 [○ | ×]

2. 해당 디자인 분야에서 흔한 창작 수법이나 표현 방법에 의해 이를 변경·조합하거나 전용하였음에 불과한 디자인 등과 같이 창작 수준이 낮은 디자인은, 그 디자인이 속하는 분야에서 통상의 지식을 가진 자가 용이하게 창작할 수 있는 것이어서 디자인등록을 받을 수 없다. 52회 [○ | ×]

3. 디자인보호법 제33조(디자인등록의 요건) 제2항은 그 디자인이 속하는 분야에서 통상의 지식을 가진 자가 제33조 제1항 제1호 또는 제2호에 해당하는 디자인의 결합에 의하여 용이하게 창작할 수 있는 경우에 적용되고, 여기에는 위 각 호에 해당하는 디자인 각각에 의하여 용이하게 창작할 수 있는 디자인은 포함되지 않는다. 50회 [○ | ×]

4. 공지 형태나 주지 형태를 서로 결합하거나 결합된 형태를 변형·변경 또는 전용한 경우, 디자인의 창작 수준을 판단할 때는 공지디자인의 대상 물품이나 주지 형태의 알려진 분야, 공지디자인이나 주지 형태의 외관적 특징들의 관련성, 해당 디자인 분야의 일반적 경향 등에 비추어 통상의 디자이너가 용이하게 그와 같은 결합에 이를 수 있는지를 함께 살펴보아야 한다. 59회 [○ | ×]

5. 주지의 형상·모양 등에 의한 용이 창작은 기본적 형상이나 모양 등에 의해 물품 디자인의 형태를 구성하는 것이 그 디자인이 속한 분야에서 통상 행해짐을 전제로 하는 것이므로, 그 분야에서 그러한 기본적 형상·모양에 의하여 구성하는 것이 과거에 전혀 없었던 경우에도 창작이 용이하다고 볼 수 있다. 55회 [○ | ×]

6. 디자인보호법 제33조(디자인등록의 요건) 제2항에 따른 용이 창작성 여부 판단의 주체적 기준은, 해당 디자인이 속하는 분야에서 통상의 지식을 가진 디자이너를 기준으로 판단한다. 60회 [○ | ×]

7. 디자인보호법 제33조(디자인등록의 요건) 제2항에서 규정한 용이 창작은 동일 또는 유사 물품 간에만 판단하며, 비유사 물품 간에는 용이 창작 여부를 판단하지 아니한다. 49회 [○ | ×]

정답 | **1.** ○ **2.** ○ **3.** × **4.** ○ **5.** × **6.** ○ **7.** ×

확대된 선출원주의

제33조(디자인등록의 요건) ③ 디자인등록출원한 디자인이 그 출원을 한 후에 제52조, 제56조 또는 제90조제3항에 따라 디자인공보에 게재된 다른 디자인등록출원(그 디자인등록출원일 전에 출원된 것으로 한정한다)의 출원서의 기재사항 및 출원서에 첨부된 도면·사진 또는 견본에 표현된 디자인의 일부와 동일하거나 유사한 경우에 그 디자인은 제1항에도 불구하고 디자인등록을 받을 수 없다. 다만, 그 디자인등록출원의 출원인과 다른 디자인등록출원의 출원인이 같은 경우에는 그러하지 아니하다.

I. 의의

선출원디자인이 후출원디자인의 출원일 이후에 출원공개 또는 등록공고 등 디자인공보에 게재된 경우, 선출원디자인의 출원서 기재사항 및 첨부된 도면·사진 또는 견본에 표현된 디자인의 **일부와** 동일·유사한 후출원디자인은 등록받을 수 없다(제33조 제3항).[144]

II. 요건

1. 주체적 요건

출원인이 다른 경우에만 적용되며, 선·후출원인이 동일한 경우에는 적용되지 않는다(등록 여부 결정 시 기준).[145]

2. 객체적 요건 보충자료1

(1) 선출원디자인의 특정 (확대된 선출원 지위 인정 범위)

1) 특정의 기초

선출원디자인의 특정은 **출원 및 보정시** 제출된, 디자인의 **전체적인 형태를 표현하는 도면**을 기초로 판단한다.

2) 선출원이 전체디자인이며 후출원이 부분디자인인 경우

부분디자인과 충분히 대비가능한 정도로 표현된 전체디자인의 정·배면도, 평·저면도, 좌·우측면도, 사시도 그리고 전개도, 단면도, 세부확대도 및 사용상태도 등(=전체 도면)을 기초로 한다.

3) 선출원이 부분디자인인 경우 (파·전·상·대·표)

선출원의 **파선**으로 표현된 부분 등을 **포함한 전체디자인** 중에 **후출원 디자인**에 **상응**하는 부분이 **대비 가능한 정도로 충분히 표현**되어 있는 경우, 전체 도면[146]을 기초로 한다.

---

144) 선출원디자인의 일부에 해당하는 타인의 후출원디자인의 등록을 허용하지 않음으로써 실질적으로 선창작디자인을 보호하기 위함이다.
145) 특허법과는 달리, 선·후출원의 창작자가 동일하더라도 출원인이 다르다면 본 조항이 적용된다.
146) 디자인의 전체를 표현하는 정·배면도, 평·저면도, 좌·우측면도, 사시도 등의 필수 도면과, 디자인을 보다 구체적이고 명확하게 표현하는 전개도, 단면도, 확대도, 사용상태도 등은 후출원된 부분디자인에 대하여 확대된 선출원의 지위를 가진다. (심사기준)

4) 선출원이 글자체디자인인 경우

지정글자도면, 보기문장도면 및 대표글자도면을 기초로 한다.

5) 선출원이 한 벌의 물품의 디자인인 경우

구성물품 각각에 관한 도면과 구성물품을 조합한 1조의 도면을 기초로 한다.

(2) 일부와의 동일 또는 유사성 (기·용·형·대·표)

후출원디자인이 선출원디자인 중 후출원디자인에 해당하는 부분과 i) **기능 및 용도**에 공통성이 있고, ii) **형태**가 동일 또는 유사하며, iii) 선출원디자인이 **대비 가능한 정도로 충분히 표현**되어 있는 경우에는 확대된 선출원주의가 적용된다.[147]

3. 시기적 요건

(1) 선·후출원 판단

동일자 출원 간에는 적용되지 **않는다.**

(2) 후출원 이후에 선출원이 디자인 공보에 게재될 것

1) **후출원 이후**에 선출원이 **출원공개, 거절결정에 따른 공보 게재**[148], **등록공고** 되어야 한다.
2) 비밀디자인에 관한 디자인공보는 비밀기간이 해제된 후 디자인공보를 기준으로 한다.
3) 국제디자인등록출원의 디자인공보는 헤이그 협정 제10조(3)에 따른 **국제등록공개**를 기준으로 한다(제180조).

III. 흠결 시 취급

1. 심사등록출원의 경우

거절이유, 정보제공사유 또는 무효사유에 해당하여 등록받을 수 없다.

2. 일부심사등록출원의 경우

(1) 원칙적으로 거절이유에는 해당하지 않고(제62조 제2항), 정보제공사유, 이의신청이유, 무효사유에 해당한다.
(2) 정보제공이 있는 경우, 거절이유가 될 수 있다(제62조 제4항).

3. 심사 보류

선출원디자인의 디자인공보 게재 이전에는 후출원에 대하여 필요시 열람할 수 있다는 취지를 함께 **심사보류통지**를 한다. 다만, 국제디자인등록출원은 먼저 거절이유통지를 한 후 심사보류한다.

---

147) 이 경우, 선출원디자인과 후출원디자인의 대상 물품이 비유사하여도 적용할 수 있다.
148) 제46조 제2항 후단. 단, 제34조 제2호에 해당 시 게재되지 않을 수 있다.

선출원 디자인(A)	후출원 디자인(a,a")
완성품	부품 / 부분디자인
부품 (a를 포함하는 A)	부분디자인
부분디자인 (a를 포함하는 A)	부분디자인
한 벌의 물품 (a를 포함하는 A)	구성품
합성물 (a를 포함하는 A)	구성각편

선출원 디자인(A)	후출원 디자인(a,a")	
완성품A	부품 a,a"	부분디자인a,a"
부품A (a를 포함하는 A)	부분디자인a,a"	
부분디자인A (a를 포함하는 A)	부분디자인a,a"	
한 벌의 물품A (a를 포함하는 A)	구성품a,a"	
합성물A (a를 포함하는 A)	구성각편a,a"	

1. 출원인이 동일한 경우, 특허법(제29조 제3항)과 디자인보호법(제33조 제3항)은 모두 확대된 선원을 적용하지 않는다. 60회 [○ | ×]

2. 특허법과 달리, 디자인보호법에서는 창작자(발명자)가 동일한 경우에도 확대된 선출원(제33조 제3항)이 적용될 수 있다. 60회 [○ | ×]

3. 디자인보호법 제33조 제3항에서 규정한 소위 확대된 선출원에 해당함을 이유로 디자인등록출원이 거절되기 위해서는, 그 선출원은 당해 디자인등록출원 후에 출원공개디자인공보, 디자인보호법 제56조(거절결정된 출원의 공보 게재)에 따른 디자인공보 또는 디자인등록공보에 게재되어야 한다. 49회 [○ | ×]

4. 선출원이 출원공개 또는 등록공고된 날과 후출원의 출원일이 동일자인 경우에는 디자인보호법 제33조 제3항의 규정이 적용되지 아니한다. 49회 [○ | ×]

5. 선출원디자인과 후출원디자인이 모두 부분디자인의 디자인등록출원인 경우, 그 후출원디자인은 디자인보호법 제33조 제8항(확대된 선출원) 규정의 적용을 받을 수 있는 경우가 있다. 46회 [○ | ×]

정답 | 1. ○ 2. ○ 3. ○ 4. × 5. ○

디자인보호法

제46조(선출원) ① 동일하거나 유사한 디자인에 대하여 다른 날에 2 이상의 디자인등록출원이 있는 경우에는 먼저 디자인등록출원한 자만이 그 디자인에 관하여 디자인등록을 받을 수 있다.

② 동일하거나 유사한 디자인에 대하여 같은 날에 2 이상의 디자인등록출원이 있는 경우에는 디자인등록출원인이 협의하여 정한 하나의 디자인등록출원인만이 그 디자인에 대하여 디자인등록을 받을 수 있다. 협의가 성립하지 아니하거나 협의를 할 수 없는 경우에는 어느 디자인등록출원인도 그 디자인에 대하여 디자인등록을 받을 수 없다.

③ 디자인등록출원이 무효·취하·포기되거나 제62조에 따른 디자인등록거절결정 또는 거절한다는 취지의 심결이 확정된 경우 그 디자인등록출원은 제1항 및 제2항을 적용할 때에는 처음부터 없었던 것으로 본다. 다만, 제2항 후단에 해당하여 제62조에 따른 디자인등록거절결정이나 거절한다는 취지의 심결이 확정된 경우에는 그러하지 아니하다.

④ 무권리자가 한 디자인등록출원은 제1항 및 제2항을 적용할 때에는 처음부터 없었던 것으로 본다.

⑤ 특허청장은 제2항의 경우에 디자인등록출원인에게 기간을 정하여 협의의 결과를 신고할 것을 명하고 그 기간 내에 신고가 없으면 제2항에 따른 협의는 성립되지 아니한 것으로 본다.

제56조(거절결정된 출원의 공보게재) 특허청장은 제46조제2항 후단에 따라 제62조에 따른 디자인등록거절결정이나 거절한다는 취지의 심결이 확정된 경우에는 그 디자인등록출원에 관한 사항을 디자인공보에 게재하여야 한다. 다만, 디자인등록출원된 디자인이 제34조제2호에 해당하는 경우에는 게재하지 아니할 수 있다.

I. 의의

동일 또는 유사한 디자인에 관하여 2 이상의 출원이 있는 경우, 먼저 출원한 자 또는 협의에 의해 정해진 자만이 디자인등록을 받을 수 있다(제46조).[149)]

II. 요건

1. 주체적 요건

선·후출원의 **출원인이 같은 경우에도 적용**한다.

2. 객체적 요건

(1) 선출원의 지위

1) 인정되는 경우

 ⅰ) **설정등록**이 되어 있는 선출원

 ⅱ) 제46조 제2항 후단 **협의불성립**으로 거절결정 또는 심결이 **확정**된 출원

---

149) 중복권리배제 위함이다.

2) 인정되지 않는 경우

아래에 해당되는 경우 선출원의 지위가 처음부터 없는 것으로 본다.
 ⅰ) 반려·무효·취하·포기된 출원
 ⅱ) 제46조 제2항 후단 이외의 **거절결정(또는 심결)이 확정**된 경우
 ⅲ) **무권리자 출원**

(2) 후출원의 심사범위

후출원의 경우, 동일 범위만 심사하고 **유사 범위는 심사하지 않는다.**[150]

(3) 판단대상 및 판단방법

선출원디자인과 후출원디자인에 관한 출원서의 기재사항, 도면·사진 또는 견본 및 디자인의 설명에 표현된 **디자인의 동일·유사 여부**에 따라 판단한다.

3. 시기적 요건

출원일을 기준으로 하며, 동일자 출원 간에도 적용한다.

Ⅲ. 출원 간 경합

〈'출원 간 경합' 요약〉

		다른 날 출원 (제46조 제1항)		동일자 출원 (제46조 제2항)
타인 간 (동일·유사 불문)		후출원 法46① 위반		1) 협의제 적용 2) 협의 불성립 시, 　모두 거절 (法46②후단) 및 디자인 공보 게재 (法56)
동일인 간	동일	후출원 法46① 위반	동일	1) 협의제 적용 2) 하나의 출원 선택해 신고할 것을 명하며, 　거절이유 통지
	유사	1) 후출원 法46① 위반 2) 관련디자인 보정 가능 (法35, 法48②) 3) 관련디자인 보정 가능 취지와 함께, 　거절이유통지	유사	1) 협의제 적용 2) 하나의 출원 선택해 신고할 것을 명하며, 3) 관련디자인 보정 가능 취지와 함께, 　거절이유 통지

1. 다른 날에 출원된 경우 (제46조 제1항)

(1) 원칙 (타인 간 동일·유사 범위, 동일인 간 동일 범위 경합)

후출원에 선출원 위반의 거절이유가 존재한다.

(2) 동일인 간 유사 범위 경합인 경우

 1) 2 이상의 출원 중 어느 하나를 기본디자인으로 하여 나머지를 **관련디자인으로 보정**하면 등록 받을 수 있다(제35조 제1항 및 제48조 제2항).

---

150) 이는 후출원디자인의 유사범위를 모두 상정하여 선출원디자인과 비교·판단하는 것이 심사절차상 불가능하기 때문이다. 다만, 등록 이후 양 등록디자인의 유사범위 간의 저촉 문제가 발생할 수 있다(제95조 제2항).

2) 특허청장은, 유사한 디자인에 대하여 관련디자인으로 보정할 수 있다는 취지와 함께 거절이유를 통지한다.

2. 같은 날에 출원된 경우 (제46조 제2항)

(1) 원칙 (타인 간 동일·유사 범위, 동일인 간 동일 범위 경합)

출원인들의 협의에 의하여 정하여진 하나의 출원만이 등록을 받을 수 있다.

(2) 타인 간의 동일·유사 범위 경합인 경우

1) 특허청장이 정한 기간 내에 협의를 통해 정해진 하나의 출원에 대해, 해당 출원인이 협의 결과 신고를 할 경우, 당해 출원디자인을 등록받을 수 있다.

2) 지정기간 내에 신고가 없으면 협의가 성립되지 않은 것으로 보아 거절된다(제46조 제2항 후단).

(3) 동일인 간 동일 범위 경합인 경우

하나의 출원을 선택해 결과를 신고할 것을 명한다.

(4) 동일인 간 유사 범위 경합인 경우

하나의 출원을 선택해 결과를 신고할 것을 명하며, 유사한 디자인에 대하여 관련디자인으로 보정할 수 있다는 취지와 함께 거절이유를 통지한다.

IV. 흠결 시 취급[151]

1. 심사등록출원의 경우

거절이유, 정보제공사유 또는 무효사유에 해당하여 등록받을 수 없다(제62조 제1항).

2. 일부심사등록출원의 경우

(1) 원칙적으로 거절이유에는 해당하지 않고(제62조 제2항), 정보제공사유, 이의신청이유, 무효사유에 해당한다.

(2) 정보제공이 있는 경우, 거절이유가 될 수 있다(제62조 제4항).

(3) 심사관은 선출원주의(또는 협의제) 위반에 해당함이 명백한 경우, 제62조 제2항에도 불구하고 제46조 제1항·제2항 위반을 이유로 거절결정을 할 수 있다(2025. 11. 28 시행 개정법 제62조 제5항).

3. 거절결정된 출원의 디자인공보 게재 (제56조)

특허청장은 제46조 제2항 후단(동일자 출원 경합 시 협의 불성립 또는 협의 불능)에 따라 거절결정이나 거절한다는 취지의 심결이 확정된 경우, 그 출원내용을 디자인공보에 게재하여야 한다.

---

151) i) 선출원디자인의 설정등록일 (비밀디자인의 경우에는 실질적 사항이 기재된 공보의 발행일) 이전이나, 제46조 제2항 후단의 협의 불성립에 따른 거절결정·심결 확정 전에는, 선출원을 열람할 수 있다는 취지와 함께 심사보류 통지를 한다.
　ii) 다만, 국제디자인등록출원은 먼저 거절이유통지를 한 후 심사보류통지를 한다.
　iii) 선출원이 무효심판에 계류 중인 경우, 거절이유통지와 함께 심사보류 통지를 한다.

1. 디자인보호법상 선출원(제46조) 규정의 경우와는 달리, 확대된 선출원(제33조 제3항) 규정은 출원인이 동일한 경우에는 적용되지 않는다. 54회 　[○ | ×]

2. 디자인보호법상 제46조 제2항 후단에 의하여 협의 불성립으로 디자인등록거절결정이나 거절한다는 취지의 심결이 확정되더라도, 그 디자인등록출원은 선출원의 지위를 상실하지 않는다. 54회 　[○ | ×]

3. 무권리자가 한 디자인등록출원은 선출원(제46조) 규정의 적용에 있어 정당한 권리자와의 관계에서는 처음부터 없었던 것으로 보지만, 제3자와의 관계에서는 그러하지 아니하다. 54회 　[○ | ×]

정답 | 1. ○ 2. ○ 3. ×

제8장

부등록사유

디자인보호法

제34조(디자인등록을 받을 수 없는 디자인) 다음 각 호의 어느 하나에 해당하는 디자인에 대하여는 제33조에도 불구하고 디자인등록을 받을 수 없다.

1. 국기, 국장(國章), 군기(軍旗), 훈장, 포장, 기장(記章), 그 밖의 공공기관 등의 표장과 외국의 국기, 국장 또는 국제기관 등의 문자나 표지와 동일하거나 유사한 디자인
2. 디자인이 주는 의미나 내용 등이 일반인의 통상적인 도덕관념이나 선량한 풍속에 어긋나거나 공공질서를 해칠 우려가 있는 디자인
3. 타인의 업무와 관련된 물품과 혼동을 가져올 우려가 있는 디자인
4. 물품의 기능을 확보하는 데에 불가결한 형상만으로 된 디자인

	내용152) 및 성격	판단시점	판단대상
1호	국기, 국장 등과 동일·유사, 공익적	등록여부결정시	1) 전체뿐만 아니라 **일부분, 부품, 구성물품 포함** 2) 부분디자인의 경우, **'그 외의 부분'** 포함 3) **참고도면** 포함
2호	공서양속 위반, 공익적	등록여부결정시	1호와 동일 (부분 및 참고도면 포함)
3호	타인의 업무와 출처 혼동, **사익적**	**출원시**	1호와 동일 (부분 및 참고도면 포함)
4호	물품의 기능적 형상 (필연적, 준필연적), 공익적	등록여부결정시	1) **전체 형상만** 2) 부분디자인으로 **'등록받고자 하는 부분'** 만 3) **참고도면 제외** (=즉, 보호범위에 해당하는 부분만)

Ⅰ. 제34조 제1호

1. 의의153)

국기, 국장, 군기, 훈장, 포장, 기장, 그 밖의 공공기관 등의 표장과 외국의 국기, 국장 또는 국제기관 등의 문자나 표지와 **동일·유사**한 디자인은 등록받을 수 없다.

---

152) 출원디자인이 본 호에 해당하지 않아야 하는 소극적 등록요건이다.
153) 취지: 국내외를 막론하고, 국가의 존엄을 유지하고 공공기관 등의 이념 및 목적을 존중한다는 공익적 관점의 규정이다.

2. 요건

(1) 대상 보충자료1

1) 국기, 국장[154]
- **외국**의 국기, 국장을 포함한다.
- 국기 등에 **가하여진 변화**로 인해 **국가의 존엄을 해할 우려**가 없다고 인정되는 경우에는 본 규정을 적용하지 않는다.[155] (다만, 국기에 **아무런 변형**을 가하지 않은 경우에는 해당 규정을 적용할 수 있다.)

2) 군기, 훈장, 포장, 기장[156]

3) 공공기관 등의 표장 또는 국제기관 등의 문자나 표지[157]
- **표장**은 공공기관 등의 주된 마크(심벌)를, **문자나 표지**는 국제기관 등의 명칭(로고타입 포함)을 말한다.
- **공익표장**(공공기관 또는 국제기관 등이 공익사업에 사용하기 위한 표장)을 포함한다.
- 공공기관 또는 국제기관 등이 **자신**의 표장, 문자 등을 출원하는 경우에는 본 규정을 적용하지 않는다.
- 국가는 국제기관 등에 해당하지 않으므로, **국가의 명칭**은 포함되지 **않**는다.

(2) 동일·유사하거나 일부 구성요소로 포함하여 출원

3. 판단

(1) 판단대상

1) 출원디자인의 **전체**뿐만 아니라 **일부분**, 부품 또는 구성물품이 해당하는 경우에도 적용된다.

2) 부분디자인은 '**등록받고자 하는 부분**'과 '**그 외의 부분**'을 **포함**한 물품 전체 형태를 기준으로 판단한다.

3) **참고도면을 포함**하여 판단한다.

(2) 판단시점

본 규정은 **공익적** 성격을 가지므로 **등록여부결정시**를 기준으로 판단한다.

---

154) (이해용) 국장은 국가의 권위를 나타내는 휘장을 일컫는 용어로서, 「나라문장 규정」에 따르면 국가적 중요문서, 시설, 물자 등에 대한 민국을 상징하는 휘장으로 사용하기 위한 나라문장을 규정하고 있다.

155) 예시: 태극기를 모티브로 창작한 티셔츠 또는 모자 디자인.

156) (이해용) 군기는 국군이 사용하는 기로서, 합참기, 각군기, 부대기 등을 말한다. 훈장 및 포장은 대한민국에 뚜렷한 공적을 세운 사람에게 수여하는 서훈을 말한다. 기장이란 어떤 일을 기념하거나, 어떤 집단을 포상하기 위해 주는 휘장이나 표장을 말한다.

157) (이해용) 공공기관이란 대한민국의 행정기관 또는 지방자치단체, 공공조합, 공법상의 영조물법인과 그 대표기관과 산하기관을 말한다. 국제기관이란 국제적 목적이나 활동을 위해 두 나라 이상의 회원국으로 구성된 조직체를 말한다.

II. 제34조 제2호

1. 의의

디자인이 주는 의미나 내용 등이 일반인의 통상적인 도덕관념이나 선량한 풍속에 어긋나거나, 공공질서를 해칠 우려가 있는 경우, 등록받을 수 없다.[158]

2. 구체적인 유형

아래에 해당하는 것을 **전부** 또는 **일부 구성요소로 포함**하는 디자인은 등록받을 수 없다.
- i) 인륜, 사회 정의 또는 국민 감정에 반하는 것
- ii) 저속·혐오 또는 외설스러운 것
- iii) 특정 국가 또는 그 국민을 모욕하는 것
- iv) 국가원수의 초상[159] 및 이에 준하는 것
- v) **저명**[160]한 타인의 초상. 다만, 그 **타인의 승낙**을 얻은 경우에는 그러하지 아니하다.

> **보충** 인증 표지를 포함하는 경우 – 2호 적용 없음
>
> 디자인의 대상이 되는 물품 또는 그와 관련된 **물품의 규격이나 품질 등에 대한 인증**을 나타내는 표지를 전체 디자인의 일부 구성요소로 포함하고 있는 경우, 그 자체만으로 공공질서 등을 해칠 우려가 있다고 볼 수 없으므로 이 규정을 **적용**하지 **않**는다.

3. 판단

(1) 판단대상

1) 출원디자인의 **전체**뿐만 아니라 **일부분**, 부품 또는 구성물품이 해당하는 경우에도 적용된다.
2) 부분디자인은 '**등록받고자 하는 부분**'과 '**그 외의 부분**'을 **포함**한 물품 전체 형태를 기준으로 판단한다.
3) **참고도면을 포함**하여 판단한다.

(2) 판단시점

본 규정은 **공익적** 성격을 가지므로 **등록여부결정시**를 기준으로 판단한다.

---

158) 이와 같은 디자인을 보호하는 것은 법의 기본적 이념에 반하며, 공공의 이익에 반하는 디자인은 등록을 허여할 수 없기 때문이다.
159) 예시: 전직 외국의 국가원수에 해당하는 전임 교황의 초상을 표현한 경우. (2007허8504)
160) '저명'이라 함은 사회통념상 국내 일반 수요자 또는 관련 거래 업계에서 일반적으로 널리 인지될 수 있는 정도를 말하며, 널리 알려진 연예인, 스포츠 선수 또는 국내외 유명 인사 등으로 직감할 수 있으면 충분한 것으로 본다.(심사기준)

III. 제34조 제3호

1. 의의[161]

타인의 업무와 관련된 물품과 혼동을 초래할 우려가 있는 디자인은 디자인등록을 받을 수 없다.

2. 요건 및 유형

(1) 요건

1) **타인**

타인과의 관계에서만 문제된다. 따라서 자기의 표장에는 본호를 적용하지 않는다.

2) **업무**

업무는 계속적으로 영위하는 사업으로서, **영리**업무와 **비영리**업무를 포함한다.

3) **물품**

추상적이고 관념적인 모든 물품을 포함하며, 구체적으로 특정된 물품으로 한정하지 않는다.[162]

4) **혼동**

- 혼동은 **출처**에 관한 혼동을 의미하며, 디자인이 식별표지(상표적 요소)로 표현된 경우[163]를 전제로 한다.
- **혼동의 우려**가 있으면 족하고, 실제 혼동이 있을 것을 요하지 않는다.

(2) 구체적인 유형 보충자료2

1) 타인의 **주지**, **저명한 상표**, 단체표장, 증명표장을 디자인으로 표현한 경우

ⅰ) 주지·저명한 표장의 등록 여부와 관계없이 본 규정이 적용된다.

ⅱ) 저명하지 않은 등록 표장과 혼동 우려가 없는 경우 등록될 수 있으나, 제95조에 따른 이용·저촉 문제가 발생할 수 있다.

2) 타인의 저명한 상표적인 성격을 가진 디자인을 표현한 경우

3) **비영리법인의 표장**을 디자인으로 표현한 경우

4) **군복 및 군용장구**와 동일 또는 유사한 디자인을 표현한 경우[164]

> **보충** 인증 표지를 포함하는 경우 – 3호 적용 없음
>
> 디자인의 대상이 되는 물품 또는 그와 관련된 **물품의 규격이나 품질 등에 대한 인증**을 나타내는 표지는, 출처 표시가 아니라 인증에 관한 정보 전달만을 위한 것이므로, 이 규정을 적용하지 않는다.

---

161) 취지: 디자인은 물품의 미적 외관이므로, 타인의 상표나 출처 표시를 포함할 경우 혼동 우려가 있다. 이에 따라 타인의 업무를 보호하고, 부정경쟁을 방지하며 경업질서를 유지하기 위해 이러한 디자인은 등록되지 않는다.

162) 즉, 특정 물품 상호 간 혼동을 의미하는 것이 아니다. 만약 특정 물품 간에 혼동의 염려가 발생할 수 있다면, 제33조 제1항의 신규성 또는 제33조 제2항의 창작비용이성이 적용될 여지가 있다.

163) 타인의 표장을 그대로 표현하거나 일부 변형하거나, 타인의 표장 이미지를 물품 전체에 관념화되도록 표현하는 경우 등

164) 「군복 및 군용장구의 단속에 관한 법률」에 규정된 군복 및 군용장구와 동일 또는 유사한 디자인을 해당 물품의 디자인으로 표현하여, **군의 업무와 관련된 물품과 혼동**을 가져올 우려가 있는 경우에도 본 규정이 적용된다. (심사기준)

3. 판단

(1) 판단대상

1) 출원디자인의 **전체**뿐만 아니라 **일부분**, 부품 또는 구성물품이 해당하는 경우에도 적용된다.

2) 부분디자인은 '**등록받고자 하는 부분**'과 '**그 외의 부분**'을 포함한 물품 전체 형태를 기준으로 판단한다.

3) **참고도면을 포함**하여 판단한다.

(2) 판단시점

본 규정은 **사익적** 성격을 가지므로 **출원시**를 기준으로 판단한다.

IV. 제34조 제4호

1. 의의[165]

물품의 기능을 확보하는 데 불가결한 형상만으로 된 디자인은 등록받을 수 없다(제34조 제4호).

2. 요건[166] <u>보충자료3</u>

(1) 물품의 기능

물품이 발휘하는 **기술적인 작용 및 효과**를 의미하며, 심리적·시각적 기능은 포함되지 않는다.

(2) 불가결한 형상

1) **물품의 기술적 기능을 확보하기 위해 필연적으로 정해진 형상 (필연적 형상)**[167]

그 기능을 확보할 수 있는 **대체 가능한 형상**의 존재 여부, 또는 필연적 형상 외에 **고려**할 수 있는 형상을 포함하는지 여부 등을 기준으로 판단한다.[168]

2) **물품의 호환성을 확보하기 위하여 표준화된 규격에 따라 정해진 형상 (준필연적 형상)**[169]

ⅰ) 「표준화된 규격」이란, 한국산업표준(KS), ISO 규격 등 공적 기관이 정한 '**공적인 표준 규격**'과, 비공식이지만 업계 표준으로 인식되어 시장을 사실상 지배하고 있는 '**사실상의 표준 규격**'을 말한다.

ⅱ) 그 규격이 **기능 발휘를 목적**으로 하지 않은 경우[170]는 제외된다.

(3) 형상만으로 된 디자인

형상이 기능 확보에 **필수적**인 경우에는 그 형상에 독특한 모양이나 색채가 부가되더라도 본 규정 적용된다.

---

165) 취지: 기능을 확보하는 데 필수적인 형상만으로 구성된 디자인은 장식성을 발휘하는 경우가 아니면 특허법이나 실용신안법에 의해 보호되는 것이 타당하기 때문이다.
166) 물품 형상의 기능성 여부는 해당 분야의 통상의 지식을 가진 자(당업자)를 기준으로 판단한다.
167) 예: 자동차 앞유리 와이퍼 등
168) 기능적 형상을 포함하더라도 전체적으로 새로운 심미감이 도출된다면 이에 해당하지 않는 것으로 본다. (심사기준)
169) 예: 카세트 테이프의 형상과 크기 등
170) 예: 규격봉투, USB 규격포트 등에는 본 규정 적용 없음.

3. 판단

(1) 판단대상

1) 출원디자인의 **전체 형상**이 이에 해당하는 경우만 적용한다. 한 벌의 물품의 디자인의 경우 **한 벌 전체**로서 판단한다.

2) 부분디자인은 '**등록받고자 하는 부분**'만을 대상으로 판단한다.

3) **참고도면은 제외**된다.

(2) 판단시점

본 규정은 **공익적** 성격을 가지므로 **등록여부결정시**를 기준으로 판단한다.

V. 흠결 시 취급

제34조 각 호 위반시, 거절이유(法62①②), 정보제공사유(法55), 이의신청이유(法68①), 또는 무효사유(法121①)에 해당하여 등록받을 수 없다.

(1) 1호의 '대상' 예시 (국기, 국장, 군기, 훈장, 포장, 기장 등)

〈 국기·국장·군기·훈장·포장의 예시 〉

국기	국장	군기	보국훈장	건국포장

〈 기장의 예시 〉

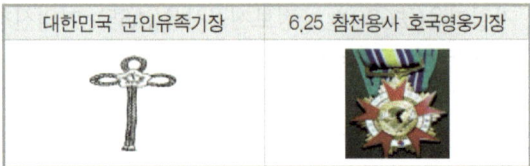

대한민국 군인유족기장	6.25 참전용사 호국영웅기장

〈 국제기관의 표장 예시 〉

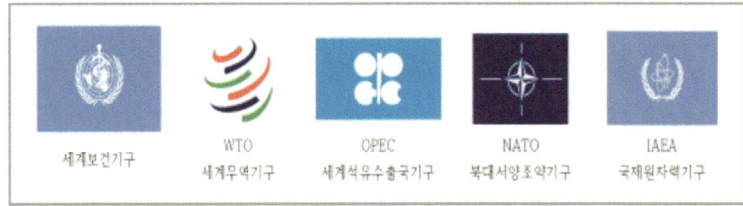

세계보건기구 / WTO 세계무역기구 / OPEC 세계석유수출기구 / NATO 북대서양조약기구 / IAEA 국제원자력기구

〈 공공기관의 표장 예시 〉

한국전력공사	한국도로공사	한국수자원공사

(2) 국기에 상당한 변화를 기해 국가의 존엄을 해할 우려가 없는 경우

✛ 예) 인정 태극기를 모티브로 창작한 디자인

(1) 해당하는 경우 (즉, 부등록사유 존재)

❋ 예 1)

출원 디자인   타인의 저명한 입체상표

❋ 예 2)

출원 디자인   타인의 저명한 상표

(2) 해당하지 않는 경우 (즉, 부등록사유 부존재)

☞ **인 정** 다음과 같은 화상디자인출원의 경우 디자인으로 등록받고자하는 부분에서 제외되는 부분에 법 제34조제3호에 해당하는 형태(예: 타사의 표장)가 표현되어 있으나 주식거래 관련 애플리케이션의 정보표시용 화상디자인이라는 점에서 예시적인 용도로 사용된 것이므로 타인의 업무와 관련된 물품과 혼동을 가져올 우려가 없으므로 디자인 등록을 받을 수 없는 디자인에 해당하지 않는 것으로 판단할 수 있다.

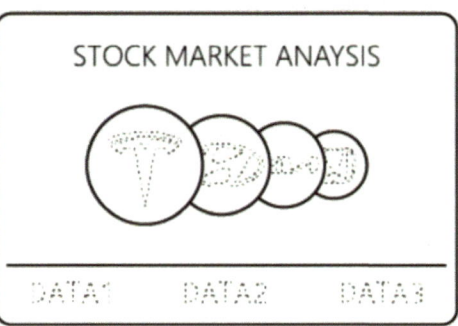

〈 정보표시용 화상 〉

대법원 2004허4976(2005. 2. 24. 선고) 판결 참조

※ 예) ⊗ **불인정** '자동차용 윈드 쉴드 글래서'디자인의 경우 물품의 기능을 확보하는데 불가결한 형상만으로 된 디자인이라는 이유로 디자인등록이 무효됨

〈 사시도 〉

기출 지문 OX

1. 디자인등록출원한 디자인이 국기·국장 등과 동일 또는 유사한 디자인에 해당하는지의 여부 판단은 디자인 등록 여부 결정 시를 기준으로 한다. **48회**　　　　　　　　　　　　　　　　　　[○ | ×]

2. 디자인이 주는 의미나 내용 등이 일반인의 통상적인 도덕관념이나 선량한 풍속에 어긋나거나 공중의 위생 을 해칠 우려가 있는 디자인에 대하여는 디자인등록을 받을 수 없다. **48회**　　　　　　　　[○ | ×]

3. 디자인등록출원한 디자인이 타인의 업무에 관계되는 물품과 혼동을 가져올 염려가 있는 디자인에 해당하 는지의 여부 판단에 있어서, 혼동은 형태의 유사성에 의한 물품 상호 간의 혼동을 말한다. **52회**　[○ | ×]

4. 물품의 기능을 확보하는 데에 불가결한 형상만으로 된 디자인에 대하여는 제33조(디자인등록의 요건)에도 불구하고 디자인등록을 받을 수 없다. **60회**　　　　　　　　　　　　　　　　　[○ | ×]

5. 물품의 기능을 확보하는 데에 불가결한 형상만으로 된 디자인에 관한 규정은 출원디자인의 일부 형상이 이 에 해당하는 경우에도 적용된다. **53회**　　　　　　　　　　　　　　　　　　[○ | ×]

정답 | **1.** ○ **2.** × **3.** × **4.** ○ **5.** ×

제9장 | **관련디자인**

디자인보호法

제35조(관련디자인) ① 디자인권자 또는 디자인등록출원인은 자기의 등록디자인 또는 디자인등록출원한 디자인(이하 "기본디자인"이라 한다)과만 유사한 디자인(이하 "관련디자인"이라 한다)에 대하여는 그 기본디자인의 디자인등록출원일부터 3년 이내에 디자인등록출원된 경우에 한하여 제33조제1항 각 호 및 제46조제1항·제2항에도 불구하고 관련디자인으로 디자인등록을 받을 수 있다. 다만, 해당 관련디자인의 디자인권을 설정등록할 때에 기본디자인의 디자인권이 설정등록되어 있지 아니하거나 기본디자인의 디자인권이 취소, 포기 또는 무효심결 등으로 소멸한 경우에는 그러하지 아니하다.〈개정 2023. 6. 20.〉

② 제1항에 따라 디자인등록을 받은 관련디자인 또는 디자인등록출원된 관련디자인과만 유사한 디자인은 디자인등록을 받을 수 없다.

③ 기본디자인의 디자인권에 제97조에 따른 전용실시권(이하 "전용실시권"이라 한다)이 설정되어 있는 경우에는 그 기본디자인에 관한 관련디자인에 대하여는 제1항에도 불구하고 디자인등록을 받을 수 없다.

④ 제1항에 따라 기본디자인과만 유사한 둘 이상의 관련디자인등록출원이 있는 경우에 이들 디자인 사이에는 제33조제1항 각 호 및 제46조제1항·제2항은 적용하지 아니한다.〈신설 2023. 6. 20.〉

제62조(디자인등록거절결정) ③ 심사관은 디자인일부심사등록출원으로서 제35조에 따른 관련디자인등록출원이 제2항 각 호의 어느 하나 또는 다음 각 호의 어느 하나에 해당하는 경우에는 디자인등록거절결정을 하여야 한다.〈개정 2023. 6. 20.〉

1. 디자인등록을 받은 관련디자인 또는 디자인등록출원된 관련디자인을 기본디자인으로 표시한 경우
2. 기본디자인의 디자인권이 소멸된 경우
3. 기본디자인의 디자인등록출원이 무효·취하·포기되거나 디자인등록거절결정이 확정된 경우
4. 관련디자인의 디자인등록출원인이 기본디자인의 디자인권자 또는 기본디자인의 디자인등록출원인과 다른 경우
5. 기본디자인과 유사하지 아니한 경우
6. 기본디자인의 디자인등록출원일부터 3년이 지난 후에 디자인등록출원된 경우
7. 제35조제3항에 따라 디자인등록을 받을 수 없는 경우

Ⅰ. 의의[171]

디자인권자 또는 출원인은 자기의 등록 또는 출원(**기본디자인**)**과만 유사한** 디자인에 대하여, 그 기본디자인의 **출원일부터 3년 이내**에 출원한 경우에 한해 **제33조 제1항 각 호 및 제46조 제1항·제2항**에도 불구하고[172] 관련디자인으로 등록받을 수 있다(제35조 제1항).

---

171) 취지: 자신의 등록 혹은 출원디자인의 전부 또는 일부에 변형이 있는 경우, 연이어 디자인등록출원을 할 수 있도록 하여 해당 디자인을 효율적으로 보호하기 위한 것이다.

172) 즉, 관련디자인은 기본디자인과의 관계에서 신규성 및 선출원주의 규정의 적용을 받지 않는다.

II. 요건

1. 심사등록출원의 경우 (제35조)

(1) 주체적 요건

기본디자인의 출원인 또는 디자인권자와 **동일**해야 한다(제1항). 공동출원인 경우, **공유자 전원**이 출원해야 한다.

(2) 객체적 요건[173]

1) 관련디자인의 설정등록 시에 기본디자인의 디자인권이 유효하게 존속할 것 (제1항 단서)

관련디자인의 등록여부결정시에 기본디자인의 디자인권이 유효하게 존속해야 하며, 기본디자인의 디자인권이 설정등록되어 있지 아니하거나, 취소, 포기 또는 무효심결 등으로 소멸한 경우[174]에는 관련디자인으로 등록받을 수 없다.

2) 기본디자인과만 유사한 디자인일 것 (제1항 본문 및 제4항)

- 관련디자인은 **자기**의 기본디자인과 유사한 디자인으로서, 관련디자인의 출원일보다 앞선 **타인**의 선행디자인(공지디자인 또는 출원디자인)과 유사하지 않아야 한다.
- 기본디자인의 출원일 이후의 자기의 선행 공지디자인과 유사하지 않을 것을 요하는 것은 아니다.

3) 자신의 관련디자인과만 유사한 디자인이 아닐 것 (제2항)[175]

출원·등록된 관련디자인을 기본디자인으로 하여 새로운 관련디자인을 등록받을 수 없다.

4) 기본디자인의 디자인권에 전용실시권이 설정되어 있지 않을 것 (제3항)[176]

(3) 시기적 요건[177]

기본디자인의 출원일부터 **3년 이내**에 출원해야 하며(제1항), 동일자를 포함한다.

2. 일부심사등록출원의 경우 (제62조 제3항)

(1) 제35조가 아닌, 관련디자인일부심사등록요건(제62조 제3항)을 만족해야 한다.

(2) 관련디자인 심사등록요건(제35조)과 비교했을 때, 타인의 선행디자인과의 유사 여부는 판단하지 않고 기본디자인과 관련디자인이 유사하기만 하면 된다(즉, '과만'의 요건 제외).

---

173) 선출원된 복수디자인출원 중 하나의 일련번호 디자인을 기본디자인으로, 또는 복수디자인출원 중 하나의 일련번호 디자인을 기본디자인으로 정할 수 있다. (심사기준)

174) 이 경우, 관련디자인을 기본디자인으로 변경하는 보정 (제48조 제2항)을 하여 거절이유를 극복할 수 있다.

175) '기본디자인과 비유사하고 관련디자인과만 유사한 디자인'의 등록을 제한하는 것은, 하나의 기본디자인을 중심으로 하는 유사 디자인의 무한한 권리 확장을 방지하기 위함이다.

176) 전용실시권은 등록디자인에 관하여 디자인권자를 배제하는 독점적 실시를 예정하고 있으므로, 그 기본디자인의 관련디자인을 등록받게 되면, 기본디자인·관련디자인의 독점적 실시권을 갖는 자가 동시에 존재하여 권리관계가 복잡해지기 때문이다.

177) 2023.12.21 시행법은 경쟁력 있는 디자인의 보호를 강화하기 위하여 기존 '1년'의 시기적 요건을 '3년'으로 변경하였다. 경과규정상 2023.12.21 이후 출원된 관련디자인에 대해 '3년'을 적용한다. 다만, 기본디자인의 출원일이 2022.12.21 전인 경우에는 종전의 규정에 따라 '1년'을 적용한다.

3. 기타 등록요건과의 관계

(1) 관련디자인 요건 충족 시 효과: 신규성 및 선출원주의 만족

1) 관련디자인은 기본디자인과의 관계에서 **신규성 및 선출원주의** 위반에 해당하지 않는다.

2) 관련디자인은 기본디자인의 **출원일 이후**에 공지된 기본디자인과 동일·유사한 **자기의 공지디자인**과의 관계에서 **신규성** 위반에 해당하지 않는다.

3) 둘 이상의 **관련디자인 상호 간**에도 신규성 및 선출원주의 규정이 적용되지 아니한다(제35조 제4항).

(2) 심사등록출원의 일반적인 등록요건

제35조의 등록요건과 동시에, 제62조 제1항에 규정된 일반적인 등록요건을 만족해야 한다.

(3) 일부심사등록출원의 일반적인 등록요건

제62조 제3항의 등록요건과 동시에, 제62조 제2항에 규정된 일반적인 등록요건을 만족해야 한다.[178]

4. 흠결 시 취급[179]

(1) 심사등록출원의 경우

제35조 위반은 **거절이유, 정보제공사유, 무효사유**에 해당한다.[180]

(2) 일부심사등록출원의 경우

제62조 제3항 위반은 거절이유, 정보제공사유에 해당하고, 제35조는 이의신청이유, 무효사유에 해당하지만, 제3자의 정보제공이 있는 경우 제35조 위반이 거절이유가 될 수 있다(제62조 제4항).

III. 출원 방법

1. 출원서 (제37조 제1항)

(1) 기재사항

관련디자인출원 여부, 기본디자인의 **등록번호 또는 출원번호**를 기재하여야 한다(제37조 제1항).

(2) 기본디자인과 물품명칭이 다른 경우

기본디자인의 **물품명칭이 정당**한 경우에는 **물품명칭을 일치**시키나, 관련디자인의 물품명칭이 더 정당할 경우에는 기본디자인의 물품명칭에 일치시킬 필요는 없다. (심사기준)

---

178) 정보제공이 있는 경우, 제62조 제1항에 규정된 일반적인 등록요건으로 거절할 수도 있다.
179) **심사보류통지**: 기본디자인에 관한 **거절결정이 확정되지 않은 경우**, 또는 무효심판이나 이의신청이 **계류** 중인 경우, 관련디자인등록출원은 **심사 보류한다**. 다만, 위와 같은 경우 국제디자인등록출원은 먼저 가거절통지를 한 후 심사보류 통지를 한다. (심사기준)
180) 종래에는 제35조 제1항이 이의신청이유 및 무효사유에 해당하지 않았으나, 2023년 12월 21일 시행된 개정법은 제35조 전체를 이의신청이유 및 무효사유로 규정하였다.

(3) 복수디자인과의 관계

선출원된 복수디자인출원 중 하나의 일련번호 디자인을 기본디자인으로, 또는 복수디자인출원 중 하나의 일련번호 디자인을 기본디자인으로 정할 수 있다.[181]

2. 도면 (제37조 제2항)

일반적인 도면 작성 방법에 따라 작성한다.

IV. 절차 및 조치

1. 신규성 상실의 예외 (제36조)

다음의 경우, 관련디자인은 그 공지일로부터 12개월 이내에 출원해야 신규성 상실 예외 적용을 받을 수 있다.

1) 기본디자인 **출원 전**, 자기의 **공지디자인**이 존재하는 경우

2) 기본디자인 **출원 후**, 기본디자인과 **비유사**한 자기의 **공지디자인**이 존재하는 경우

2. 보정 (제48조)

관련디자인등록출원을 단독디자인등록출원으로, 또는 단독디자인등록출원을 관련디자인등록출원으로 변경하는 보정을 할 수 있다(제48조 제2항).

V. 디자인권의 효력 및 등록 후 법률관계

1. 관련디자인권의 효력

(1) 권리범위

관련디자인권은 **독자적인 권리범위**를 가진다(제92조).[182] 따라서, 관련디자인 또는 이와 유사한 디자인까지 관련디자인의 효력이 미친다.

(2) 존속기간의 종속성과 독립적 지위

1) 관련디자인권의 존속기간 만료일은 **기본디자인권의 존속기간 만료일**로 한다(제91조 제1항 단서).

2) 다만, 기본디자인의 디자인권이 취소, 포기 또는 무효심결 등으로 **소멸**하더라도, 관련디자인권은 **유효하게 존속**한다.

2. 권리 이전 제한: 권리 주체의 동일성

(1) 기본디자인권(또는 디자인등록을 받을 수 있는 권리)과 관련디자인권(또는 관련디자인등록을 받을 수 있는 권리)은 **함께 이전**하여야 한다(제54조 제1항 단서 및 제96조 제1항 단서).

---

181) 기본디자인과 이에 대한 관련디자인을 복수디자인으로 동시에 출원할 수 있다.
182) 이 점에서 기존의 유사디자인권과 차이를 가진다.

(2) 또한, 기본디자인권 소멸 후 해당 기본디자인에 관한 2 이상의 관련디자인을 이전하는 경우에도 마찬가지이다(제96조 제6항).

3. 전용실시권 설정 제한: 독점 실시주체의 동일성

(1) 기본디자인권과 관련디자인권의 **전용실시권**은 **동일한 자**에게 **동시에 설정**되어야 한다(제97조 제1항 단서).

(2) 기본디자인권 소멸 후 해당 기본디자인에 관한 2 이상의 관련디자인에 전용실시권을 설정하는 경우에도 마찬가지이다(제97조 제6항).

기출 지문 OX

1. 관련디자인으로 등록되기 위해서는 그 디자인의 대상이 되는 물품이 기본디자인의 물품과 동일하거나 유사한 물품이어야 한다. 58회 [○ | ×]

2. 자기의 기본디자인에 유사한 디자인이 그 기본디자인에 유사하지 아니한 자기의 공지된 디자인에 유사한 경우에는 관련디자인의 디자인등록을 받을 수 없다. 46회 [○ | ×]

3. 기본디자인의 디자인권이 소멸되거나 기본디자인의 디자인등록거절결정이 확정된 경우, 그 기본디자인의 관련디자인 등록출원에 대하여 디자인등록거절결정을 하여야 한다. 55회 [○ | ×]

4. 디자인등록을 받은 관련디자인 또는 디자인등록출원된 관련디자인과만 유사한 디자인의 경우에도 디자인등록을 받을 수 있다. 52회 [○ | ×]

5. 기본디자인의 디자인권에 전용실시권이 설정되어 있는 경우에는 그 기본디자인에 관한 관련디자인은 디자인등록을 받을 수 없다. 57회 [○ | ×]

6. 관련디자인등록출원은 그 디자인이 기본디자인의 디자인등록출원일 이후의 기본디자인과 동일 또는 유사한 자기의 선행하는 공지디자인과 유사한 경우, 디자인보호법 제88조(디자인등록의 요건) 제1항에 의하여 거절결정된다. 57회 [○ | ×]

7. 관련디자인의 출원인은 디자인등록출원서에 관련디자인의 디자인등록출원 여부를 적어 특허청장에게 제출하여야 한다. 58회 [○ | ×]

8. 관련디자인등록출원의 물품명칭이 기본디자인의 물품명칭보다 정당하거나 적합하더라도 기본디자인의 물품명칭에 일치시켜야 한다. 53회 [○ | ×]

9. 기본디자인에 유사한 디자인이 관련디자인으로 디자인등록된 경우, 그 관련디자인의 권리범위는 기본디자인의 권리범위를 초과하지 않는다. 45회 [○ | ×]

10. 관련디자인은 기본디자인과 독립적인 효력을 가지므로, 기본디자인의 디자인권과 관련디자인의 디자인권은 각각 다른 사람에게 분리하여 이전할 수 있다. 57회 [○ | ×]

정답 | 1. ○ 2. ○ 3. ○ 4. × 5. ○ 6. × 7. ○ 8. × 9. × 10. ×

제10장

1디자인 1출원

디자인보호法

제40조(1디자인 1디자인등록출원) ① 디자인등록출원은 1디자인마다 1디자인등록출원으로 한다.

Ⅰ. 의의[183]

디자인등록출원은 1디자인마다 1출원으로 하여야 한다(제40조 제1항). 이때 '1디자인'이란 1물품에 대한 1형태를 의미한다.[184]

Ⅱ. 요건

1. 1물품

(1) '1물품'은 물리적으로 1개의 것을 의미하는 것이 아니라, 물품의 용도·구성·거래 실정 등에 따라 **1물품으로 취급**되는 물품을 말한다. (판례)[185]

(2) 2 이상의 물품이 결합된 경우, 각 물품의 기능·용도가 상실되고, 새로운 하나의 기능·용도로 인식될 수 있는지 여부를 기준으로 1물품 여부를 판단한다. (심사기준)

2. 1형태

'1형태'란 1물품에 표현된 하나의 형상·모양·색채 또는 이들의 결합, 즉 **하나의 형태적 단위** 영역을 말한다.[186]

Ⅲ. 구체적인 유형

1. 흠결 유형

(1) 2 이상의 물품명을 물품란에 병렬하여 적은 경우

예시: 병과 병마개, 라디오 겸용 시계 등
다만, "시계가 부설된 라디오"와 같이 하나의 물품에 다른 물품이 부설, 부가, 부착된 경우에는 예외로 한다.

---

183) 취지: 하나의 출원 절차를 통해 하나의 권리를 발생시켜 절차의 편의성과 권리 파악의 명확성을 도모하기 위함이다.
184) 따라서, 1물품에 관한 다형태, 다물품에 관한 1형태 또는 다형태에 관한 디자인은 복수디자인(제41조) 또는 한 벌 물품의 디자인(제42조)에 해당하지 않는 이상 등록받을 수 없다.
185) 93후1217
186) 따라서 1물품에 표현된 형태라 하더라도, 그것이 복수의 형태로 판단될 여지가 있다면, 1디자인이라고 단정할 수 없다.

(2) 2 이상의 단일물로 구성된 집합물[187]

예시: 1조의 탁구용구, 1조의 배드민턴용구, 완성형태가 다양한 조립완구, 물품의 용기와 그 내용물(카메라와 카메라 케이스, 화장품 보관함과 화장품 용기 등)

(3) 2 이상의 디자인 표현

하나의 물품에 관하여 **둘 이상의 디자인**을 하나의 도면에 도시하거나, **둘 이상의 물품**에 관하여 **각각의 디자인**을 하나의 도면에 도시한 경우[188]

(4) 동적디자인에서, 변화 과정이 없거나 또는 변화과정에 일정성 및 통일성이 없는 경우 보충자료1

2. 인정유형 보충자료2

(1) 하나의 물품으로 인정되는 경우 (1 의제물품)

1) 물리적으로 분리되어 있으나 하나의 물품으로 거래되는 것이 자명한 경우

이때 **구성물의 도면**만으로 사용상태를 충분히 표현할 수 없다면, **결합된 완성품 상태**를 반드시 도시하여야 한다.

결합된 완성품 상태의 도면만으로도 디자인의 요지를 충분히 특정할 수 있다면 구성물 각각의 도면은 생략할 수 있다.[189]

예시: 신사복(상·하), 투피스(상·하), 장기짝, 트럼프 등[190]

2) 물리적으로 분리된 각 부분이 모여서 하나의 형상·모양을 이루는 경우

예시: 휴대폰케이스, 버스 정류장 사례 등[191]

(2) 보조적인 물품을 사용하는 경우

의류 및 패션잡화용품의 형상·모양을 완전하게 **표현**하기 위하여 **보조적인 물품**을 사용하는 것이 명백한 경우, 1물품으로 인정할 수 있다. 이 경우 보조적인 물품이 사용된 취지를 **디자인의 설명**에 기재하여야 한다.

예시: 마네킹과 함께 표현된 '덧신' 디자인 등

(3) 부가적인 물품이 결합된 경우

디자인의 대상이 되는 물품의 형상·모양·색채를 표현하기 위하여 **부가적인 물품**이 **결합**되어 생산되고 **일체화된 상태**로 사용되는 경우, 1물품으로 인정할 수 있다.

예시: 용기와 결합된 양초, 케이크 테두리에 결합된 띠, 세제용 캡슐 등

---

187) 집합물을 구성하는 단일물들이 동시에 사용되고 한 벌 전체로서 통일성을 가져 '한 벌의 물품의 디자인'으로서의 요건을 갖추고 있다면 등록받을 수 있다.

188) "스티커", "전사지"에 관한 디자인 출원 시 물리적으로 분리된 2 이상의 구성요소를 외곽선 등으로 한정하지 않고 하나의 도면에 각각 도시한 경우 등

189) 심사기준 사례: 찻잔과 받침접시. 한편, 심사기준의 태도를 종합할 때, **결합된 완성품 상태의 도면은 반드시 기재**해야 하는 것으로 해석할 수 있다.

190) 추가 예시: 화투, 마작패, 너트와 볼트, 합단추 자웅, 결착구 자웅, 유·무선 전화기, 리미트 스위치 자웅, 뚜껑이 있는 화장품 용기 등

191) 추가 예시: 조의자 – 둘 이상이 모여서 하나의 의자를 형성하는 것, 모자이크 타일, 완성형태가 단일한 조립완구 등

(4) 동적디자인의 경우

변화 전·후 상태 또는 일련의 변화 과정을 도면으로 표현하여 출원하는 경우

(5) 동적화상(또는 화면)디자인의 경우

움직임에 형태적 관련성과 변화의 일정성이 인정되는 경우

(6) 부분디자인의 경우

전체 또는 각 부분으로서 창작상의 일체성(형태적 또는 기능적 일체성)이 인정되는 경우

IV. 흠결 시 취급

거절이유, 정보제공사유에는 해당하지만, 절차적 요건이므로 착오등록된 경우에도 이의신청이유 또는 무효사유에는 해당하지 않는다.

V. 극복방안

2 이상의 디자인이 포함된 경우, 분할출원이나 삭제 보정을 해야 한다(제50조 제1항 제1호 또는 제48조).

동적디자인의 1디자인 1출원 만족 여부 판단

※ 예) 다음 '로봇완구' 사례와 같이 형태변화 과정의 구체적인 표현 여하에 따라
형태변화과정의 일정성과 통일성을 판단할 수 있다.

[도면A 1]	[도면B 1]
😟 **불인정** 변화과정이 구체적으로 표현되지 않아 변화의 일정성 및 통일성을 인정할 수 없는 경우	

[도면A 1]	[도면B 1]	[도면C 1]
인정 변화과정이 구체적으로 표현되어 변화의 일정성 및 통일성을 인정할 수 있는 경우		

(1) 1의제물품 중, 물리적으로 분리된 각 부분이 모여서 <u>하나의 형상·모양</u>을 이루는 경우

[사례] 다음 사례와 같이 구성요소들이 물리적으로 분리되어 있는 경우, 각 부분이 결합하여 하나의 형태를 구성하는 것으로 판단되면 1디자인 1물품으로 인정할 수 있다.

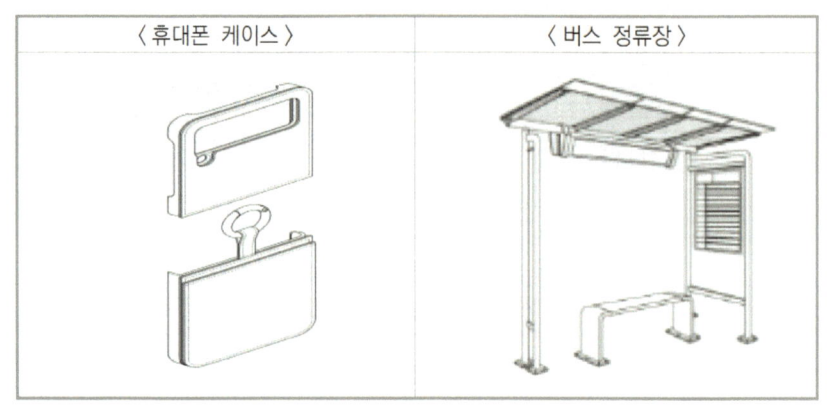

| 〈 휴대폰 케이스 〉 | 〈 버스 정류장 〉 |

(2) 의류 및 패션잡화용품의 형상·모양을 완전히 보여주기 위해 <u>보조적인 물품</u>(예: 마네킹)을 이용하는 것이 명백한 경우, 그 취지를 디자인의 설명란에 기재하여야 한다.

[사례] 마네킹과 함께 표현된 '덧신' 디자인

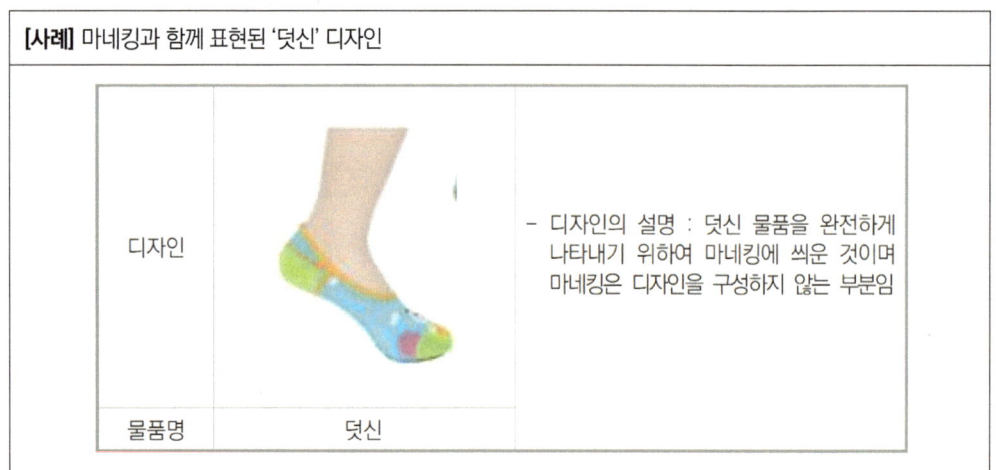

디자인	
물품명	덧신

- 디자인의 설명 : 덧신 물품을 완전하게 나타내기 위하여 마네킹에 씌운 것이며 마네킹은 디자인을 구성하지 않는 부분임

(3) 물품의 형태를 표현하기 위하여, 부가적인 물품과 결합해 일체화된 상태로 실시되는 디자인

양초	케이크	세제용 캡슐
양초와 용기가 결합되어 실시	케이크 테두리에 띠가 결합되어 실시	캡슐 안에 세제가 삽입된 상태로 실시

(4) 동적 디자인으로서 변화 전·후 상태 또는 일련의 변화과정을 도시하여 출원하는 경우

디자인	디자인의 설명
	덮개가 열리고 닫히는 "장난감 노트북컴퓨터"
	접어서 보관하고 펼쳐서 사용하는 "의자"
	방향전환에 따라 직접등과 간접등으로 쓰이는 "벽등"

(5) 동적 화상 (또는 화면) 디자인 및 부분디자인의 경우: 해당 챕터 참고.

1. 1디자인 1디자인등록출원에서 1디자인이란 1물품에 대한 1형태를 말하며, 1물품이란 물리적으로 분리되지 않은 하나라는 개념이 아니라 거래 관행상 독립하여 하나로 거래될 수 있는 물품을 의미한다. 51회

   [○ | ×]

2. 용기가 결합된 양초와 같이, 물품의 형상·모양·색채를 나타내기 위하여 부가적인 물품이 결합되어 생산되고 일체화된 상태로 사용되는 경우에는 디자인보호법 제40조(1디자인 1디자인등록출원)를 위반한 것으로 보지 않는다. 57회

   [○ | ×]

3. 디자인등록출원서상 디자인의 대상이 되는 물품란에 '시계가 부설된 라디오'라고 기재되고, 첨부 도면에는 시계를 겸용할 수 있는 라디오를 나타낸 것이 하나 기재되어 있는 것은 제40조 요건을 만족한다. 46회

   [○ | ×]

4. 디자인보호법 제40조(1디자인 1디자인등록출원)에 위반되나 착오로 등록된 등록디자인은 무효심판의 사유가 된다. 57회

   [○ | ×]

정답 | 1. ○ 2. ○ 3. ○ 4. ×

제11장

정당한 물품명

디자인보호法

제40조(1디자인 1디자인등록출원) ② 디자인등록출원을 하려는 자는 산업통상자원부령으로 정하는 물품류 구분에 따라야 한다.

Ⅰ. 의의[192]

디자인등록출원을 하려는 자는 로카르노 협정에 따른 물품류(및 물품명)에 따라야 한다(제40조 제2항).

Ⅱ. 요건

1. 물품류 기재 방법

(1) 로카르노 협정에 따른 물품류에 근거하여, 용도와 기능 등을 기준으로 특허청장이 정하여 고시한 '디자인 물품류별 물품목록'에 따른다.

(2) **물품류 구분**은 출원서 작성의 일관성을 유지하고 통일된 물품명칭을 사용하기 위한 것으로서 물품 간의 **유사범위를 규정**한 것은 **아니다.**[193]

2. 물품명 기재 방법

1) 로카르노 협정에 따른 물품류에 따라 특허청장이 정하여 **고시한** 「디자인 물품류별 물품목록」에서 하나의 물품을 지정하여 기재할 수 있다.

2) 고시된 명칭이 없는 경우에는, 그 물품의 디자인을 **인식하는 데 적합**하고, **용도가 명확**하게 이해되며 **일반적**으로 사용하는 명칭을 적어야 한다.

3) 다만 실제 거래계에서 물품의 일반화된 명칭이 없고, 명칭이 **용도를 최소한도로 규정**하여 표현된 경우에는 '○○용 부재'와 같은 명칭도 사용할 수 있다. 다만, 용도에 대한 구체적인 표현 없이 **포괄적**으로 표현한 명칭은 등록받을 수 **없다.**[194]

---

192) 취지: 디자인의 대상이 되는 물품 및 물품류를 명확히 하여 디자인을 특정하기 위함이다.
193) [물품의 동일·유사성 판단] 파트에서 다루었던 아래 2000후3388 판례도 위 심사기준과 유사한 취지이다. "시행규칙 소정의 물품류 구분은 사무 편의를 위한 것으로서 동종의 물품을 법정한 것은 아니다."
194) 등록 받을 수 없는 경우: 창틀용 부재, 건축용 부재

III. 흠결유형 (용·고·효·생·외·어·한·형·재·부)

1. 물품의 용도가 명확하지 않은 경우

> 적용 대상물품, 사용 주체, 사용 방법 등에 따라 용도를 명확하게 표시하여야 한다.
> 예1) 경첩(부적합) → 안경용 경첩(적합)
> 예2) 입력장치(부적합) → 휴대용 문자입력장치(적합)
> 예3) 도면에는 '물병'이 도시되었으나, 물품명칭을 '스탠드'로 기재한 경우 → 부적합
> 예4) 도면에는 '문짝'이 도시되었으나 물품명칭이 '건축용품' 으로 지나치게 포괄적으로 기재되어 출원서 및 도면의 내용을 종합적으로 파악해도 디자인이 특정되지 않는 경우 → 부적합

2. 상표명 또는 ○○식 ○○ 등과 같이 고유명사를 붙인 경우

다만, 보통명칭화된 경우에는 예외적으로 인정된다.[195]

3. 출원서 및 도면의 내용만으로는 확인할 수 없는 물품의 효능 또는 작용 효과를 명칭으로 기재한 경우[196]

4. 물품명의 일부분이 생략된 경우[197]

5. 외국문자를 사용한 경우[198]

다만, i) 물품명에 외국문자를 괄호로 함께 적는 경우, 혹은 ii) 보통명칭화 되고 통상적으로 사용되는 경우 예외적으로 인정된다.

> ※ 예외적으로 인정되는 사례 [심사기준 中 심사관 참고]
> (1) 물품명에 외국문자를 괄호로 함께 적는 경우
>   (예) 디스펜서용 병(Dispensing Bottle), 골프 클럽 헤드(Golf Club Head)
> (2) 보통명칭화 되고 통상적으로 사용되는 경우
>   (예) LED 전구, LCD 모니터, AI셋톱박스 거치대, Smart Watch, MP3 Player, Cellular Phone

6. 보통명칭화 되지 않은 외국어를 한글로 기재한 경우[199]

7. 한 벌(한벌의 물품이 아닌 것), 한 세트, 유닛(치과용 유닛 제외), 한 짝, 한 켤레, 1족(足) 등의 명칭을 사용한 경우

다만, [별표 5]에 따른 한 벌의 물품의 명칭인 경우는 예외적으로 인정된다.

---

195) 예: 홍길동식 타자기 등. 다만, 예외적으로 인정되는 사례: 자동식○○, 접철식○○, 접이식○○, 독립형○○, 회전식○○와 같이 보통명칭화된 경우
196) 예: 최첨단 전화기, 건강 안마기 등
197) 16밀리(부적합) → 16밀리 영화촬영기(적합)
198) Oral Irrigator(부적합), Vehicle(부적합)
199) 예: 미러 [거울(mirror)로 적어야 적합], 퍼펫 [인형(puppet)으로 적어야 적합]

8. 형상, 모양, 색채에 관한 명칭을 붙인 경우[200]

다만, 명칭에 기재한 형상, 모양, 색채가 도면 등 출원서의 기재사항과 합치하는 경우는 예외적으로 인정된다.

9. 재질명을 붙인 경우[201]

다만, 명칭에 기재한 재질이 도면 등 출원서의 기재사항과 합치하는 경우는 예외적으로 인정된다.

10. 부분디자인에 관한 출원에서 "○○의 부분" 등의 명칭을 사용한 경우[202]

IV. 흠결 시 취급

거절이유, 정보제공사유에는 해당하지만, 절차적 요건이므로 착오등록된 경우에도 이의신청이유 또는 무효사유에는 해당하지 않는다.

V. 극복방안

1. 물품류의 보정

올바른 물품류로 보정할 수 있다(제48조).

2. 물품명의 보정

(1) 출원서 및 도면을 참작하여 요지변경이 아닌 범위에서 정당한 물품명으로 보정할 수 있다(제 48조). 이 때, 동일물품 이외의 물품으로 보정하는 경우에는 요지변경이다.

(2) 요지변경이 아닌 경우

 1) 단순한 착오나 오기를 정정

 2) 불명확한 것을 명확하게 보정

 3) 물품 범위가 포괄적인 명칭을 그 하위개념에 속하는 구체적인 명칭으로 보정

---

200) 예: 우체통 형상의 저금통, 무궁화 꽃이 그려진 연필꽂이, 노란색의 전화기 등
201) 예: 목재 책상, 왕골방석, 플라스틱 컵
202) 예: "전화기의 버튼부분"(부적합)→"전화기(적합)"

1. 디자인등록출원서상 디자인의 대상이 되는 물품란에 '자전거'라고 기재되고, 첨부 도면에는 자전거용 페달을 나타낸 것이 하나 기재되어 있는 것은 제40조 요건을 만족한다. 46회 [O | ×]

2. 물품을 잘못 기재한 경우에는 공업상 이용 가능성이 없는 디자인으로 보아 디자인등록을 받을 수 없는 것으로 한다. 53회 [O | ×]

정답 | 1. × 2. ×

복수디자인

디자인보호法

제41조(복수디자인등록출원) 디자인등록출원을 하려는 자는 제40조제1항에도 불구하고 산업통상자원부령으로 정하는 물품류 구분에서 같은 물품류에 속하는 물품에 대하여는 100 이내의 디자인을 1디자인등록출원(이하 "복수디자인등록출원"이라 한다)으로 할 수 있다. 이 경우 1 디자인마다 분리하여 표현하여야 한다.

I. 의의[203]

1디자인 1출원 원칙에도 불구하고, 같은 물품류에 속하는 물품에 대해서는 100개 이내의 디자인을 1디자인등록출원으로 할 수 있다(제41조).

II. 요건 (동·백·분)

1. 로카르노 협정에 따른 물품류 중 동일 물품류에 속하는 물품일 것[204]

2. 디자인의 수가 100 이내일 것

3. 1디자인마다 분리하여 표현할 것

하나의 일련번호 디자인의 도면에 2 이상의 디자인을 표현한 경우에는 제41조 후단 위반이다.

4. 흠결 시 취급

거절이유, 정보제공사유에는 해당하지만, **절차적 요건**이므로 착오등록된 경우에도 이의신청이유 또는 무효사유에는 해당하지 않는다.

III. 출원 방법

1. 출원서 (제37조 제1항)

복수디자인등록출원 **여부**, 디자인의 **수**, 각 디자인의 **일련번호**를 기재하여야 한다.

2. 도면 (제37조 제2항)

도면은 1디자인마다 **분리**하여 표현해야 하고, 각 디자인의 **일련번호**를 기재해야 한다.

---

203) 취지: 헤이그 협정과의 조화를 이루고, 출원인의 선택에 따라 다수의 디자인을 하나의 절차를 통해 출원할 수 있도록 하는 절차적 편의를 위함이다.
204) 신속한 심사를 위함이다. 이 경우 물품류가 다른 물품의 디자인에 대하여는 출원 분할이나 출원 취하를 할 수 있다.

3. 흠결 시 취급

(1) 복수디자인등록출원의 **도면**이 디자인의 수에 **부족한** 경우에는 **반려될 수 있다**(시행규칙 제24조).

(2) 복수디자인 중 일부 디자인의 보완

 1) 복수디자인등록출원 중 일부 디자인에만 제38조 제1항 각 호에 따른 보완이 필요한 경우, 그 **일부** 디자인에 대한 절차보완서가 특허청장에게 **도달한 날**을 복수디자인 **전체의 출원일**로 인정한다(제38조 제4항).

 2) **일부** 디자인에 대한 보완이 필요함에도 불구하고 지정기간 내 출원인이 **보완하지 않는 경우**, 특허청장은 복수디자인 **전체를 반려**할 수 있다.

IV. 등록 요건

1. 판단의 전제

복수디자인등록출원은 절차상 1출원으로 취급되지만, 공업상 이용가능성, 신규성, 창작비용이성 등의 등록요건은 **각 디자인마다 개별적으로 만족**해야 한다.

2. 등록여부 결정 시

(1) 일부 디자인에 대하여 거절이유가 있는 경우, 그 디자인의 일련번호, 디자인의 대상이 되는 물품, 거절이유를 구체적으로 적어야 한다(제63조 제2항).

(2) 거절이유가 있는 **일부 디자인에 대해서만 거절결정**을 할 수 있고(제62조 제5항), 거절이유가 없는 일부 디자인에 대하여는 그 **일부에 대해서만 등록결정**을 하여야 한다(제65조).

V. 절차 및 조치

1. 보정 (제48조)

(1) 일부 디자인에 대한 **출원 취하**는 **삭제보정**으로 할 수 있다.[205]

(2) 출원서에 기재된 디자인의 수와 도면의 디자인의 수가 일치하지 않을 때

 1) **요지변경인 경우**: 도면을 추가로 제출하는 보정하는 경우

 2) **요지변경이 아닌 경우**: 도면상의 디자인 수를 기준으로 **출원서의 디자인의 수를 보정**하는 경우[206]

(3) 요지변경에 해당하는 경우, **보정각하는 일부** 디자인에 대하여만 **가능**하다.

---

205) 단, 국제디자인등록출원은 제외한다.
206) 단, 국제디자인등록출원은 제외한다.

2. 분할출원 (제50조)

(1) 분할에 따라 디자인의 수에 변동이 있는 경우

1) **원출원**의 출원서 및 도면을 **보정**하면서 분할출원 해야 한다.
2) 원출원의 디자인의 수가 1이 된 경우, 원출원의 출원서에 '복수디자인'의 표시를 '**1디자인**'으로 **보정**하여야 한다.

(2) 1일련번호의 디자인에 2 이상의 디자인이 포함된 경우

1) 2 이상의 디자인 중 **일부를 분할**하거나 **각각 1일련번호**의 디자인으로 보정할 수 있다.
2) 다만, 출원디자인 수가 100개를 초과하게 되면 반드시 분할출원을 해야 한다.

3. 기타 절차

복수디자인등록출원에 대하여 출원디자인의 전부 또는 일부에 대하여 출원공개(제52조), 비밀디자인(제43조), 우선심사(제61조), 등록료 납부 시 포기(제80조 제1항)를 적용할 수 있다.

VI. 디자인권의 효력 및 등록 후 법률관계

1. 디자인권 (제92조)

(1) 각 디자인별로 개별적인 디자인권이 발생하여 별개로 존속한다. 따라서 디자인권자는 업으로서 각각의 등록디자인과 동일하거나 유사한 디자인을 실시할 권리를 독점한다.
(2) 각 **디자인권마다** 분리하여 이전하거나(제96조 제5항), 분리하여 포기할 수 있다(제105조).

2. 이의신청 (제68조 제1항 단서) 및 심판청구 (제121조 제1항 후단, 제122조 후단)

복수디자인등록에 대해서는 **각 디자인마다** 개별적으로 이의신청을 하거나, 무효심판 또는 권리범위확인심판을 청구하여야 한다.

1. 디자인등록출원을 하려는 자는 산업통상자원부령으로 정하는 물품류 구분에서 같은 물품류에 속하는 물품에 대하여는 100 이내의 디자인을 1디자인등록출원으로 할 수 있다. **57회** [○ | ×]

2. 복수디자인등록출원의 경우에는 각 디자인마다 도면이나 사진 또는 견본을 제출하여야 한다. **53회** [○ | ×]

3. 복수디자인등록출원된 디자인 중 그 일부 디자인에 대한 보정이 요지를 변경하는 것으로 각하결정된 경우라도, 나머지 디자인에 대해서는 등록 여부 결정을 할 수 있다. **55회** [○ | ×]

4. 복수디자인등록출원된 디자인 중 일부 디자인에만 보완이 필요한 경우에는 그 일부 디자인에 대한 절차보완서가 특허청장에게 도달한 날을 복수디자인 전체의 출원일로 본다. **56회** [○ | ×]

5. 디자인등록 무효심판의 경우, 복수디자인등록출원된 디자인등록에 대하여는 각 디자인마다 청구하여야 한다. **52회** [○ | ×]

정답 | **1.** ○ **2.** ○ **3.** ○ **4.** ○ **5.** ○

제13장

한 벌의 물품의 디자인

디자인보호法

제42조(한 벌의 물품의 디자인) ① 2 이상의 물품이 한 벌의 물품으로 동시에 사용되는 경우 그 한 벌의 물품의 디자인이 한 벌 전체로서 통일성이 있을 때에는 1디자인으로 디자인등록을 받을 수 있다.
② 제1항에 따른 한 벌의 물품의 구분은 산업통상자원부령으로 정한다.

I. 의의

1디자인 1출원 원칙에도 불구하고, 2 이상의 물품이 한 벌의 물품으로 동시에 사용되는 경우, 한 벌 전체로서 통일성이 있는 때에는 1디자인으로 등록받을 수 있다(제42조).[207]

II. 요건 (이·동·통·물)

1. 2 이상의 물품일 것[208]

2. 동시에 사용될 것 (관·사·사·예·상·관·사)

반드시 물리적으로 동시에 사용하는 것이 아니라, **관념적으로 하나의 사용**이 **다른 물품의 사용을 예상**하게 하거나, **상거래 관행상 동시에 사용**하는 것으로 인정되는 관계를 말한다.

3. 한 벌 전체로서의 통일성이 있을 것 (표·상·관) 보충자료1

아래의 경우로서 한 벌 전체로서 통일성이 있다고 인정되어야 한다.
(1) 각 구성물품의 형태가 **동일한 표현방법**으로 표현된 경우[209]
(2) 각 구성물품이 **상호 결합**되어 **하나의 통일된 형상·모양** 등을 표현한 경우[210]
(3) 각 구성물품의 형태에 의해 **관념적으로 관련**이 있는 인상을 주는 경우[211]

4. 시행규칙 별표 5의 한 벌의 물품 및 구성물품에 적합할 것

(1) 한 벌의 물품의 요건

1) 시행규칙 [별표 5] '한 벌의 물품의 구분'에 열거된 92개의 예시 물품에 해당하거나
2) [별표 5] 예시 물품에 없더라도, 둘 이상의 물품이 한 벌의 물품으로 동시에 사용되는 것으로 인정되는 경우여야 한다.

---

207) 취지: 산업사회의 다양화에 따라 다수 물품에 의한 통합적 미감을 보호하여 거래사회의 실정에 부응하기 위함이다.
208) 이종 물품과 동종의 물품을 포함한다.
209) 예: 한 벌의 접시 세트, 한 벌의 주방용 국자 및 뒤집게 세트
210) 예: 한 벌의 샐러드 그릇 및 포크 세트
211) 예: "토끼와 거북이" 동화를 각 구성물품에 일관되게 표현한 경우

(2) 구성물품의 요건

1) [별표 5]에서 정한 구성물품 예시에 적합해야 하며, 원칙적으로 2 이상의 구성물품이 구비되어야 한다.

2) 그 외의 물품이 포함되어 있는 경우에도, 한 벌의 물품으로 정해진 물품과 **동시에 사용**되는 것이 **상거래 관행상** 당업계에서 인정되는 경우에는 정당한 한 벌의 물품으로 인정할 수 있다.212)

5. 흠결 시 취급

(1) 제42조 제1항 위반으로 거절이유, 정보제공사유에는 해당하지만, **절차적 요건**이므로 착오등록된 경우에도 이의신청이유 또는 무효사유에는 해당하지 않는다.

(2) 또한, 복수의 디자인이 기재된 것으로 보아 제40조 제1항 위반에도 해당된다.

III. 출원 방법

1. 출원서 (제37조 제1항)

(1) 물품명

시행규칙 [별표 5]에서 정하는 한 벌의 물품명을 기재하여야 한다.
다만, 일반적으로 한 벌 전체를 지칭하는 명칭이 없을 때에는 각 구성 물품의 명칭을 나열하여 기재한다.213)

(2) 물품류

구성 물품의 물품류 구분이 2 이상인 경우에는 다음 기준에 따른다.

1) **심사대상 및 일부심사대상이 함께 구성된 경우**: 심사대상 물품류 구분을 기재한다. 이때 심사대상 물품류가 2 이상인 경우

① 구성물품의 **수**가 많은 물품으로 물품류 구분을 기재하고
② 구성물품의 수가 같은 경우에는 출원인의 **의사**에 따라 하나의 물품류 구분을 기재한다.

2) **심사대상으로만 또는 일부심사대상으로만 구성된 경우**: 위 1)의 ①, ②의 방법에 따라 물품류를 기재한다.

2. 도면 (제37조 제2항)

(1) 각 구성물품의 도면만으로 한 벌의 물품의 디자인을 **충분히 표현**할 수 있는 경우에는 **각 구성물품마다 1조의 도면**을 제출한다.

(2) 구성물품들이 상호 집합되어 하나의 **통일된 형상·모양** 또는 **관념**을 표현하는 경우에는 구성물품이 **조합된 상태의 1조의 도면과 각 구성물품에 대한 1조의 도면**을 함께 제출하여야 한다.

---

212) 다만, "한 벌의 태권도복 세트"와 같은 전문 운동복 세트의 구성물품에는 모자, 양말, 신발, 보호장구 등은 포함하지 아니한다. 또한 동시에 사용될 가능성이 없는 물품끼리 된 경우(예: 태권도복 상의와 등산복 하의)에는 허용하지 않는다. (심사기준)
213) 예: 한 벌의 우비, 장화 및 우산 세트

(3) 한 벌의 물품의 디자인에 대해 부분디자인으로 출원하는 경우에는 부분디자인 도시방법에 따른다.[214]

(4) 각 구성물품의 디자인은 도면(2D 이미지) 또는 3D 모델링 도면으로 표현할 수 있다.

> **한 벌의 물품의 디자인에 대한 부분디자인 출원**
>
> (1) 2021 개정법에서는 디자인의 정의규정(제2조)에서 '물품의 부분(제42조는 제외한다)' 중 괄호 부분을 삭제하여, 한 벌의 물품에 대한 부분디자인을 인정하는 것으로 입장을 변경하였다.
> (2) '한 벌의 물품의 부분'이란 한 벌의 물품 전체 중에서, **한 벌 전체로서 통일성**이 있는 **일정한 범위를 점하는** 부분으로서, 해당 한 벌의 물품에 있어서 다른 디자인과 **대비 대상**이 될 수 있는 부분을 말한다.

IV. 등록요건

1. 공업상 이용가능성 (제33조 제1항 본문)

상기 도면 기재방법 위반 시, 공업상 이용가능성 위반에 해당한다.

2. 유사 판단 (제33조 제1항 각 호, 제35조, 제46조, 제92조 등)

한 벌의 물품의 디자인과 구성물품의 디자인은 다물품과 일물품의 관계에 해당하므로 **비유사**한 디자인으로 취급된다.

3. 신규성 (제33조 제1항 각 호)

한 벌의 물품의 디자인이 공지된 후 그 구성물품의 디자인과 동일·유사한 디자인이 출원된 경우 신규성 위반이다.

4. 확대된 선출원 (제33조 제3항)

한 벌의 물품의 디자인이 선출원이고, 그 구성물품과 동일·유사한 디자인이 후출원된 경우, 확대된 선출원 위반이 문제될 수 있다.

5. 부등록사유 (제34조)

제34조 제1호 내지 제3호의 판단 시, 일부 구성물품만이 해당하더라도 등록받을 수 없으나, 제34조 제4호 판단은 한 벌의 물품 전체를 기준으로 한다.

6. 정당한 물품명 (제40조 제2항)

원칙적으로 '한 벌'이라는 물품명은 정당한 물품명이 아니지만, 한 벌의 물품의 디자인에 관한 출원 시에는 **'한 벌'이라는 물품명을 기재할 수 있다.**

---

214) 즉, 등록받고자 하는 부분을 실선, 그 외의 부분을 파선으로 표현하는 등 부분디자인으로 등록받으려는 부분의 범위를 명확하게 특정해야 한다.

V. 절차 및 조치

1. 신규성 상실의 예외 (제36조)

본 제도는 공지디자인과 출원디자인의 동일·유사여부를 불문하므로, 한 벌의 물품의 디자인과 구성물품의 디자인 간에도 **신규성 상실의 예외를 주장할 수 있다.**

2. 보정 (제48조) 및 분할출원 (제50조)

(1) 한 벌의 물품의 디자인이 제42조의 성립요건을 만족하는 경우

하나의 디자인으로 취급되므로, 이를 **각 구성물품의 디자인으로 보정**하는 것은 **요지변경**에 해당한다. 또한, 소급효를 인정하는 제도의 취지상 일부 구성물품을 **분할**하여 **출원할 수도 없다.**

(2) 한 벌의 물품의 디자인이 제42조의 성립요건을 만족하지 못하는 경우

다수의 디자인으로 취급되므로, 일부 구성물품을 삭제 보정하여 1 디자인으로 만들거나(제48조), 분할하여 출원할 수 있다(제50조 제1항 제1호).

3. 조약우선권주장 (제51조)

증명서류에 여러 개의 물품에 관한 디자인이 표현되어 있는 경우, 이들 전부 또는 일부를 대상으로 한 벌의 물품의 디자인 출원할 수 있다(심사기준).

VI. 디자인권의 효력 및 등록 후 법률관계

1. 디자인권 (제92조)

디자인권자는 한 벌의 물품의 디자인에 관한 등록디자인 또는 이와 유사한 디자인을 독점적으로 실시할 수 있다(제92조).

2. 한 벌의 물품이 등록된 경우

(1) 직접침해 (부정)

한 벌의 물품의 디자인권은 **한 벌 물품 전체**에 대하여 발생한다. 구성물품에 대한 실시행위는 **상호 비유사**한 디자인에 해당하므로 직접침해에 해당하지 않는다.[215]

---

215) 즉, 각 구성물품에 대해서는 디자인권의 효력이 미치지 않는다.

(2) 간접침해 (원칙 부정)

각 구성물품은 독립거래의 대상이 되며, 한 벌의 물품의 생산에만 사용되지 않는 것이 일반적이므로, 특별한 사정이 없는 한 간접침해 성립은 어렵다.

3. 구성물품이 등록된 경우

(1) 직접침해

구성물품 디자인에 대한 디자인권이 존재하는 경우, 그 구성물품을 **포함**하는 한 벌의 물품의 디자인 실시행위는 **직접침해**에 해당한다.

(2) 이용관계 (제95조)

선출원이 구성물품에 관한 디자인이고, 후출원이 이를 포함한 한 벌의 물품의 디자인인 경우, 후출원은 선출원주의 위반이 아니므로 등록 가능하다. 그러나 한 벌의 물품의 디자인을 실시할 경우 **구성물품을 그대로 포함**하여 실시하게 되므로, **이용관계**가 성립한다.

(1) "한 벌의 주방용 국자 및 뒤집게 세트"에서 각 구성물품의 표현방법이 동일·유사한 것

5개 구성물이 결합된 상태	뒤집개	스파게티 서버
스푼	구멍 스푼	국자

(2) "한 벌의 샐러드 그릇 및 식기세트"에서 샐러드 그릇, 스푼, 포크가 서로 결합하여 그릇에 내려앉은 한 쌍의 새를 형상화한 디자인 등

결합상태	분리상태

(3) "토끼와 거북이"의 동화를 그림으로 각 구성물품에 통일되게 표현한 것 등

1. 2 이상의 물품이 한 벌의 물품으로 동시에 사용되는 경우, 그 한 벌의 물품의 디자인이 한 벌 전체로서 통일성이 있을 때에는 디자인으로 디자인등록을 받을 수 있다. 이 경우, 한 벌의 물품의 구분은 산업통상자원부령으로 정한다. **59회**　　　　　　　　　　　　　　　　　　　　　　　　　　　　　[○ | ×]

2. '한 벌의 나이프, 포크 및 스푼'을 구성하는 각 물품의 손잡이 부분이 공통적인 특징을 가진 한 벌 물품의 디자인에 대하여 부분디자인의 디자인등록을 받을 수 있다. **46회**　　　　　　　　　　　　　　　　[○ | ×]

3. 한 벌의 샐러드 그릇 및 포크 세트를 구성하는 샐러드 그릇 및 포크가 상호 집합되어 하나의 그릇 형상을 표현한 경우, 한 벌 전체로서 통일성이 인정된다. **48회**　　　　　　　　　　　　　　　　　[○ | ×]

4. 2 이상의 물품(동종의 물품 포함)이 한 벌로 동시에 사용된다는 의미는, 관념적으로 하나의 사용이 다른 것의 사용을 예상하게 하거나, 상거래 관행상 동시에 사용하는 것으로 인정되는 것을 말한다. **59회**　[○ | ×]

5. 한 벌 물품의 디자인의 도면은 각 구성물품의 도면만으로 한 벌 디자인을 충분히 표현할 수 있는 경우에는 각 구성물품마다 1조의 도면을 제출하면 되고, 한 벌 물품의 각 구성물품이 상호 집합되어 하나의 통일된 형상, 모양 또는 관념을 표현하는 경우에는 구성물품이 조합된 상태의 1조의 도면을 제출하는 것으로 요건이 충족된다. **51회**　　　　　　　　　　　　　　　　　　　　　　　　　　　　[○ | ×]

6. 한 벌의 물품의 디자인 도면을 제출하는 경우, 각 구성물품의 하나의 디자인은 도면이나 3D 모델링 도면으로 표현할 수 있다. **59회**　　　　　　　　　　　　　　　　　　　　　　　　　　　　　[○ | ×]

7. 숟가락에 관한 디자인이 반포된 간행물에 게재된 후 그 숟가락을 포함하는 한 벌의 숟가락 및 젓가락 디자인이 출원된 경우, 그 한 벌의 숟가락 및 젓가락 디자인은 신규성을 상실하여 디자인등록을 받을 수 없다. **45회**　　　　　　　　　　　　　　　　　　　　　　　　　　　　　[○ | ×]

8. 구성물품의 디자인이 선출원되고 그 구성물품을 포함하는 한 벌 물품의 디자인이 후출원된 경우, 양 디자인은 다른 거절이유가 없는 한 모두 등록 가능하나, 등록 후 한 벌 물품의 디자인을 실시할 경우 구성물품의 디자인권을 침해하는 문제가 발생될 수 있다. **51회**　　　　　　　　　　　　　　　[○ | ×]

9. 한 벌 물품 디자인의 디자인권자는 그 한 벌 물품을 구성하는 물품 가운데 일부를 타인이 실시하는 경우, 그 침해의 금지를 청구할 수 없다. **47회**　　　　　　　　　　　　　　　　　　　[○ | ×]

정답 | **1.** ○ **2.** ○ **3.** ○ **4.** ○ **5.** × **6.** ○ **7.** × **8.** ○ **9.** ○

제14장

디자인일부심사등록제도

디자인보호法

제2조(정의) 이 법에서 사용하는 용어의 뜻은 다음과 같다.

4. "디자인등록"이란 디자인심사등록 및 디자인일부심사등록을 말한다.

6. "디자인일부심사등록"이란 디자인등록출원이 디자인등록요건 중 일부만을 갖추고 있는지를 심사하여 등록하는 것을 말한다.

제37조(디자인등록출원) ④ 디자인일부심사등록출원을 할 수 있는 디자인은 물품류 구분 중 산업통상자원부령으로 정하는 물품으로 한정한다. 이 경우 해당 물품에 대하여는 디자인일부심사등록출원으로만 출원할 수 있다.

Ⅰ. 의의

(1) 일부심사등록은 출원이 디자인등록요건 중 일부만을 갖추고 있는지 여부를 심사하여 등록하는 것을 말한다(제2조 제6호).[216]

(2) 디자인의 대상이 되는 물품이 1, 2, 3, 5, 9, 11, 19류에 해당하는 경우, 일부심사등록출원으로만 출원할 수 있다(제37조 제4항).

Ⅱ. 출원 절차 (제37조 제4항)

1. 일부심사등록출원의 대상

디자인의 대상이 되는 물품이 로카르노 협정에 따른 물품류 중 **제1류(식품), 제2류(의류), 제3류(가방·잡화), 제5류(직물지), 제9류(포장용기), 제11류(보석·장신구), 제19류(문구류)**에 속할 경우, 디자인일부심사등록출원서를 제출해야 한다.

2. 위반 시 취급

제37조 제4항을 위반하는 경우에는 **거절이유, 정보제공사유에 해당**하지만, 절차적 요건이므로 착오 등록 시 **이의신청이유 및 무효사유는 아니다.**

Ⅲ. 등록요건의 판단

1. 원칙

(1) 일부심사등록출원은 원칙적으로 선행디자인조사가 필요한 등록요건을 제외하고 심사하며(제62조 제2항), **관련디자인** 일부심사등록출원은 제35조를 심사하지 않고 **제62조 제3항**을 심사한다.

---

216) 취지: 디자인보호법은 타 산업재산권법과 달리 일부심사등록제도를 병행 운영하고 있다. 이는 유행성이 강한 일부 물품에 대해 신속한 권리화를 도모하기 위한 것이다.

(2) 제외되는 등록요건

 1) **신규성**(제33조 제1항 각 호)

 2) 창작비용이성 중 **공지 등이 된 디자인에 의한 용이창작**(제33조 제2항)[217]

 3) **확대된 선출원**(제33조 제3항)

 4) 관련디자인 심사등록요건(제35조)

 5) **선출원주의**(제46조)[218]

2. 예외

(1) 다만, 제3자의 정보제공이 있는 경우 모든 등록요건에 대해 심사할 수 있다(제62조 제4항).

(2) 신규성 또는 선출원주의(협의제 포함)에 위반됨이 명백한 경우(=제33조 제1항 각 호 또는 제46조 제1항·제2항 위반), 등록거절결정 할 수 있다(2025. 11. 28 시행 제62조 제5항).

IV. 절차 및 조치[219]

1. 신규성 상실의 예외 (제36조)

제3자의 정보제공이 있는 경우(제62조 제4항), 혹은 이의신청사유 및 무효사유에서 신규성 또는 창작비용이성이 문제될 수 있다. 일부심사등록출원 시에도 신규성 상실의 예외를 고려해야 한다.

2. 보정 (제48조 제3항)

일부심사등록출원을 심사등록출원으로 변경하는 보정을 할 수 있다(역도 같다).[220]

V. 법적 취급

1. 디자인권 (제92조)

일부심사등록된 디자인권의 효력은 심사등록된 디자인권의 효력과 차이가 없다.

2. 일부심사등록 이의신청 (제68조)

등록공고일 후 3개월까지(침해 통지를 받은 경우, 통지를 받은 날부터 3개월까지. 단 공고일부터 1년이 지나지 않아야 한다) 이의신청을 할 수 있다.

---

217) 주지형태에 의한 용이창작 여부는 일부심사등록출원의 심사대상에 포함된다.
218) 다만, 동일한 디자인에 대하여 둘 이상의 디자인등록출원이 있고, 이를 심사관이 별도의 선행디자인 조사 없이 인지한 경우에는 제46조(선출원) 제1항 및 제2항을 적용할 수 있다.
219) 원칙적으로 공지 등이 된 디자인에 의한 신규성 및 창작비용이성은 심사하지 아니하므로(제62조 제2항), 신규성 상실의 예외의 적용 여부와는 무관하게 등록 가능하다.
220) **다만, 국제디자인등록출원은 제외된다.**

3. 과실의 추정 (제116조 제2항)

일부심사등록디자인의 디자인권자, 전용실시권자 또는 통상실시권자가 타인의 디자인권 또는 전용실시권을 침해한 경우, 그 침해행위에 대하여 과실이 있는 것으로 추정한다.[221]

> **개정** 일부심사등록출원 관련 주요 개정사항 (2025. 11. 28. 시행 개정법) ★★★
>
> **1. 디자인일부심사등록출원이 명백하게 신규성과 선출원을 위반한 경우**
>
> **(1) 신설·개정 사항**
>
> 제62조 제5항을 제6항으로 하고, 같은 조에 제5항을 다음과 같이 신설하며, 같은 조 제6항(종전의 제5항) 중 "제3항까지의 규정"을 "제5항까지"로 한다.
>
> **(2) 내용(제62조 제5항)**
>
> 디자인일부심사등록출원이라 하더라도 **신규성 또는 선출원주의(협의제 포함)에 위반**됨이 **명백**한 경우(= 제33조 제1각호 또는 제46조 제1항·제2항 위반), **심사관**은 제62조 제2항에도 불구하고 **등록거절결정**을 할 수 있다.
>
> **2. 디자인일부심사등록출원의 이의신청 기간에 관한 내용 추가**
>
> **(1) 신설·개정 사항**
>
> 제68조 제1항 각 호 외의 부분 중 "3개월이 되는 날까지"를 "3개월이 되는 날까지 또는 **디자인권 침해에 관한 통지를 받은 자는 그 통지를 받은 날부터 3개월이 되는 날까지**"로 하며, 같은 항 각 호 외의 부분에 단서를 다음과 같이 신설한다. "다만, 그 디자인권 침해에 관한 통지를 받은 것을 이유로 이의신청을 하는 경우에는 **디자인일부심사등록 공고일부터 1년이 지나면 이의신청을 할 수 없다**."
>
> **(2) 내용(제68조 제1항)**
>
> **1) 이의신청기간의 추가**
> "3개월이 되는 날까지 또는 **디자인권 침해에 관한 통지를 받은 자는 그 통지를 받은 날부터 3개월이 되는 날까지**"
> **2) 추가 기간의 제한**
> 침해에 관한 통지를 받은 것을 이유로 이의신청하는 경우, **등록공고일부터 1년이 지나면 이의신청을 할 수 없다.**

기출 지문 OX

1. 디자인일부심사등록출원을 할 수 있는 디자인은 물품류 구분 중 산업통상자원부령으로 정하는 물품으로 한정한다. 이 경우, 해당 물품에 대하여는 디자인일부심사등록출원으로만 출원할 수 있다. 57회 [O | X]

2. 디자인심사등록 대상물품에 대하여 일부심사등록출원한 경우, 디자인등록을 받을 수 없으며, 등록받기 위해서는 취하 후 재출원하여야 한다. 50회 [O | X]

3. 디자인일부심사등록 출원된 디자인에 대한 용이 창작 여부의 판단은, 정보 제공이 없는 한 국내에서 널리 알려진 형상·모양·색채 또는 이들의 결합에 의하여 용이하게 창작할 수 있는지만을 심사한다. 49회 [O | X]

정답 | 1. ○ 2. × 3. ×

---

221) 다만, 일부심사등록의 경우에도 제116조 제1항 과실의 추정 규정이 적용되므로, 제116조 제2항이 불필요한 규정이라는 견해가 있다.

선별
디자인보호법

제6편
심사절차 및 조치

절차조문 개요 및 특허법과 비교

	특허법 대응조문	비고 (특허와 차이점 위주)
신규성 상실의 예외 (法36)	특허법 제30조 (공지예외주장)	[절차적 요건] 주장의 시기·방식 제한 없음
절차보정 (法47)	특허법 제46조	동일 (단, 제3자 규정 없음. ∵심사청구X)
실체보정 (法48)	특허법 제47조	[시기] 1) 등록여부결정통지서 발송시까지 (송달X) 2) 거절이유통지 이후 시기 제한 無 3) 法120 심판 청구 후 30일 내 가능
분할출원 (法50)	특허법 제52조	[대상] 法40 위반디자인, 복수디자인 [시기] 보정기간과 동일 [위반시] 분할출원일 기준 판단
조약우선권주장 (法51)	특허법 제54조	[시기] 기초출원 ~ 6개월 이내, 정당한 사유 있을 시 2개월 추가 기간 [증명서류 제출] 출원 후 3개월, 정당한 사유 있을 시 2개월 추가 기간
출원공개신청 (法52) – 등록공고 (法90)	1) 출원공개 특허법 제64조 2) 조기공개신청 시규法44 3) 등록공고 특허법 제87조	1) 신청에 의한 공개만 가능 2) 조기공개신청 無 3) 협의불성립에 의한 디자인공보게재(제56조)도 디자인공보 게재 사유에 포함됨.
보상금청구권 (法53)	특허법 제65조	동일
비밀디자인 (法43)	無	디자인보호법 특유 제도
정보제공 (法55)	특허법 제63-2조	거절이유=정보제공사유
우선심사신청 (法61)	특허법 제61조	우선심사사유(시행령6조) 일부 차이
재심사청구 (法64)	특허법 제67-2조	거절결정된 출원만을 대상으로 함. 즉, 등록결정 이후 재심사 청구 불가.
직권보정 (法66)	특허법 제66-2조	요지변경 금지 '의견서 제출 시 취소 후 재심사해야 한다.'
직권재심사 (法66-2)	특허법 제66-3조	제외되는 조문: 法35①, 法37④, 法40-42
디자인보호법에는 '없는' 절차 규정	**국내우선권주장출원** (특허법 제55조), **심사청구** (특허법 제59조) **변경출원** (특허법 제53조), **분리출원** (특허법 제52-2조)	

제1장

신규성 상실의 예외

디자인보호法

제36조(신규성 상실의 예외) ① 디자인등록을 받을 수 있는 권리를 가진 자의 디자인이 제33조제1항제1호 또는 제2호에 해당하게 된 경우 그 디자인은 그날부터 12개월 이내에 그 자가 디자인등록출원한 디자인에 대하여 같은 조 제1항 및 제2항을 적용할 때에는 같은 조 제1항제1호 또는 제2호에 해당하지 아니한 것으로 본다. 다만, 그 디자인이 조약이나 법률에 따라 국내 또는 국외에서 출원공개 또는 등록공고된 경우에는 그러하지 아니하다.〈개정 2017. 3. 21.〉
② 삭제〈2023. 6. 20.〉

I. 의의[222]

디자인등록을 받을 수 있는 권리를 가진 자의 디자인이 공지된 날부터 12개월 이내에 출원한 경우, 신규성 및 창작비용이성을 적용할 때 공지 등이 되지 아니한 것으로 본다(제36조 제1항 본문).

II. 요건

1. 주체적 요건

(1) 공지디자인에 대한 디자인등록을 받을 수 있는 권리자(창작자 또는 정당한 승계인)인 출원인이어야 한다.

(2) **공지 행위의 주체는 불문**하므로, 타인에 의해 공지된 경우라도 가능하다.

(3) 공지 행위 주체가 **여럿**일 경우 그 중 **1인 이상이 출원인**으로 포함되어 있어야 한다. 다만, 포함되어 있지 않더라도, **출원인이 창작자 또는 적법한 승계인**임이 확인되면 주체적 요건을 만족한다.

2. 객체적 요건

(1) 공지디자인

1) **제33조 제1항 제1호 또는 제2호**에 따라 **공지 등이 된 디자인**에 대하여 신규성 상실의 예외를 주장할 수 있다.

2) 다만, **조약이나 법률**에 따라 국내외에서 **출원공개 또는 등록공고**된 경우에는 신규성 상실의 예외를 적용받을 수 **없다**(제36조 제1항 단서).

---

222) 취지: 디자인등록을 받을 수 있는 자가 자기의 공지에 의해 등록이 거절되는 불합리한 결과를 방지하기 위하여, 일정 요건하에서 예외적으로 보호받을 수 있도록 하기 위한 것이다.

(2) 동일·유사 여부는 고려하지 않는다.

(3) 복수의 공지가 있는 경우(판례)[223]

1) 여러 번의 공지 행위 중 가장 먼저 공지된 디자인에 대해 신규성 상실의 예외를 주장하였다면, **가장 먼저 공지된 디자인과 동일성이 인정되는 범위** 내에 있는 나머지 공지 디자인들에 대해서도 신규성 상실의 예외의 효과가 미친다.

2) 여기서 동일성이 인정되는 범위란, 형상·모양·색채 또는 이들의 결합이 동일하거나 극히 미세한 차이만 있어 **전체적인 심미감이 동일**한 경우를 의미하며,

3) 전체적인 심미감이 단순히 '유사한 정도'에 불과한 경우는 **해당되지 않**는다.

3. 시기적 요건

1) **공지일로부터 12개월** 이내에 디자인등록출원을 하여야 한다.[224]

2) 복수의 공지 행위가 있는 경우에는 **최초 공지일**을 기준으로 계산한다.

4. 절차적 요건

(1) 신규성 상실 예외의 취지 주장

1) 2023. 12. 21 시행법에 따라, **언제든지** 신규성 상실의 예외를 주장할 수 있다.[225]

2) **출원시** 그 취지를 주장할 경우, **출원서**에 '신규성 상실의 예외 주장' 항목을 만들어 공지형태 및 공지일자 등을 기재한다.

3) **출원 중에는 보정서 또는 의견서** 등을 통해서도 그 취지를 주장할 수 있다.

4) 이의신청이나 무효심판에서는 **답변서** 등을 통하여 그 취지를 주장할 수 있다.

(2) 증명서류의 제출

1) 공지형태, 공지일자, 공지주체 및 디자인 도면 등 **객관적인 증거자료**를 제시해야 한다.[226]

2) **심사단계**에서 신규성 상실의 예외 주장을 한 경우, **등록여부결정시**까지 증명서류를 제출할 수 있는 것으로 본다.

3) 공지 이후 디자인등록을 받을 수 있는 권리가 **승계**된 경우, **승계사실**을 명시하고 **증거를 제시**해야 한다.

---

223) 2014후1341 판례
224) 후출원의 거절 참증자료로 인용된 공지된 타인의 미공개 선출원 디자인이 다시 출원된 경우에도, 그 공지일로부터 12개월 이내에 출원되어야 한다.
225) 2023 시행법은 취지 주장 및 증명서류 제출의 시기 및 방식을 규정한 제36조 제2항을 삭제하여, 심사 전 단계, 이의신청 절차, 모든 형태의 심판 및 소송절차 중에도 신규성 상실의 예외를 주장할 수 있게 하였다.
226) 다른 디자인 절차에서 증명서류가 제출된 경우, 규칙 제23조에 따라 해당 서류의 사본을 제출하거나 첨부서류란에 원용 취지를 기재하여 갈음할 수 있다.

III. 효과

1. 주장이 인정되는 경우

(1) 자기의 공지디자인은 출원디자인의 **신규성 또는 창작비용이성** 판단 시 공지되지 아니한 것으로 본다.

(2) 제3자의 출원에 대해서는 여전히 신규성 또는 창작비용이성 판단의 자료가 될 수 있다.

(3) 최근 대법원 판례의 태도

신규성 상실의 예외 주장의 근거가 된 공지디자인 또는 이들의 결합에 따라 쉽게 실시할 수 있는 디자인이 누구나 이용할 수 있는 **공공의 영역에 있음을 전제로 한 자유실시디자인 주장은 허용되지 않는다.**[227]

2. 주장이 인정되지 않는 경우[228]

(1) 공지디자인은 출원디자인의 신규성 또는 창작비용이성 판단 자료로 활용되어, 자기 공지디자인에 의해 등록이 불허될 수 있다.

(2) **불인정 예고통지**를 통해 의견서 제출 기회를 부여해야 한다. 의견 제출에도 불구하고 요건을 충족하지 않으면, **불인정 통지**를 하여야 한다.[229]

보충

1. 공지디자인의 적격

신규성 상실의 예외 주장은 해당 공지 대상이 제33조 제1항 제1호 또는 제2호에 해당하는 '디자인'(**디자인의 성립요건을 갖춘 경우**)일 때만 가능하다. 단, 캐릭터 그림이 단순한 추상이 아닌 디스플레이 패널 등에서 표현되었거나 화상디자인으로 공지된 경우에는 **화상디자인 출원 시** 예외 주장이 가능하다.

2. 조약우선권을 주장한 디자인출원의 경우

제36조 제1항의 12개월 판단 기준은 최초 출원국(예: 미국)의 출원일로 **소급되지 않는다.**

---

227) 2021후10473
228) 예: 공지 주체, 형태, 도면 등이 불명확한 경우
229) 의견 미제출 혹은 증명서류가 미제출된 경우, 별도의 절차 없이 신규성 상실 예외의 주장은 없었던 것으로 본다.

1. 디자인등록출원 전에 공지된 디자인에 유사한 디자인이 디자인등록을 받을 수 있는 경우는 없다. **45회**
   [○ | ×]

2. 디자인등록을 받을 수 있는 권리를 가진 자의 디자인이 신규성을 상실하게 된 경우, 그 자가 신규성을 상실한 날로부터 12개월 이내에 출원하여 제36조(신규성 상실의 예외) 규정을 적용받는 출원에 대하여는 그 신규성을 상실한 디자인과의 용이 창작 여부를 판단하지 아니한다. **49회**
   [○ | ×]

3. 디자인이 공지될 당시에 그 디자인에 대하여 디자인등록을 받을 수 있는 권리를 가지는 자만이 신규성 상실의 예외를 주장할 수 있는 자에 해당한다. **53회**
   [○ | ×]

4. 동일한 디자인이 여러 번 공지된 경우에는 마지막으로 공지된 날로부터 12개월 이내에 출원된 것이어야 신규성 상실의 예외가 적용될 수 있다. **53회**
   [○ | ×]

5. 출원할 때 신규성 상실의 예외에 관한 취지를 디자인등록출원서에 적어 주장하지 않았어도, 보완 수수료를 납부한 경우에는 추가적으로 그 취지를 적은 서류를 제출하여 신규성 상실의 예외를 인정받을 수 있다. **53회**
   [○ | ×]

6. 확인대상디자인이 등록디자인의 권리범위에 속하는지를 판단할 때, 신규성 상실 예외 규정의 적용 근거가 된 공지디자인 또는 이들의 결합에 따라 쉽게 실시할 수 있는 디자인이 누구나 이용할 수 있는 공공의 영역에 있음을 전제로 한 자유실시디자인 주장은 허용되지 않는다. **62회**
   [○ | ×]

정답 | 1. × 2. ○ 3. × 4. × 5. × 6. ○

디자인보호法

제48조(출원의 보정과 요지변경) ① 디자인등록출원인은 최초의 디자인등록출원의 요지를 변경하지 아니하는 범위에서 디자인등록출원서의 기재사항, 디자인등록출원서에 첨부한 도면, 도면의 기재사항이나 사진 또는 견본을 보정할 수 있다.

② 디자인등록출원인은 관련디자인등록출원을 단독의 디자인등록출원으로, 단독의 디자인등록출원을 관련디자인등록출원으로 변경하는 보정을 할 수 있다.

③ 디자인등록출원인은 디자인일부심사등록출원을 디자인심사등록출원으로, 디자인심사등록출원을 디자인일부심사등록출원으로 변경하는 보정을 할 수 있다.

④ 제1항부터 제3항까지의 규정에 따른 보정은 다음 각 호에서 정한 시기에 할 수 있다.〈개정 2017. 3. 21., 2021. 10. 19., 2023. 6. 20.〉

　1. 제62조에 따른 디자인등록거절결정 또는 제65조에 따른 디자인등록결정(이하 "디자인등록여부결정"이라 한다)의 통지서가 발송되기 전까지

　2. 제64조에 따른 재심사 청구기간

　3. 제120조에 따라 디자인등록거절결정에 대한 심판을 청구하는 경우에는 그 청구일부터 30일 이내

⑤ 제1항부터 제3항까지의 규정에 따른 보정이 최초의 디자인등록출원의 요지를 변경하는 것으로 디자인권의 설정등록 후에 인정된 경우에는 그 디자인등록출원은 그 보정서를 제출한 때에 디자인등록출원을 한 것으로 본다.

제49조(보정각하) ① 심사관은 제48조에 따른 보정이 디자인등록출원의 요지를 변경하는 것일 때에는 결정으로 그 보정을 각하하여야 한다.

② 심사관은 제1항에 따른 각하결정을 한 경우에는 제119조에 따른 보정각하결정에 대한 심판청구기간이 지나기 전까지는 그 디자인등록출원(복수디자인등록출원된 일부 디자인에 대하여 각하결정을 한 경우에는 그 일부 디자인을 말한다)에 대한 디자인등록여부결정을 하여서는 아니 된다.〈개정 2021. 10. 19.〉

③ 심사관은 디자인등록출원인이 제1항에 따른 각하결정에 대하여 제119조에 따라 심판을 청구한 경우에는 그 심결이 확정될 때까지 그 디자인등록출원(복수디자인등록출원된 일부 디자인에 대한 각하결정에 대하여 심판을 청구한 경우에는 그 일부 디자인을 말한다)의 심사를 중지하여야 한다.

④ 제1항에 따른 각하결정은 서면으로 하여야 하며 그 이유를 붙여야 한다.

Ⅰ. 의의[230]

디자인등록출원에 절차적 또는 실체적 하자가 있는 경우, 최초 출원과 동일성을 유지하는 범위 내에서 출원서 및 도면을 보정하는 것을 말한다(제47조 및 제48조).

---

230) 취지: 출원인이 선출원의 이익을 유지하면서 이를 치유할 수 있도록 한 것이다. 다만, 제3자 불측의 손해를 방지하기 위해, 보정의 시기 및 범위에 대한 제한을 두고 있다.

Ⅱ. 요건

1. 주체적 요건

출원인이 보정할 수 있으며, 공동출원인의 경우 공동으로 또는 **각자가 전원을 대표**하여 보정할 수 있다(제13조 제1항).

2. 객체적 요건

(1) 출원내용의 보정

1) 출원인은 최초 출원의 **요지변경이 아닌 범위**에서, **출원서의 기재사항, 도면·사진·견본**231), 또는 **도면의 기재사항**을 보정할 수 있다(제48조 제1항).

2) **요지변경 의미 (최·보·동·직·도·구)**

   ⅰ) **요지변경**이란, **최초**에 출원된 디자인과 **보정**된 디자인 간에 **동일성**이 유지되지 않는 것을 말한다.

   ⅱ) **요지**란, 그 디자인이 속한 분야에서 통상의 지식을 가진 자가 출원서, 도면 등을 통해 **직접적으로 도출**할 수 있는 **디자인의 구체적인 내용**을 의미한다.

3) **요지변경 판단**

   ⅰ) 출원서에 적힌 디자인의 대상이 되는 물품, 출원서에 첨부된 도면(3D 모델링 도면 및 견본 포함), 도면의 기재사항 등을 종합적으로 고려하여 판단한다. 보충자료1

   ⅱ) **모양의 변경**은 특별한 사정이 없는 한 요지의 변경으로 간주된다.232)

   ⅲ) **조약우선권주장출원**의 요지변경 여부는 **우선권 증명서류를 참작**하여 판단한다. 보충자료2

(2) 출원형식의 보정

1) **관련디자인출원**과 단독디자인출원 간 변경(제48조 제2항),

2) **일부심사등록출원**과 심사등록출원 간 변경(제48조 제3항).

3. 시기적 요건233)

1) 디자인**등록여부결정**(등록결정 또는 거절결정)의 **통지서가 발송**되기 전까지

2) **재심사 청구** 시(제64조)

3) 거절결정에 대한 심판을 청구하는 경우 그 청구일부터 **30일** 이내(제48조 제4항)

4) **거절결정불복심판 단계**에서 다른 거절이유가 발견된 경우 심판관의 의견서 제출기간 내 (제124조 제2항)

---

231) 다만, 국제디자인등록출원에서 사진, 견본은 제외된다.

232) 모양의 변경은, 디자인의 본질적인 요소에 해당하는 요지의 변경으로 간주되어, 특별한 사정이 없는 한 허용될 수 없다. (94후1626, 왕관 사건)

233) 다만, 국제디자인등록출원은 국제등록공개일부터 가능하다(제186조 제3항).

4. 절차적 요건

보정의 내용을 증명하는 서류와 함께, 보정서를 제출한다.

Ⅲ. 효과

1. 보정이 인정되는 경우

보정 후의 상태로 출원된 것으로 보아 **소급효**가 인정된다.

2. 요건을 만족하지 않는 경우

(1) 반려 및 무효처분

1) 시기 **위반**의 경우 **반려**된다(시행규칙 제24조).
2) 보정 **방식**이 부적법한 경우, 보정 절차가 **무효**로 될 수 있다(제47조).

(2) 보정각하 (제49조)

1) 등록여부결정 전에 **요지변경**으로 인정되는 경우, **보정각하결정**[234] **후 보정 전의 내용**으로 심사가 진행된다.
2) **보정각하결정에 대한 불복** (제119조)

보정각하결정에 대해 불복하고자 하는 경우, 출원인은 보정각하결정 등본을 송달받은 날부터 **3개월** 이내에 보정각하불복심판을 청구할 수 있다.
3) **결정유보 및 심사중지** (제49조 제2항, 제3항)
   ⅰ) 심사관은 보정각하결정 불복**심판의 청구**기간 동안(결정등본 송달일로부터 3개월) 등록여부결정을 하여서는 아니 되며(**결정유보**),
   ⅱ) 보정각하결정 불복심판이 청구된 경우, **심결 확정 시까지** 디자인등록출원의 심사를 중지하여야 한다(**심사중지**).

(3) 요지변경을 간과한 경우 (제48조 제5항)

설정등록 이후에 요지변경 사실이 인정된 경우에는 그 출원은 **그 보정서를 제출한 때에 출원한 것**으로 본다(출원일 늦춤).[235]

(4) 심판단계에서 부적법한 경우

심판 단계에서의 보정이 요지변경으로 인정되는 경우, **심판관**은 해당 **보정을 각하**하여야 하며(**제124조**), 출원인은 특허법원에 **취소의 소로 불복**할 수 있다(**제166조**).

---

234) 각하결정은 서면으로 하며 이유를 붙여야 한다.
235) 이 경우, 당해 등록디자인은 출원일이 늦춤에 따라 선행디자인과의 관계에서 신규성, 창작비용이성, 선출원주의, 확대된 선출원 위반 등의 무효사유가 발생할 수 있다.

보충자료1 **요지변경의 구체적 판단 – 심사기준**

I. 도면의 보정

1. 요지변경에 해당하는 경우

(1) 형상·모양·색채상의 부가, 삭제, 변경 등으로 인해 **물품의 외관에 영향**을 미치는 경우. 다만, 외관에 거의 영향을 미치지 않는 경미한 정도의 경우는 제외

(2) **불일치한 일면을 기준**으로 다른 **도면을 정정**함으로써 최초 도면과는 상이한 디자인이 되는 경우

(3) 도면에는 형상만 있고, 설명에 따라 색 구분 등을 추가했으나 **통상적인 표현 범위를 넘는** 경우

(4) 도면에서 일반적으로 도출될 수 없는 형상의 보정, 또는 **상식적 범위를 벗어나는** 설명 보정

(5) **와이어 프레임**을 렌더링·선도로 보정하여 **구성요소**가 달라진 경우

(6) 독특한 서체·**디자인 요소가 강한 문자를 삭제**하는 경우

(7) 복수디자인출원에서, 출원서의 디자인의 수에 맞춰 도면을 추가로 제출하는 보정

2. 요지변경에 해당하지 않는 경우

(1) **도면 ↔ 사진/견본 간 보정**으로 **동일성**이 유지되는 경우

(2) 동일성 범위 내에서 선명도·크기 보정

(3) 도면 명확화를 위해, **불필요한 배경·음영**이나 **지시선·문자 등 디자인을 구성하지 않는 요소** 제거

(4) **오기 정정** 또는 미세한 불명확 부분 보정

(5) 국제디자인등록출원으로 복수디자인을 출원할 때 일부 디자인의 형상이 충분히 도시되지 아니하여, 최초 도면에서 유추 가능한 범위 내에서 도면을 추가한 경우

(6) **사진 ↔ 선도** 보정 (음영 차이만 있는 경우), **렌더링 ↔ 선도** 보정 (그림자·농담 차이만 있는 경우)

(7) **정보 전달만을 위한 문자**(출처 표시 문자 포함), 중심선, 부호 등 삭제

(8) **복수**디자인출원의 일부를 취하하기 위하여 **삭제보정**하는 경우

II. 출원서 기재사항의 보정

1. 요지변경에 해당하는 경우

디자인의 대상이 되는 **물품 명칭**을 동일물품이 아닌 다른 물품으로 보정하는 경우. (단, 단순한 착오나 오기 정정 제외)

– 요지변경 예: "접시"를 "재떨이"로 변경

2. 요지변경에 해당하지 않는 경우

(1) 디자인의 대상이 되는 물품 명칭의 **오기 정정** 또는 **불명확한 표현을 명확하게** 하는 경우

(2) 물품의 범위가 **포괄적인 명칭**에서 **하위 개념**의 구체적 명칭으로 보정하는 경우

– 예: "옥외조명등" → "가로등"으로 변경

(3) **복수디자인에서**, 출원서에 기재된 디자인 수를 첨부 도면상의 **디자인 수에 맞춰 보정**하는 경우

(단, 국제디자인등록출원은 제외)

(4) 법 **제48조 제2항**에 따른 보정 (관련디자인등록출원 ↔ 단독디자인등록출원)

(5) 법 **제48조 제3항**에 따른 보정 (디자인일부심사등록출원 ↔ 디자인심사등록출원)

기출 지문 OX

1. 디자인등록출원인은 최초의 디자인등록출원의 요지를 변경하지 아니하는 범위에서 디자인등록출원서의 기재사항, 디자인등록출원서에 첨부한 도면, 도면의 기재사항이나 사진 또는 견본을 보정할 수 있다. 55회
   [O | X]

2. 디자인등록출원의 보정은 디자인등록여부결정의 통지서가 도달하기 전까지 할 수 있다. 58회   [O | X]

3. 관련디자인등록출원을 단독의 디자인등록출원으로 변경하거나 단독의 디자인등록출원을 관련디자인등록출원으로 변경하는 보정은 재심사를 청구할 때에는 할 수 없다. 53회   [O | X]

4. 보정이 최초의 디자인등록출원의 요지를 변경하는 것으로 디자인권의 설정등록 후에 인정된 경우에는, 그 디자인등록출원은 그 보정서를 제출한 때에 디자인등록출원을 한 것으로 본다. 55회   [O | X]

5. 심사관은 디자인등록출원서의 기재사항 및 첨부도면에 대한 보정에 대해 각하결정을 한 때에는, 당해 결정 등본을 디자인등록출원인에게 송달한 날부터 30일이 경과하기 전까지는 당해 디자인등록출원의 심사를 중지하여야 한다. 48회   [O | X]

6. 도면의 기재사항 중 디자인의 설명란에 디자인의 대상이 되는 물품의 투명 부분에 관한 설명 기재를 추가하는 보정이 요지변경이 되는 경우가 있다. 46회   [O | X]

7. 출원서에는 10개의 디자인에 대한 출원으로 표시되어 있으나, 도면은 9개의 디자인에 대한 것만 첨부된 출원에 있어 1개 디자인에 대한 도면을 추가로 제출하는 경우 요지변경에 해당한다. 50회   [O | X]

8. 물품명의 보정에 있어, 최초 제출한 도면 등을 기준으로 판단하여 단순한 착오나 오기를 정정하는 것이라도 디자인의 대상이 되는 물품의 명칭이 동일물품 외의 물품으로 보정되는 경우에는 요지변경으로 본다. 57회
   [O | X]

9. 디자인일부심사등록출원을 디자인심사등록출원으로, 디자인심사등록출원을 디자인일부심사등록출원으로 변경하는 보정이 디자인등록출원의 요지를 변경하는 보정에 해당되는 경우가 있다. 45회   [O | X]

정답 | 1. O 2. X 3. X 4. O 5. X 6. O 7. O 8. X 9. X

디자인보호法

제50조(출원의 분할) ① 다음 각 호의 어느 하나에 해당하는 자는 디자인등록출원의 일부를 1 이상의 새로운 디자인등록출원으로 분할하여 디자인등록출원을 할 수 있다.

　1. 제40조를 위반하여 2 이상의 디자인을 1디자인등록출원으로 출원한 자

　2. 복수디자인등록출원을 한 자

② 제1항에 따라 분할된 디자인등록출원(이하 "분할출원"이라 한다)이 있는 경우 그 분할출원은 최초에 디자인등록출원을 한 때에 출원한 것으로 본다. 다만, 제51조제3항 및 제4항을 적용할 때에는 그러하지 아니하다.〈개정 2023. 6. 20.〉

③ 제1항에 따른 디자인등록출원의 분할은 제48조제4항에 따른 보정을 할 수 있는 기간에 할 수 있다.

④ 분할의 기초가 된 디자인등록출원이 제51조, 제51조의2 또는 제51조의3에 따라 우선권을 주장한 디자인등록출원인 경우에는 제1항에 따라 분할출원을 한 때에 그 분할출원에 대해서도 우선권 주장을 한 것으로 보며, 분할의 기초가 된 디자인등록출원에 대하여 제51조, 제51조의2 또는 제51조의3에 따라 제출된 서류 또는 서면이 있는 경우에는 그 분할출원에 대해서도 해당 서류 또는 서면이 제출된 것으로 본다.〈신설 2021. 10. 19., 2023. 6. 20.〉

⑤ 제4항에 따라 제51조, 제51조의2 또는 제51조의3에 따른 우선권 주장을 한 것으로 보는 분할출원에 대해서는 분할출원을 한 날부터 30일 이내에 그 우선권 주장의 전부 또는 일부를 취하할 수 있다.〈신설 2021. 10. 19., 2023. 6. 20.〉

Ⅰ. 의의[236)]

하나의 출원에 2 이상의 디자인이 포함된 경우, 그 일부를 새로운 출원으로 분할하여 원출원과 별개로 출원을 진행하는 절차를 말한다(제50조).

Ⅱ. 요건

1. 주체적 요건

원출원의 출원인이거나 정당한 승계인이어야 한다.

2. 객체적 요건 (계·포·동)

　(1) 원출원이 **출원 계속 중**일 것

　(2) 원출원이 **2 이상**의 디자인을 **포함**할 것

　　원출원이 아래에 해당하여 2 이상의 디자인을 포함해야 한다.

　　1) **제40조 제1항 위반** (1디자인 1출원 원칙 위반) 보충자료1

　　2) 제41조에 따른 **복수디자인등록출원**

　(3) **원출원에 포함된 디자인** 중 하나와 **동일**할 것

---

236) 취지: 출원인은 분할출원을 통해 '1디자인 1출원' 위반의 하자를 치유할 수 있고, 복수디자인등록출원의 경우 2 이상의 디자인을 별도로 관리할 수 있어 절차적 이익을 누릴 수 있다.

3. 시기적 요건

분할출원이 가능한 시기는 **보정의 시기 요건(제48조 제4항)과 동일**하다.[237][238]

1) 디자인등록여부결정 통지서가 발송되기 전까지
2) 재심사 청구 기간(제64조)
3) 거절결정불복심판 청구일부터 **30일** 이내(제48조 제4항)

4. 절차적 요건

(1) 분할출원서 제출

1) 분할출원은 원출원과는 **별개의 출원**이므로, 출원서와 기타 서류[239][240]를 별도로 제출하는 것이 원칙이다.
2) **우선권주장의 자동원용** (제50조 제4항 및 제5항)
   ⅰ) 다만, 원출원이 우선권주장 출원인 경우, 그 분할출원에 대해서도 **우선권을 주장**한 것으로 본다.
   ⅱ) 원출원에 관하여 우선권주장과 관련된 **증명서류 등을 제출**한 경우 그 분할출원에 대해서도 제출한 것으로 본다.
   ⅲ) 이 경우, 분할출원을 한 날부터 **30일** 이내에 그 우선권 주장의 **전·일부를 취하**할 수 있다.

(2) 1디자인 1출원 위반에 따라 분할출원 하는 경우

원출원을 1 디자인에 대한 출원으로 보정할 것과 동시에, 나머지 각각의 디자인에 대하여 분할출원 하여야 한다.[241]

(3) 복수디자인을 분할출원 하는 경우[242]

1) 분할에 따라 디자인의 수에 변동이 있는 경우
   ⅰ) 출원서·도면 보정 후 분할출원
   ⅱ) 원출원이 1디자인이 되면 표시도 '1디자인'으로 보정
2) 1일련번호의 디자인에 2 이상의 디자인이 포함된 경우
   ⅰ) 일부 분할 또는 각각 1일련번호로 보정 가능
   ⅱ) 보정으로 100개 초과 시 분할출원 필수

---

237) 다만, 거절결정불복심판 단계에서 의견서 제출기간 내에 보정이 가능한 것과 달리(제124조 제2항), 분할출원은 불가능하다.
238) 다만, 국제디자인등록출원의 경우에는 거절이유통지를 받은 때에만 분할할 수 있다(제187조 제1항, 자진 분할 불가능).
239) 제36조(신규성 상실의 예외), 제51조(조약우선권주장)의 취지 주장 및 증명서류 제출 등. 이때, 공지일로부터 1년이내 출원인지 여부(제36조) 및 기초출원의 출원일로부터 6개월 이내의 출원인지 여부(제51조)는 원출원을 기준으로 판단할 것이다.
240) 제51조 제4항에 따른 증명서류의 내용이 이미 제출된 것과 같아 원용하려는 경우, 해당 서식의 첨부서류란에 그 취지를 기재함으로써 갈음할 수 있다(시행규칙 제23조).
241) 또한, 한 벌의 물품으로 출원되었으나 제42조의 성립요건을 충족하지 못한 경우, 구성 물품별로 각각 분할출원할 수 있다. (예: '한 벌의 태권도복 세트'로 출원하면서 태권도복 상의와 등산복 하의를 제출한 경우 등)
242) 복수디자인 – Ⅴ.절차 및 조치 – 2.분할출원 참고 (내용 동일)

III. 효과

1. 요건을 만족한 경우

(1) 분할출원은 **최초 출원을 한 때에 출원한 것**으로 본다(소급효, 제50조 제2항 본문).

(2) 다만, 조약우선권 주장 및 증명서류 제출 시기에 관한 규정(**제51조 제3항 및 제4항**)의 적용은 **분할출원일을 기준**으로 한다(제50조 제2항 단서).

2. 요건을 만족하지 못한 경우

(1) 반려 및 무효처분

1) **기간** 위반의 경우 **반려**된다(시행규칙 제24조).

2) 분할출원 **방식**이 부적법한 경우, 분할출원 절차가 **무효**로 될 수 있다(제47조).

(2) 분할출원의 불인정

1) **불인정 예고통지**를 통해 의견서 제출 기회를 부여해야 한다. 의견 제출에도 불구하고 요건을 충족하지 않으면, **불인정 통지**를 하여야 한다.

2) 이 경우, 새로운 디자인등록출원은 **분할이 있었던 때** 출원한 것으로 본다.

제40조 제1항 위반에 따른 분할출원이 가능한 경우 판단

(1) 분할출원이 가능한 경우 – 1디자인 1출원 원칙 위반

1) 출원서 또는 도면에 서로 다른 물품명이 함께 기재된 경우 (예: 오토바이 및 오토바이 완구)
2) 도면에 서로 다른 형태의 디자인이 함께 도시된 경우
3) 부분디자인 도면에 형태적·기능적 일체성이 없는, 물리적으로 분리된 부분이 포함된 경우
4) 하나의 일련번호에 2개 이상의 디자인이 도시된 복수디자인출원의 경우
5) 복수디자인출원에 물품류가 다른 물품이 포함된 경우
6) 한 벌의 물품이 제42조 요건을 충족하지 못한 경우
7) 동적디자인에서, 변화 과정이 없거나 통일성이 없는 경우

(2) 분할출원이 불가능한 경우 – 1디자인 성립

1) 하나의 완성품 디자인을 부품별로 분할하는 경우
2) 제42조 요건을 충족한 한 벌의 물품을 구성물품별로 분할하는 경우
3) 물리적으로 분리된 2 이상의 부분이 형태적·기능적 일체성을 가지는 부분디자인을 각각의 부분으로 분할하는 경우

기출 지문 OX

1. 복수디자인등록출원을 한 자는 디자인등록출원의 일부를 1 이상의 새로운 디자인등록출원으로 분할하여 디자인등록출원할 수 있다. 60회 [○ | ×]

2. 분할에 따른 새로운 출원의 출원인은 원출원의 출원인과 동일인이거나 그 승계인이어야 한다. 60회 [○ | ×]

3. 디자인보호법 제40조(1디자인 1디자인등록출원)에 위반한 경우, 디자인등록출원인은 심사관으로부터 거절이유통지가 있기 전이라도 자진하여 그 디자인등록출원의 일부를 1 이상의 새로운 디자인등록출원으로 분할하여 디자인등록출원할 수 있다. 49회 [○ | ×]

4. 분할의 기초가 된 디자인등록출원이 제51조에 따라 우선권을 주장한 디자인등록출원인 경우에는, 제1항에 따라 분할출원을 한 때에 그 분할출원에 대해서도 우선권 주장을 한 것으로 추정되며, 분할의 기초가 된 디자인등록출원에 대하여 제51조에 따라 제출된 서류 또는 서면이 있는 경우에는 그 분할출원에 대해서도 해당 서류 또는 서면이 제출된 것으로 추정된다. 60회 [○ | ×]

5. 도면에 '의자'에 관하여 각각 다른 형태로 구성된 2 이상의 디자인을 도시한 것은 분할의 대상이 된다. 53회 [○ | ×]

6. 1디자인 1디자인등록출원으로 출원한 완성품 디자인에 관한 디자인등록출원을 각각의 부품별로 분할하는 것은 분할의 대상이 된다. 53회 [○ | ×]

정답 | 1. ○ 2. ○ 3. ○ 4. × 5. ○ 6. ×

조약에 따른 우선권 주장

제4장

디자인보호法

제51조(조약에 따른 우선권 주장)
① 조약에 따라 대한민국 국민에게 출원에 대한 우선권을 인정하는 당사국의 국민이 그 당사국 또는 다른 당사국에 출원한 후 동일한 디자인을 대한민국에 디자인등록출원하여 우선권을 주장하는 경우에는 **제33조 및 제46조를** 적용할 때 그 당사국 또는 다른 당사국에 출원한 날을 **대한민국에 디자인등록출원한** 날로 본다. 대한민국 국민이 조약에 따라 대한민국 국민에게 출원에 대한 우선권을 인정하는 당사국에 출원한 후 동일한 디자인을 대한민국에 디자인등록출원한 경우에도 또한 같다.
② 제1항에 따라 우선권을 주장하려는 자는 우선권 주장의 기초가 되는 최초의 출원일부터 **6개월** 이내에 디자인등록출원을 하지 아니하면 우선권을 주장할 수 없다.
③ 제1항에 따라 우선권을 주장하려는 자는 디자인등록출원 시 디자인등록**출원서**에 그 취지와 **최초로 출원한 국명 및 출원연월일을** 적어야 한다.
④ 제3항에 따라 우선권을 주장한 자는 제1호의 서류 또는 제2호의 서면을 디자인등록출원일부터 **3개월** 이내에 특허청장에게 제출하여야 한다. 다만, 제2호의 서면은 산업통상자원부령으로 정하는 국가의 경우만 해당한다.〈개정 2017. 3. 21.〉
　1. 최초로 출원한 국가의 정부가 인증하는 서류로서 디자인등록출원의 연월일을 적은 서면 및 도면의 등본
　2. 최초로 출원한 국가의 디자인등록출원의 출원번호 및 그 밖에 출원을 확인할 수 있는 정보 등 산업통상자원부령으로 정하는 사항을 적은 서면
⑤ 제3항에 따라 우선권을 주장한 자가 **정당한 사유로** 제4항의 기간 내에 같은 항에 규정된 서류 또는 서면을 제출할 수 없었던 경우에는 그 기간의 **만료일부터 2개월** 이내에 같은 항에 규정된 서류 또는 서면을 특허청장에게 제출할 수 있다. 〈신설 2023. 6. 20.〉
⑥ 제3항에 따라 우선권을 주장한 자가 제4항 또는 제5항의 기간 내에 제4항에 규정된 서류 또는 서면을 제출하지 아니한 경우에는 그 우선권 주장은 효력을 상실한다.〈개정 2023. 6. 20.〉

제51조의2(우선권 주장의 보정 및 추가) ① 제51조제1항부터 제3항까지에 따라 우선권 주장을 한 자는 디자인등록출원일부터 3개월 이내에 해당 우선권 주장을 보정하거나 추가할 수 있다.
② 제1항에 따라 우선권 주장을 보정하거나 추가한 자에 대하여는 제51조제4항부터 제6항까지를 적용한다.
[본조신설 2023. 6. 20.]

제51조의3(우선권 주장 기간의 연장) ① 제51조제1항에 따라 우선권을 주장하려는 자가 **정당한 사유로** 같은 조 제2항의 기간을 지키지 못한 경우에 그 기간의 **만료일부터 2개월** 이내에 디자인등록출원을 한 때에는 그 디자인등록출원에 대하여 우선권을 주장할 수 있다.
② 제1항에 따라 우선권을 주장한 자에 대하여는 제51조제3항부터 제6항까지를 준용한다.
[본조신설 2023. 6. 20.]

Ⅰ. 의의[243]

파리협약의 3대 원칙 중 하나로서, 조약 당사국 국민이 제1국에 출원을 한 후 동일한 디자인을 대한민국에 출원하면서 우선권을 주장하는 경우, 제33조 및 제46조를 적용함에 있어 제1국 출원일에 출원한 것으로 보는 것을 말한다(제51조).[244]

Ⅱ. 요건

1. 주체적 요건

1) 대한민국 국민, 조약동맹국 국민 또는 준동맹국 국민[245]일 것.
2) 제1국 출원인과 **동일인** 또는 **정당한 승계인**이어야 하며, 우선권도 함께 승계되어야 한다.[246]

2. 객체적 요건

(1) 제1국 출원의 요건

1) **정규성**과 **최선성**을 구비해야 한다.
2) 출원의 형태는 **디자인, 특허, 실용신안등록출원**이어야 한다.

(2) 제2국 출원의 요건

1) 우선권을 수반하는 제2국 출원은 **형식이나 표현 방식과 관계없이**, 우선권 증명서류에 표현된 디자인 가운데 **실질적으로 동일한 디자인**이 **포함**되어야 한다.
2) **실질적 동일성 여부**는 해당 디자인 분야의 통상의 지식에 기초하여, 우선권증명서류 전체 기재 내용 및 최초 출원국의 제도를 종합적으로 고려해 판단한다.
3) **물품**과 **형태** 모두 실질적 동일성이 인정되어야 한다. 보충자료1

3. 시기적 요건

1) 제1국 출원일부터 **6개월** 이내에 출원해야 한다(제51조 제2항).
2) 다만, **정당한 사유**로 그 기간을 준수하지 못한 경우, 그 **기간의 만료일부터 2개월** 이내에 출원한 때에도 우선권을 주장할 수 있다(제51조의3 제1항). 보충자료2

---

243) 취지: 속지주의 원칙의 예외로, 실제 출원에 따르는 시간, 절차, 비용 등 제약을 극복하고 선출원자의 지위를 국제적으로 보호하기 위한 제도이다.
244) 2023 시행 개정법에서 신설된 내용: 우선권 주장기간의 연장, 증명서류 제출기간의 연장, 우선권 주장의 보충 및 추가 (法51⑤⑥, 法51-2, 法51-3)
245) 비동맹국 국민으로서 파리조약 동맹국 내에 주소나 영업소를 가진 자
246) 승계인은 디자인등록을 받을 수 있는 권리의 승계 사실을 증명하는 서류를 제출해야 한다.

III. 절차

1. 출원 시 우선권 주장

출원서에 우선권 주장 **취지**, 최초 **출원국명**, 출원 **연월일**을 기재해야 한다(제51조 제3항).

2. 우선권 증명서류의 제출

1) 출원일부터 **3개월** 이내에 우선권을 증명하는 서류를 제출해야 한다(제51조 제4항).[247]

2) **정당한 사유**로 기한 내 제출이 불가능한 경우, **기한 만료일부터 2개월** 이내에 제출 가능하다 (제51조 제5항).

3) 필요시, **특허청장(또는 특허심판원장)**은 기간[248]을 정해 증명서류에 대한 **번역문**의 제출을 요 구할 수 있다. 단, 증명서류의 도면기재내용이 출원서와 **동일한 부분**에 대해서는 **생략이 가능** 하다.

3. 우선권 주장의 보정 및 추가

1) 출원일부터 **3개월** 이내에 우선권 주장을 **보정** 또는 **추가**할 수 있다(제51조의2 제1항).[249] 단, 명백한 오기의 경우에는 그 이후에도 정정 가능하다.

2) 기타 출원의 보정은 일반적인 보정기간에 따른다.

4. 분할출원

(1) 원칙

분할출원은 **별개의 출원**이므로, 분할출원서에 우선권 주장 취지 및 최초 출원국명, 출원 연월 일을 기재하고, 분할출원일부터 3개월 이내에 별도의 증명서류를 제출해야 한다(제50조 제2항 단서).

---

(2) 분할출원의 우선권 주장 자동원용 (제50조 제4항 및 제5항)[250]

1) 원출원이 우선권주장 출원인 경우, 그 분할출원에 대해서도 우선권을 주장한 것으로 본다.

2) 원출원에 관하여 우선권주장과 관련된 서류 등을 제출한 경우 그 분할출원에 대해서도 제출한 것으로 본다.

3) 이 경우, 분할출원을 한 날부터 30일 이내에 그 우선권 주장의 전·일부를 취하할 수 있다.

---

247) 국제디자인등록출원의 경우, 국제공개일로부터 3개월 이내
248) 1개월 이상의 기간 (시행규칙 47조)
249) 우선권 주장의 보정 및 추가는 출원서에 기재된 기초 출원 가운데 적어도 하나가 우선권 주장기간의 요건을 충족하는 경우에 한하여 할 수 있다. 또한, 우선권 주장의 효과가 동일하게 적용되므로, 이 경우에도 증명서류를 제출해야 한다.
250) 제3장. 분할출원_II. 요건_4. 절차적 요건 참고(박스 부분 내용 동일)

IV. 효과

1. 요건을 만족한 경우

(1) 파리조약상의 효과

제1국과 제2국 출원일 사이에 이루어진 타출원 또는 제3자의 실시 등으로 인하여 디자인이 무효로 되지 않으며, 제3자에게 어떠한 권리도 발생시키지 않는다(파리조약 제4조 B).

(2) 국내법상의 효과

제33조 및 제46조의 규정을 적용함에 있어, **제1국 출원일**을 **우리나라 출원일**로 본다.

2. 요건을 만족하지 못한 경우: 우선권 주장의 불인정 절차

1) 우선권 적법성은, 최초 출원일과 국내 출원일 사이에 공지디자인이 있어 **우선권 미인정 시 거절될 경우에만 판단**하며, 그 외에는 우선권을 인정한 상태로 실체심사를 진행한다.

2) 우선권 주장의 적법성 여부를 판단한 결과 우선권을 불인정해야 하는 경우, 신규성·창작비용이성 등 **거절이유통지와 함께 우선권 주장 불인정 사유도 통지**해야 한다.251)252)

---

251) 즉, 분할출원 및 신규성상실의 예외와 다르게, **'불인정예고통지'를 하지 않는다.** (개정 심사기준)

252) 증명서류를 미제출한 경우, 우선권주장은 효력이 없으며, 별도의 우선권 주장 불인정 절차를 밟을 필요가 없다. 다만, 우선권 증명서류가 3개월 이내에 제출되지 않더라도 법 제51조제5항의 정당한 사유에 해당하여 그 기간의 만료일부터 2개월 이내에 서류가 제출될 수 있으므로 그때까지 심사를 보류한다.

〈심사기준 요약〉

실질적 동일성의 판단		– 형식이나 표현 방식 **무관** – 우선권 증명서류에 표현된 디자인과 **형태**가 **실질적으로 동일** – 실질적 동일성: 우선권증명서류, 최초 출원국의 제도 고려 – **물품**과 **디자인** 모두 실질적 동일성
물품의 동일성	동일성 인정	– **용도, 기능**이 실질적으로 동일하면 인정 – **포괄명칭** 중 하나로 기재 가능
	화상 디자인 관련	– 기초출원이 **기기의 조작에 이용·기능이 발휘**되는 **화상디자인**이고, 국내 출원이 화상디자인 (단, 디자인은 실질적으로 동일해야 함) – 기초출원의 물품명이 "Icons for OO", "GUI"이고, 국내 **출원이 "OO용 화상", "OO용 GUI", "아이콘(Icons)"** 등이면 출원서·도면 참고하여 주장 인정할 수 있다. **[동일성 부정]** 기초출원이 '물품의 부분에 표현된 **화면**디자인', 국내 출원이 **화상**디자인
디자인의 동일성	동일성 인정	– 증명서류에서 **실질적으로 도출**되는 디자인 – 1 주장(증명서류)에 복수의 물품 디자인 기재→'**한 벌의 물품의 디자인**' 출원 – 도면 간에 **권리범위에 영향 없는 명백한 불일치** 수정
	동일성 부정	– **여러** 우선권 **주장**에 기초한 디자인을 **결합**하여 출원 (즉, 여러 부품 → 완성품 결합하여 국내 출원 등) – 기초출원이 **완성품** 디자인인데, 국내 출원이 **부품** 디자인 – 기초출원이 **전체** 디자인인데, 국내 출원이 **부분**디자인 (※ 단, 제1국에 부분디자인 제도가 없을 경우에는 디자인의 실질적 동일성, 명칭, 설명, 물품류 등을 종합적으로 고려한다.)
	부분 디자인 관련	– 최초출원국의 제도적 특성상 **전체·부분디자인 구분이 없는** 경우, **각 도면 자체를 기준**으로 동일성 판단 (위의 심사기준과 모순X) – 등록 받으려는 부분의 **위치·크기·범위를 특정**할 수 없는 경우, 동일성 부정

1. 물품의 동일성 판단

(1) 물품 명칭이 다르더라도, 우선권 증명서류의 기재내용을 종합적으로 고려하여 판단할 때, 물품의 **용도·기능**이 **실질적으로 동일**하다면, 물품의 동일성은 인정된다.

(2) 우선권 증명서류에 다수의 물품을 **포괄**하는 **명칭**이 기재되었더라도, 그 가운데 하나의 물품 명칭을 우리나라의 출원서에 적은 경우에는 물품의 동일성이 인정된다.

<table>
<tr><td>제1국 출원디자인</td><td>우리나라 출원디자인</td></tr>
<tr><td>"bottle"</td><td>"포장용 병"</td></tr>
</table>

(3) 우선권 주장을 통해 출원할 수 있는 화상디자인

    1) 우선권을 주장하는 제1국의 출원디자인이 **기기의 조작에 이용되거나 기능이 발휘되는 화상디자인**으로 볼 수 있고 그와 **실질적으로 동일한 디자인**을 우선권 주장하여 우리나라에 **화상 디자인**으로 출원했다면 그 우선권 주장을 인정할 수 있다.

    2) 우선권 주장 인정에 관한 구체적인 판단

사례1) 제1국에서 **"물품의 부분에 표현된 화면 디자인"**을 출원하고 우리나라에서 **"화상디자인"**으로 출원한 경우, 설령 물품의 표시부 모양과 화상의 형태가 동일하더라도 동일성을 인정할 수 없다.

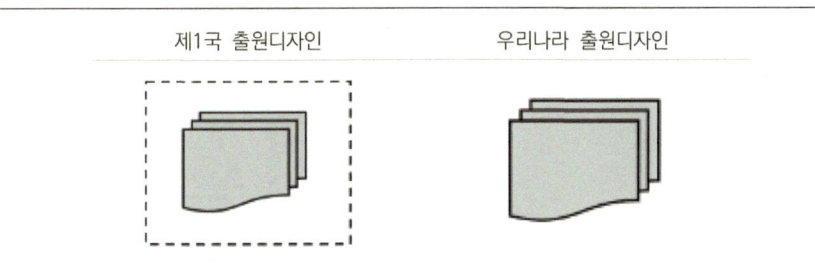

제1국 출원디자인 / 우리나라 출원디자인

사례2) 제1국의 출원디자인 **물품의 명칭이 "Icons for OO", "GUI(Graphical user interfaces)"**로 기재되어 있고, **동일한 형태의 디자인**(단, 물품의 부분디자인으로 표현하지 않음)을 우리나라에 출원하면서 **물품의 명칭을 "OO용 화상"** 등으로 기재했다면 출원서 및 출원서에 첨부된 도면의 기재사항을 참고하여 우선권 주장을 인정할 수 있다.

제1국 출원디자인(EU) / 우리나라 출원디자인

"Graphical user interfaces" / "OO용 화상"

사례3) 다음과 같이 제1국의 출원디자인 **물품의 명칭이 "Icons for OO", "GUI(Graphical user interfaces)"** 등으로 기재되어 있고, **동일한 형태의 디자인**을 우리나라에 출원하면서 물품의 명칭을 **"OO용 GUI", "아이콘(Icons)"**으로 기재했다면, 출원서 및 출원서에 첨부된 도면의 기재사항을 참고하여 우선권 주장을 인정할 수 있다.

제1국 출원디자인 / 우리나라 출원디자인

"Icons for OO" / "OO용 아이콘"

구체적인 설명 없음 / [디자인의 설명] 소프트웨어 조작용 버튼임

2. 디자인(형태)의 동일성 판단

(1) 판단방법

  1) 등록을 받으려는 디자인의 **형태**가 **실질적으로 동일**하다면, 디자인의 동일성이 인정된다.

  2) 최초 출원국의 제도적 특성(EU·미국 등) 차이로 **전체·부분디자인 구분 없이** 출원된 경우, 사시도·정면도 등 **각 도면 자체를 기준으로** 동일성을 판단한다.

사례1) EU에 출원된 디자인이 정면도 또는 사시도 한 개만으로 표현되어 있고 국내에 부분디자인으로 출원되어 동일성이 인정되는 경우(물품명은 "체중계"이며, 「디자인의 설명」 란에 "점선 부분은 등록받고자 하지 아니하는 부분임"으로 기재한 경우)

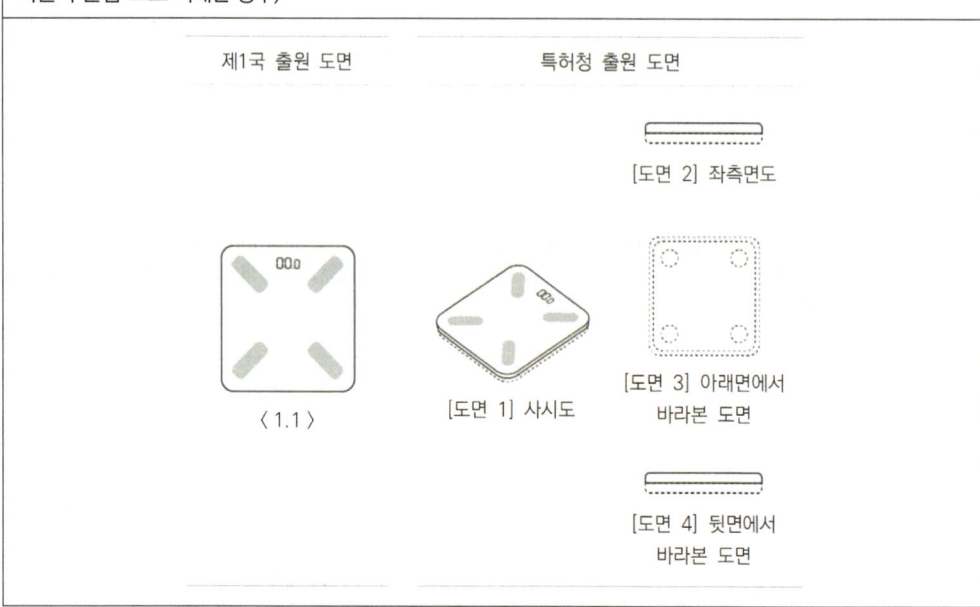

사례2) EU에 출원된 디자인이 정면도 또는 사시도 한 개만으로 표현되어 있고 국내에 전체디자인으로 모든 도면을 구비한 상태로 출원되어 동일성이 인정되는 경우

---

(2) 동일성이 인정되는 경우

  1) 우선권 증명서류의 기재내용 및 물품의 특성 등을 종합적으로 고려해 **도출될 수 있는** 디자인을 국내에 출원한 경우, 동일성 인정된다.

  2) 증명서류에 여러 물품의 디자인이 포함되어 있고, 이를 **한 벌의 물품**으로 출원한 경우 동일성이 인정된다.

  3) 우선권 증명서류 도면 간에 **권리범위에 영향 없는 명백한 불일치**가 있을 경우, 이를 수정해 출원하면 동일성이 인정될 수 있다.

(3) 동일성이 인정되지 않는 경우

  1) 기재내용을 종합해도 등록받으려는 부분의 **위치·크기·범위를 특정**할 수 없는 경우, 동일성은 인정되지 않는다.

불인정 사례) 제1국 출원에서 물품의 명칭에 "Package"로 적혀 있고 도면에는 평면적인 모양만이 도시되어 있다. 우리나라에는 부분디자인으로 출원하면서 물품의 명칭을 "포장용 상자"로 적고 포장용 상자에 관한 전체디자인의 일부분에 그 모양을 도시하였다.

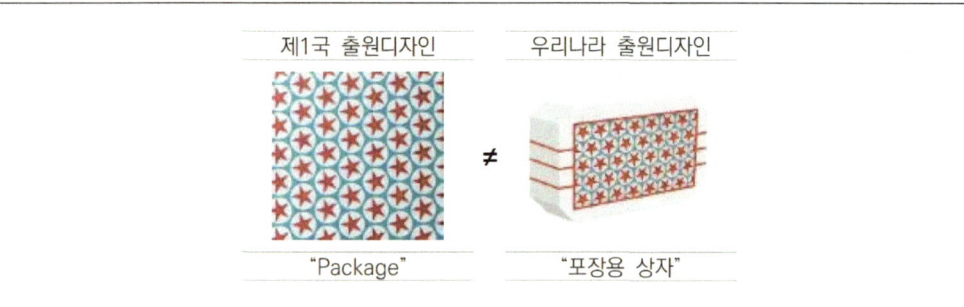

제1국 출원디자인	우리나라 출원디자인
"Package"	"포장용 상자"

---

  2) **여러** 우선권 **주장**에 기초한 디자인을 **결합**하여 출원한 경우, 동일성은 인정되지 않는다.

불인정 사례) 제1국 출원이 "손목시계 본체"에 관한 디자인이고 제2국 출원은 "손목시계 줄"에 관한 디자인인데, 우리나라의 출원서에는 완성품에 관한 디자인인 "손목시계"를 표현하였다.

---

  3) 우선권 증명서류가 **완성품** 디자인인 경우, 국내 출원이 **부품** 디자인이라면 동일성이 인정되지 않는다.

  4) 전체디자인을 우선권으로 주장하면서 국내에서는 **부분디자인**으로 출원한 경우, 동일성은 인정되지 않는다. 단, 제1국에 부분디자인 제도가 없을 경우에는 디자인의 실질적 동일성, 명칭, 설명, 물품류 등을 종합적으로 고려한다.

정당한 사유의 의미 및 판단 기준 (2023 개정 심사기준)

(1) 정당한 사유란, 절차를 밟는 자가 처한 상황에 따라 요구되는 **일반적인 주의**를 다하였음에도 불구하고 기간을 준수하지 못한 경우를 의미한다.
(2) 절차와 관련된 자가 복수인 경우, **모든 당사자**가 **일반적인 주의의무**를 다하였음에도 불구하고 기간을 준수하지 못한 경우여야 한다.
(3) 정당한 사유를 입증하는 **증명서류는** 당사자 이외의 **제3자가 증명 가능한 객관적인 서류**이어야 한다. (예: 관련자의 질병: 진단서, 입원사실증명서)

[정당한 사유 인정 사례]
– 자연재해로 인한 연락 두절
– 급작스러운 질병으로 인한 의식 장애

[정당한 사유 불인정 사례]
– 개인의 단순 실수 또는 관리 해태
– 임의대리인(예: 변리사)의 단독 실수 또는 태만
– 출원인의 법률에 대한 이해 부족

기출 지문 OX

1. 우선권 주장이 인정되는 디자인등록출원에 대해서는 디자인보호법 제33조(디자인등록의 요건) 제1항 및 제46조(선출원)의 규정을 적용함에 있어서만 제1국에 출원한 날을 대한민국에 디자인등록출원한 날로 본다. 45회 [○ | ×]

2. 외국의 실용신안등록출원을 기초로 대한민국에 디자인등록출원을 할 때, 우선권 주장 기간은 우선권 주장의 기초가 되는 최초 출원의 출원일로부터 6개월이다. 54회 [○ | ×]

3. 디자인등록출원 시 우선권 주장을 하지 않은 경우, 출원일로부터 3개월 이내에 우선권 주장을 추가하는 보정을 할 수 있다. 54회 [○ | ×]

4. 우선권 주장에 관한 서류 중 도면의 기재 내용이 디자인등록출원서에 첨부된 도면과 동일한 부분은 한글 번역문의 제출을 생략할 수 있다. 53회 [○ | ×]

정답 | 1. × 2. ○ 3. × 4. ○

제5장 출원공개신청

디자인보호法

제52조(출원공개) ① 디자인등록출원인은 산업통상자원부령으로 정하는 바에 따라 자기의 디자인등록출원에 대한 공개를 신청할 수 있다. 이 경우 복수디자인등록출원에 대한 공개는 출원된 디자인의 전부 또는 일부에 대하여 신청할 수 있다.

② 특허청장은 제1항에 따른 공개신청이 있는 경우에는 그 디자인등록출원에 관하여 제212조에 따른 디자인공보(이하 "디자인공보"라 한다)에 게재하여 출원공개를 하여야 한다. 다만, 디자인등록출원된 디자인이 제34조제2호에 해당하는 경우에는 출원공개를 하지 아니할 수 있다.

③ 제1항에 따른 공개신청은 그 디자인등록출원에 대한 최초의 디자인등록여부결정의 등본이 송달된 후에는 할 수 없다.

제53조(출원공개의 효과) ① 디자인등록출원인은 제52조에 따른 출원공개가 있은 후 그 디자인등록출원된 디자인 또는 이와 유사한 디자인을 업(業)으로서 실시한 자에게 디자인등록출원된 디자인임을 서면으로 경고할 수 있다.

② 디자인등록출원인은 제1항에 따라 경고를 받거나 제52조에 따라 출원공개된 디자인임을 알고 그 디자인등록출원된 디자인 또는 이와 유사한 디자인을 업으로서 실시한 자에게 그 경고를 받거나 제52조에 따라 출원공개된 디자인임을 안 때부터 디자인권의 설정등록 시까지의 기간 동안 그 등록디자인 또는 이와 유사한 디자인의 실시에 대하여 합리적으로 받을 수 있는 금액에 상당하는 보상금의 지급을 청구할 수 있다. 〈개정 2020. 10. 20.〉

③ 제2항에 따른 청구권은 그 디자인등록출원된 디자인에 대한 디자인권이 설정등록된 후가 아니면 행사할 수 없다.

④ 제2항에 따른 청구권의 행사는 디자인권의 행사에 영향을 미치지 아니한다.

⑤ 제2항에 따른 청구권을 행사하는 경우에는 제114조, 제118조 또는 「민법」 제760조·제766조를 준용한다. 이 경우 「민법」 제766조제1항 중 "피해자나 그 법정대리인이 그 손해 및 가해자를 안 날"은 "해당 디자인권의 설정등록일"로 본다.

⑥ 디자인등록출원이 제52조에 따라 출원공개된 후 다음 각 호의 어느 하나에 해당하는 경우에는 제2항에 따른 청구권은 처음부터 발생하지 아니한 것으로 본다.

1. 디자인등록출원이 포기·무효 또는 취하된 경우
2. 디자인등록출원에 대하여 제62조에 따른 디자인등록거절결정이 확정된 경우
3. 제73조제3항에 따른 디자인등록취소결정이 확정된 경우
4. 제121조에 따른 디자인등록을 무효로 한다는 심결(제121조제1항제4호에 따른 경우는 제외한다)이 확정된 경우

I. 의의[253]

출원공개란, 출원디자인이 출원인의 **신청**[254]에 의해 **디자인공보에 게재**되는 것을 말한다(제52조).

II. 요건

1. 주체적 요건

출원인이 신청할 수 있으며, 공동출원의 경우 **전원**이 신청하여야 한다(제13조 제1항 제4호).

---

253) 취지: 출원인의 신청에 의해 디자인 내용을 조기에 공개함으로써 침해를 사전에 예방하고, 보상금청구권을 확보하기 위함이다.
254) 넓은 의미로, 출원공개에는 제52조 신청에 따른 출원공개와 「제46조 제2항 후단」의 협의불성립 거절결정에 따른 출원공개가 있다.

2. 객체적 요건

(1) **심사등록, 일부심사등록출원** 관계없이 출원공개를 신청할 수 있다.[255]

(2) **복수디자인**의 경우에는 **전부** 또는 **일부**에 대하여 출원공개를 신청할 수 있다.

(3) 단, 출원디자인이 **공서양속**에 반할 우려(제34조 제2호)가 있는 경우에는 출원공개를 하지 아니할 수 있으며(제52조 제2항 단서), 이 경우에는 그 **취지와 이유**를 출원인에게 **통지하여야** 한다.

3. 시기적 요건

최초의 등록여부결정등본이 **송달**된 후에는 출원공개를 신청할 수 없다(제52조 제3항).

4. 절차적 요건

(1) 출원공개신청서를 특허청장에게 제출하여야 한다.[256] 다만, 출원시 신청하는 경우, 출원서에 그 취지를 기재함으로써 신청서에 갈음할 수 있다.

(2) 취하할 경우, 신청서를 제출한 날부터 10일 이내에 취하서를 제출하여야 한다.

Ⅲ. 효과 (경·보·확·우·공·비)

1. 경고할 권리

출원인은 신청에 의한 출원공개[257] 후, 그 출원된 디자인 또는 이와 유사한 디자인을 업으로서 실시한 자에게 서면으로 경고할 수 있다(제53조 제1항).

2. 보상금청구권

(1) 의미 및 법적 근거

출원공개 후, 경고를 받았거나 공개 사실을 알고(=고의) 출원 디자인 또는 유사디자인을 업으로 실시한 자에 대해(=동일·유사 범위 실시), 출원인은 **경고를 받거나 그 사실을 안 날부터 설정등록 시까지**의 실시에 대해 합리적으로 받을 수 있는 금액에 상당하는 보상금(=합리적 보상금)의 지급을 청구할 수 있다(제53조 제2항).

(2) 디자인권과의 관계

1) 보상금청구권은 디자인권의 **설정등록 후**에만 행사할 수 있다(제53조 제3항).[258]

2) 한편, 보상금청구권의 행사는 등록 후 디자인권 행사에 영향을 미치지 않는다(제53조 제4항).

---

255) 다만, 국제디자인등록출원에 대하여는 제52조의 출원공개 규정이 적용되지 않는다(제189조).
256) 심사관은 디자인의 가분류일 또는 출원공개신청서의 이송일 중 늦은 날로부터 **20일 이내**에 출원공개 신청에 대한 승인 여부를 결정하여야 한다.
257) 다만, 국제디자인등록출원의 경우 국제등록공개로 본다.
258) 이는 등록 전 권리에 대한 부당한 행사로 인한 제3자의 피해를 방지하기 위함이다.

(3) 준용 규정 (간·서·공·소)

간접침해에 관한 규정(제114조), 서류 제출에 관한 규정(제118조), 민법상 공동불법행위 책임 규정(민법 제760조), 민법상 소멸시효규정(민법 제766조) 등이 보상금청구권 행사에 준용된다.

(4) 소멸

1) 출원이 포기, 무효, 취하, 거절결정·취소결정·무효심결(단, 후발적 무효사유 제외)이 확정된 경우 출원공개의 효과가 소급 소멸한다(제53조 제6항).
2) 설정등록일부터 3년, 또는 불법행위일로부터 10년이 경과한 경우 소멸시효에 의해 소멸한다(제53조 제5항 준용, 민법 제766조).

3. 확대된 선출원주의 (제33조 제3항).

출원공개된 출원디자인은 확대된 선출원의 지위를 갖는다. 따라서, 출원디자인의 일부와 동일 또는 유사한 후출원 디자인은 등록받을 수 없다.

4. 우선심사 신청 사유

특허청장은 출원공개 후 출원인이 아닌 자가 업으로서 출원디자인을 실시하는 경우, 우선하여 심사할 수 있다(제61조 제1항 제1호).

5. 출원디자인의 공지

해당 출원디자인은 간행물에 의해 공지된 것으로 간주되며, 신규성 또는 창작성 판단 시 인용디자인이 된다.259)

6. 비밀디자인의 경우

출원공개 신청이 있는 경우, 비밀디자인청구는 철회된 것으로 본다(제43조 제6항).

기출 지문 OX

1. 출원인의 신청이 없는 경우, 디자인등록출원에 대한 출원공개는 하지 않는다. 49회 　　[○ | ✕]
2. 디자인등록출원에 대한 출원공개 신청이 있는 경우에도 출원공개를 하지 아니할 수 있다. 49회 　[○ | ✕]
3. 출원공개의 신청은 그 디자인등록출원에 대한 최초의 디자인등록여부결정의 등본이 송달된 후에는 할 수 없다. 54회 　　[○ | ✕]

정답 | 1. ○ 2. ○ 3. ○

---

259) 또한, 출원공개 후에는 출원 서류의 열람 또는 복사가 가능하다(제206조).

제6장

비밀디자인

제43조(비밀디자인) ① 디자인등록출원인은 디자인권의 설정등록일부터 3년 이내의 기간을 정하여 그 디자인을 비밀로 할 것을 청구할 수 있다. 이 경우 복수디자인등록출원된 디자인에 대하여는 출원된 디자인의 전부 또는 일부에 대하여 청구할 수 있다.

② 디자인등록출원인은 디자인등록출원을 한 날부터 최초의 디자인등록료를 내는 날까지 제1항의 청구를 할 수 있다. 다만, 제86조제1항제1호 및 제2항에 따라 그 등록료가 면제된 경우에는 제90조제2항 각 호의 어느 하나에 따라 특허청장이 디자인권을 설정등록할 때까지 할 수 있다.

③ 디자인등록출원인 또는 디자인권자는 제1항에 따라 지정한 기간을 청구에 의하여 단축하거나 연장할 수 있다. 이 경우 그 기간을 연장하는 경우에는 디자인권의 설정등록일부터 3년을 초과할 수 없다.

④ 특허청장은 다음 각 호의 어느 하나에 해당하는 경우에는 비밀디자인의 열람청구에 응하여야 한다.

   1. 디자인권자의 동의를 받은 자가 열람청구한 경우
   2. 그 비밀디자인과 동일하거나 유사한 디자인에 관한 심사, 디자인일부심사등록 이의신청, 심판, 재심 또는 소송의 당사자나 참가인이 열람청구한 경우
   3. 디자인권 침해의 경고를 받은 사실을 소명한 자가 열람청구한 경우
   4. 법원 또는 특허심판원이 열람청구한 경우

⑤ 제4항에 따라 비밀디자인을 열람한 자는 그 열람한 내용을 무단으로 촬영·복사 등의 방법으로 취득하거나 알게 된 내용을 누설하여서는 아니 된다.

⑥ 제52조에 따른 출원공개신청을 한 경우에는 제1항에 따른 청구는 철회된 것으로 본다.

I. 의의[260]

출원인은 디자인권의 설정등록일부터 3년 이내의 기간을 정하여, 그 디자인을 비밀로 할 것을 청구할 수 있다(제43조).

II. 요건

1. 주체적 요건

   (1) 출원인**만**이 비밀디자인을 청구할 수 있다.[261]

   (2) 출원인 또는 디자인권자는 비밀기간의 단축 또는 연장을 청구할 수 있다.

2. 객체적 요건

   1) **심사등록, 일부심사등록출원** 여부와 관계없이 비밀디자인 청구가 가능하다.[262]

---

260) 취지: 디자인은 그 특성상 모방 및 도용이 용이하고 유행성이 강한 경우가 많기 때문에, 일정 기간 동안 비밀로 유지함으로써 타인의 침해를 차단하고, 제품 사업화 준비기간을 확보할 수 있도록 하기 위함이다.

261) 실시권자, 질권자 등은 비밀기간의 단축 또는 연장을 청구할 수 없다.

262) 국제디자인등록출원의 경우, 별도의 '국제등록공개 연기' 절차가 존재하므로 제43조의 비밀디자인 청구 규정은 적용되지 않는다(제184조).

2) 복수디자인의 경우에는 **전부** 또는 **일부**에 대하여 청구할 수 있다.

3) 기본디자인과는 별도로, **관련**디자인에 대해서**만** 비밀디자인을 청구할 수 있다.

3. 시기적 요건

(1) 비밀디자인 청구기간

출원일로부터 **최초 등록료 납부일 전**까지 비밀디자인을 청구할 수 있다. 다만, **등록료가 면제**된 경우 **설정등록일**까지 청구할 수 있다.

(2) 비밀로 할 수 있는 기간

1) 설정등록일부터 **3년** 이내의 범위에서 비밀기간을 정할 수 있다.

2) 비밀기간은 단축연장할 수 있으나, 설정등록일부터 총 3년을 초과할 수 없다.

4. 절차적 요건

(1) 비밀디자인 청구 방법

1) **출원 시**: 출원서에 그 취지를 기재한다.

2) **출원 후**: 출원계속 중 비밀디자인청구서를 특허청장에게 제출한다.

(2) 비밀기간의 연장 또는 단축 청구

비밀기간연장(또는 단축)청구서를 특허청장에게 제출하여야 한다.

III. 효과 (비·인·예·이·과·침·누·해)

1. 디자인의 실질적 내용의 비공개

(1) 비밀디자인으로 청구된 출원은 설정등록이 있더라도 등록공보에는 서지적 사항(출원서 기재사항 등)만 게재된다.

(2) 비밀기간 경과 후, 실질적 사항을 포함한 디자인 공보가 **2차**로 발행된다.

(3) 실질적 사항의 내용

i) **도면**(사진 또는 견본 포함), ii) **디자인의 설명**, iii) **물품명 및 물품류**[263]

2. 인용디자인이 비밀디자인인 경우

(1) 신규성 또는 창작성 판단 시

비밀기간 중에는 후출원에 대한 신규성 또는 창작성 판단 시 **인용디자인이 될 수 없다.**[264]

(2) 확대된 선출원주의, 선출원주의 판단 시

---

263) 기존에는 '물품류 및 물품명'을 서지적 사항으로 보아 1차 공보에 게재하였으나, 2021 개정 시행령에서 실질적 사항에 '물품류 및 물품명'을 포함시켰다.

264) 비밀디자인은 비밀기간 동안 공지되지 않으며, 열람자에게는 비밀유지의무가 부과되기 때문이다.

1) 비밀디자인이 선출원인 경우, 출원일 다음날부터 실질적 내용이 공보에 게재된 날까지 동일하거나 유사한 후출원디자인에 대하여 **선출원주의**가 **적용**된다.

2) 선출원된 비밀디자인의 일부와 동일하거나 유사한 후출원디자인에 대해서도 **확대된 선출원주의**가 **적용**된다.

3) 이 경우, 심사관은 비밀디자인을 인용디자인으로 첨부하지 않고, **심사보류통지**를 한 후, 비밀기간이 경과된 후 공보 발행일 이후에 거절이유통지 및 거절결정을 하게 된다.

3. 예외적 열람청구 (동·당·소·원)

(1) 다음 중 하나에 해당하는 경우, 특허청장은 비밀디자인 열람을 허용해야 한다(제43조 제4항).

1) 디자인권자의 **동의**를 받은 자

2) 비밀디자인과 동일·유사한 디자인에 관한 심사, 이의신청, 심판, 재심 또는 소송의 **당사자**나 참가인

3) 디자인권 침해의 경고를 받은 사실을 **소명**한 자

4) 법원 또는 특허심판**원**의 열람 요구

(2) 열람자는 내용을 무단으로 촬영·복사하거나 누설할 수 없으며, 위반 시 형사처벌 대상이 된다 (제43조 제5항, 제225조 제4항).

4. 이의신청 기간의 실질적 연장 (제68조 제1항)

일부심사등록출원이 비밀디자인으로 등록된 경우, 도면 등 **실질적 사항**이 게재된 공보의 발행일로부터 **3개월** 이내에 이의신청이 가능하다.

5. 과실 추정의 배제 (제116조 제1항 단서)

원칙적으로 디자인권 또는 전용실시권을 침해한 자는 과실이 추정되나, 비밀디자인에 대해서는 과실이 추정되지 않는다.

따라서, 디자인권자가 고의 또는 과실을 입증해야 손해배상청구권(제115조)이나 신용회복청구권(제117조)을 행사할 수 있다.

6. 침해금지 및 예방청구권의 제한 (제113조 제2항)

비밀디자인권자 또는 전용실시권자는 특허청장으로부터 증명을 받은 **서면**[265]**을 제시**하여 경고한 후에만 침해금지청구 및 예방청구를 할 수 있다.

---

265) 서면에는 다음의 사항을 포함한다. 1. 디자인권자 및 전용실시권자(전용실시권자가 청구하는 경우)의 **성명 및 주소**(법인인 경우 명칭 및 주된 사무소의 소재지) 2. **출원번호 및 출원일** 3. 등록번호 및 등록일 4.**도면**·사진 또는 견본의 내용(제113조 제2항 각호)

7. 비밀누설죄 (제225조 제2항, 제3항)

(1) 특허청 및 특허심판원 **직원 등**이 직무상 알게 된 비밀디자인 정보를 누설한 경우, **5년 이하의 징역 또는 5천만 원 이하의 벌금**에 처한다(제2항).

(2) 예외적 열람청구에 의해 **열람한 자**가 제43조 제5항을 위반한 경우, **2년 이하의 징역 또는 2천만 원 이하의 벌금**에 처한다(제3항).

8. 비밀디자인 청구의 철회 간주 (비밀의 해제)

출원공개를 신청한 경우, 기존의 비밀디자인 청구는 철회된 것으로 **본다**(제43조 제6항).

보충 국제디자인등록출원의 경우

(1) 제184조 (비밀디자인의 특례)
별도의 '국제등록공개 연기' 절차가 존재하므로 제43조의 비밀디자인 청구 규정은 적용되지 않는다(제184조).

(2) 제185조 (연기된 국제디자인등록출원의 열람 등)
① **국제등록공개 연기**가 신청된 국제디자인등록출원에 대하여, 특허청장은 다음의 경우 **비밀사본 열람청구에 응해야 한다.**
  1) 출원인의 자격과 관련된 행정·사법 절차를 위해 분쟁 당사자가 열람을 청구하는 경우
  2) 국제등록명의인의 동의를 받은 자가 열람을 청구하는 경우
② 위 열람자는 **촬영·복사 등으로 내용을 무단 취득하거나, 누설·도용해서는 안 된다.**

---

1. 디자인등록출원인은 디자인권의 설정등록일부터 3년 이내의 기간을 정하여 그 디자인을 비밀로 할 것을 청구할 수 있다. 57회 [○ | ×]

2. 디자인등록출원인은 디자인등록출원을 한 날부터 최초의 디자인등록료를 내는 날까지 그 디자인을 비밀로 할 것을 청구할 수 있으며, 디자인보호법 제86조(등록료 및 수수료의 감면)에 따라 그 등록료가 면제된 경우에는 특허청장이 디자인권을 설정등록할 때까지 그 디자인을 비밀로 할 것을 청구할 수 있다. 58회

[○ | ×]

3. 디자인등록출원인, 디자인권자 또는 전용실시권자는 청구에 의하여 비밀유지기간을 단축하거나 연장할 수 있다. 50회 [○ | ×]

4. 디자인등록출원인이 비밀디자인으로 청구된 디자인등록출원에 대하여 출원공개 신청을 한 경우에는, 그 디자인에 대한 비밀청구는 취소된 것으로 본다. 58회 [○ | ×]

5. 비밀디자인으로 등록된 선등록 디자인의 설정등록일 이후부터 비밀디자인의 도면 등이 게재된 공보의 발행일까지 출원된 디자인으로서 선등록 비밀디자인과 유사한 디자인은 디자인보호법 제46조(선출원) 위반으로 거절된다. 49회 [○ | ×]

6. 비밀디자인으로 설정등록된 디자인권이 침해된 경우, 디자인권자는 그 비밀디자인에 관한 특허청장의 증명을 받은 서면을 제시하여 경고한 후가 아니면 그 침해에 의하여 입은 손해의 배상을 청구할 수 없다. 54회

[○ | ×]

7. 타인의 디자인권 또는 전용실시권을 침해한 자는 그 침해행위에 대하여 과실이 있는 것으로 추정하되, 비밀디자인으로 설정등록된 디자인권 또는 전용실시권의 침해에 대하여는 그러하지 아니하다. 57회 [○ | ×]

8. 비밀디자인으로 등록된 디자인일부심사등록에 대한 이의신청은, 디자인권이 설정등록된 날부터 당해 디자인에 대한 비밀이 해제되어 비밀디자인의 도면 또는 사진 등이 게재된 등록디자인공보 발행일 후 3개월 이내에 할 수 있다. 54회 [○ | ×]

9. 비밀디자인의 열람청구에 따라 비밀디자인을 열람한 자는 그 열람한 내용을 무단으로 촬영, 복사 등의 방법으로 취득하거나 알게 된 내용을 누설하여서는 아니 된다. 57회 [○ | ×]

정답 | **1.** ○ **2.** ○ **3.** × **4.** × **5.** ○ **6.** × **7.** ○ **8.** ○ **9.** ○

제7장 정보제공

제55조(정보 제공) 누구든지 디자인등록출원된 디자인이 제62조제1항 각 호의 어느 하나에 해당되어 디자인등록될 수 없다는 취지의 정보를 증거와 함께 특허청장 또는 특허심판원장에게 제공할 수 있다.

Ⅰ. 의의[266]

누구든지 출원디자인이 제62조의 거절이유에 해당하여 등록될 수 없다는 취지의 정보를, 증거와 함께 특허청장에게 제공할 수 있다(제55조).

Ⅱ. 요건

1. 주체적 요건

누구든지 할 수 있다.

2. 객체적 요건

심사출원 혹은 일부심사출원 모두 대상이 되며, 정보제공사유는 **제62조의 거절이유와 동일**하다.

3. 시기적 요건

출원계속 중 가능하다.

4. 절차적 요건

(1) 정보제공서의 제출

정보제공을 하고자 하는 자는 정보제공서에 증거서류를 첨부하여 **특허청장** 또는 **특허심판원장**에게 제출하여야 한다.

(2) 정보제공자에 대한 활용 여부 통보

1) 등록여부결정 시, **심사관**은 정보 및 증거의 **채택 여부** 및 **등록여부 결정 사실**을 정보제공자에게 통보한다. 이 때, 동일인이 1회 이상 정보를 제공한 경우에는 **한 차례만** 통보한다.
2) 디자인일부심사등록출원에 대하여 등록결정을 하는 경우, 제공된 정보 및 증거가 디자인일부심사등록이의신청의 이유에 해당한다면, 심사관은 이의신청을 할 수 있다는 사실도 함께 통보한다.

---

266) 취지: 심사의 공정성을 확보하고, 부실한 디자인의 권리화를 방지하기 위한 제도이다.

III. 효과

제공된 정보 및 증거는 제62조 제1항에 따른 거절결정의 이유로 활용될 수 있으며, 디자인일부심사등록출원의 경우에도 제62조 제2항에도 불구하고 활용 가능하다(제62조 제4항).

기출 지문 OX

1. 심사관은 일부심사등록출원된 디자인에 대하여 신규성 상실이라는 정보 제공이 있는 경우, 그 정보 및 증거에 근거하여 디자인등록거절결정을 할 수 있다. 49회 　　　　　　　　　　　　　　[○ | ×]

2. 심사관은 해당 디자인등록출원에 대하여 동일인이 1회 이상 정보를 제공한 경우, 제출된 정보 및 증거의 채택 여부는 등록여부결정서를 발송할 때 한 차례만 통보한다. 49회 　　　　　　[○ | ×]

정답 | 1. ○ 2. ○

우선심사

디자인보호法

제61조(우선심사) ① 특허청장은 다음 각 호의 어느 하나에 해당하는 디자인등록출원에 대하여는 심사관에게 다른 디자인등록출원에 우선하여 심사하게 할 수 있다.
1. 제52조에 따른 출원공개 후 디자인등록출원인이 아닌 자가 업으로서 디자인등록출원된 디자인을 실시하고 있다고 인정되는 경우
2. 대통령령으로 정하는 디자인등록출원으로서 긴급하게 처리할 필요가 있다고 인정되는 경우
② 특허청장은 복수디자인등록출원에 대하여 제1항에 따라 우선심사를 하는 경우에는 제1항 각 호의 어느 하나에 해당하는 일부 디자인만 우선하여 심사하게 할 수 있다.

시행령 제6조(우선심사의 대상) 법 제61조제1항제2호에서 "대통령령으로 정하는 디자인등록출원"이란 다음 각 호의 어느 하나에 해당하는 것으로서 특허청장이 정하는 디자인등록출원을 말한다. 〈개정 2014. 12. 30., 2016. 9. 27., 2017. 12. 29., 2023. 12. 19., 2024. 7. 2., 2024. 8. 6.〉
1. 방위산업 분야의 디자인등록출원
2. 「기후위기 대응을 위한 탄소중립·녹색성장 기본법」에 따른 녹색기술과 직접 관련된 디자인등록출원
3. 수출 촉진과 직접 관련된 디자인등록출원
4. 국가나 지방자치단체의 직무에 관한 디자인등록출원(「고등교육법」에 따른 국립·공립학교의 직무에 관한 디자인등록출원으로서 「기술의 이전 및 사업화 촉진에 관한 법률」 제11조제1항에 따라 국립·공립학교에 설치된 기술이전·사업화에 관한 업무를 전담하는 조직이 낸 디자인등록출원을 포함한다)
5. 「벤처기업육성에 관한 특별법」 제25조에 따라 벤처기업 확인을 받은 기업의 디자인등록출원
6. 「중소기업 기술혁신 촉진법」 제15조에 따라 기술혁신형 중소기업으로 선정된 기업의 디자인등록출원
7. 「발명진흥법」 제11조의2에 따라 직무발명보상 우수기업으로 인증된 기업의 디자인등록출원
7의2. 「발명진흥법」 제24조의2에 따라 지식재산 경영인증을 받은 중소기업의 디자인등록출원
7의3. 「산업디자인진흥법」 제6조에 따라 디자인이 우수한 상품으로 선정된 상품에 관한 디자인등록출원
8. 「국가연구개발혁신법」에 따른 국가연구개발사업의 결과물에 관한 디자인등록출원
9. 조약에 따른 우선권주장의 기초가 되는 디자인등록출원(해당 디자인등록출원을 기초로 하는 우선권주장에 의하여 외국 특허청에서 디자인에 관한 절차가 진행 중인 것으로 한정한다)
10. 디자인등록출원인이 디자인등록출원된 디자인을 실시하고 있거나 실시를 준비 중인 디자인등록출원
11. 삭제 〈2023. 12. 19.〉
12. 특허청장이 외국 특허청장과 우선심사하기로 합의한 디자인등록출원
13. 삭제 〈2023. 12. 19.〉
14. 인공지능, 사물인터넷 등 4차 산업혁명과 관련된 기술을 활용한 디자인등록출원

Ⅰ. 의의[267)268)]

일정 요건에 해당하는 디자인등록출원에 대하여, 출원 순위에 불구하고 우선하여 심사하는 것을 말한다.

---

267) 2023 개정 시행령에서 삭제된 우선심사 사유: (구 11호)전자거래와 직접 관련된 출원, (구 13호)전문기관에 선행디자인조사를 의뢰한 경우로서 조사결과를 특허청장에게 통지하도록 한 출원
268) 취지: 디자인보호법은 심사청구제도(특허법 제59조 참조)가 존재하지 않으며, 출원 순위에 따라 심사가 진행된다. 하지만 심사 지연으로 인해 공공의 이익이나 출원인의 권리 보호에 미흡할 수 있어 우선심사 제도를 두고 있다.

Ⅱ. 요건

1. 주체적 요건

출원인은 물론, **누구든지** 가능하다.[269]

2. 객체적 요건

(1) 출원공개 후, **출원인이 아닌 자**가 허락 없이 **업으로서 실시**하는 경우(제61조 제1항 제1호)
(2) 시행령 제6조에 따른 우선심사 사유에 해당하는 경우(제2호)

3. 시기적 요건

(1) 제1호: **출원공개 후**에 가능하다.
(2) 제2호: 출원공개 **전후를 불문**하고 우선심사를 신청할 수 있다.

4. 절차적 요건

(1) 우선심사신청서 및 우선심사신청설명서 제출

우선심사신청서를 특허청장에게 제출하여야 한다. 신청서에는 우선심사신청설명서를 첨부하여야 하며, 각 신청 사유에 해당하는 객관적인 증빙서류를 하나 이상 첨부하여야 한다.
※ 단, 국가 또는 지방자치단체의 출원의 경우에는, 특별한 사정이 없는 한 증빙서류 없이도 직무 관련 출원으로 인정된다.

(2) 출원 유형에 따른 신청 가능 범위

복수디자인등록출원의 경우: 출원된 디자인 **전부** 또는 **일부**에 대하여 우선심사를 신청할 수 있다.
국제디자인등록출원의 경우: 반드시 디자인 **전부**에 대하여 우선심사를 신청하여야 한다(제61조 제2항).

(3) 신청의 보정 및 보완

특허청장은 절차 보정 사유에 해당하면, 1개월 내 기간을 정해 보정 명령한다.
보완이 필요한 경우, 1개월 내 기간을 정해 보완을 지시한다.

(4) 신청의 각하

우선 신청 대상이 아닌 경우, 보완서 미제출, 출원 취하된 경우 신청각하통지를 발송한다.

(5) 우선심사 요건 충족 시

우선심사결정서를 발송한다. 단, **국제디자인**의 경우 **모든** 디자인이 요건을 충족해야 한다.

Ⅲ. 효과

결정서 발송일로부터 **45일 이내** 심사 착수한다.

---

269) 단, 국가 또는 지방자치단체의 직무에 관한 출원(「고등교육법」에 따른 국공립학교 포함)의 경우에는 해당 국가, 지방자치단체 또는 국공립학교 내 설치된 기술이전·사업화 전담조직만이 신청 가능하다. 법인이 아닌 기업의 경우, 그 대표자가 신청할 수 있다.

제9장 재심사, 심사관 관련 절차

제1절 재심사청구

디자인보호法

제64조(재심사의 청구) ① 디자인등록출원인은 그 디자인등록출원에 관하여 디자인등록거절결정(재심사에 따른 디자인등록거절결정은 제외한다) 등본을 송달받은 날부터 3개월(제17조제1항에 따라 제120조에 따른 기간이 연장된 경우에는 그 연장된 기간을 말한다) 이내에 제48조제1항부터 제3항까지의 규정에 따른 보정을 하여 디자인등록출원에 대하여 재심사를 청구할 수 있다. 다만, 제120조에 따른 심판청구가 있는 경우에는 그러하지 아니하다. 〈개정 2021. 10. 19.〉

② 디자인등록출원인은 제1항에 따른 재심사의 청구와 함께 의견서를 제출할 수 있다.

③ 제1항 본문에 따른 요건을 갖추어 재심사가 청구된 경우 그 디자인등록출원에 대하여 종전에 이루어진 디자인등록거절결정은 취소된 것으로 본다.

④ 제1항에 따른 재심사의 청구는 취하할 수 없다.

Ⅰ. 의의

출원인은 등록거절결정등본 송달일로부터 3개월(제17조에 따라 연장된 경우 그 연장 기간 내) 이내에 보정을 수반하여 재심사청구를 할 수 있다(제64조).

Ⅱ. 요건

(1) **주체적 요건**: 출원인이 할 수 있다.

(2) **객체적 요건**: i) [원칙] 거절결정[270] 받은 출원에 대해 할 수 있다.

　　ii) [예외] 이미 재심사청구를 한 경우, 제120조에 따른 거절결정불복심판이 청구된 경우 제외.

(3) **시기적 요건**: 거절결정등본 송달 후 **3개월** 이내 (제17조에 따라 연장된 경우 그 연장 기간 내)

(4) **절차적 요건**: i) 제48조 제1항부터 제3항까지의 보정을 필수적으로 수반해야 하며, ii) 선택적으로 의견서를 제출할 수 있다.

Ⅲ. 효과

(1) 재심사가 청구된 경우 종전의 **거절결정은 취소된 것**으로 본다.

(2) 재심사의 청구는 **취하할 수 없다.**

---

[270] 특허법(제67조의2)과 달리, 등록결정된 출원에 대해서는 재심사청구할 수 없다.

디자인보호法

제66조(직권보정) ① 심사관은 제65조에 따른 디자인등록결정을 할 때에 디자인등록출원서 또는 도면에 적힌 사항이 명백히 잘못된 경우에는 직권으로 보정(이하 "직권보정"이라 한다)을 할 수 있다. 이 경우 직권보정은 제48조제1항에 따른 범위에서 하여야 한다. 〈개정 2023. 6. 20.〉
② 제1항에 따라 심사관이 직권보정을 한 경우에는 제67조제2항에 따른 디자인등록결정 등본의 송달과 함께 그 직권보정 사항을 디자인등록출원인에게 알려야 한다.
③ 디자인등록출원인은 직권보정 사항의 전부 또는 일부를 받아들일 수 없는 경우에는 제79조제1항에 따라 디자인등록료를 낼 때까지 그 직권보정 사항에 대한 의견서를 특허청장에게 제출하여야 한다.
④ 디자인등록출원인이 제3항에 따라 의견서를 제출한 경우 해당 직권보정 사항의 전부 또는 일부는 처음부터 없었던 것으로 본다.
⑤ 제4항에 따라 직권보정의 전부 또는 일부가 처음부터 없었던 것으로 보는 경우 심사관은 그 디자인등록결정을 취소하고 처음부터 다시 심사하여야 한다.
⑥ 직권보정이 제48조제1항에 따른 범위를 벗어나거나 명백히 잘못되지 아니한 사항을 직권보정한 경우 그 직권보정은 처음부터 없었던 것으로 본다. 〈신설 2023. 6. 20.〉

I. 의의[271]

심사관은 디자인등록결정 시 출원서 또는 도면에 적힌 사항이 명백히 잘못된 경우, 직권으로 보정을 **할 수 있다**(제66조).

II. 요건

(1) **주체적 요건**: 심사관이 할 수 있다.
(2) **객체적 요건**: i) 출원서 또는 도면에 적힌 사항이 **명백히 잘못된 경우**에 할 수 있으며, ii) 제48조제1항의 보정 범위, 즉 **요지변경이 아닌 범위**에서 가능하다.
(3) **시기적 요건**: 등록결정 시[272]
(4) **흠결 시 취급**: 제48조 제1항에 따른 범위를 벗어나거나 명백히 잘못되지 아니한 사항을 직권보정한 경우, 그 직권보정은 **처음부터 없었던 것**으로 **본다**(제66조 제6항).

III. 절차

(1) 심사관이 디자인등록결정등본 송달과 함께 직권보정 사항을 출원인에게 **알려야 한다.**
(2) 출원인이 직권보정 사항의 전부 또는 일부를 받아들일 수 없는 경우
 1) 등록료를 낼 때까지 의견서를 특허청장에게 제출하여야 한다.

---

271) 취지: 경미한 하자극복 및 심사의 신속 위함이다.
272) 단, 국제디자인등록출원은 제외한다(제195조).

2) 해당 직권보정 사항(의 전부 또는 일부)은 처음부터 없었던 것으로 본다.

3) 심사관은 그 디자인등록결정을 취소하고 처음부터 다시 심사하여야 한다.

IV. '명백히 잘못된 경우'의 판단

1. 의미

"명백히 잘못된 경우"란 디자인의 설명, 도면의 기재 등을 참작하여 **출원인의 당초 의도를 명확히 알 수 있는 단순 오류**를 말하는 것으로 심사관 직권으로 보정하더라도 해당 디자인 등록 시 권리범위 해석이나 디자인의 실시에 영향이 없는 경우를 말한다.

2. '명백히 잘못된 경우'가 아닌 경우

도면의 명칭을 변경하는 경우, 도면의 명칭이 동일하더라도 도면번호가 변경되는 경우, 디자인의 설명과 도면이 일치하지 않는 경우 등

디자인보호法

제66조의2(디자인등록결정 이후의 직권 재심사) ① 심사관은 디자인등록결정을 한 출원에 대하여 명백한 거절이유를 발견한 경우에는 직권으로 디자인등록결정을 취소하고 그 디자인등록출원을 다시 심사(이하 "직권 재심사"라 한다)할 수 있다. 다만, 다음 각 호의 어느 하나에 해당하는 경우에는 그러하지 아니하다.
    1. 거절이유가 제35조제1항, 제37조제4항, 제40조부터 제42조까지에 해당하는 경우
    2. 그 디자인등록결정에 따라 디자인권이 설정등록된 경우
    3. 그 디자인등록출원이 취하되거나 포기된 경우
② 제1항에 따라 심사관이 직권 재심사를 하려면 디자인등록결정을 취소한다는 사실을 디자인등록출원인에게 통지하여야 한다.
③ 디자인등록출원인이 제2항에 따른 통지를 받기 전에 그 디자인등록출원이 제1항제2호 또는 제3호에 해당하게 된 경우에는 디자인등록결정의 취소는 처음부터 없었던 것으로 본다.
[본조신설 2021. 10. 19.]

Ⅰ. 의의[273]

심사관이 디자인등록결정을 한 출원에 대하여 명백한 거절이유를 발견한 경우, 직권으로 등록결정을 취소하고 다시 심사하는 제도이다(제66조의2).

Ⅱ. 요건

    (1) **주체적 요건:** 심사관이 할 수 있다.
    (2) **객체적 요건:** i) 등록결정을 한 출원에 대하여 **명백한 거절이유**를 발견한 경우에 가능하며, ii) 거절이유에서 **제35조 제1항**[274], **제37조 제4항, 제40조부터 제42조는 제외**된다.
    (3) **시기적 요건:** i) 등록결정 후 **등록료 납부 전까지** ii) 디자인권이 **설정등록**되거나 출원이 **취하 포기**되지 않을 것

Ⅲ. 절차 및 효과

    (1) 심사관이 직권 재심사를 하려면 등록결정 취소사실을 출원인에게 **통지하여야 한다.**
    (2) 출원인이 통지를 받기 전에 그 디자인등록출원이 설정등록되거나 취하포기되는 경우, 등록결정 취소는 **처음부터 없었던 것**으로 본다.

---

273) 취지: 무효 가능성을 사전에 차단하기 위함이다.
274) 2023년 시행 개정법에 따라 제35조제1항이 무효사유, 이의신청사유에 해당하게 되었지만, 현행법상 직권재심사 제도에 있어서는 여전히 다른 절차적 요건들처럼 명백한 거절이유에서 제외되는 대상으로 취급됩니다.

(3) 거절이유 통지의 특례 (제63조 제1항 제2호)

등록결정 이전에 통지했던 거절이유로 직권재심사를 통해 재차 거절통지하고자 할 경우에도, 거절이유를 다시 통지하여 의견서 제출기회를 주어야 한다.

보충 **명백한 거절이유의 의미**

명백한 거절이유란 등록결정된 디자인이 무효로 될 가능성이 있다는 정도로는 부족하고, 그 거절이유로 인해 등록결정된 디자인이 **무효될 것이 명백한 경우**에 한한다.

제4절 요약 및 특허법과 비교

(1) 재심사청구

	특허법 法67-2	디자인보호법 法64
취지	출원인 이익	
적용 요건 및 절차	출원인 보정서 필수적 제출, 의견서 선택적 제출 거절결정불복심판과 중복청구 불가	
	등록여부결정등본 송달 후 3개월 이내 (단, 설정등록 전)	**거절결정등본** 송달 후 3개월 이내
대상	등록결정, 거절결정된 디자인	**거절결정**된 디자인
효과	등록결정 취소 간주 재심사청구 취하 불가 이미 재심사청구 한 경우, 다시 재심사 청구 불가	

(2) 직권보정

	특허법 法66-2	디자인보호법 法66
취지	경미한 하자극복 및 심사의 신속	
적용요 건	등록결정 시 명백히 잘못된 경우일 것 명백히 잘못된 경우의 의미 **"출원인의 당초 의도를 명확히~"**	
	신규사항 추가 금지(法47②)	**요지변경 금지(法48①)**
대상	명세서, 도면, 요약서	출원서 및 도면의 기재사항
절차	1) 특허청장은 등록결정등본송달과 함께 직권보정사항을 출원인에게 알려야 함. 2) 출원인은 직권보정사항의 일부 또는 전부를 받아들일 수 없으면, 등록료 납부할 때까지 그 직권보정 사항에 대한 의견서를 특허청장에게 제출	
취급	의견서 제출한 경우 → 처음부터 없었던 것으로 봄	
	1) 이 경우 특허결정 함께 **취소 간주** (요약서 제외) 2) **신규사항추가금지** 위반 또는 **명백히 잘못된 사항 아닌 경우** 처음부터 없었던 것으로 봄.	1) 이 경우 등록결정 **취소**하고 **재심사해야 한다.** 2) **요지변경** 또는 **명백히 잘못된 사항 아닌 경우** 처음부터 없었던 것으로 봄.

(3) 직권재심사

	특허법 法66-3	디자인보호법 法66-2
취지	하자 있는 권리의 등록 방지	
적용요건	등록결정 후, 설정등록·취하포기되지 않은 출원 명백한 거절이유가 있을 것 명백한 거절이유의 의미 "무효 될 가능성으로는 부족하고, 무효로 될 것이 명백한"	
	절차상 사유 제외 제42조 제3항 제2호, 같은 조 제8항 및 45조	제35조 제1항, 제37조 제4항, 제40조~42조 제외
대상	명세서, 도면, 요약서	출원서 및 도면의 기재사항
절차	특허청장은 등록결정 취소 사실을 출원인에게 통지해야 한다.	
효과	등록결정을 취소하고 그 출원을 다시 심사할 수 있다.	

기출 지문 OX

1. 심사관은 디자인등록결정을 할 때에 디자인등록출원서 또는 도면에 적힌 사항이 명백히 잘못된 경우에는 직권으로 보정을 하여야 한다. 이 경우, 디자인등록결정 등본의 송달과 함께 그 직권보정 사항을 디자인등록출원인에게 알려야 한다. 59회   [○ | ×]

2. 심사관은 디자인등록결정을 할 때에 디자인등록출원서 또는 도면에 적힌 사항이 명백히 잘못된 경우에는 직권으로 보정을 하여야 한다. 이 경우, 디자인등록결정 등본의 송달과 함께 그 직권보정 사항을 디자인등록출원인에게 알려야 한다. 59회   [○ | ×]

3. 재심사에 따른 디자인등록거절결정이 있거나 디자인등록거절결정에 대한 심판청구가 있는 경우에는 재심사를 청구할 수 없다. 53회   [○ | ×]

4. 재심사가 청구된 경우, 해당 디자인등록출원에 대하여 종전에 이루어진 디자인등록거절결정은 취소된 것으로 간주되어 보정된 내용을 대상으로 심사가 이루어지게 되며, 재심사의 청구는 취하할 수 없다. 53회   [○ | ×]

정답 | 1. × 2. × 3. ○ 4. ○

제10장 기타 절차조문 (+심사조문)

〈기타 절차 조문 요약〉

	디자인보호법 조문 내용	특허법 대응조문
등록을 받을 수 있는 권리 (法54)	1) 디자인등록을 받을 권리: **이전 가능** (기본·관련디자인에 관한 권리 **함께 이전**) 2) **질권** 설정 **불가능** 3) **공유자**인 경우, 지분 양도는 **전원의 동의 필요**	특허법 제37조 동일
디자인등록을 받을 수 있는 권리의 승계 (法57)	1) **출원 전** 승계: 출원이 **제3자 대항요건** 2) 중복 승계 후 동일자 출원: 협의로 정한 자에게만 효력 발생 3) **출원 후** 승계: 출원인변경신고가 **효력발생요건** (상속 등 일반승계 제외) 4) 상속 등 **일반승계** 시, 지체 없이 특허청장에게 **신고 필요** 5) 출원 후 중복 승계 및 동일자 변경신고: 협의로 정한 자에게만 효력 발생 6) 제2항·제5항: 미신고시 협의의 불성립 간주	특허법 제38조 (단, 특허법과 달리 상속 및 기타 일반승계 신고가 효력발생요건 아님. ∵ 특허법 제38조 제5항 대응규정 없음)
전문기관의 지정 등 (法59)	1) **특허청장**은 필요시 전문기관에 선행디자인 조사 등을 의뢰 가능 2) 행정기관·전문기관·전문가에게 협조 요청 및 의견청취 가능, 수당 지급 가능 3) 전문기관 지정기준 및 의뢰 절차는 대통령령으로 정한다.	특허법 제58조 동일
전문기관 지정의 취소 등 (法60)	1) **부정한 방법**으로 지정받은 경우, **지정 취소**는 **의무사항** 2) 지정기준 미달 시, 지정 취소 또는 6개월 이내 업무정지 **가능** → 지정 취소 또는 업무정지 처분 전에는 청문 절차 필요	특허법 제58조의2 (단, 특허법과 달리 임직원의 비밀 누설 사유는 없음)
거절결정 (法62)	**거절이유** 1) **제3조1항** (디자인등록을 받을 수 있는 권리) 위반 2) **제27조**(외국인의 권리능력), **제33조**(신·창·확 등), **제34조**(부등록), **제35조**(관련), **제37조 제4항**(일부심사), **제39조**(공동출원), **제40조**(1디자인 등), **제41조**(복수), **제42조**(한벌), **제46조 제1항·제2항**(선출원)에 따라 디자인등록을 받을 수 없는 경우 3) **조약에 위반**된 경우 **일부심사거절이유** **선행디자인조사가 필요한 등록요건 제외**, 관련디자인은 62조 3항으로 판단, 정보제공시 모든 거절이유 가능 **복수디자인** 일부에 거절이유 있는 경우 일부만 거절결정	특허법 제62조와 대응되나, 차이 有
거절이유 통지 (法63)	1) 거절결정 전 거절이유통지하며 의견서 제출 기회 부여 2) **직권재심사**로 등록결정이 취소된 경우, **기통지된 거절이유**에 대해서도 의견 제출 기회 부여 3) 복수디자인 중 일부에 거절이유 있을 경우, 일련번호·물품·이유 구체적 명시	특허법 제63조와 대응되나, 차이 有
디자인등록 결정 (法65)	1) 거절이유가 없으면 디자인등록결정 2) 복수디자인 중 일부 디자인만 등록결정 가능	특허법 제66조
심사 또는 소송 중지 (法77)	1) **심사관**은 필요시 심결 확정 또는 소송 완결까지 심사 절차 **중지 가능** 2) **법원**도 필요시 소송 절차 **중지 가능** 3) 중지에 대한 **불복 불가**	특허법 제78조 동일

제54조(디자인등록을 받을 수 있는 권리의 이전 등) ① 디자인등록을 받을 수 있는 권리는 이전할 수 있다. 다만, 기본디자인등록을 받을 수 있는 권리와 관련디자인등록을 받을 수 있는 권리는 함께 이전하여야 한다.
② 디자인등록을 받을 수 있는 권리는 질권의 목적으로 할 수 없다.
③ 디자인등록을 받을 수 있는 권리가 공유인 경우에는 각 공유자는 다른 공유자 모두의 동의를 받지 아니하면 그 지분을 양도할 수 없다.

제57조(디자인등록을 받을 수 있는 권리의 승계) ① 디자인등록출원 전에 디자인등록을 받을 수 있는 권리의 승계에 대하여는 그 승계인이 디자인등록출원을 하지 아니하면 제3자에게 대항할 수 없다.
② 같은 자로부터 디자인등록을 받을 수 있는 권리를 승계한 자가 2 이상인 경우로서 같은 날에 2 이상의 디자인등록출원이 있을 때에는 디자인등록출원인이 협의하여 정한 자에게만 승계의 효력이 발생한다.
③ 디자인등록출원 후에는 디자인등록을 받을 수 있는 권리의 승계는 상속이나 그 밖의 일반승계의 경우를 제외하고는 디자인등록출원인 변경신고를 하지 아니하면 그 효력이 발생하지 아니한다.
④ 디자인등록을 받을 수 있는 권리의 상속이나 그 밖의 일반승계가 있는 경우에는 승계인은 지체 없이 그 취지를 특허청장에게 신고하여야 한다.
⑤ 같은 자로부터 디자인등록을 받을 수 있는 권리를 승계한 자가 2 이상인 경우로서 같은 날에 2 이상의 디자인등록출원인 변경신고가 있을 때에는 신고를 한 자 간에 협의하여 정한 자에게만 신고의 효력이 발생한다.
⑥ 제2항 및 제5항의 경우에는 제46조제5항을 준용한다.

제59조(전문기관의 지정 등) ① 특허청장은 디자인등록출원을 심사할 때에 필요하다고 인정하면 전문기관을 지정하여 선행디자인의 조사, 그 밖에 대통령령으로 정하는 업무를 의뢰할 수 있다.
② 특허청장은 디자인등록출원의 심사에 필요하다고 인정하는 경우에는 관계 행정기관, 해당 디자인 분야의 전문기관 또는 디자인에 관한 지식과 경험이 풍부한 사람에게 협조를 요청하거나 의견을 들을 수 있다. 이 경우 특허청장은 예산의 범위에서 수당 또는 비용을 지급할 수 있다.
③ 제1항에 따른 전문기관의 지정기준, 선행디자인의 조사 등의 의뢰에 필요한 사항은 대통령령으로 정한다.

제60조(전문기관 지정의 취소 등) ① 특허청장은 제59조제1항에 따른 전문기관이 제1호에 해당하는 경우에는 그 지정을 취소하여야 하며, 제2호에 해당하는 경우에는 그 지정을 취소하거나 6개월 이내의 기간을 정하여 업무의 전부 또는 일부의 정지를 명할 수 있다.
　1. 거짓이나 그 밖의 부정한 방법으로 지정을 받은 경우
　2. 제59조제3항에 따른 지정기준에 맞지 아니하게 된 경우
② 특허청장은 제1항에 따라 지정을 취소하거나 업무정지를 명하려면 청문을 하여야 한다.
③ 제1항에 따른 처분의 세부 기준과 절차 등에 관하여 필요한 사항은 산업통상자원부령으로 정한다.

제62조(디자인등록거절결정) ① 심사관은 디자인심사등록출원이 다음 각 호의 어느 하나에 해당하는 경우에는 디자인등록거절결정을 하여야 한다.
　1. 제3조제1항 본문에 따른 디자인등록을 받을 수 있는 권리를 가지지 아니하거나 같은 항 단서에 따라 디자인등록을 받을 수 없는 경우
　2. 제27조, 제33조부터 제35조까지, 제37조제4항, 제39조부터 제42조까지 및 제46조제1항·제2항에 따라 디자인등록을 받을 수 없는 경우
　3. 조약에 위반된 경우
② 심사관은 디자인일부심사등록출원이 다음 각 호의 어느 하나에 해당하는 경우에는 디자인등록거절결정을 하여야 한다.
　1. 제3조제1항 본문에 따른 디자인등록을 받을 수 있는 권리를 가지지 아니하거나 같은 항 단서에 따라 디자인등록을 받을 수 없는 경우
　2. 제27조, 제33조(제1항 각 호 외의 부분 및 제2항제2호만 해당한다), 제34조, 제37조제4항 및 제39조부터 제42조까지의 규정에 따라 디자인등록을 받을 수 없는 경우
　3. 조약에 위반된 경우
③ 심사관은 디자인일부심사등록출원으로서 제35조에 따른 관련디자인등록출원이 제2항 각 호의 어느 하나 또는 다음 각 호의 어느 하나에 해당하는 경우에는 디자인등록거절결정을 하여야 한다. 〈개정 2023. 6. 20.〉
　1. 디자인등록을 받은 관련디자인 또는 디자인등록출원된 관련디자인을 기본디자인으로 표시한 경우
　2. 기본디자인의 디자인권이 소멸된 경우

3. 기본디자인의 디자인등록출원이 무효·취하·포기되거나 디자인등록거절결정이 확정된 경우
4. 관련디자인의 디자인등록출원인이 기본디자인의 디자인권자 또는 기본디자인의 디자인등록출원인과 다른 경우
5. 기본디자인과 유사하지 아니한 경우
6. 기본디자인의 디자인등록출원일부터 3년이 지난 후에 디자인등록출원된 경우
7. 제35조제3항에 따라 디자인등록을 받을 수 없는 경우
④ 심사관은 디자인일부심사등록출원에 관하여 제55조에 따른 정보 및 증거가 제공된 경우에는 제2항에도 불구하고 그 정보 및 증거에 근거하여 디자인등록거절결정을 할 수 있다.
⑤ 심사관은 디자인일부심사등록출원이 제33조제1항 각 호에 해당하거나 제46조제1항·제2항에 따라 디자인등록을 받을 수 없음이 명백한 경우에는 제2항에도 불구하고 디자인등록거절결정을 할 수 있다. 〈개정 2025.5.27, 시행 2025.11.28.〉
⑥ 복수디자인등록출원에 대하여 제1항부터 제3항까지의 규정에 따라 디자인등록거절결정을 할 경우 일부 디자인에만 거절이유가 있으면 그 일부 디자인에 대하여만 디자인등록거절결정을 할 수 있다.

제63조(거절이유통지) ① 심사관은 다음 각 호의 어느 하나에 해당하는 경우에는 디자인등록출원인에게 미리 거절이유(제62조제1항부터 제3항까지에 해당하는 이유를 말하며, 이하 "거절이유"라 한다)를 통지하고 기간을 정하여 의견서를 제출할 수 있는 기회를 주어야 한다. 〈개정 2021. 10. 19.〉
    1. 제62조에 따라 디자인등록거절결정을 하려는 경우
    2. 제66조의2제1항에 따른 직권 재심사를 하여 취소된 디자인등록결정 전에 이미 통지한 거절이유로 디자인등록거절결정을 하려는 경우
② 복수디자인등록출원된 디자인 중 일부 디자인에 대하여 거절이유가 있는 경우에는 그 디자인의 일련번호, 디자인의 대상이 되는 물품 및 거절이유를 구체적으로 적어야 한다.

제65조(디자인등록결정) 심사관은 디자인등록출원에 대하여 거절이유를 발견할 수 없을 때에는 디자인등록결정을 하여야 한다. 이 경우 복수디자인등록출원된 디자인 중 일부 디자인에 대하여 거절이유를 발견할 수 없을 때에는 그 일부 디자인에 대하여 디자인등록결정을 하여야 한다.

제76조(심판규정의 심사에의 준용) 디자인등록출원의 심사에 관하여는 제135조(제6호는 제외한다)를 준용한다. 이 경우 "심판"은 "심사"로, "심판관"은 "심사관"으로 본다.

제77조(심사 또는 소송절차의 중지) ① 심사관은 디자인등록출원의 심사에 필요한 경우에는 심결이 확정될 때까지 또는 소송절차가 완결될 때까지 그 절차를 중지할 수 있다.
② 법원은 필요한 경우에는 디자인등록출원에 대한 결정이 확정될 때까지 그 소송절차를 중지할 수 있다.
③ 제1항 및 제2항에 따른 중지에 대하여는 불복할 수 없다.

선별
디자인보호법

제7편

디자인권 및 등록 후 법률관계

제1장

등록료 및 디자인등록

〈디자인 등록 조문 요약〉

	디자인보호법 조문 내용	특허법 대응조문
등록료 납부 **(法79)**	1) 설정등록료(3년분)는 **일시에 납부**해야 한다. 2) 연차등록료(4년차분 이후)는 **1년분씩 납부**하거나, **수년분 또는 전부 일괄납부**할 수 있다.	특허법 제79조 동일
납부자 및 **납부기간**	1) 설정등록을 받고자 하는 자, 권리자(法79), 이해관계인(法81) 2) 이해관계인은 권리자의 의사와 관계없이 납부 가능, 현재 이익 한도에서 상환청구 가능 3) **등록료는 등록결정서 또는 심결등본을 받은 날부터 3개월 이내**에 납부해야 한다.	특허법 제80조 동일
추가납부제도 **(法82)**	납부기간 **경과일로부터 6개월 이내**에 가산금(2배 이내)을 포함하여 납부 가능	특허법 제81조 동일
보전명령 **(法83)**	1) 특허청장은 **등록료 일부가 납부되지 않은 경우, 보전을 명하여야 하며,** 2) 보전명령을 받은 자는 **그 날부터 1개월 이내**에 **미납액을 보전**할 수 있다(2배 이내 가산금 포함).	특허법 제81-2조 동일
미납부 시 효과 **(法82③)**	1) 등록료 미납 시 출원은 **포기**한 것으로 본다. (=간주) 2) 연차료 미납 시에는 납부기한 **다음날로** 소급하여 권리 **소멸 간주**	특허법 제81조 동일
권리 회복 **(法84)**	1) **정당한 사유**로 인해 추가납부 또는 보전을 하지 못한 경우, 사유가 소멸한 날로부터 **2개월** 이내, '납부기한 만료일 또는 보전기간 경과일' 중 늦은 날로부터 **1년** 이내에 **납부 또는 보전** 가능 2) 권리가 소멸된 경우에도, 만료일로부터 **3개월** 이내에 **회복 신청 가능** (2배 가산금)	특허법 제81-3조 동일
회복 시 효과	디자인권은 계속 존속하고 있었던 것으로 간주 (法84③)	특허법 제81-3조 동일
회복된 권리의 **효력제한 및** **통상실시권** **발생**	**추가납부기간 또는 (보전기간이 경과한 날)**부터 **실제 납부 또는 보전한 날**까지의 기간 동안, 타인의 등록디자인 실시 효력이 제한된다. (法84④) 효력제한기간 중 **선의**의 실시자에게 **유상**의 통상실시권 발생한다. (法84⑤⑥)	특허법 제81-3조 동일
수수료 **(法85)**	디자인에 관한 절차를 밟는 자는 수수료를 내야 한다.	특허법 제82조 대응 단, 특허법 法82② (제3자 심사청구)에 대한 대응조문 없음 ∵ 디자인보호법상 심사청구 無
등록료 및 **수수료 면제** **(法86①)**	**면제대상** 1) 국가에 속하는 출원 또는 디자인권의 등록료 및 수수료 2) 심사관의 무효심판청구에 대한 수수료	특허법 제83조 동일 단, 특허법보다 무효심판의 개수 적음 ∵ 정정, 존속기간연장 無

등록료 및 수수료 감면 (法86②③④)	**감면대상** 1) 국민기초생활 보장법상 의료급여 수급자 2) 재난사태 또는 특별재난지역에 거주하거나 주된 사무소를 두는 자 (개인, 소상공인) 3) 그 밖에 산업통상자원부령으로 정하는 자 **방법:** 특허청장에게 서류 제출 (제4항) **부정한 방법에 대한 조치:** 감면을 거짓 그 밖의 부정한 방법으로 받은 자에 대하여 감면받은 등록료 및 수수료의 **2배액**을 징수할 수 있다	특허법 제83조 동일
청구에 따른 등록료 및 수수료 반환 (法87)	**반환 가능 사유** 1) **잘못 납부**된 등록료 및 수수료 2) **무효**심결 확정·**취소**결정 확정·디자인권 **포기**한 해의 **다음 해**부터의 등록료 3) 출원 후 **1개월** 이내에 출원 **취하포기** 시 　출원료, 우선권주장신청료, 비밀디자인 청구료, 출원공개 신청료 　(제외 대상: 우선심사신청이 있는 출원, 분할출원 또는 그 <u>선출원</u>, <u>거절이유통</u> 　<u>지</u>된 출원, <u>등록결정</u>된 출원) 4) 심판을 통해 보정각하결정, 거절결정, 등록취소결정이 취소된 경우 심판청구료 (단, 심판 청구 후 보정이 있는 경우 제외) 5) 심판청구서 각하결정 확정/ 심리종결통지 전 심판청구 취하 　심판청구료의 **2분의 1** 6) 참가신청이 결정으로 거부/ 심리종결통지 전 참가신청 취하 　참가신청료의 **2분의 1** **통지:** 특허청장 또는 특허심판원장은 위 사유에 해당하는 경우 　　　그 사실을 납부한 자에게 **통지**하여야 한다. **반환 청구 가능 기간:** 통지를 받은 날부터 **5년**	특허법 제84조와 일부 사유 차이 i) 존속기간연장 등록무효심판 관련 사유 없음 ii) 심사청구료 관련 사유 없음 iii) 3호 사유에서, 분할출원의 선출원, 거절이유통지된 출원, 등록결정된 출원도 제외 대상이 됨. iv) 3호 사유에서, 비밀디자인 청구료와 출원공개 신청료 추가됨.
등록원부 (法88)	**등록원부 기재사항** 1) 디자인권의 설정·이전·소멸·**회복**·처분의 제한 2) 전용·통상실시권의 설정·보존·이전·**변경**·소멸·처분의 제한 3) (디자인권·전용·통상실시권 목적의) 질권의 설정·이전·변경·소멸·처분의 제한 **방식: 전자적 기록매체 등**으로 작성 가능	특허법 제85조 동일 (단, 명세서 등에 대한 특허법 法85④ 규정과 대응조문 없음)
등록증 (法89)	1) 특허청장은 디자인권의 설정등록 시 등록증 발급 2) 등록원부 등과 맞지 아니할 때에는 **신청·직권**으로 정정발급하거나 새로운 등록증을 발급	특허법 제86조 동일 (단, 새로운 등록증 발급사유에 대한 특허법 法86③ 규정과 대응조문 없음)

제4장 등록료 및 디자인등록 등

제79조(디자인등록료) ① 제90조제1항에 따른 디자인권의 설정등록을 받으려는 자는 설정등록을 받으려는 날부터 3년분의 디자인등록료(이하 "등록료"라 한다)를 내야 하며, 디자인권자는 그 다음 해부터의 등록료를 그 권리의 설정등록일에 해당하는 날을 기준으로 매년 1년분씩 내야 한다.

② 제1항에도 불구하고 디자인권자는 그 다음 해부터의 등록료는 그 납부연도 순서에 따라 수년분 또는 모든 연도분을 함께 낼 수 있다.

③ 제1항 및 제2항에 따른 등록료, 그 납부방법 및 납부기간, 그 밖에 필요한 사항은 산업통상자원부령으로 정한다.

제80조(등록료를 납부할 때의 디자인별 포기) ① 복수디자인등록출원에 대한 디자인등록결정을 받은 자가 등록료를 낼 때에는 디자인별로 포기할 수 있다.

② 제1항에 따른 디자인의 포기에 필요한 사항은 산업통상자원부령으로 정한다.

제81조(이해관계인의 등록료 납부) ① 이해관계인은 등록료를 내야 할 자의 의사와 관계없이 등록료를 낼 수 있다.

② 이해관계인이 제1항에 따라 등록료를 낸 경우에는 내야 할 자가 현재 이익을 얻는 한도에서 그 비용의 상환을 청구할 수 있다.

제82조(등록료의 추가납부 등) ① 디자인권의 설정등록을 받으려는 자 또는 디자인권자는 제79조제3항에 따른 등록료 납부기간이 지난 후에도 6개월 이내(이하 "추가납부기간"이라 한다)에 등록료를 추가납부할 수 있다.

② 제1항에 따라 등록료를 추가납부할 때에는 내야 할 등록료의 2배의 범위에서 산업통상자원부령으로 정하는 금액을 내야 한다.

③ 추가납부기간에 등록료를 내지 아니한 경우(추가납부기간이 끝나더라도 제83조제2항에 따른 보전기간이 끝나지 아니한 경우에는 그 보전기간에 보전하지 아니한 경우를 말한다)에는 디자인권의 설정등록을 받으려는 자의 디자인등록출원은 포기한 것으로 보며, 디자인권자의 디자인권은 제79조제1항 또는 제2항에 따라 낸 등록료에 해당하는 기간이 끝나는 날의 다음 날로 소급하여 소멸된 것으로 본다.

제83조(등록료의 보전) ① 특허청장은 디자인권의 설정등록을 받으려는 자 또는 디자인권자가 제79조제3항 또는 제82조제1항에 따른 기간 이내에 등록료의 일부를 내지 아니한 경우에는 등록료의 보전(補塡)을 명하여야 한다.

② 제1항에 따라 보전명령을 받은 자는 그 보전명령을 받은 날부터 1개월 이내(이하 "보전기간"이라 한다)에 등록료를 보전할 수 있다.

③ 제2항에 따라 등록료를 보전하는 자는 내지 아니한 금액의 2배의 범위에서 산업통상자원부령으로 정하는 금액을 내야 한다.

제84조(등록료의 추가납부 또는 보전에 의한 디자인등록출원과 디자인권의 회복 등) ① 디자인권의 설정등록을 받으려는 자 또는 디자인권자가 정당한 사유로 추가납부기간 내에 등록료를 내지 아니하였거나 보전기간 내에 보전하지 아니한 경우에는 그 사유가 종료된 날부터 2개월 이내에 그 등록료를 내거나 보전할 수 있다. 다만, 추가납부기간의 만료일 또는 보전기간의 만료일 중 늦은 날부터 1년이 지났을 때에는 그러하지 아니하다. 〈개정 2021. 10. 19.〉

② 제1항에 따라 등록료를 내거나 보전한 자는 제82조제3항에도 불구하고 그 디자인등록출원을 포기하지 아니한 것으로 보며, 그 디자인권은 계속하여 존속하고 있던 것으로 본다.

③ 추가납부기간 내에 등록료를 내지 아니하였거나 보전기간 내에 보전하지 아니하여 등록디자인의 디자인권이 소멸한 경우 그 디자인권자는 추가납부기간 또는 보전기간 만료일부터 3개월 이내에 등록료의 2배를 내고 그 소멸한 권리의 회복을 신청할 수 있다. 이 경우 그 디자인권은 계속하여 존속하고 있던 것으로 본다. 〈개정 2016. 1. 27.〉

④ 제2항 또는 제3항에 따른 디자인등록출원 또는 디자인권의 효력은 등록료 추가납부기간이 지난 날부터 등록료를 내거나 보전한 날까지의 기간(이하 "효력제한기간"이라 한다) 중에 다른 사람이 그 디자인 또는 이와 유사한 디자인을 실시한 행위에 대하여는 효력이 미치지 아니한다.

⑤ 효력제한기간 중 국내에서 선의로 제2항 또는 제3항에 따른 디자인등록출원된 디자인, 등록디자인 또는 이와 유사한 디자인을 업으로 실시하거나 이를 준비하고 있는 자는 그 실시하거나 준비하고 있는 디자인 및 사업목적의 범위에서 그 디자인권에 대하여 통상실시권을 가진다.

⑥ 제5항에 따라 통상실시권을 갖는 자는 디자인권자 또는 전용실시권자에게 상당한 대가를 지급하여야 한다.

제85조(수수료) ① 디자인에 관한 절차를 밟는 자는 수수료를 내야 한다.

② 제1항에 따른 수수료, 그 납부방법 및 납부기간, 그 밖에 필요한 사항은 산업통상자원부령으로 정한다.

제86조(등록료 및 수수료의 감면) ① 특허청장은 다음 각 호의 어느 하나에 해당하는 등록료 및 수수료는 제79조 및 제85조에도 불구하고 면제한다.

　　1. 국가에 속하는 디자인등록출원 또는 디자인권에 관한 등록료 및 수수료

　　2. 제121조제1항에 따라 심사관이 청구한 무효심판에 대한 수수료

② 특허청장은 다음 각 호의 어느 하나에 해당하는 자가 한 디자인등록출원 또는 그 디자인등록출원하여 받은 디자인권에 대하여는 제79조 및 제85조에도 불구하고 산업통상자원부령으로 정하는 등록료 및 수수료를 감면할 수 있다.〈개정 2014. 1. 21., 2016. 1. 27., 2021. 8. 17.〉

　　1. 「국민기초생활 보장법」에 따른 의료급여 수급자

　　2. 「재난 및 안전관리 기본법」 제36조에 따른 재난사태 또는 같은 법 제60조에 따른 특별재난지역으로 선포된 지역에 거주하거나 주된 사무소를 두고 있는 자 중 산업통상자원부령으로 정하는 요건을 갖춘 자

　　3. 그 밖에 산업통상자원부령으로 정하는 자

③ 특허청장은 제2항에 따른 등록료 및 수수료의 감면을 거짓이나 그 밖의 부정한 방법으로 받은 자에 대하여는 산업통상자원부령으로 정하는 바에 따라 감면받은 등록료 및 수수료의 2배액을 징수할 수 있다. 이 경우 그 출원인 또는 디자인권자가 하는 디자인등록출원 또는 그 디자인등록출원을 하여 받은 디자인권에 대하여는 산업통상자원부령으로 정하는 기간 동안 제2항을 적용하지 아니한다.〈신설 2021. 8. 17.〉

④ 제2항에 따라 등록료 및 수수료를 감면받으려는 자는 산업통상자원부령으로 정하는 서류를 특허청장에게 제출하여야 한다.〈개정 2021. 8. 17.〉

제87조(등록료 및 수수료의 반환) ① 납부된 등록료 및 수수료는 다음 각 호의 어느 하나에 해당하는 경우에는 납부한 자의 청구에 의하여 반환한다.〈개정 2016. 1. 27., 2021. 8. 17.〉

　　1. 잘못 납부된 등록료 및 수수료

　　2. 디자인등록취소결정 또는 디자인등록을 무효로 한다는 심결이 확정되거나 디자인권을 포기한 해의 다음 해부터의 등록료 해당분

　　3. 디자인등록출원 후 1개월 이내에 그 디자인등록출원을 취하하거나 포기한 경우 이미 낸 수수료 중 디자인등록출원료, 우선권주장 신청료, 비밀디자인 청구료 및 출원공개 신청료. 다만, 다음 각 목의 어느 하나에 해당하는 디자인등록출원의 경우에는 그러하지 아니하다.

　　　가. 분할출원 또는 분할출원의 기초가 된 디자인등록출원

　　　나. 제61조제1항에 따라 우선심사의 신청을 한 디자인등록출원

　　　다. 심사관이 제63조에 따라 거절이유를 통지하거나 제65조에 따라 디자인등록결정을 한 디자인등록출원

　　4. 제157조제1항에 따라 보정각하결정, 디자인등록거절결정 또는 디자인등록취소결정이 취소된 경우(제164조에 따라 재심의 절차에서 준용되는 경우를 포함하되, 심판 또는 재심 중 제48조제4항제3호에 따른 보정 또는 제124조제1항에 따라 준용되는 제48조제4항제1호에 따른 보정이 있는 경우는 제외한다)에 이미 낸 수수료 중 심판청구료(재심의 경우에는 재심청구료를 말한다. 이하 이 조에서 같다)

　　5. 심판청구가 제128조제2항에 따라 결정으로 각하되고 그 결정이 확정된 경우(제164조에 따라 재심의 절차에서 준용되는 경우를 포함한다)에 이미 낸 수수료 중 심판청구료의 2분의 1에 해당하는 금액

　　6. 심리의 종결을 통지받기 전까지 제143조제1항에 따른 참가신청을 취하한 경우(제164조에 따라 재심의 절차에서 준용되는 경우를 포함한다)에 이미 낸 수수료 중 참가신청료의 2분의 1에 해당하는 금액

　　7. 제143조제1항에 따른 참가신청이 결정으로 거부된 경우(제164조에 따라 재심의 절차에서 준용되는 경우를 포함한다)에 이미 낸 수수료 중 참가신청료의 2분의 1에 해당하는 금액

　　8. 심리의 종결을 통지받기 전까지 심판청구를 취하한 경우(제164조에 따라 재심의 절차에서 준용되는 경우를 포함한다)에 이미 낸 수수료 중 심판청구료의 2분의 1에 해당하는 금액

② 특허청장 또는 특허심판원장은 납부된 등록료 및 수수료가 제1항 각 호의 어느 하나에 해당하는 경우에는 그 사실을 납부한 자에게 통지하여야 한다.〈개정 2016. 1. 27.〉

③ 제1항에 따른 등록료 및 수수료의 반환청구는 제2항에 따른 통지를 받은 날부터 5년이 지나면 할 수 없다.〈개정 2022. 10. 18.〉

제88조(디자인등록원부) ① 특허청장은 특허청에 디자인등록원부를 갖추어 두고 다음 각 호의 사항을 등록한다.

　　1. 디자인권의 설정·이전·소멸·회복 또는 처분의 제한

　　2. 전용실시권 또는 통상실시권의 설정·보존이전·변경·소멸 또는 처분의 제한

　　3. 디자인권·전용실시권 또는 통상실시권을 목적으로 하는 질권의 설정·이전·변경·소멸 또는 처분의 제한

② 제1항에 따른 디자인등록원부는 그 전부 또는 일부를 전자적 기록매체 등으로 작성할 수 있다.

③ 제1항 및 제2항에서 규정한 사항 외에 등록사항 및 등록절차 등에 관하여 필요한 사항은 대통령령으로 정한다.

제89조(디자인등록증의 발급) ① 특허청장은 디자인권의 설정등록을 하였을 때에는 산업통상자원부령으로 정하는 바에 따라 디자인권자에게 디자인등록증을 발급하여야 한다.

② 특허청장은 디자인등록증이 디자인등록원부나 그 밖의 서류와 맞지 아니할 때에는 신청에 의하여 또는 직권으로 디자인등록증을 회수하여 정정발급하거나 새로운 디자인등록증을 발급하여야 한다.

③ 특허청장은 제96조의2제2항에 따라 디자인권이 이전등록된 경우 새로운 등록증을 발급하여야 한다.

기출 지문 OX

1. 연차등록료의 납부기한과 추가납부기간이 경과한 디자인권자의 디자인권은 그 존속기간 만료 전이라도 소멸될 수 있으나, 소멸일로부터 6개월 내에 연차등록료의 2배를 내고 소멸한 권리의 회복을 신청할 수 있다. 60회　　　　　　　　　　　　　　　　　　　　　　　　　　　[○ | ×]

2. 추가납부기간 내에 등록료를 내지 아니하였거나 보전기간 내에 보전하지 아니하여 등록디자인의 디자인권이 소멸한 경우 그 디자인권자는 추가납부기간 또는 보전기간 만료일부터 3개월 이내에 등록료의 2배를 내고 그 소멸한 권리의 회복을 신청할 수 있다. 62회　　　　　　　　　　　　　　　　　[○ | ×]

3. 디자인등록출원 후 3개월 이내에 그 디자인등록출원을 취하하거나 포기한 경우 이미 낸 수수료 중 비밀디자인 청구료, 출원공개 신청료는 납부한 자의 청구에 의하여 반환한다. 62회　　　　　　　　[○ | ×]

4. 등록료 및 수수료의 반환청구는 특허청장 또는 특허심판원장이 납부된 등록료 또는 수수료가 반환 사유에 해당한다는 사실을 납부한 자에게 통지한 경우에 통지를 받은 날부터 3년이 지나면 할 수 없다. 62회

　　　　　　　　　　　　　　　　　　　　　　　　　　　　　　　　　　　[○ | ×]

정답 | 1. × 2. ○ 3. × 4. ×

디자인보호法

제68조(디자인일부심사등록 이의신청) ① 누구든지 디자인일부심사등록출원에 따라 디자인권이 설정등록된 날부터 디자인일부심사등록 공고일 후 3개월이 되는 날까지 또는 디자인권 침해에 관한 통지를 받은 자는 그 통지를 받은 날부터 3개월이 되는 날까지 그 디자인일부심사등록이 다음 각 호의 어느 하나에 해당하는 것을 이유로 특허청장에게 디자인일부심사등록 이의신청을 할 수 있으며, 이 경우 복수디자인등록출원된 디자인등록에 대하여는 각 디자인마다 디자인일부심사등록 이의신청을 하여야 한다. 다만, 그 디자인권 침해에 관한 통지를 받은 것을 이유로 이의신청을 하는 경우에는 디자인일부심사등록 공고일부터 1년이 지나면 이의신청을 할 수 없다. 〈개정 2023. 6. 20., 2025. 5. 27.〉
  1. 제3조제1항 본문에 따른 디자인등록을 받을 수 있는 권리를 가지지 아니하거나 같은 항 단서에 따라 디자인등록을 받을 수 없는 경우
  2. 제27조, 제33조부터 제35조까지, 제39조 및 제46조제1항·제2항에 위반된 경우
  3. 조약에 위반된 경우
② 디자인일부심사등록 이의신청을 하는 자(이하 "이의신청인"이라 한다)는 다음 각 호의 사항을 적은 디자인일부심사등록 이의신청서에 필요한 증거를 첨부하여 특허청장에게 제출하여야 한다.〈개정 2013. 7. 30.〉
  1. 이의신청인의 성명 및 주소(법인인 경우에는 그 명칭 및 영업소의 소재지)
  2. 이의신청인의 대리인이 있는 경우에는 그 대리인의 성명 및 주소나 영업소의 소재지(대리인이 특허법인·특허법인(유한)인 경우에는 그 명칭, 사무소의 소재지 및 지정된 변리사의 성명)
  3. 디자인일부심사등록 이의신청의 대상이 되는 등록디자인의 표시
  4. 디자인일부심사등록 이의신청의 취지
  5. 디자인일부심사등록 이의신청의 이유 및 필요한 증거의 표시
③ 심사장은 디자인일부심사등록 이의신청이 있을 때에는 디자인일부심사등록 이의신청서 부본(副本)을 디자인일부심사등록 이의신청의 대상이 된 등록디자인의 디자인권자에게 송달하고 기간을 정하여 답변서를 제출할 기회를 주어야 한다.
④ 디자인일부심사등록 이의신청에 관하여는 제121조제4항을 준용한다.

제69조(디자인일부심사등록 이의신청 이유 등의 보정) 이의신청인은 디자인일부심사등록 이의신청을 한 날부터 30일 이내에 디자인일부심사등록 이의신청서에 적은 이유 또는 증거를 보정할 수 있다.

제70조(심사결정의 합의체) ① 디자인일부심사등록 이의신청은 심사관 3명으로 구성되는 심사관합의체에서 심사결정한다.
② 특허청장은 각 디자인일부심사등록 이의신청에 대하여 심사관합의체를 구성할 심사관을 지정하여야 한다.
③ 특허청장은 제2항에 따라 지정된 심사관 중 1명을 심사장으로 지정하여야 한다.
④ 심사관합의체 및 심사장에 관하여는 제131조제2항, 제132조제2항 및 제133조제2항·제3항을 준용한다.

제71조(디자인일부심사등록 이의신청 심사에서의 직권심사) ① 디자인일부심사등록 이의신청에 관한 심사를 할 때에는 디자인권자나 이의신청인이 주장하지 아니한 이유에 대하여도 심사할 수 있다. 이 경우 디자인권자나 이의신청인에게 기간을 정하여 그 이유에 관하여 의견을 진술할 수 있는 기회를 주어야 한다.
② 디자인일부심사등록 이의신청에 관한 심사를 할 때에는 이의신청인이 신청하지 아니한 등록디자인에 관하여는 심사할 수 없다.

제72조(디자인일부심사등록 이의신청의 병합 또는 분리) 심사관합의체는 2 이상의 디자인일부심사등록 이의신청을 병합하거나 분리하여 심사결정할 수 있다.

제73조(디자인일부심사등록 이의신청에 대한 결정) ① 심사관합의체는 제68조제3항 및 제69조에 따른 기간이 지난 후에 디자인일부심사등록 이의신청에 대한 결정을 하여야 한다.
② 심사장은 이의신청인이 그 이유 및 증거를 제출하지 아니한 경우에는 제68조제3항에도 불구하고 제69조에 따른 기간이 지난 후에 결정으로 디자인일부심사등록 이의신청을 각하할 수 있다.

③ 심사관합의체는 디자인일부심사등록 이의신청이 이유 있다고 인정될 때에는 그 등록디자인을 취소한다는 취지의 결정(이하 "디자인등록취소결정"이라 한다)을 하여야 한다.

④ 디자인등록취소결정이 확정된 때에는 그 디자인권은 처음부터 없었던 것으로 본다.

⑤ 심사관합의체는 디자인일부심사등록 이의신청이 이유 없다고 인정될 때에는 그 이의신청을 기각한다는 취지의 결정(이하 "이의신청기각결정"이라 한다)을 하여야 한다.

⑥ 디자인일부심사등록 이의신청에 대한 각하결정 및 이의신청기각결정에 대하여는 불복할 수 없다.

제74조(디자인일부심사등록 이의신청에 대한 결정방식) ① 디자인일부심사등록 이의신청에 대한 결정은 다음 각 호의 사항을 적은 서면으로 하여야 하며, 결정을 한 심사관은 그 서면에 기명날인하여야 한다.〈개정 2013. 7. 30.〉

　　1. 디자인일부심사등록 이의신청 사건의 번호

　　2. 디자인권자와 이의신청인의 성명 및 주소(법인인 경우에는 그 명칭 및 영업소의 소재지)

　　3. 디자인권자와 이의신청인의 대리인이 있는 경우에는 대리인의 성명 및 주소나 영업소의 소재지(대리인이 특허법인·특허법인(유한)인 경우에는 그 명칭, 사무소의 소재지 및 지정된 변리사의 성명)

　　4. 결정과 관련된 디자인의 표시

　　5. 결정의 결론 및 이유

　　6. 결정연월일

② 심사장은 디자인일부심사등록 이의신청에 대한 결정을 한 경우에는 결정등본을 이의신청인과 디자인권자에게 송달하여야 한다.

제75조(디자인일부심사등록 이의신청의 취하) ① 디자인일부심사등록 이의신청은 제71조제1항 후단에 따른 의견진술의 통지 또는 제74조제2항에 따른 결정등본이 송달된 후에는 취하할 수 없다.

② 디자인일부심사등록 이의신청을 취하하면 그 이의신청은 처음부터 없었던 것으로 본다.

제76조(심판규정의 심사에의 준용) 디자인등록출원의 심사에 관하여는 제135조(제6호는 제외한다)를 준용한다. 이 경우 "심판"은 "심사"로, "심판관"은 "심사관"으로 본다.

제77조(심사 또는 소송절차의 중지) ① 심사관은 디자인등록출원의 심사에 필요한 경우에는 심결이 확정될 때까지 또는 소송절차가 완결될 때까지 그 절차를 중지할 수 있다.

② 법원은 필요한 경우에는 디자인등록출원에 대한 결정이 확정될 때까지 그 소송절차를 중지할 수 있다.

③ 제1항 및 제2항에 따른 중지에 대하여는 불복할 수 없다.

제78조(준용규정) 디자인일부심사등록 이의신청에 대한 심사결정에 관하여는 제77조, 제129조, 제135조(제6호는 제외한다), 제142조제7항, 제145조, 제153조제3항부터 제6항까지 및 제154조를 준용한다.

I. 의의[275)]

누구든지 일부심사등록출원에 따른 디자인권이 설정등록된 날부터 등록공고일 후 3개월까지, 그 일부심사등록이 소정의 사유에 해당함을 이유로 특허청장에게 이의신청을 할 수 있다(제68조 제1항).

II. 요건

1. 주체적 요건

누구든지 이의신청을 할 수 있다.[276)] 다만, 침해통지를 이유로 이의신청 하는 경우에는 침해에 관한 통지를 받은 자가 이의신청 할 수 있다.

---

275) 취지: 일부심사등록출원은 등록 전에 실체적 등록요건(신규성, 선출원 등)에 대한 심사를 생략하므로, 하자가 있는 디자인이 등록될 가능성이 높다. 따라서 하자 있는 권리를 조기에 제거하기 위한 제도이다.

276) 법인이 아닌 사단 또는 재단도, 대표자 또는 관리인이 정해져 있는 경우 사단 또는 재단의 명의로 이의신청 가능하다(제5조).

2. 객체적 요건

(1) 이의신청 대상

1) **일부심사등록된** 디자인을 대상으로 한다. 즉, 로카르노 협정에 따른 물품류 중 중 제1, 2, 3, 5, 9, 11, 19류에 속하는 물품에 대해 가능하다.

2) 복수디자인등록출원의 경우에는 **각 디자인마다** 별도로 이의신청을 하여야 한다.

(2) 이의신청 이유

1) 거절이유와 비교하여, **절차적 요건**(제37조 제4항, 제40조, 제41조, 제42조)의 하자는 **제외**된다.[277]

2) 무효사유와 비교하여, 등록 후 발생한 **후발적 무효사유**(제121조 제1항 제4호)는 **제외**된다(제68조 제1항 각 호).[278]

3. 시기적 요건

1) 디자인권의 **설정등록일로부터, 등록공고일 후 3개월**이 되는 날까지 또는 디자인권 침해에 관한 통지를 받은 자는 그 **통지를 받은 날부터 3개월**이 되는 날까지 (단, 침해통지를 이유로 이의신청 하는 경우, **등록공고일부터 1년 이내**) 이의신청을 할 수 있다.

2) 비밀디자인의 경우
설정등록일로부터, **실질적 사항**이 게재된 공보 발행일 후 3개월 이내에 이의신청을 할 수 있다.

III. 절차

〈이의신청 절차 요약〉

1. 이의신청서 제출	1) 이의신청서(증거 첨부)를 특허청장에게 제출 2) 방식 위배 시, 보정 없으면 디자인권자 부본 송달 없이 이의신청서 각하 결정
2. 이유 등 보정	(1) **신청 후 30일 이내**에, 이유 또는 증거 **보정 가능** 1) **특허청장**은 **청구 또는 직권**으로 보정기간을 **1회, 30일** 이내 연장 가능 2) **교통이 불편한 지역**에 있는 자에게 1회, 30일 이내 **추가**로 연장 가능 (2) 이유 **및** 증거 미제출 시, **심사장**은 보정기간의 경과 후, 부본 송달 및 답변서 제출기회 없이 이의신청 **각하 결정 가능**
3. 부본송달 및 답변서 제출기회	**심사장**은 디자인권자에게 이의신청서 부본을 송달하고, 답변서를 제출할 기회를 주어야 한다.
4. 등록권리자 통보	**심사장**은 이의신청의 취지를 **전용**실시권자, **등록된** 통상실시권자질권자 등에게 통지**해야 한다.**
5. 취하	1) 취하는 **직권심사에 따른 의견진술의 통지** 전, 이의신청 **결정등본의 송달** 전까지 가능 2) 취하 시, 이의신청은 처음부터 없었던 것으로 **본다.** (즉, 소급효)

---

277) 2023시행 개정법은 종전까지 절차적 사유로 보았던 제35조제1항도 이의신청사유에 해당하는 것으로 규정하였다.
278) 등록 후 디자인권자가 권리를 향유할 수 없는 자가 된 경우, 조약 위반 등

1. 이의신청서의 제출 (제68조 제2항)

(1) 이의신청인은 이의신청대상이 되는 등록디자인, 이의신청 취지, 이유 및 증거 등을 기재한 **이의신청서**에, 필요한 증거를 첨부하여 특허청장에게 **제출**하여야 한다.

(2) 이의신청서의 각하결정

이의신청서가 **방식에 위배**된 경우, 지정기간 이내에 이를 보정하지 않으면 이의신청서 부본을 디자인권자에게 **송부하지 않고** 이의신청서를 **각하 결정**한다.

2. 이의신청이유 등의 보정

(1) 이의신청인은 **이의신청한 날부터 30일** 이내에 이의신청서에 기재한 **이유 또는 증거를 보정할 수 있다.**

  1) 다만, **특허청장**은 **청구 또는 직권**으로 이의신청 이유 등의 보정기간을 **1회에 한하여 30일** 이내에서 연장할 수 있다.

  2) 또한, **교통이 불편한** 지역에 있는 자의 경우에는 **1회에 한하여 30일** 이내에서 **추가로 연장**할 수 있다(제17조 제1항 단서279) 및 시행규칙 제29조 제4항).

(2) 이의신청의 각하결정

이유 및 증거를 제출하지 아니한 경우, 제68조 제3항의 규정에도 불구하고(심사장의 부본송달 및 답변서 제출기회 제공의무), **심사장**은 제69조의 규정에 따른 보정기간의 경과 후에 이의신청을 **각하 결정할 수 있다**(제73조 제2항).280)

3. 부본송달 및 답변서 제출기회 제공 (제68조 제3항)

심사장은 이의신청이 있는 때에는 이의신청서 부본을 디자인권자에게 **송달**하고, 기간을 정하여 **답변서를 제출할 기회를 주어야 한다.**

4. 등록권리자에 대한 통보 (제68조 제4항 준용 제121조 제4항)

심사장은 이의신청이 있는 때에는 그 취지를 당해 디자인권의 **전용실시권자**, 기타 디자인에 관하여 등록을 한 권리를 가지는 자(즉, **등록된 통상실시권자** 등)에게 **통지**하여야 한다.

5. 이의신청의 취하 (제75조)

(1) 이의신청은 **직권심사에 따른** 의견진술의 통지가 있거나, 이의신청 **결정등본의 송달**이 있은 후에는 이를 취하할 수 없다.

(2) 이의신청을 취하하면 그 이의신청은 **처음부터 없었던 것으로 본다**(즉, 소급효).

---

279) 제17조 제1항 단서의 표현은 "**횟수 및 기간을 추가로 연장할 수 있다.**"이나, 시행규칙 제29조에서 "**1회, 30일**"로 규정하고 있습니다. 즉, 두 표현 모두 지문상 맞는 표현이 됩니다.

280) 즉, 이유·증거 미제출 시, 이의신청서 부본을 디자인권자에게 송부하지 않고 이의신청 자체를 각하결정할 수 있다.

IV. 심사

〈이의신청 심사 요약〉

1. 주체		1) 3인의 **심사관합의체**가 주체 2) 특허청장은 심사관 중 1인을 심사장(사무 총괄자)으로 지정 3) 합의는 **과반수**로 결정, **비공개**
2. 심사방식	**직권심사 및 그 한계**	1) 신청하지 아니한 **등록디자인**: 심사 **불가** 2) 신청하지 아니한 **이유**: 심사 **가능**. 단, 기간을 정해 의견 진술 기회부여
	이의신청의 병합·분리	심사관합의체는 2 이상의 이의신청을 **병합**하거나 **분리**하여 심사·결정 **할 수 있다.**
	증거조사 및 증거보전	당사자의 **신청** 또는 **직권**으로 증거조사 또는 증거보전을 **할 수 있다.**
	심사의 중지	필요 시, 심사관은 심결확정 시까지 또는 소송절차 완결 시까지 심사의 절차를 **중지할 수 있다.**

1. 주체 (제70조)

(1) 이의신청은 3인의 **심사관합의체**가 심사·결정하고(제70조 제1항), 특허청장은 지정된 심사관 중 1인을 심사장으로 지정하여야 하며(제70조 제3항), 심사장은 그 이의신청 사건에 관한 사무를 총괄한다(제132조 제2항 준용).

(2) 심사관합의체의 합의는 **과반수**로 결정하며(제133조 제2항 준용), 그 합의 내용은 공개하지 않는다(제133조 제3항 준용).

2. 심사방식

(1) 직권심사 및 그 한계 (제71조)

1) 이의신청에 관한 심사를 할 때, 이의신청인이 **신청하지 아니한 등록디자인**에 대해서는 심사할 수 없다.

2) 다만, 디자인권자나 이의신청인이 **신청하지 아니한 이유**에 대해서는 심사할 수 있으며, 이 경우에는 디자인권자나 이의신청인에게 기간을 정하여 그 이유에 대하여 **의견을 진술할 기회**를 주어야 한다.

(2) 이의신청의 병합 또는 분리 (제72조)

심사관합의체는 2 이상의 이의신청을 **병합**하거나 **분리**하여 심사·결정**할 수 있다.**

(3) 증거조사 및 증거보전 (제78조 준용, 제145조)

이의신청에 관한 심사에 있어서, 당사자의 **신청** 또는 **직권**으로 **증거조사 또는 증거보전**을 할 수 있다.[281]

---

281) 이 경우, 심사장은 당사자에게 증거조사 또는 증거보전의 결과를 송달하고, 의견서 제출기회를 주어야 한다(제145조 제5항 참고).

(4) 심사의 중지 (제77조 제1항 준용)

필요한 경우, 심사관은 심결이 확정될 때까지 또는 소송절차가 완결될 때까지 심사의 절차를 **중지할 수 있다.**

V. 결정

〈이의신청 결정, 불복 및 효력 요약〉

1. 각하결정		심사관합의체는, 기간 경과 또는 (흠결을 보정할 수 없는) 부적법한 이의신청의 경우, 답변서 제출기회 부여 없이 각하 결정 가능
2. 신청에 관한 결정	**결정시기**	1) 심사관합의체가 2) 답변서 제출기한 및 보정기간 모두 경과 후, 이의신청에 대한 결정을 해야 한다.
	방식 및 송달	1) 이의신청에 대한 결정은 **서면**으로 해야 한다. 2) 심사장은 이의신청인과 디자인권자에게 **모두** 부본 송달해야 한다.
	본안결정의 종류	1) 심사관합의체는 2) 이의신청이 **이유 있으면**, 등록 **취소결정** 3) 이의신청이 **이유 없으면**, **이의신청 기각결정**
3. 불복		(1) **취소결정** 불복: 가능 1) 결정등본 송달일부터 **3개월** 이내 제120조 **심판 청구** 2) 심판이 청구된 경우, **특허심판원장**은 그 취지를 이의신청인에게 통지하여야 한다. (2) **각하결정** 또는 **기각결정**: 불복 불가능.
4. 효력		(1) **취소결정**: 디자인권과 보상금청구권 **소급 소멸** (2) 기각결정: 디자인권 유지, 이의신청인이 이해관계인이면 무효심판 청구 가능.

1. 각하결정 (제78조 준용 제129조)

이의신청기간이 경과된 경우 또는 부적법한 이의신청으로서 그 흠결을 보정할 수 없는 경우에, **심사관합의체**는 **답변서 제출기회** 부여 **없이** 이를 **각하 결정**할 수 있다.

2. 이의신청에 관한 결정

(1) 결정시기 (제73조 제1항)

심사관합의체는 답변서 제출기한(제68조 제3항) 및 보정기간(제69조)이 모두 경과한 후에 이의신청에 대한 결정을 **하여야 한다.**[282]

(2) 결정방식 및 송달 (제74조)

이의신청에 대한 결정은 결정 대상 디자인, 결론 및 이유, 결정 연월일 등을 적은 서면으로 하여야 하며, 결정한 심사관은 이에 기명날인하고, **심사장**은 그 등본을 **이의신청인과 디자인권자**에게 **송달하여야 한다.**

---

282) 이의신청 중에 해당 일부심사등록디자인권이 소멸된 경우라도, 이의신청에 대한 결정을 하여야 한다(심사기준).

(3) 본안결정의 종류

1) **취소결정** (제73조 제3항)

심사관합의체는 이의신청이 이유 있다고 인정되는 경우, 등록 **취소결정**을 하여야 한다.

2) **기각결정** (제73조 제5항)

심사관합의체는 이의신청이 이유 없다고 인정되는 경우, 이의신청 **기각결정**을 하여야 한다.

VI. 불복

1. 취소결정에 대한 불복 (제120조)

(1) 취소결정을 받은 자는 그 결정등본을 송달받은 날부터 **3개월** 이내에 심판을 청구할 수 있다.

(2) **특허심판원장**은 취소결정에 대한 심판이 청구된 경우, 그 취지를 이의신청인에게 **통지**하여야 한다(제127조 제1항).

2. 불복의 제한 (제73조 제6항)

이의신청에 대한 **각하결정** 또는 **기각결정**에 대해서는 **불복할 수 없다.**

VII. 효력

1. 기각결정의 경우

(1) 이의신청이 기각된 경우에는 디자인권이 유지된다.

(2) 이의신청인은 이해관계가 있는 경우 무효심판을 청구할 수 있다.

2. 취소결정의 경우 (소·등·정·손)

(1) 소급적 소멸 (제73조 제4항, 제53조 제6항)

디자인권과 보상금청구권은 **처음부터 발생하지 않은 것**으로 본다.

(2) 등록료의 반환 (제87조 제1항)

원칙적으로 납부된 등록료는 반환되지 않는다. 다만, 취소결정이 확정된 연도의 다음 해부터의 등록료에 대해서는, 납부한 자의 청구에 따라 반환할 수 있다.

(3) 정당권리자의 출원 인정 (제45조)

디자인등록을 받을 수 있는 권리를 가지지 아니한 사유로 등록이 취소된 경우, 정당권리자가 그 등록 출원일로부터 30일 이내에 출원한 경우, 해당 정당권리자의 출원은 취소된 등록디자인의 출원일로 소급하여 인정된다.

(4) 손해배상 책임

취소된 디자인권을 근거로 침해금지청구 등 권리행사를 하여 고의 또는 과실로 타인에게 손해를 입힌 경우, 디자인권자는 그 손해를 배상하여야 한다.

이의신청(제68조) vs 특허취소신청(특허법 法132-2)		
취지	부실권리 존속 방지	
요건 및 절차	**[주체적]** 누구든지 **[객체적]** 청구항마다 늑 (복수디자인) 디자인마다	
	이의신청	**특허취소신청**
	[객체적] 1) 대상: 일부심사등록출원으로 제한됨 2) 이유: 절차적 요건(法37④, 40~42) 제외한 모든 거절이유 **[시기적]** 설정등록일부터 등록공고 후 3개월 또는 침해통지받은 날부터 3개월 (단, 공고일로부터 1년 이내)	**[객체적]** 1) 대상: 제한 없음 2) 이유: 선행기술관련 거절이유만 **[시기적]** 설정등록일부터 등록공고 후 6개월
심사 및 효력	결정계 절차	
	이의신청	**특허취소신청**
	[병합, 분리] 선택 **[심사 기관]** 특허청(심사관합의체)	**[병합, 분리]** 원칙 **[심사 기관]** 심판원(심판관합의체)
효력 및 불복	**[효력]** 결정으로 취소, 소급효 인정 **[불복 범위]** 인용결정 불복 가능, 각하기각결정 불복 불가	
	이의신청	**특허취소신청**
	[불복 절차] 심판원 **[기간]** 3개월 (法120)	**[불복 절차]** 특허법원 **[기간]** 30일

1. 누구든지 디자인일부심사등록출원에 의한 디자인권의 설정등록이 있는 날부터 디자인일부심사등록공고일 후 3개월이 되는 날까지 해당 디자인일부심사등록이 조약에 위반되었음을 이유로 특허청장에게 디자인일부심사등록이의신청을 할 수 있다. 50회　　　　　　　　　　　　　　　　　　[○ | ×]

2. 복수디자인등록출원된 디자인등록에 대하여는 디자인등록의 무효심판을 각 디자인마다 청구하여야 하지만, 디자인일부심사등록 이의신청은 각 디자인마다 하지 않아도 된다. 56회　　　　　　　　　[○ | ×]

3. 심사장은 디자인일부심사등록 이의신청이 있을 때에는 디자인일부심사등록 이의신청서 부본을 디자인일부심사등록 이의신청의 대상이 된 등록디자인의 디자인권자에게 송달하고, 기간을 정하여 답변서를 제출할 기회를 주어야 한다. 59회　　　　　　　　　　　　　　　　　　　　　　　[○ | ×]

4. 디자인일부심사등록 이의신청인은 디자인일부심사등록 이의신청기간이 경과한 날부터 30일 이내에 디자인일부심사등록 이의신청서에 기재한 이유 또는 증거를 보정할 수 있다. 51회　　　　　　[○ | ×]

5. 디자인일부심사등록 이의신청은 의견진술의 통지 또는 결정등본이 송달된 후에 취하할 수 있으며, 이 경우 그 이의신청은 처음부터 없었던 것으로 본다.　　　　　　　　　　　　　　　　[○ | ×]

6. 심사관합의체는 디자인일부심사등록 이의신청이 이유 없다고 인정될 때에는 그 이의신청을 기각한다는 취지의 결정을 하여야 한다. 디자인일부심사등록 이의신청기각결정에 대하여는 불복할 수 없다.　[○ | ×]

7. 디자인일부심사등록 이의신청 시, 심사관은 이의신청인이 주장하지 아니한 이유나, 신청하지 아니한 등록디자인에 대해서도 필요한 경우 직권으로 심사할 수 있다. 61회　　　　　　　　　　[○ | ×]

정답 | **1.** ○ **2.** × **3.** ○ **4.** × **5.** × **6.** ○ **7.** ×

디자인보호法

제90조(디자인권의 설정등록) ① 디자인권은 설정등록에 의하여 발생한다.

② 특허청장은 다음 각 호의 어느 하나에 해당하는 경우에는 디자인권을 설정하기 위한 등록을 하여야 한다.

1. 제79조제1항에 따라 등록료를 냈을 때
2. 제82조제1항에 따라 등록료를 추가납부하였을 때
3. 제83조제2항에 따라 등록료를 보전하였을 때
4. 제84조제1항에 따라 등록료를 내거나 보전하였을 때
5. 제86조제1항제1호 또는 제2항에 따라 그 등록료가 면제되었을 때

③ 특허청장은 제2항에 따라 등록한 경우에는 디자인권자의 성명·주소 및 디자인등록번호 등 대통령령으로 정하는 사항을 디자인공보에 게재하여 등록공고를 하여야 한다.

제91조(디자인권의 존속기간) ① 디자인권은 제90조제1항에 따라 설정등록한 날부터 발생하여 디자인등록출원일 후 20년이 되는 날까지 존속한다. 다만, 제35조에 따라 관련디자인으로 등록된 디자인권의 존속기간 만료일은 그 기본디자인의 디자인권 존속기간 만료일로 한다.

② 정당한 권리자의 디자인등록출원이 제44조 및 제45조에 따라 디자인권이 설정등록된 경우에는 제1항의 디자인권 존속기간은 무권리자의 디자인등록출원일 다음 날부터 기산한다.

제92조(디자인권의 효력) 디자인권자는 업으로서 등록디자인 또는 이와 유사한 디자인을 실시할 권리를 독점한다. 다만, 그 디자인권에 관하여 전용실시권을 설정하였을 때에는 제97조제2항에 따라 전용실시권자가 그 등록디자인 또는 이와 유사한 디자인을 실시할 권리를 독점하는 범위에서는 그러하지 아니하다.

제93조(등록디자인의 보호범위) 등록디자인의 보호범위는 디자인등록출원서의 기재사항 및 그 출원서에 첨부된 도면·사진 또는 견본과 도면에 적힌 디자인의 설명에 따라 표현된 디자인에 의하여 정하여진다.

제94조(디자인권의 효력이 미치지 아니하는 범위) ① 디자인권의 효력은 다음 각 호의 어느 하나에 해당하는 사항에는 미치지 아니한다.

1. 연구 또는 시험을 하기 위한 등록디자인 또는 이와 유사한 디자인의 실시
2. 국내를 통과하는 데에 불과한 선박·항공기·차량 또는 이에 사용되는 기계·기구·장치, 그 밖의 물건
3. 디자인등록출원 시부터 국내에 있던 물건

② 글자체가 디자인권으로 설정등록된 경우 그 디자인권의 효력은 다음 각 호의 어느 하나에 해당하는 경우에는 미치지 아니한다.

1. 타자·조판 또는 인쇄 등의 통상적인 과정에서 글자체를 사용하는 경우
2. 제1호에 따른 글자체의 사용으로 생산된 결과물인 경우

Ⅰ. 의의[283)]

(1) 디자인권자는 존속기간 동안 업으로서 등록디자인 또는 이와 유사한 디자인을 실시할 권리를 원칙적으로 독점한다(제92조).

---

283) 취지: 디자인 창작을 장려하고, 법의 목적(산업의 발전 및 창작의 장려)을 달성하기 위함이다. 일정한 경우를 제외하고 디자인권자는 디자인권을 자유롭게 사용, 수익 및 처분할 수 있으며, 디자인의 특성상 3자에 의한 침해가 용이하므로 보호를 위해 별도의 특칙 규정이 있다. 또한, 일정한 존속기간을 가지므로 일정 기간이 경과하면 소멸하는 등 권리로서 제한이 존재한다.

II. 효력의 범위

1. 내용적 범위

디자인권의 효력 범위는 **출원서**에 기재된 사항 및 첨부된 **도면·사진·견본**과 그에 기재된 **디자인의 설명**에 의해 특정되며(제93조), **등록디자인**뿐만 아니라 그와 **유사한 디자인**에도 효력이 미친다(제92조).[284]

> **디자인권의 발생**
>
> (1) 심사관은 출원디자인에 대하여 거절이유를 발견할 수 없는 경우 등록결정을 하여야 한다(제65조).
> (2) 등록결정이 있는 경우, 설정등록을 받고자 하는 자는 등록료를 납부하여야 한다(제31조).
> (3) 특허청장은 등록료가 납부된 때 또는 등록료가 면제된 때에는 디자인권의 설정등록을 하여야 하며(제90조 제2항), 디자인권은 설정등록에 의하여 발생한다(제90조 제1항).

2. 시간적 범위

1) 디자인권의 존속기간은 **설정등록일로부터 출원일 후 20년**이 되는 날까지이며, 연장할 수 없다(제91조 제1항 본문).
2) **관련디자인**의 존속기간은 **기본디자인의 존속기간 만료일**까지로 한다(제91조 제1항 단서).
3) **정당권리자**의 출원에 따라 디자인권이 설정등록된 경우, 존속기간은 **무권리자 출원일의 다음 날부터** 기산한다(제91조 제2항).

3. 지역적 범위

속지주의 원칙에 따라 디자인권의 효력은 대한민국 영토 내에 미치며, 대한민국 내의 자에게는 국적과 무관하게 동일하게 효력이 발생한다.

III. 효력 내용

1. 적극적 효력

(1) 의미

디자인권자는 등록디자인 또는 이와 유사한 디자인을 업으로서 실시할 권리를 독점한다(제92조).

(2) '실시'의 의미 (생·사·양·대·수·수·양·대·청)

'실시'란 해당 디자인에 관한 물품을 **생**산·**사**용·**양**도·**대**여·**수**출 또는 **수**입하거나, **양**도 또는 **대**여의 **청**약(전시 포함)을 하는 행위를 말한다(제2조 제7호).[285]

---

284) 발명 등의 기술적 사상과 달리 디자인은 모방이 용이하므로, 동일 디자인에만 한정하여 보호할 경우 실질적 보호가 어려워 법 목적을 달성할 수 없기 때문이다.
285) 각 실시행위는 독립적이며, 다른 실시행위에 영향을 미치지 않는다.

(3) 적극적 효력의 제한 (전·이·공·포)

다만, **전용실시권이 설정**된 경우(제92조 단서), **이용·저촉관계가 성립**하는 경우(제95조), 디자인권이 **공유**인 경우(제96조), 디자인권이 **포기**된 경우(제106조)에는 그 효력이 제한될 수 있다.

2. 소극적 효력

(1) 의미

디자인권에 관한 정당권원 없는 제3자의 업으로서의 실시를 배제할 수 있는 효력이다.

(2) 직접침해

제3자가 정당한 권원 없이 업으로서 등록디자인 또는 이와 유사한 디자인을 실시하면 직접침해에 해당한다(제92조). 디자인권자 또는 전용실시권자는 침해자에게 민사적·형사적 조치를 취할 수 있다.

(3) 간접침해 (제114조)

등록디자인 또는 **유사한 디자인**에 관한 물품의 **생산에만** 사용하는 물품을 생산·양도·대여·수출·수입하거나, 그 물품의 양도·대여의 청약을 하는 경우에는 간접침해에 해당한다.[286] 디자인권자 또는 전용실시권자는 침해금지청구 등 법적 조치를 취할 수 있다.[287]

(4) 소극적 효력의 제한 (효·실·추·재·질·소·판)[288]

1) 디자인권의 **효력**이 미치지 않는 경우(제94조)[289]

2) **전용실시권** 또는 **통상**실시권이 존재하는 경우(제97조 제2항, 제99조 제2항 등)

3) 등록료 **추가납부**에 따른 효력제한기간(제84조 제4항)

4) **재심**에 의하여 회복된 디자인권의 효력제한(제161조)

5) **질권자와 특약**에 의한 제한(제108조 참고[290])

원칙적으로 질권자는 등록디자인을 실시할 수 없으나, 특약으로 정한 경우 실시할 수 있다.

6) **권리소진**에 의한 제한

7) 대법원 **판례**상 인정되는 비침해 항변: **권리남용, 무효의 항변, 자유실시디자인 항변** 등

---

286) 침해의 개연성 높은 예비적 행위를 효과적으로 배제하기 위함이다.

287) 단, 간접침해행위에 대해서는 침해죄(즉, 형사적 처벌)를 적용할 수 없는 것이 판례의 입장이다. (후술)

288) 전반적으로 특허권의 소극적 효력과 같은 내용이다. 다만 제94조 효력제한사유에 있어, 특허법 제96조 제2항의 의약의 제조에 대한 효력제한 규정이 없고, 제94조 제2항 글자체 사용에 대한 효력 제한이 추가됨.

289) (제94조 제1항) i) 연구 혹은 시험, ii) 국내를 통과하는 선박·항공기·차량 등, iii) 출원 시부터 국내에 있는 물건. (제2항) 타자·조판 또는 인쇄 등의 통상적인 과정에서 글자체를 사용 또는 그 결과물인 경우.

290) 제108조(질권) 디자인권·전용실시권 또는 통상실시권을 목적으로 하는 질권을 설정하였을 때에는 질권자는 계약으로 특별히 정한 경우를 제외하고는 해당 등록디자인을 실시할 수 없다.

IV. 소멸

1. 소급적 소멸 (무효·취소)

(1) 무효심결의 확정

등록 무효심결이 확정되면, 디자인권은 **처음부터 없었던 것**으로 본다(제121조 제3항 본문).

(2) 취소결정의 확정

이의신청에 따른 취소결정이 확정되면, 해당 일부심사등록디자인권은 **처음부터 없었던 것으**로 본다(제73조 제4항).

---

2. 장래적 소멸 (존·등·상·포·후)

(1) 존속기간의 만료

디자인권의 존속기간이 만료된 경우, 그 시점부터 디자인권은 소멸된 것으로 본다.

(2) 수수료 또는 등록료의 미납

수수료를 추가납부기간 또는 보전기간 내에 납부하지 않은 경우, 디자인등록출원은 포기된 것으로 보며, 등록료 납부기간이 최종적으로 경과된 경우에는 디자인권은 소멸한다.

(3) 상속인의 부존재 등 (제111조)

1) **상속이 개시된 때**에 상속인이 존재하지 않으면, 디자인권은 소멸한다.
2) 청산절차 진행 중인 법인의 디자인권은 **청산종결등기일**까지 이전등록이 없으면, **다음 날** 소멸된다.
   (단, 청산이 사실상 종료되지 않은 경우, '청산사무 종료일'과 '등기일+6개월' 중 빠른 날의 다음날)

(4) 디자인권의 포기

디자인권자는 디자인권을 포기할 수 있으며(제105조), 포기한 경우에는 **그 시점부터** 디자인권은 소멸한다(제107조).

(5) 후발적 무효사유 발생

등록 후 디자인권자가 제27조의 **권리능력을 상실**하거나, 등록이 **조약에 위반**된 것으로 판단되는 경우, 그 사유가 발생한 때부터 디자인권은 소멸한다(제121조 제3항 단서).

제89조 ③ 특허청장은 제96조의2 제2항에 따라 디자인권이 이전등록된 경우 **새로운 등록증을 발급**하여야 한다.

제96조의2(디자인권의 이전청구) ① 디자인등록이 **제121조 제1항 제1호 본문**에 해당하는 경우에 디자인등록을 받을 수 있는 권리를 가진 자는 법원에 **디자인등록의 이전**(디자인등록을 받을 수 있는 권리가 공유인 경우에는 그 **지분의 이전**을 말한다)을 청구할 수 있다.

② 제1항의 청구에 기초하여 디자인권이 이전등록된 경우에는 다음 각 호의 권리는 그 디자인권이 설정 등록된 날부터 이전등록을 받은 자에게 있는 것으로 본다.

  1. 해당 디자인권
  2. 제53조 제2항에 따른 보상금 지급 청구권

③ 제1항의 청구에 따라 공유인 디자인권의 지분을 이전하는 경우에는 제96조 제2항에도 불구하고 다른 공유자의 **동의를 받지 아니하더라도** 그 지분을 이전할 수 있다.

제121조(디자인등록의 무효심판) ① 이해관계인(제1호 본문의 경우에는 디자인등록을 받을 수 있는 권리를 가진 자만 해당한다) 또는 심사관은 디자인등록이 다음 각 호의 어느 하나에 해당하는 경우에는 무효심판을 청구할 수 있다. 이 경우 제41조에 따라 복수디자인등록출원된 디자인등록에 대하여는 각 디자인마다 청구하여야 한다.

  1. **제3조 제1항 본문**에 따른 디자인등록을 받을 수 있는 권리를 가지지 아니하거나 **제39조를 위반**한 경우. 다만, 제96조의2 **제2항에 따라 이전등록된 경우는 제외**한다.
  2. 제3조 제1항 단서에 따라 디자인등록을 받을 수 없는 경우이거나 제27조, 제33조부터 제35조까지 및 제46조 제1항·제2항에 위반된 경우 (※참고: 제121조의 경우, 위치만 정비되었을 뿐 무효사유의 변경은 없습니다.)

기출 지문 OX

1. 디자인권은 설정등록으로 발생하며, 설정등록한 날부터 기산하여 20년 동안 존속한다. 60회   [○ | ×]

2. 디자인권이 소멸할 경우, 그에 관한 전용실시권, 통상실시권, 질권도 함께 소멸하며, 디자인권의 소멸에 따라 법정실시권이 발생하는 경우도 있다. 51회   [○ | ×]

3. 디자인권자는 업으로서 등록디자인 또는 이와 유사한 디자인을 실시할 권리를 독점한다. 다만, 그 디자인권에 관하여 전용실시권을 설정하였을 때에는 디자인보호법 제97조(전용실시권) 제2항에 따라 전용실시권자가 그 등록디자인 또는 이와 유사한 디자인을 실시할 권리를 독점하는 범위에서는 그러하지 아니하다. 55회   [○ | ×]

4. 등록디자인의 보호범위는 디자인등록출원서의 기재사항 및 그 출원서에 첨부된 도면·사진 또는 견본과 도면에 적힌 디자인의 설명에 따라 표현된 디자인에 의하여 정하여진다. 60회   [○ | ×]

정답 | 1. × 2. ○ 3. ○ 4. ○

디자인권 기타 조문

디자인보호法

제96조(디자인권의 이전 및 공유 등) ① 디자인권은 이전할 수 있다. 다만, 기본디자인의 디자인권과 관련디자인의 디자인권은 **같은 자에게 함께 이전하여야** 한다.

② 디자인권이 공유인 경우에 각 공유자는 다른 공유자의 동의를 받지 아니하면 그 지분을 이전하거나 그 지분을 목적으로 하는 질권을 설정할 수 없다.

③ 디자인권이 공유인 경우에는 각 공유자는 계약으로 특별히 약정한 경우를 제외하고는 다른 공유자의 동의를 받지 아니하고 그 등록디자인 또는 이와 유사한 디자인을 단독으로 실시할 수 있다.

④ 디자인권이 공유인 경우에는 각 공유자는 다른 공유자의 동의를 받지 아니하면 그 디자인권에 대하여 전용실시권을 설정하거나 통상실시권을 허락할 수 없다.

⑤ 복수디자인등록된 디자인권은 **각 디자인권마다 분리하여 이전**할 수 있다.

⑥ 기본디자인의 디자인권이 취소, 포기 또는 무효심결 등으로 소멸한 경우 그 기본디자인에 관한 **2 이상의 관련디자인의 디자인권을 이전하려면 같은 자에게 함께 이전하여야** 한다.

제105조(디자인권의 포기) 디자인권자는 디자인권을 포기할 수 있다. 이 경우 **복수디자인등록된 디자인권은 각 디자인권마다 분리하여 포기**할 수 있다.

제106조(디자인권 등의 포기의 제한) ① 디자인권자는 전용실시권자·질권자 및 제97조제4항·제99조제1항 또는 「발명진흥법」 제10조제1항에 따른 통상실시권자의 동의를 받지 아니하면 디자인권을 포기할 수 없다.

② 전용실시권자는 질권자 및 제97조제4항에 따른 통상실시권자의 동의를 받지 아니하면 전용실시권을 포기할 수 없다.

③ 통상실시권자는 질권자의 동의를 받지 아니하면 통상실시권을 포기할 수 없다.

제107조(포기의 효과) 디자인권·전용실시권 및 통상실시권을 포기하였을 때에는 디자인권·전용실시권 및 통상실시권은 그때부터 효력이 소멸된다.

제108조(질권) 디자인권·전용실시권 또는 통상실시권을 목적으로 하는 질권을 설정하였을 때에는 질권자는 계약으로 특별히 정한 경우를 제외하고는 해당 등록디자인을 실시할 수 없다.

제109조(질권의 물상대위) 질권은 이 법에 따른 보상금이나 등록디자인 실시에 대하여 받을 대가나 물품에 대하여도 행사할 수 있다. 다만, 그 보상금 등의 지급 또는 인도 전에 압류하여야 한다.

제111조(상속인이 없는 경우 등의 디자인권 소멸) ① 디자인권의 상속이 개시되었으나 상속인이 없는 경우에는 그 디자인권은 소멸된다. 〈개정 2021. 10. 19.〉

② 청산절차가 진행 중인 법인의 디자인권은 법인의 청산종결등기일(청산종결등기가 되었더라도 청산사무가 사실상 끝나지 아니한 경우에는 청산사무가 사실상 끝난 날과 청산종결등기일부터 6개월이 지난 날 중 빠른 날을 말한다. 이하 이 항에서 같다)까지 그 디자인권의 이전등록을 하지 아니한 경우에는 청산종결등기일의 다음 날에 소멸된다. 〈신설 2021. 10. 19.〉

제112조(대가 및 보상금액에 대한 집행권원) 이 법에 따라 특허청장이 정한 대가와 보상금액에 관하여 확정된 결정은 집행력 있는 집행권원(執行權原)과 같은 효력을 가진다. 이 경우 집행력 있는 정본은 특허청 소속 공무원이 부여한다.

	디자인보호법 조문 내용	특허법 대응조문
디자인권의 이전 및 공유 등 (法96)	1) 디자인권 이전 가능. **기본·관련디자인은 같은 자에게 함께 이전 필요** 2) 공유자는 지분 이전, 질권 설정 시 공유자의 동의 필요 3) 공유자는 특약 없는 한 단독 실시 가능 4) 공유자는 전용·통상 허락시 공유자의 동의 필요 5) **복수디자인은** 각 디자인권마다 **분리 이전 가능** 6) 기본디자인 소멸한 경우 **2 이상의 관련디자인은 같은 자에게 함께 이전 필요**	특허법 제99조 동일
디자인권 포기 (法105)	디자인권 포기 가능. **복수디자인** 각 디자인권마다 **분리 포기 가능**	
디자인권 등 포기의 제한 (法106)	① 디자인권 포기 시, **전용실시권자·질권자·직무디자인에 관한 통상실시권자·허**락에 의한 통상실시권자의 동의 필요 **(전·질·직·허)** ② 전용실시권 포기 시, 질권자 및 제97조 제4항(전용실시권자의 허락)에 따른 통상실시권자의 동의 필요 ③ 통상실시권 포기 시, 질권자의 동의 필요	특허법 제119조 동일
포기의 효과 (法107)	디자인권·전용·통상 포기한 때부터 효력이 소멸 (장래효)	특허법 제120조 동일
질권 (法108)	질권자는 특약 없는 한, 디자인을 실시 불가.(즉, 특약이 있으면 실시 가능.)	특허법 제121조 동일
질권의 물상대위 (法109)	질권은 **보상금이**나 실시 대가에 대해서도 행사 가능. 다만, **지급 또는 인도 전** 압류 필요.	특허법 제123조 동일
상속인이 없는 경우 등의 디자인권 (法111)	1) **상속이 개시된 때**에 상속인이 존재하지 않으면, 디자인권은 소멸한다. 2) 청산절차 진행 중인 법인의 디자인권은 **청산종결등기일**까지 이전등록이 없으면, **다음날** 소멸된다. (단, 청산이 사실상 종료되지 않은 경우, '청산사무 종료일'과 '등기일+6개월' 중 빠른 날의 다음날)	특허법 제124조 동일
대가 및 보상금액에 대한 집행권원 (法112)	**대가와 보상금액**에 관한 확정 결정은 **집행력 있는 집행권원**(執行權原)과 같은 효력을 가진다. 이 경우 집행력 있는 정본은 **특허청 소속 공무원**이 부여한다.	특허법 제125조의2 동일

1. 디자인권이 공유인 경우에는 각 공유자는 다른 공유자의 동의를 받지 아니하면 그 지분을 이전하거나 그 지분을 목적으로 하는 질권을 설정할 수 없다. 52회　　　　　　　　　　　　　　　　　[○ | ×]

2. 디자인권이 공유인 경우에는 각 공유자는 다른 공유자의 동의를 받지 아니하면 그 디자인권에 대하여 전용실시권을 설정하거나 통상실시권을 허락할 수 없다. 52회　　　　　　　　　　　　　[○ | ×]

3. 디자인권자는 그 디자인권에 대하여 선출원에 따른 통상실시권(디자인보호법 제101조)에 의한 통상실시권자가 있는 경우, 그 통상실시권자의 동의 없이 당해 디자인권을 포기할 수 없다. 50회　　[○ | ×]

4. 디자인권·전용실시권 또는 통상실시권을 목적으로 하는 질권을 설정하였을 때에는, 질권자는 계약으로 특별히 정한 경우를 제외하고는 해당 등록디자인을 실시할 수 없다. 60회　　　　　　[○ | ×]

5. 디자인보호법에 따라 특허청장이 정한 대가와 보상금액에 관하여 확정된 결정은 집행력 있는 집행권원과 같은 효력을 가지며, 이 경우 집행력 있는 정본은 특허청 소속 공무원이 부여한다. 58회　　　　[○ | ×]

6. 질권은 디자인보호법에 따른 보상금이나 등록디자인 실시에 대하여 받을 대가나 물품에 대하여도 행사할 수 있으며, 이때 그 보상금의 지급 또는 인도 전에 압류할 수 있다. 62회　　　　　　　　[○ | ×]

정답 | 1. ○ 2. ○ 3. × 4. ○ 5. ○ 6. ×

디자인보호法

제92조(디자인권의 효력) 디자인권자는 업으로서 등록디자인 또는 이와 유사한 디자인을 실시할 권리를 독점한다. 다만, 그 디자인권에 관하여 전용실시권을 설정하였을 때에는 제97조제2항에 따라 전용실시권자가 그 등록디자인 또는 이와 유사한 디자인을 실시할 권리를 독점하는 범위에서는 그러하지 아니하다.

제113조(권리침해에 대한 금지청구권 등) ① 디자인권자 또는 전용실시권자는 자기의 권리를 침해한 자 또는 침해할 우려가 있는 자에 대하여 그 침해의 금지 또는 예방을 청구할 수 있다.

② 제43조제1항에 따라 비밀로 할 것을 청구한 디자인의 디자인권자 및 전용실시권자는 산업통상자원부령으로 정하는 바에 따라 그 디자인에 관한 다음 각 호의 사항에 대하여 특허청장으로부터 증명을 받은 서면을 제시하여 경고한 후가 아니면 제1항에 따른 청구를 할 수 없다.

1. 디자인권자 및 전용실시권자(전용실시권자가 청구하는 경우만 해당한다)의 성명 및 주소(법인인 경우에는 그 명칭 및 주된 사무소의 소재지를 말한다)
2. 디자인등록출원번호 및 출원일
3. 디자인등록번호 및 등록일
4. 디자인등록출원서에 첨부한 도면·사진 또는 견본의 내용

③ 디자인권자 또는 전용실시권자는 제1항에 따른 청구를 할 때에는 침해행위를 조성한 물품의 폐기, 침해행위에 제공된 설비의 제거, 그 밖에 침해의 예방에 필요한 행위를 청구할 수 있다.

제114조(침해로 보는 행위) 등록디자인이나 이와 유사한 디자인에 관한 물품의 생산에만 사용하는 물품을 업으로서 생산·양도·대여·수출 또는 수입하거나 업으로서 그 물품의 양도 또는 대여의 청약을 하는 행위는 그 디자인권 또는 전용실시권을 침해한 것으로 본다.

제115조(손해액의 추정 등) ① 디자인권자 또는 전용실시권자는 고의나 과실로 인하여 자기의 디자인권 또는 전용실시권을 침해한 자에 대하여 그 침해에 의하여 자기가 입은 손해의 배상을 청구할 수 있다.〈개정 2020. 12. 22.〉

② 제1항에 따라 손해배상을 청구하는 경우 그 권리를 침해한 자가 그 침해행위를 하게 한 물건을 양도하였을 때에는 다음 각 호에 해당하는 금액의 합계액을 디자인권자 또는 전용실시권자가 입은 손해액으로 할 수 있다.〈개정 2020. 12. 22.〉

1. 그 물건의 양도수량(디자인권자 또는 전용실시권자가 그 침해행위 외의 사유로 판매할 수 없었던 사정이 있는 경우에는 그 침해행위 외의 사유로 판매할 수 없었던 수량을 뺀 수량) 중 디자인권자 또는 전용실시권자가 생산할 수 있었던 물건의 수량에서 실제 판매한 물건의 수량을 뺀 수량을 넘지 아니하는 수량에 디자인권자 또는 전용실시권자가 그 침해행위가 없었다면 판매할 수 있었던 물건의 단위수량당 이익액을 곱한 금액
2. 그 물건의 양도수량 중 디자인권자 또는 전용실시권자가 생산할 수 있었던 물건의 수량에서 실제 판매한 물건의 수량을 뺀 수량을 넘는 수량 또는 그 침해행위 외의 사유로 판매할 수 없었던 수량이 있는 경우 이들 수량(디자인권자 또는 전용실시권자가 그 디자인권자의 디자인권에 대한 전용실시권의 설정, 통상실시권의 허락 또는 그 전용실시권자의 전용실시권에 대한 통상실시권의 허락을 할 수 있었다고 인정되지 아니하는 경우에는 해당 수량을 뺀 수량)에 대해서는 디자인등록을 받은 디자인의 실시에 대하여 합리적으로 받을 수 있는 금액

③ 디자인권자 또는 전용실시권자가 고의나 과실로 자기의 디자인권 또는 전용실시권을 침해한 자에 대하여 그 침해에 의하여 자기가 입은 손해의 배상을 청구하는 경우 권리를 침해한 자가 그 침해행위로 이익을 얻었을 때에는 그 이익액을 디자인권자 또는 전용실시권자가 받은 손해액으로 추정한다.

④ 디자인권자 또는 전용실시권자가 고의나 과실로 자기의 디자인권 또는 전용실시권을 침해한 자에 대하여 그 침해에 의하여 자기가 입은 손해의 배상을 청구하는 경우 그 등록디자인의 실시에 대하여 합리적으로 받을 수 있는 금액을 디자인권자 또는 전용실시권자가 입은 손해액으로 하여 손해배상을 청구할 수 있다.〈개정 2020. 10. 20.〉

⑤ 제4항에도 불구하고 손해액이 같은 항에 규정된 금액을 초과하는 경우에는 그 초과액에 대하여도 손해배상을 청구할 수 있다. 이 경우 디자인권 또는 전용실시권을 침해한 자에게 고의 또는 중대한 과실이 없을 때에는 법원은 손해배상액을 산정할 때 그 사실을 고려할 수 있다.

⑥ 법원은 디자인권 또는 전용실시권의 침해에 관한 소송에서 손해가 발생한 것은 인정되나 그 손해액을 증명하기 위하여 필요한 사실을 밝히는 것이 사실의 성질상 극히 곤란한 경우에는 제1항부터 제5항까지의 규정에도 불구하고 변론전체의 취지와 증거조사의 결과에 기초하여 상당한 손해액을 인정할 수 있다.

⑦ 법원은 타인의 디자인권 또는 전용실시권을 침해한 행위가 고의적인 것으로 인정되는 경우에는 제1항부터 제6항까지의 규정에 따라 손해로 인정된 금액의 **5배**를 넘지 아니하는 범위에서 배상액을 정할 수 있다. 〈2025.7.22 시행〉

⑧ 제7항에 따른 배상액을 판단할 때에는 다음 각 호의 사항을 고려하여야 한다.〈신설 2020. 10. 20.〉
  1. 침해행위를 한 자의 우월적 지위 여부
  2. 고의 또는 손해 발생의 우려를 인식한 정도
  3. 침해행위로 인하여 디자인권자 또는 전용실시권자가 입은 피해규모
  4. 침해행위로 인하여 침해한 자가 얻은 경제적 이익
  5. 침해행위의 기간·횟수 등
  6. 침해행위에 따른 벌금
  7. 침해행위를 한 자의 재산상태
  8. 침해행위를 한 자의 피해구제 노력의 정도

제116조(과실의 추정) ① 타인의 디자인권 또는 전용실시권을 침해한 자는 그 침해행위에 대하여 과실이 있는 것으로 추정한다. 다만, 제43조제1항에 따라 비밀디자인으로 설정등록된 디자인권 또는 전용실시권의 침해에 대하여는 그러하지 아니하다.

② 디자인일부심사등록디자인의 디자인권자·전용실시권자 또는 통상실시권자가 그 등록디자인 또는 이와 유사한 디자인과 관련하여 타인의 디자인권 또는 전용실시권을 침해한 경우에는 제1항을 준용한다.

제117조(디자인권자 등의 신용회복) 법원은 고의나 과실로 디자인권 또는 전용실시권을 침해함으로써 디자인권자 또는 전용실시권자의 업무상 신용을 떨어뜨린 자에 대하여는 디자인권자 또는 전용실시권자의 청구에 의하여 손해배상을 갈음하여 또는 손해배상과 함께 디자인권자 또는 전용실시권자의 업무상 신용회복을 위하여 필요한 조치를 명할 수 있다.

제118조(서류의 제출) 법원은 디자인권 또는 전용실시권의 침해에 관한 소송에서 당사자의 신청에 의하여 해당 침해행위로 인한 손해를 계산하는 데에 필요한 서류를 제출하도록 다른 당사자에게 명할 수 있다. 다만, 그 서류의 소지자가 그 서류의 제출을 거절할 정당한 이유가 있을 때에는 그러하지 아니하다.

Ⅰ. 의의

디자인권의 침해란, 정당권원 없는 제3자가 업으로서 등록디자인 또는 이와 유사한 디자인을 업으로서 실시(제2조 제7호)하거나(**직접침해**) 혹은 일정한 예비적 행위를 하는 경우(**간접침해**)를 말한다.

II. 유형

1. 직접침해 (제92조)

정당권원 없는 제3자가 등록디자인 또는 이와 유사한 디자인을 업으로서 실시할 경우, **디자인권자** 혹은 **전용실시권자**에 대한 **직접침해**가 성립한다.

> **직접침해의 성립요건 (유·정·보·업)**
>
> 디자인권 침해가 성립하기 위해서는 다음 요건을 모두 충족하여야 한다.
> (1) **유효**한 디자인권이 존재할 것
> (2) 제3자가 해당 실시행위에 대해 **정당한 권원**이 없을 것
> (3) 제3자의 실시물품이 등록디자인의 **보호범위**(동일 또는 유사)에 속할 것
> (4) 제3자가 **업으로서 실시**행위를 할 것
> "업으로서"란 계속적 또는 반복적 의사를 가지고 경제적 목적 하에 행하는 것을 의미하며, '실시'는 제2조 제7호 소정의 실시행위(생산·사용·양도·대여·수출 또는 수입하거나 양도·대여를 위한 청약)를 의미한다.

2. 간접침해 (제114조)

(1) **등록디자인**이나 이와 유사한 디자인에 관한 **물품의 생산에만** 사용하는 물품을 업으로서 실시할 경우, 디자인권자 혹은 전용실시권자에 대한 간접침해가 성립한다.

(2) '생산에만'의 판단 (사·통·경·상·실·다) <u>보충자료1</u>

해당 물품이 **등록**디자인 또는 이와 유사한 디자인에 관한 물품의 생산 이외의 **사회통념상 통용**되고 승인될 수 있는 **경제적·상업적·실용적**인 **다른 용도**가 있는지 여부로 판단한다. (판례)

III. 디자인권자의 구제수단

1. 사전적 조치 (경·가·적)

(1) 침해경고장 발송

디자인권자는 침해자에게 침해 중지를 요구하는 경고장을 발송할 수 있다.[291]

(2) 침해금지가처분 신청

침해금지·예방청구권(제113조)을 피보전권리로, 보전의 필요성을 소명하여, 침해금지가처분을 법원에 신청할 수 있다.[292]

(3) 적극적 권리범위확인심판 청구 (제122조)[293]

디자인권자 등은 제3자의 실시행위가 권리범위에 속하는지 확인하기 위하여 적극적 권리범위확인심판을 청구할 수 있다.

---

291) 이는 분쟁 조기 해결 수단이 되며, 추후 민·형사적 절차에서 침해자의 고의·과실을 입증하는 유력한 증거자료로 활용될 수 있다.

292) 손해배상청구권을 피보전권리로 하여 가압류신청을 고려할 수도 있다.

293) 권리범위에 속한다는 공적 판단을 확보함으로써 민사·형사 절차에서 침해 주장에 유리한 증거로 활용할 수 있으며, 분쟁을 조기에 예방하거나 해결하는 수단으로 기능할 수 있다.

2. 민사상 조치 (침·손·신·부)

(1) 침해금지 및 예방청구권(제113조)

1) 디자인권자 등은 권리를 침해한 자 또는 침해 우려가 있는 자에 대하여 그 침해의 금지 또는 예방을 청구할 수 있다(제113조 제1항).

2) 침해금지청구 외에도 i) 침해 물품 폐기, ii) 설비 제거, iii) 침해 예방에 필요한 행위를 청구할 수 있다(제2항).

(2) 손해배상청구권(제115조, 민법 제750조)

1) 내용

디자인권자 등은 **고의·과실**로 디자인권 등을 침해한 자에 대하여, 그 침해행위로 인해 입은 손해의 배상을 청구할 수 있다(제115조 제1항).

2) 손해액 산정 및 추정 (제115조 제2항 내지 제8항)

2-2) **고의 침해**에 의한 징벌적 손해 배상액: 제1항 내지 제6항에 따른 손해액의 최대 **5배**[294]

> **징벌적 손해배상액 판단 시 고려사항 (제115조 제8항 각호)**
>
> i) 침해자의 우월적 지위 여부, ii) 고의성 및 손해 발생 인식 정도, iii) 권리자가 입은 피해 규모, iv) 침해자가 얻은 경제적 이익, v) 침해행위의 기간·횟수 등, vi) 침해행위에 따른 벌금, vii) 침해자의 재산 상태, viii) 침해 후 피해구제 노력의 정도

3) 과실의 추정 (제116조)

(3) 신용회복청구권 (제117조)

침해자가 고의·과실로 신용을 훼손한 경우, 디자인권자 등은 손해배상과 함께 또는 갈음하여 신용회복 조치 청구할 수 있다.

(4) 부당이득반환청구권 (민법 제741조)

디자인권자는 법률상 원인 없이 디자인권을 실시해 이익을 얻은 자에게, 그 손해를 한도로 이익 반환을 청구할 수 있으며, 이는 손해배상청구와 병행 가능하다.

3. 형사상 조치 (침·양·몰)

(1) 침해죄 (제220조)

1) 디자인권 또는 전용실시권을 **고의**로 침해한 자는 **7년** 이하의 징역 또는 **1억 원** 이하의 벌금에 처한다.

2) 이는 **반의사불벌죄**이다.

3) 단, **간접침해**는 직접침해에 이르지 않은 예비적 행위로서, 죄형법정주의에 따라 침해죄의 대상에서 **제외**된다. (판례)

---

294) **2025.7.22 시행 개정법**에서, 기존 3배에서 5배로 증액되었다.

(2) 양벌규정 (제227조)

법인의 대표자 또는 개인의 대리인 등이 **침해죄, 허위표시의 죄, 거짓행위의 죄**에 해당하는 위반행위를 한 경우, 해당 법인 또는 개인도 벌금형에 처한다. 다만 **상당한 주의·감독**을 다한 경우에는 예외로 한다.

(3) 몰수 규정 (제228조)

침해행위에 사용되었거나 그로 인해 생긴 물건은 **몰수**하거나 또는 피해자 **청구에 따라 교부**할 것을 선고해야 한다. 피해자가 **물건을 받은 경우**에는 그 **가액을 초과하는 손해**만 배상 청구 가능하다.

IV. 침해 주장에 대한 제3자 조치

1. 서류 열람을 통한 등록디자인의 권리내용 파악 (제206조)

2. 등록무효심판 청구 (제121조)

3. 일부심사등록 이의신청 (제68조)

4. 소극적 권리범위확인심판 청구 (제122조)

5. 판례로 인정되는 비침해 항변

(1) 무효의 항변

1) <u>신규성 위반</u>의 무효사유가 있는 경우: 권리범위 **부정**된다.
   [판례] 공지된 부분만으로 이루어진 등록디자인은 신규성이 없어 무효심판 확정 여부와 관계 없이 권리범위를 인정할 수 없다(90후2119).
2) <u>창작비용이성</u> 위반의 무효사유가 있는 경우: 권리범위 **부정되지 않**는다.
   [판례] 등록디자인이 **주지형태**에 의하여 용이하게 창작할 수 있는 디자인에 해당하는 경우에는 그 등록이 무효로 되기 전에는 등록디자인의 권리범위를 부인할 수 없다(2002후2037).
   [판례] 등록디자인이 그 출원 전 **공지디자인**들의 결합에 의하여 용이하게 창작할 수 있다고 하더라도 이러한 사정만으로는 등록된 디자인의 권리범위가 부정된다고 볼 수 없다(2005후2922).

(2) 권리남용의 항변

신규성 및 창작비용이성 위반의 무효사유 존재가 명백한 디자인권에 기한 권리행사는 권리남용에 해당하여 허용되지 않는다.
[판례] i) **무효심결이 확정되기 전**이라고 하더라도, 등록디자인이 공지디자인 등에 의하여 **용이하게 창작될 수 있어** 그 디자인등록이 **무효심판에 의하여 무효로 될 것임이 명백한 경우에는**, 해당 디자인권에 기초한 침해금지청구 및 손해배상청구 등은 특별한 사정이 없는 한 **권리남용**으로 보아 허용되지 않는다. ii) 법원은 침해소송에서 이러한 항변이 제기된 경우, 당부를 살피기 위한 전제로 등록디자인의 **용이창작성** 유무를 심리·판단할 수 있다(2016다219150).

(3) 자유실시디자인의 항변

1) 제3자의 실시디자인 혹은 확인대상디자인이 공지디자인과 **동일·유사**하거나, **공지디자인 또는 주지형태로부터 용이 창작** 가능한 경우, 자유실시디자인에 해당하여 디자인권의 권리범위에 속하지 아니한다.

   [판례] 디자인권은 출원 당시 공지·공용 부분에는 효력이 미치지 않으므로, 확인대상디자인이 공지된 자유실시디자인이면 등록디자인과의 대비할 필요도 없이 권리범위에 속하지 않는다 (2015후2181).

   [판례] 등록디자인과 대비되는 디자인이 **주지 형태**로부터 **용이하게 창작**할 수 있는 것인 때에는 등록디자인과 대비할 것도 없이 그 권리범위에 속하지 않게 된다(2002후2037).

   [판례] 등록디자인과 대비되는 디자인이 **공지디자인의 결합**으로부터 **쉽게 실시**할 수 있는 것인 때에는 등록디자인과 대비할 것도 없이 등록디자인의 권리범위에 속하지 않게 된다(2016후878).

2) 다만, **신규성 상실 예외 규정의 적용**을 받은 등록디자인과 동일 또는 유사한 경우에는 이를 기초로 한 자유실시디자인의 항변은 **허용되지 않는다**(2021후10473).[295]

V. 침해주장이 타당할 경우 제3자의 조치 (중·양·실·통·화·중·조)

(1) 실시행위의 **중지**

(2) 디자인권 **양도**의 교섭, **실시권** 계약 체결 등

(3) **통상실시권** 허여심판의 청구 (제123조)

(4) **화해·중재** 또는 **조정**

VI. 출원 중 제3자의 실시에 대한 출원인의 조치 (공·경·보·우·등)

(1) 출원**공개** 신청 (제52조)

(2) 서면 **경고** 및 **보상금청구권** 발생 (제53조)

(3) **우선심사** 신청 (제61조 제1항)

(4) **등록** 후 보상금청구권 및 디자인권 행사 (제53조)

VII. 출원 중 제3자의 조치

(1) 서류의 열람을 통한 권리내용의 파악 (제206조)

(2) 정보제공 (제55조)

(3) 우선심사 신청 (제61조 제1항)

---

295) 출원 전 공공의 영역에 있던 디자인이더라도, 신규성 상실 예외 규정의 적용을 받아 등록된 디자인과 동일·유사한 디자인이라면 등록디자인의 독점·배타권의 범위에 포함되게 되므로, 이를 기초로 자유실시디자인의 주장을 하는 것은 허용되지 않는다. (2021후10473).

보충자료1 **간접침해의 판단 (2012가합83099 판결 참고)**

[판례의 결론]
해당 물품이 **등록디자인 또는 이와 유사한 디자인**에 관한 물품의 **생산** 이외의 사회통념상 통용되고 승인될 수 있는 **경제적·상업적·실용적인 다른 용도**가 없는 경우에 한하여 간접침해 성립 가능하다.

[특허법과의 관계]
디자인보호법 제114조: "등록디자인 또는 이와 유사한 디자인에 관한 물품의 생산에만 사용하는 물품"에 해당하는 경우.
이 조문은 특허법 제127조 제1호와 문구가 유사하고, 양 법의 입법 취지 및 지재권 일반 원칙이 공통되므로 해석 기준도 동일하게 적용된다. (따라서, 간접침해 판단에 대한 특허법상 판례 태도를 동일하게 적용)

[판례 사안]
법원은 피고가 실시한 디자인(귀걸이 부속물)에 대하여, 그것이 다른 사회통념상 승인된 다른 용도를 갖지 아니한 경우라면 간접침해가 성립될 수 있다고 보았다.

1. 등록디자인의 보호범위는 디자인등록출원서의 기재사항 및 그 출원서에 첨부된 도면·사진 또는 견본과 도면에 적힌 디자인의 설명에 따라 표현된 디자인에 의하여 정하여진다. **54회** 　　　　　[○ | ×]

2. 등록디자인과 대비되는 디자인이 등록디자인의 출원 전에 그 디자인이 속하는 분야에서 통상의 지식을 가진 사람이 공지디자인 또는 이들의 결합에 따라 쉽게 실시할 수 있는 것인 때에는, 등록디자인과 대비할 것도 없이 그 등록디자인의 권리범위에 속하지 않는다고 보아야 한다. **60회** 　　　　　[○ | ×]

3. 등록디자인에 대한 등록무효심결이 확정되기 전이라고 하더라도, 등록디자인이 공지디자인 등에 의하여 용이하게 창작될 수 있어 그 디자인등록이 무효심판에 의하여 무효로 될 것임이 명백한 경우에는, 디자인권에 기초한 침해금지 또는 손해배상 등의 청구는 특별한 사정이 없는 한 권리남용에 해당하여 허용되지 아니한다. **57회** 　　　　　[○ | ×]

4. 디자인권에 대한 통상실시권자는 통상실시권을 등록한 경우에 한해 자기의 권리를 침해할 우려가 있는 자에 대해 침해의 금지 또는 예방을 청구할 수 있다. **54회** 　　　　　[○ | ×]

5. 디자인권자는 자기의 등록디자인이나 이와 유사한 디자인에 관한 물품의 생산에만 사용하는 장치를 업으로서 수입하는 행위를 한 자에 대해서는 그 침해의 금지 또는 예방을 청구할 수 없다. **47회** 　　　　　[○ | ×]

6. 디자인권자는 고의나 과실로 인하여 자기의 디자인권을 침해한 자에 대하여 그 침해에 의하여 자기가 입은 손해의 배상을 청구할 수 있다. **56회** 　　　　　[○ | ×]

7. 타인의 디자인권 또는 전용실시권을 침해한 자는 그 침해행위에 대하여 과실이 있는 것으로 간주한다. **52회** 　　　　　[○ | ×]

8. 손해배상청구소송에서 법원은 고의 또는 과실에 의해 디자인권에 대한 전용실시권을 침해함으로써 전용실시권자의 업무상의 신용을 실추하게 한 것이 인정된 때에는, 전용실시권자의 청구에 의하여 손해배상과 함께 전용실시권자의 업무상의 신용회복을 위해 필요한 조치를 명할 수 있다. **48회** 　　　　　[○ | ×]

정답 | 1. ○ 2. ○ 3. ○ 4. × 5. × 6. ○ 7. × 8. ○

디자인보호法

제95조(타인의 등록디자인 등과의 관계) ① 디자인권자·전용실시권자 또는 통상실시권자는 등록디자인이 그 디자인등록출원일 전에 출원된 타인의 등록디자인 또는 이와 유사한 디자인·특허발명·등록실용신안 또는 등록상표를 이용하거나 디자인권이 그 디자인권의 디자인등록출원일 전에 출원된 타인의 특허권·실용신안권 또는 상표권과 저촉되는 경우에는 그 디자인권자·특허권자·실용신안권자 또는 상표권자의 허락을 받지 아니하거나 제123조에 따르지 아니하고는 자기의 등록디자인을 업으로서 실시할 수 없다.

② 디자인권자·전용실시권자 또는 통상실시권자는 그 등록디자인과 유사한 디자인이 그 디자인등록출원일 전에 출원된 타인의 등록디자인 또는 이와 유사한 디자인·특허발명·등록실용신안 또는 등록상표를 이용하거나 그 디자인권의 등록디자인과 유사한 디자인이 디자인등록출원일 전에 출원된 타인의 디자인권·특허권·실용신안권 또는 상표권과 저촉되는 경우에는 그 디자인권자·특허권자·실용신안권자 또는 상표권자의 허락을 받지 아니하거나 제123조에 따르지 아니하고는 자기의 등록디자인과 유사한 디자인을 업으로서 실시할 수 없다.

③ 디자인권자·전용실시권자 또는 통상실시권자는 등록디자인 또는 이와 유사한 디자인이 그 디자인등록출원일 전에 발생한 타인의 저작물을 이용하거나 그 저작권에 저촉되는 경우에는 저작권자의 허락을 받지 아니하고는 자기의 등록디자인 또는 이와 유사한 디자인을 업으로서 실시할 수 없다.

제123조(통상실시권 허락의 심판) ① 디자인권자·전용실시권자 또는 통상실시권자는 해당 등록디자인 또는 등록디자인과 유사한 디자인이 제95조제1항 또는 제2항에 해당하여 실시의 허락을 받으려는 경우에 그 타인이 정당한 이유 없이 허락하지 아니하거나 그 타인의 허락을 받을 수 없을 때에는 자기의 등록디자인 또는 등록디자인과 유사한 디자인의 실시에 필요한 범위에서 통상실시권 허락의 심판을 청구할 수 있다.

② 제1항에 따른 심판에 따라 통상실시권을 허락한 자가 그 통상실시권을 허락받은 자의 등록디자인 또는 이와 유사한 디자인을 실시할 필요가 있는 경우에 그 통상실시권을 허락받은 자가 실시를 허락하지 아니하거나 실시의 허락을 받을 수 없을 때에는 통상실시권을 허락받아 실시하려는 등록디자인 또는 이와 유사한 디자인의 범위에서 통상실시권 허락의 심판을 청구할 수 있다.

③ 제1항 및 제2항에 따라 통상실시권을 허락받은 자는 특허권자·실용신안권자·디자인권자 또는 그 전용실시권자에게 대가를 지급하여야 한다. 다만, 자기가 책임질 수 없는 사유로 지급할 수 없는 경우에는 그 대가를 공탁하여야 한다.

④ 제3항에 따른 통상실시권자는 그 대가를 지급하지 아니하거나 공탁을 하지 아니하면 그 특허발명·등록실용신안 또는 등록디자인이나 이와 유사한 디자인을 실시할 수 없다.

Ⅰ. 의의[296)

(1) **이용관계**란, 후 권리자가 자신의 등록디자인을 실시하면 **타인의 선 권리**[297)**를 그대로 실시**하게 되나, 그 역은 성립하지 않는, **일방적 충돌관계**이다.

(2) **저촉관계**란, 선·후 권리 간 **권리범위가 중첩**되어 어느 한쪽을 실시하더라도 타방의 권리를 침해하게 되는 관계를 말한다. 즉, **쌍방적 충돌관계**이다.

---

296) 취지: 선출원우위 원칙에 따라 선권리의 효력을 부당하게 침해하지 않으면서도 후 권리자의 창작을 보호하고, 양 권리자 간 이해관계를 조정하기 위함이다(제95조).
297) 타인의 등록디자인, 특허발명, 등록실용신안, 등록상표, 저작물

II. 요건

(1) 이용관계[298]

1) 판례가 설시한 '이용관계'의 의미 (비·요·본·그·실)

후출원 등록디자인이 전체적으로는 선출원 등록디자인과 유사하지 않지만 (**비유사**), 선출원 **디자인의 요지를 전부 포함**하고 **본질적 특징을 손상시키지 않은 채** 자신의 디자인 내에 **그대로 도입**하고 있어, 후출원 디자인을 실시하면 **필연적으로 선출원 디자인을 실시하게 되는 관계**이다.[299]

2) 성립요건 (등·타·선·포)

ⅰ) 선·후 권리가 모두 적법하게 **등록된** 권리일 것
ⅱ) 양 자의 권리자가 서로 **타인**일 것
ⅲ) 선 권리가 **선출원**된 특허, 실용신안, 상표, 디자인, 또는 **선발생**된 저작물일 것
ⅳ) 후 디자인이 선 권리의 권리범위를 **그대로 포함**할 것

(2) 저촉관계

1) 성립요건 (등·타·선·중)

ⅰ) 선·후 권리가 적법하게 **등록된** 권리일 것
ⅱ) 양 자의 권리자가 **타인**일 것
ⅲ) 선 권리가 **선출원된** 특허권, 실용신안권, 상표권, 디자인권 또는 **선발생** 저작권일 것
ⅳ) 양 권리의 보호범위가 **중첩**될 것

III. 유형

1. 이용관계 유형

(1) 선 권리가 등록디자인인 경우

아래의 경우, 상호 비유사 또는 보호범위의 차이로 인해 이용관계가 성립될 수 있다.

1) 선 **부분**디자인 vs 후 **전체**디자인
2) 선 **부품**디자인 vs 후 **완성품**디자인
3) 선 **형상만**의 디자인 vs 후 형상·모양 **결합**디자인
4) 선 **정적**디자인 vs 후 **동적**디자인
5) 선 **일 구성물품** 디자인 vs 후 **한 벌의 물품**의 디자인

---

298) **['이용'의 해석에 관한 학설의 대립(2차용)]** 선출원의 주요 부분을 포함하면 이용관계가 성립한다는 **주요부 포함설**, 선출원 디자인보다 개량·확장된 것이면 성립한다는 **개량확장설**, 선출원 디자인의 외관 전부를 그대로 포함하면 성립한다는 **그대로설**, 선원 디자인의 내용을 실시하지 않으면 후원 디자인을 실시할 수 없는 경우 이용관계가 성립한다는 **실시불가피설**이 대립된다. (특허법상 이용 개념 참고)
299) 2009후2968, 직물지 사건

(2) 선 권리가 특허·실용신안·상표·저작물인 경우

1) 후 등록디자인이 선 권리를 그대로 이용하는 경우 저촉관계가 성립될 수 있다.

2) 다만, 선발생 저작물과 외관상 유사하더라도, 선발생 저작물을 모방·복제한 것이 아니라 **독자적으로 창작**한 결과물인 경우, 저촉관계가 성립하지 않는다.

2. 저촉관계 유형

(1) 선 권리가 디자인권인 경우

1) **후출원** 등록디자인의 **유사범위**가 선출원 디자인권의 보호범위(동일·유사)와 중첩될 경우, **저촉관계가 성립**할 수 있다.[300]

2) **후출원** 등록디자인의 **동일범위**가 선출원디자인의 보호범위(동일·유사)와 중첩될 경우 저촉관계가 문제되지 않고, 선출원주의(제46조) 위반으로서 **무효심판의 대상**이 된다.

(2) 선 권리가 특허권, 실용신안권, 상표권, 저작권인 경우

후등록디자인이 선 권리의 보호범위와 전부 중첩되는 경우 저촉관계 성립한다.

IV. 효과

(1) 디자인권의 적극적 효력 제한

1) 이용·저촉 관계가 성립하면, 후 디자인권자는 선 권리자의 **허락** 또는 **통상실시권 허여심판**(제123조)을 통해서만 디자인을 업으로 실시할 수 있다.[301]

2) 단, **소극적 효력은 제한되지 않으므로**, 제3자 실시에 대한 권리행사는 가능하다.

(2) 상표법 및 저작권법과의 관계

1) 선출원 상표권 및 선발생 저작권과 **저촉**되는 경우, 선권리자의 **허락**에 의해서만 실시할 수 있다.

2) 논거
- ① **상표권**의 경우, 상표법상 강제실시권 규정이 없으며, 통상실시권 허여심판의 대가 지급 규정에도 상표권은 제외된 점을 고려할 때, 후 디자인권자는 상표권자의 허락 없이 실시할 수 없다.
- ② **저작권**의 경우, 후 디자인권자는 선발생된 저작물의 저작권자의 허락 없이 실시할 수 없다. (제95조 제3항)

---

300) 선출원주의 판단 시, 후출원 디자인의 유사범위는 판단하지 않기 때문이다. 따라서, 후출원디자인의 동일범위에서 선출원디자인의 동일·유사범위와 중첩되지 않을 경우, 후출원디자인은 등록받을 수 있다. 이 경우, 후출원디자인의 동일범위에서의 실시는 제한되지 않으나, 유사범위에서의 사용이 문제된다.

301) 동일자 출원의 권리 상호 간에 있어서는 이용관계가 성립되지 아니하므로 각 권리자는 독립하여 실시할 수 있다. 디자인보호법 제95조는 선·후원 관계에 관해서만 규율하고 있기 때문이다.

(3) 통상실시권 허락의 심판(제123조)

1) 디자인권자(실시권자 포함)는 등록디자인 또는 유사한 디자인이 제95조 제1항 또는 제2항에 해당할 때, 상대방이 정당한 이유 없이 실시를 허락하지 않거나 허락이 불가능한 경우, 필요한 범위 내에서 통상실시권302) 허락의 심판을 청구할 수 있다.

2) 상대방 역시, 동일한 사유로 통상실시권 허락의 심판을 청구할 수 있다(크로스 라이센스 가능).

(4) 저촉관계인 선권리의 존속기간 만료시 법정실시권의 발생 (제103조)

1) **동일자 혹은 선출원된** 등록권리(디자인권, 특허권, 실용신안)가 **존속기간 만료로 소멸**된 경우, 원등록권리자는 원등록권리의 범위에서 후등록디자인권(또는 그 전용실시권)에 대한 **무상**의 통상실시권을 갖는다.

2) 원등록권리의 **전용실시권자** 또는 **등록된 통상실시권자**는 **유상**의 통상실시권을 갖는다.

기출 지문 OX

1. 등록디자인 상호 간의 이용관계에서 후출원 디자인권자는 선출원 디자인권자의 허락을 받지 아니하거나 통상실시권 허락의 심판에 따르지 아니하고는 자기의 등록디자인을 업으로써 실시할 수 없다. 54회

   [○ | ×]

2. 등록디자인이 그 디자인등록출원일 전에 출원된 타인의 디자인권과 저촉되는 경우에는, 그 디자인권자의 허락을 받지 아니하거나 제123조에 따르지 아니하고는 자기의 등록디자인을 업으로써 실시할 수 없다. 55회

   [○ | ×]

3. 디자인이 선 등록디자인을 이용하는 관계란, 후 디자인이 전체로서는 타인의 선 등록디자인과 유사하지 않지만, 선 등록디자인의 요지를 전부 포함하고 선 등록디자인의 본질적 특징을 손상시키지 않은 채 그대로 자신의 디자인 내에 도입하고 있어, 후디자인을 실시하면 필연적으로 선 등록디자인을 실시하는 관계에 있는 경우를 말한다. 52회

   [○ | ×]

4. 저촉관계에 있는 선출원 디자인권의 존속기간이 만료되는 때에는, 선출원 디자인권자는 선출원 디자인권의 범위에서 후출원 디자인권에 대하여 통상실시권을 가지거나, 선출원 디자인권의 존속기간 만료 당시 존재하는 후출원 디자인권의 전용실시권에 대하여 통상실시권을 가진다. 54회

   [○ | ×]

   정답 | 1. ○ 2. × 3. ○ 4. ○

---

302) 유상의 실시권이며, 불귀책사유로 대가를 지급할 수 없는 경우 대가를 공탁하여야 한다(제123조 제3항).

디자인보호法

[약정에 기한 전용, 통상실시권]

제97조(전용실시권) ① 디자인권자는 그 디자인권에 대하여 타인에게 전용실시권을 설정할 수 있다. 다만, 기본디자인의 디자인권과 관련디자인의 디자인권에 대한 전용실시권은 같은 자에게 동시에 설정하여야 한다.

② 전용실시권을 설정받은 전용실시권자는 그 설정행위로 정한 범위에서 그 등록디자인 또는 이와 유사한 디자인을 업으로서 실시할 권리를 독점한다.

③ 전용실시권자는 실시사업(實施事業)과 같이 이전하는 경우 또는 상속이나 그 밖의 일반승계의 경우를 제외하고는 디자인권자의 동의를 받지 아니하면 그 전용실시권을 이전할 수 없다.

④ 전용실시권자는 디자인권자의 동의를 받지 아니하면 그 전용실시권을 목적으로 하는 질권을 설정하거나 통상실시권을 허락할 수 없다.

⑤ 전용실시권에 관하여는 제96조제2항부터 제4항까지의 규정을 준용한다.

⑥ 기본디자인의 디자인권이 취소, 포기 또는 무효심결 등으로 소멸한 경우 그 기본디자인에 관한 2 이상의 관련디자인의 전용실시권을 설정하려면 같은 자에게 함께 설정하여야 한다.

제99조(통상실시권) ① 디자인권자는 그 디자인권에 대하여 타인에게 통상실시권을 허락할 수 있다.

② 통상실시권자는 이 법에 따라 또는 설정행위로 정한 범위에서 그 등록디자인 또는 이와 유사한 디자인을 업으로서 실시할 수 있는 권리를 가진다.

③ 제123조에 따른 통상실시권은 그 통상실시권자의 해당 디자인권·전용실시권 또는 통상실시권과 함께 이전되고 해당 디자인권·전용실시권 또는 통상실시권이 소멸되면 함께 소멸된다.

④ 제3항 외의 통상실시권은 실시사업과 같이 이전하는 경우 또는 상속이나 그 밖의 일반승계의 경우를 제외하고는 디자인권자(전용실시권자로부터 통상실시권을 허락받은 경우에는 디자인권자 및 전용실시권자)의 동의를 받지 아니하면 이전할 수 없다.

⑤ 제3항 외의 통상실시권은 디자인권자(전용실시권자로부터 통상실시권을 허락받은 경우에는 디자인권자 및 전용실시권자)의 동의를 받지 아니하면 그 통상실시권을 목적으로 하는 질권을 설정할 수 없다.

⑥ 통상실시권에 관하여는 제96조제2항·제3항을 준용한다.

[법정통상실시권]

발명진흥법 제10조(직무디자인 등) ①직무발명에 대하여 종업원등이 특허, 실용신안등록, 디자인등록(이하 "특허등"이라 한다)을 받았거나 특허등을 받을 수 있는 권리를 승계한 자가 특허등을 받으면 사용자등은 그 특허권, 실용신안권, 디자인권(이하 "특허권등"이라 한다)에 대하여 통상실시권(通常實施權)을 가진다. 다만, 사용자등이 「중소기업기본법」 제2조에 따른 중소기업이 아닌 기업인 경우 종업원등과의 협의를 거쳐 미리 다음 각 호의 어느 하나에 해당하는 계약 또는 근무규정을 체결 또는 작성하지 아니한 경우에는 그러하지 아니하다. 〈개정 2013. 7. 30.〉

　1. 종업원등의 직무발명에 대하여 사용자등에게 특허등을 받을 수 있는 권리나 특허권등을 승계시키는 계약 또는 근무규정

　2. 종업원등의 직무발명에 대하여 사용자등을 위하여 전용실시권을 설정하도록 하는 계약 또는 근무규정

(이하 생략)

제84조(등록료의 추가납부 또는 보전에 의한 디자인등록출원과 디자인권의 회복 등) ⑤ 효력제한기간 중 국내에서 선의로 제2항 또는 제3항에 따른 디자인등록출원된 디자인, 등록디자인 또는 이와 유사한 디자인을 업으로 실시하거나 이를 준비하고 있는 자는 그 실시하거나 준비하고 있는 디자인 및 사업목적의 범위에서 그 디자인권에 대하여 통상실시권을 가진다.

⑥ 제5항에 따라 통상실시권을 갖는 자는 디자인권자 또는 전용실시권자에게 상당한 대가를 지급하여야 한다.

제100조(선사용에 따른 통상실시권) 디자인등록출원 시에 그 디자인등록출원된 디자인의 내용을 알지 못하고 그 디자인을 창작하거나 그 디자인을 창작한 사람으로부터 알게 되어 국내에서 그 등록디자인 또는 이와 유사한 디자인의 실시사업을 하거나 그 사업의 준비를 하고 있는 자는 그 실시 또는 준비를 하고 있는 디자인 및 사업의 목적 범위에서 그 디자인등록출원된 디자인의 디자인권에 대하여 통상실시권을 가진다.

제101조(선출원에 따른 통상실시권) 타인의 디자인권이 설정등록되는 때에 그 디자인등록출원된 디자인의 내용을 알지 못하고 그 디자인을 창작하거나 그 디자인을 창작한 사람으로부터 알게 되어 국내에서 그 디자인 또는 이와 유사한 디자인의 실시사업을 하거나 그 사업의 준비를 하고 있는 자(제100조에 해당하는 자는 제외한다)는 다음 각 호의 요건을 모두 갖춘 경우에 한정하여 그 실시 또는 준비를 하고 있는 디자인 및 사업의 목적 범위에서 그 디자인권에 대하여 통상실시권을 가진다.

1. 타인이 디자인권을 설정등록받기 위하여 디자인등록출원을 한 날 전에 그 디자인 또는 이와 유사한 디자인에 대하여 디자인등록출원을 하였을 것
2. 타인의 디자인권이 설정등록되는 때에 제1호에 따른 디자인등록출원에 관한 디자인의 실시사업을 하거나 그 사업의 준비를 하고 있을 것
3. 제1호 중 먼저 디자인등록출원한 디자인이 제33조제1항 각 호의 어느 하나에 해당하여 디자인등록거절결정이나 거절한다는 취지의 심결이 확정되었을 것

제102조(무효심판청구 등록 전의 실시에 의한 통상실시권) ① 다음 각 호의 어느 하나에 해당하는 자가 디자인등록에 대한 무효심판청구의 등록 전에 자기의 등록디자인이 무효사유에 해당하는 것을 알지 못하고 국내에서 그 디자인 또는 이와 유사한 디자인의 실시사업을 하거나 그 사업의 준비를 하고 있는 경우에는 그 실시 또는 준비를 하고 있는 디자인 및 사업의 목적 범위에서 그 디자인권에 대하여 통상실시권을 가진다.

1. 동일하거나 유사한 디자인에 대한 2 이상의 등록디자인 중 그 하나의 디자인등록을 무효로 한 경우의 원(原)디자인권자
2. 디자인등록을 무효로 하고 동일하거나 유사한 디자인에 관하여 정당한 권리자에게 디자인등록을 한 경우의 원디자인권자

② 제1항제1호 및 제2호의 경우에 있어서 그 무효로 된 디자인권에 대하여 무효심판청구 등록 당시에 이미 전용실시권이나 통상실시권 또는 그 전용실시권에 대한 통상실시권을 취득한 자로서 다음 각 호의 어느 하나에 해당하는 자는 통상실시권을 가진다.

1. 해당 통상실시권 또는 전용실시권의 등록을 받은 자
2. 제104조제2항에 해당하는 통상실시권을 취득한 자

③ 제1항 및 제2항에 따라 통상실시권을 가지는 자는 디자인권자 또는 전용실시권자에게 상당한 대가를 지급하여야 한다.

제103조(디자인권 등의 존속기간 만료 후의 통상실시권) ① 등록디자인과 유사한 디자인이 그 디자인등록출원일 전 또는 디자인등록출원일과 같은 날에 출원되어 등록된 디자인권(이하 "원디자인권"이라 한다)과 저촉되는 경우 원디자인권의 존속기간이 만료되는 때에는 원디자인권자는 원디자인권의 범위에서 그 디자인권에 대하여 통상실시권을 가지거나 원디자인권의 존속기간 만료 당시 존재하는 그 디자인권의 전용실시권에 대하여 통상실시권을 가진다.

② 제1항의 경우 원디자인권의 만료 당시 존재하는 원디자인권에 대한 전용실시권자 또는 제104조제1항에 따라 등록된 통상실시권자는 원권리의 범위에서 그 디자인권에 대하여 통상실시권을 가지거나 원디자인권의 존속기간 만료 당시 존재하는 그 디자인권의 전용실시권에 대하여 통상실시권을 가진다.

③ 등록디자인 또는 이와 유사한 디자인이 그 디자인등록출원일 전 또는 디자인등록출원일과 같은 날에 출원되어 등록된 특허권·실용신안권과 저촉되고 그 특허권 또는 실용신안권의 존속기간이 만료되는 경우에 관하여는 제1항 및 제2항을 준용한다.

④ 제2항(제3항에서 준용하는 경우를 포함한다)에 따라 통상실시권을 갖는 자는 그 디자인권자 또는 그 디자인권에 대한 전용실시권자에게 상당한 대가를 지급하여야 한다.

제110조(질권행사 등으로 인한 디자인권의 이전에 따른 통상실시권) 디자인권자(공유인 디자인권을 분할청구한 경우에는 분할청구를 한 공유자를 제외한 나머지 공유자를 말한다)는 디자인권을 목적으로 하는 질권설정 또는 공유인 디자인권의 분할청구 전에 그 등록디자인 또는 이와 유사한 디자인을 실시하고 있는 경우에는 그 디자인권이 경매 등에 의하여 이전되더라도 그 디자인권에 대하여 통상실시권을 가진다. 이 경우 디자인권자는 경매 등에 의하여 디자인권을 이전받은 자에게 상당한 대가를 지급하여야 한다. 〈개정 2021. 10. 19.〉

제162조(재심에 의하여 회복한 디자인권에 대한 선사용자의 통상실시권) 제161조제1항 각 호의 어느 하나에 해당하는 경우에 해당 심결이 확정된 후 재심청구 등록 전에 국내에서 선의로 그 디자인의 실시사업을 하고 있는 자 또는 그 사업을 준비하고 있는 자는 실시하고 있거나 준비하고 있는 디자인 및 사업의 목적 범위에서 그 디자인권에 관하여 통상실시권을 가진다.

제163조(재심에 의하여 통상실시권을 상실한 원권리자의 통상실시권) ① 제123조제1항 또는 제2항에 따라 통상실시권을 허락한다는 심결이 확정된 후 재심에서 이에 상반되는 심결이 확정된 경우에는 재심청구 등록 전에 선의로 국내에서 그 디자인의 실시사업을 하고 있는 자 또는 그 사업을 준비하고 있는 자는 원통상실시권의 사업 목적 및 디자인의 범위에서 그 디자인권 또는 재심의 심결이 확정된 당시에 존재하는 전용실시권에 대하여 통상실시권을 가진다.
② 제1항에 따라 통상실시권을 가진 자는 디자인권자 또는 전용실시권자에게 상당한 대가를 지급하여야 한다.

[강제실시권]

제123조(통상실시권 허락의 심판) ① 디자인권자·전용실시권자 또는 통상실시권자는 해당 등록디자인 또는 등록디자인과 유사한 디자인이 제95조제1항 또는 제2항에 해당하여 실시의 허락을 받으려는 경우에 그 타인이 정당한 이유 없이 허락하지 아니하거나 그 타인의 허락을 받을 수 없을 때에는 자기의 등록디자인 또는 등록디자인과 유사한 디자인의 실시에 필요한 범위에서 통상실시권 허락의 심판을 청구할 수 있다.
② 제1항에 따른 심판에 따라 통상실시권을 허락한 자가 그 통상실시권을 허락받은 자의 등록디자인 또는 이와 유사한 디자인을 실시할 필요가 있는 경우에 그 통상실시권을 허락받은 자가 실시를 허락하지 아니하거나 실시의 허락을 받을 수 없을 때에는 통상실시권을 허락받아 실시하려는 등록디자인 또는 이와 유사한 디자인의 범위에서 통상실시권 허락의 심판을 청구할 수 있다.
③ 제1항 및 제2항에 따라 통상실시권을 허락받은 자는 특허권자·실용신안권자·디자인권자 또는 그 전용실시권자에게 대가를 지급하여야 한다. 다만, 자기가 책임질 수 없는 사유로 지급할 수 없는 경우에는 그 대가를 공탁하여야 한다.
④ 제3항에 따른 통상실시권자는 그 대가를 지급하지 아니하거나 공탁을 하지 아니하면 그 특허발명·등록실용신안 또는 등록디자인이나 이와 유사한 디자인을 실시할 수 없다.

I. 의의

실시권이란 디자인권자 이외의 자가 일정한 범위 내에서 등록디자인 또는 이와 유사한 디자인을 업으로서 실시할 수 있는 권리를 말한다.

II. 유형

1. 전용실시권 (제97조)

(1) 설정행위로 정한 범위 내에서 제3자가 그 등록디자인 또는 이와 유사한 디자인을 독점적으로 실시할 수 있는 권리이다.

(2) 약정에 의해 발생하며, 독점배타성303)이 있는 준물권적 권리이다.

(3) 관련디자인의 제한304)

2. 통상실시권

    (1) **약정에 의한 통상실시권**: 디자인권자는 그 디자인권에 대하여 타인에게 통상실시권을 허락할 수 있다(제99조 제1항). 독점배타성이 없는 채권적 권리이다.

    (2) **법정실시권**: 직무디자인, 등록료 회복, 선사용, 선출원, 무효심판 전 실시에 의한 경우, 존속기간 만료 후, 질권 행사 후, 재심 회복 등 다양한 상황에서 발생(제84조, 제103조, 제162조, 제163조 참조).

    (3) **강제실시권**: 통상실시권 허락심판에 의한 실시권(제123조). 크로스라이센스도 허용된다.305)

III. 법정실시권의 종류 306)

    (1) 직무디자인에 따른 통상실시권(발명진흥법 제10조)

    (2) 추가납부·보전에 의해 회복된 디자인권에 대한 통상실시권(제84조 제5항)

    (3) 선사용권(제100조)

    (4) 선출원에 따른 통상실시권(제101조)

    (5) 무효심판청구등록 전 실시에 의한 통상실시권(제102조)

    (6) 이전청구에 따른 이전등록 전 실시로 인한 통상실시권(제100조의2)

    (7) 디자인권 등의 존속기간 만료 후 통상실시권(제103조)

    (8) 질권 행사에 따른 디자인권 이전 시 기존 실시자의 통상실시권(제106조)

    (9) 재심에 의해 회복된 디자인권에 대한 선사용자의 통상실시권(제162조)

    (10) 재심에 의해 통상실시권 상실한 자의 통상실시권(제163조)

IV. 선출원에 의한 통상실시권 (제101조)

1. 의의307)

    선출원에 따른 통상실시권이란 타인의 출원일 전에 그 디자인 또는 이와 유사한 디자인에 대하여 출원을 한 뒤, 신규성 위반으로 거절된 경우로서, 선의로 그 디자인의 실시사업을 하거나 사업 준비를 하고 있는 자에게 타인의 등록디자인 또는 이와 유사한 디자인에 대하여 사업의 목적 범위 내에서 인정되는 법정실시권이다(제101조).

---

303) 따라서, 전용실시권자도 침해에 대해 자기 명의로 침해금지청구, 손해배상청구 등이 가능하다.

304) [관련디자인 파트 참고] 다만, 기본디자인의 디자인권과 관련디자인의 디자인권에 대한 전용실시권은 같은 자에게 동시에 설정하여야 하고(제97조 제1항 단서), 기본디자인의 디자인권이 취소, 포기 또는 무효심결 등으로 소멸한 경우 그 기본디자인에 관한 2 이상의 관련디자인의 전용실시권을 설정하려면 같은 자에게 함께 설정하여야 한다(제97조 제6항).

305) 제5장. 이용·저촉_IV. 효과 _ (3) 통상실시권 허락의 심판 참고

306) 대부분의 경우 "선의" "국내에서 실시·준비 중"일 것, "디자인 및 사업의 목적 범위"에 한정, "상당한 대가" 조건 존재

307) **취지**: 이는 선출원하여 거절된 자에게 후출원하여 등록된 디자인권에 대한 법정실시권을 인정함으로써 법 규정의 제도적 한계를 보완하기 위함이다.

2. 발생 요건 (설·선·후·신)

(1) 타인의 설정등록 시 선의 실시 등일 것

타인의 디자인권의 **설정등록 시, 선의**로 그 디자인을 창작하거나 그 디자인을 창작한 자로부터 지득하여 **국내**에서 그 디자인 또는 이와 유사한 디자인의 **실시사업 또는 사업준비**를 하는 자이어야 한다.

(2) 선출원일 것

타인의 디자인권의 **출원일 이전에** 그 디자인 또는 이와 유사한 디자인에 대해서 먼저 **출원**을 해야 한다.

(3) 타인의 출원일 후에 디자인에 관한 실시사업 등을 하였을 것

타인의 **출원 후**에 그 출원디자인의 실시사업을 하거나 그 사업의 준비를 시작한 것이어야 한다.308)

(4) 신규성 위반으로 거절될 것

선출원한 디자인이 제33조 제1항 각 호의 신규성 위반으로 거절결정 또는 심결이 확정되어야 한다.

3. 효력

(1) 발생

선출원에 따른 통상실시권은 성립요건을 만족하면 그 효력이 발생하며, **등록 없이도 제3자에게 대항**이 가능하다. **무상**의 법정실시권이다.

(2) 범위

거절된 선출원인은 **그 실시 또는 준비**를 하고 있는 디자인 및 **사업의 목적 범위 안**에서 그 디자인권에 대하여 통상실시권을 가진다. 이는 독점배타성 없는 채권적 권리이다.

(3) 변동

1) 등록 없이도 선출원의 통상실시권은 발생하지만, 선출원에 의한 통상실시권의 이전, 변경, 소멸 또는 처분의 제한, 이를 목적으로 하는 질권의 설정, 이전, 변경, 소멸 또는 처분의 제한은 이를 등록하지 아니하면 제3자에게 대항할 수 없다.

2) **실시사업과 같이 이전**하는 경우 또는 **상속 기타 일반승계**의 경우를 제외하고는 디자인권자(전용실시권에 대한 통상실시권에 있어서는 디자인권자 및 전용실시권자)의 **동의**를 얻지 아니하면 이를 이전할 수 없다.

3) 선출원에 의한 통상실시권자는 디자인권자의 **동의**를 얻어 상기 통상실시권을 목적으로 하는 **질권 설정**을 할 수 있다. 이 경우, 질권자의 동의를 얻지 아니하면 상기 통상실시권을 포기할 수 없다.

---

308) 이는 타인의 디자인권의 출원일 이전에 실시 등을 한 경우에는 선사용권으로 족하고, 공연실시에 해당하여 신규성 상실 사유에 해당하는 경우에는 타인의 디자인도 신규성 위반으로 적법하게 등록을 받을 수 없기 때문이다.

(4) 소멸

디자인권이 소멸 시(존속기간 만료, 디자인권의 무효, 취소, 포기 또는 상속인의 부존재 등), 위 통상실시권도 함께 소멸한다.

V. 실시권의 등록 및 소멸

1. 실시권의 등록

(1) 약정에 기한 전용실시권과 통상실시권은 등록이 **효력 발생 요건**이다.

(2) 법정 통상실시권의 경우, 등록하지 않아도 효력이 발생한다.

(3) 강제실시권 (제123조에 따른 통상실시권) 역시 등록하지 않아도 효력이 발생한다.

2. 처분의 제한 (제98조 및 제99조)

(1) 전용실시권의 경우, **이전, 변경, 소멸 또는 처분의 제한** 및 이를 목적으로 하는 **질권의 설정, 이전 등**은 등록이 **효력발생요건**이다.

(2) 약정에 기한 통상실시권 및 법정 통상실시권의 경우, 위 처분의 제한 등은 등록이 **제3자 대항요건**이다.

(3) 전용·통상실시권의 경우(단, 강제실시권 제외), 디자인권자의 동의 없이 전용·통상실시권 목적의 **질권 설정** 불가하다.

(4) 전용·통상실시권은 **지분 이전·질권설정** 시 공유자 동의 필요. 전용실시권은 **통상실시권 허락** 시 공유자 동의 필요. 단, 특약 없는 한 동의 없이 **단독실시** 가능하다.

3. 실시권의 소멸

(1) 전용실시권 및 약정 통상실시권은 **기간 만료, 해지, 디자인권 소멸, 사망 또는 법인 해산 등**으로 종료된다.

(2) 전용실시권이 소멸되면, 부수적으로 설정된 권리(예: 전용실시권에 대한 통상실시권 등)도 함께 소멸한다.

(3) 법정실시권이나 강제실시권도 그 **요건이 소멸하거나 사유가 종료되면** 함께 소멸한다.

개정 디자인보호법 (2025. 11. 28. 시행) _이전등록 전의 실시에 의한 통상실시권

제100조의2(디자인권의 이전청구에 따른 이전등록 전의 실시에 의한 통상실시권) ① 다음 각 호의 어느 하나에 해당하는 자가 제96조의2 제2항에 따른 디자인권의 **이전등록이 있기 전에** 해당 디자인등록이 제121조 제1항 제1호 본문에 해당하는 것을 **알지 못하고 국내에서** 해당 디자인의 **실시사업을** 하거나 이를 **준비**하고 있는 경우에는 그 실시하거나 준비를 하고 있는 디자인 및 **사업목적의 범위**에서 그 디자인권에 대하여 통상실시권을 가진다.

1. 이전등록된 디자인등록의 **원(原)디자인권자**
2. 이전등록된 디자인권에 대하여 이전등록 당시에 이미 **전용실시권**이나 **통상실시권** 또는 그 전용실시권에 대한 통상실시권을 취득하고 **등록**을 받은 자. 다만, 제104조 제2항에 따른 통상실시권을 취득한 자는 **등록을 필요로 하지 아니한다.**

② 제1항에 따라 통상실시권을 가진 자는 이전등록된 디자인권자에게 **상당한 대가를 지급**하여야 한다.

	디자인보호법	특허법 대응 조문
전용·통상 실시권 (약정)	제97조, 제99조	특허법 제100조, 제102조 (동일)
법정실시권	1) 직무디자인 관련 통·실 (발명진흥법法10) 2) 추가납부·보전에 의한 회복에 따른 통·실 (法84) 3) 선사용에 따른 통·실 (法100) 4) 중용권 (法102) 5) 이전청구에 따른 이전등록 전 실시로 인한 통상실시권 (제100조의2) 6) 디자인권 등으로 존속기간만료 후 통·실 (法103) 7) 질권행사 등 디자인권 이전에 따른 통·실 (法110) 9) 후용권 (法162) 9) 재심으로 통상실시권 상실한 자에 대한 통·실 (法163) [디자인보호법에만 있는 실시권] **선출원**에 따른 통상실시권 (法101)	1) (직무발명) 발진 法10 2) 특허법 제81의3조 3) 특허법 제103조 4) 특허법 제104조 5) 특허법 제105조 6) 특허법 제122조 7) 특허법 제182조 8) 특허법 제183조
강제실시권	통상실시권허락심판에 의한 통상실시권 (法123)	특허법 제138조 (단, 상당한 기술적 진보 필요) [특허법에만 있는 실시권] **국가비상사태** 등에 의한 통·실(제106의2조) **재정**에 의한 통·실 (제107조)

기출 지문 OX

1. 선출원에 따른 통상실시권(디자인보호법 제101조)은 실시사업과 함께하는 경우 또는 상속 기타 일반승계의 경우에 한하여 이전할 수 있다. **47회**　　　　　　　　　[○ | ×]

2. 전용실시권에 대한 통상실시권이 공유인 때에는, 각 통상실시권자는 디자인권자, 전용실시권자 및 다른 공유자 전원의 동의를 얻지 아니하면 자기의 통상실시권의 지분을 목적으로 하는 질권을 설정할 수 없다. **47회**　　　　　　　　[○ | ×]

3. 정부는 등록디자인이 전시, 사변 또는 이에 준하는 비상시에 있어서 국방상 필요한 경우에는 디자인권을 수용하거나 등록디자인을 실시하거나 정부 외의 자로 하여금 실시하게 할 수 있다. **47회**　　　[○ | ×]

정답 | 1. ✕　2. ○　3. ✕

디자인보호法

제119조(보정각하결정에 대한 심판) 제49조제1항에 따른 보정각하결정을 받은 자가 그 결정에 불복할 때에는 그 결정등본을 송달받은 날부터 3개월 이내에 심판을 청구할 수 있다. 〈개정 2021. 10. 19.〉

제120조(디자인등록거절결정 또는 디자인등록취소결정에 대한 심판) 디자인등록거절결정 또는 디자인등록취소결정을 받은 자가 불복할 때에는 그 결정등본을 송달받은 날부터 3개월 이내에 심판을 청구할 수 있다. 〈개정 2021. 10. 19.〉

제121조(디자인등록의 무효심판) ① 이해관계인(제1호 본문의 경우에는 디자인등록을 받을 수 있는 권리를 가진 자만 해당한다) 또는 **심사관**은 디자인등록이 다음 각 호의 어느 하나에 해당하는 경우에는 무효심판을 청구할 수 있다. 이 경우 제41조에 따라 복수디자인등록출원된 디자인등록에 대하여는 각 디자인마다 청구하여야 한다.

   1. **제3조 제1항 본문**에 따른 디자인등록을 받을 수 있는 권리를 가지지 아니하거나 **제39조를 위반한 경우.** 다만, **제96조의2 제2항에 따라 이전등록된 경우는 제외한다.**

   2. 제3조 제1항 단서에 따라 디자인등록을 받을 수 없는 경우이거나 제27조, 제33조부터 제35조까지 및 제46조 제1항·제2항에 위반된 경우

   3. 조약에 위반된 경우

   4. 디자인등록된 후 그 디자인권자가 제27조에 따라 디자인권을 누릴 수 없는 자로 되거나 그 디자인등록이 조약에 위반된 경우

② 제1항에 따른 심판은 디자인권이 소멸된 후에도 청구할 수 있다.

③ 디자인등록을 무효로 한다는 심결이 확정된 때에는 그 디자인권은 처음부터 없었던 것으로 본다. 다만, 제1항제4호에 따라 디자인등록을 무효로 한다는 심결이 확정된 경우에는 디자인권은 그 디자인등록이 같은 호에 해당하게 된 때부터 없었던 것으로 본다.

④ 심판장은 제1항의 심판이 청구된 경우에는 그 취지를 해당 디자인권의 전용실시권자나 그 밖에 디자인에 관한 권리를 등록한 자에게 통지하여야 한다.

제122조(권리범위 확인심판) 디자인권자·전용실시권자 또는 이해관계인은 등록디자인의 보호범위를 확인하기 위하여 디자인권의 권리범위 확인심판을 청구할 수 있다. 이 경우 제41조에 따라 복수디자인등록출원된 디자인등록에 대하여는 각 디자인마다 청구하여야 한다.

Ⅰ. 의의

디자인보호법상 심판이란 특허청의 결정 또는 디자인권에 관한 분쟁에 대하여, 특허심판원에 심결을 구하는 행위를 말한다. 대부분의 심리 방식은 특허법과 동일하게 해석된다.

Ⅱ. 특허법과 비교

1. 디자인보호법에는 존재하지 않는 심판

   (1) 존속기간연장등록 거절결정에 대한 불복심판 (특허법 제132조의17)

   (2) 존속기간연장등록에 대한 무효심판 (특허법 제134조)

   (3) 정정심판 (특허법 제136조), 정정무효심판 (특허법 제137조)

2. 디자인보호법에만 존재하는 심판

(1) 보정각하결정에 대한 불복심판 (제119조)

(2) 디자인일부심사등록 이의신청 취소결정에 대한 불복심판 (제120조)

III. 심판의 종류[309]

(1) 보정각하결정에 대한 불복심판 (제119조)

제49조 제1항에 따른 보정각하결정을 받은 자가 그 결정에 불복하는 때에는, 그 결정등본을 송달받은 날부터 3개월 이내에 심판을 청구할 수 있다.

(2) 거절결정에 대한 불복심판 (제120조)

디자인등록 거절결정을 받은 자는 결정등본송달일부터 3개월 이내에 심판을 청구할 수 있다.

(3) 취소결정에 대한 불복심판 (제120조)

디자인등록 취소결정을 받은 자는 결정등본송달일부터 3개월 이내에 심판을 청구할 수 있다.

(4) 디자인등록 무효심판 (제121조) 보충자료1

이해관계인 또는 심사관은, 디자인등록이 무효사유에 해당하는 경우에는 무효심판을 청구할 수 있다.

(5) 권리범위 확인심판 (제122조)

1) 디자인권자, 전용실시권자(적극적) 또는 이해관계인(소극적)은, 등록디자인의 보호범위를 확인하기 위하여 권리범위 확인심판을 청구할 수 있다. 복수디자인등록출원의 경우, 각 디자인마다 청구해야 한다.

2) 권리범위 확인심판을 청구할 때에는 등록디자인과 대비할 수 있는 **도면**(즉, 확인대상디자인의 도면)을 **첨부**하여야 한다(제126조 제3항).

3) **확인의 이익** 법리: 특허법상 판례와 동일[310]

(6) 통상실시권 허락의 심판 (제123조)

이용·저촉관계에 해당하는 디자인권자 등은 타인이 정당한 이유 없이 허락하지 않거나 허락받을 수 없는 경우, 통상실시권 허락의 심판을 청구할 수 있다.

---

309) 변론주의 원칙, 의견진술 기회의 부여, 심결의 위법 판단 기준, 기속력의 인정, 직권증거조사 등에 관한 **특허법상 심판제도에 관한 주요 판례의 입장**은, **디자인보호법상 심판제도에도 그대로 적용**될 수 있다.

310) 1) 권리범위확인심판은 **등록권리가 존속 중인 경우**에 청구할 수 있고, 권리가 존속기간 만료 또는 무효심결 확정 등으로 소멸된 이후에는 확인의 이익이 없다(99후161). 2) **권리 대 권리 간 적극적** 권리범위확인심판은 후 등록된 권리에 대한 무효심결 확정 전에 타방의 권리의 효력을 부정하는 결과가 되고, 무효심판과 비교할 때 분쟁의 1회적 해결이 되지 않아 확인의 이익이 없어 **부적법**하다(95후1920). 3) 다만, 양 권리가 이용관계에 있어 확인대상 발명의 등록의 효력을 부정하지 않고 권리범위확인을 구할 수 있는 경우에는 확인의 이익이 있는 적법한 청구로서 **허용**된다(99후2433).

IV. 보정각하결정 불복심판 (제119조)

1. 의의[311]

심사관으로부터 보정각하결정을 받은 경우, 이에 불복하여 **특허심판원에 심판을 청구하는 절차**를 말한다. **속심적 성격**을 가지며, **결정계 심판**이다.

2. 요건

(1) 주체적 요건

1) 보정각하결정을 받은 **출원인만**이 심판을 청구할 수 있다.
2) 공동출원의 경우 **공유자 전원**이 **공동으로 청구**해야 하고(제125조 제1항), **임의대리인은 특별수권**이 필요하다.

(2) 객체적 요건

1) **심사단계, 재심사청구 시** 혹은 그 이후의 보정에 대한 보정각하결정(제49조 제1항)에 대하여 심판을 청구할 수 있다.
2) 다만, **심판단계에서 새로운 거절이유통지에 따른 보정**에 대한 **심판관**의 보정각하결정에 대해서는 특허법원에 **심결취소소송을 제기**하여야 한다(제166조 제1항).

(3) 시기적 요건

1) **결정등본 송달일부터 3개월 이내**에 심판을 청구하여야 한다(제119조).
2) 청구 혹은 직권에 따른 특허청장의 기간연장(제17조)[312]
3) 불귀책사유에 기한 추후 보완(제19조)[313]

3. 절차·심리·심결 → 아래 **VI. 절차 VII. 심리, VIII. 심결**에서[314]

V. 취소결정 불복심판 (제120조)

1. 의의[315]

취소결정 불복심판이란 일부심사등록 디자인권자가 **이의신청에 따라 취소결정을 받은 경우**, 이에 불복하여 **특허심판원에 심판을 청구하는 절차**를 말한다(제120조). **속심적 성격**을 가지며, **결정계 심판**이다.

---

311) 심사관의 부당한 보정각하결정에 대한 불복 수단을 마련하기 위함이다.
312) 특허청장은 청구에 따라 또는 직권으로 청구기간을 1회에 한하여 30일 이내에서 연장 가능하다. 교통이 불편한 지역에 있는 자의 경우, 추가로 1회에 한하여 30일 이내의 연장이 가능하다(제17조 제1항 단서, 시행규칙 제29조 제4항).
313) 절차를 밟은 자가 책임질 수 없는 사유로 청구기간을 지키지 못한 경우, 그 사유가 소멸한 날부터 2개월 이내에 절차를 추후 보완할 수 있다. 단, 그 기간의 만료일부터 1년이 경과한 경우에는 보완할 수 없다(제19조).
314) 절차, 심리, 심결에 관한 규정은 심판 전체에 동일하게 적용되므로, 별도의 소목차로 다룹니다.
315) 취지: **심사관합의체에 의한 부당한 취소결정**에 대하여 디자인권자가 **불복할 수 있도록** 하기 위함이다.

2. 요건

(1) 주체적 요건

일부심사등록 디자인권자만이 심판을 청구할 수 있으며,
디자인권이 공유인 경우에는 **공유자 전원이 공동으로 청구하여야 한다**(제125조 제1항).
임의대리인이 청구하는 경우에는 특별수권이 필요하다.

(2) 객체적 요건

이의신청 절차에 따라 심사관합의체가 한 취소결정에 대하여 심판 청구가 가능하다.

(3) 시기적 요건

1) **취소결정에 불복하는 자는,** 결정등본을 송달받은 날부터 **3개월 이내에 심판을 청구**해야 한다 (제120조).
2) 청구 혹은 직권에 따른 특허청장의 기간연장(제17조)[316]
3) 불귀책사유에 기한 추후 보완(제19조)[317]

3. 절차·심리·심결 → 아래 <u>Ⅵ. 절차 Ⅶ. 심리, Ⅷ. 심결</u>에서

Ⅵ. 절차

1. 심판청구서의 제출 (제127조)

1) 심판을 청구하고자 하는 자는 심판청구서를 특허심판원장에게 제출하여야 한다.
2) 기재사항을 바로잡기 위한 보정이나 청구이유 보정을 제외하고, 심판청구서의 보정은 그 요지를 변경할 수 없다.

2. 보정명령 및 결정각하 (제128조)

1) 심판청구서가 **방식규정을 위반한 경우,** 혹은 소정의 사항**(행·대·방·수)**을 위반한 경우, **심판장**은 기간을 정하여 **보정을 명**하여야 한다.
2) 심판청구서 보정이 **요지변경**에 해당하거나 기간 내에 **보정하지 않으면,** 심판청구서나 심판에 관한 절차 등을 **결정으로 각하**하여야 한다.

3. 심판청구의 취하 (제149조)

심판청구는 **심결확정 전까지** 언제든지 취하할 수 있다. 취하된 경우, 해당 심판청구는 **처음부터 존재하지 않았던 것으로 본다.**

---

316) 특허청장은 청구에 따라 또는 직권으로 청구기간을 1회에 한하여 30일 이내에서 연장 가능하다. 교통이 불편한 지역에 있는 자의 경우, 추가로 1회에 한하여 30일 이내의 연장이 가능하다(제17조 제1항 단서, 시행규칙 제29조 제4항).
317) 절차를 밟은 자가 책임질 수 없는 사유로 청구기간을 지키지 못한 경우, 그 사유가 소멸한 날부터 2개월 이내에 절차를 추후 보완할 수 있다. 단, 그 기간의 만료일부터 1년이 경과한 경우에는 보완할 수 없다(제19조).

VII. 심리

1. 적법성 심리

본안에 들어가기 전에, 심판관은 심판청구의 적법요건[318]을 심리하고, 부적법한 심판청구로서 그 흠을 보정할 수 없는 경우 피청구인에게 답변서 제출기회를 주지 않고 각하심결할 수 있다.

2. 본안 심리

(1) 주체 (제133조 및 132조)

심판은 **3인 또는 5인의 심판관 합의체**가 행하고, **특허심판원장은 심판장 1인을 지정**하여 사건 사무를 총괄하게 한다. 합의는 **과반수**로 결정하며, 합의 내용은 **공개되지 않는다**(제132조).

(2) 심리방식 (제142조 제1항)

심판은 **구술심리 또는 서면심리**로 한다. 다만, 당사자가 구술심리를 신청한 경우에도 **서면심리만으로 충분하다고 판단되는 경우**에는 **구술심리를 생략할 수 있다.**

(3) 심리범위

1) 심판청구인이 **주장한 이유에 한정되지 않으며, 새로운 이유나 증거를 추가로 제출**할 수 있다.
2) 보정각하결정불복심판(제119조)의 경우

보정각하결정의 타당성 판단에 한정되지 않으며, 원 결정의 부당성을 지적하는 새로운 이유·증거를 추가할 수 있다. 다만, **당해 출원의 등록 여부까지는 심리대상이 아니다.**
3) 거절결정불복심판 및 취소결정불복심판(제120조)의 경우

거절결정·취소결정의 타당성 판단에 한정되지 않고, 디자인등록출원의 **등록가능성 전반**을 대상으로 재심리한다.

3. 관련 규정

특허법과 마찬가지로, 심판관의 제척·기피, 증거조사 및 보전 등 기타 절차 규정(제135조~제148조)이 디자인보호법상 심판에 적용된다.

VIII. 심결

1. 각하심결 (제129조)

부적법한 심판청구로서 그 흠결을 보정할 수 없는 때에는, (피청구인에게 답변서 제출 기회를 주지 아니하고) 이를 **각하 심결**할 수 있다.

2. 인용심결

(1) **심판관**은 심판청구에 이유가 있으면 인용심결을 하여야 한다.

---

318) 청구인의 행위능력, 대리권의 존재, 출원의 계속 여부 등 심판청구 요건의 충족 여부를 심리한다.

(2) 보정각하결정불복심판의 경우

    심판관은 인용심결을 하여 각하결정을 취소하고, 심사에 부칠 것이라는 심결을 할 수 있다(제157조). **보정은 적법하게 인정되어 보정 후의 디자인으로 심사가 진행된다.**[319]

(3) 취소결정불복심판의 경우

    심판관은 인용심결을 하여 취소결정을 취소하고, 심사에 부칠 것이라는 심결을 할 수 있다(제157조). 이후, 자판하여 등록유지결정을 할 수 있다.[320]

3. 기각심결

(1) 심판관은 심판청구에 이유가 없으면 기각심결을 하여야 한다.

(2) 보정각하결정불복심판의 경우

    기각심결을 하여 각하결정을 유지한다. 이 경우, **보정은 부적법한 것으로 보아 보정 전 디자인으로 심사가 진행된다.**

(3) 취소결정불복심판의 경우

    기각심결을 하여 취소결정을 유지한다.

4. 불복 (제166조 제3항)

심결에 불복이 있는 경우에는, **심결등본의 송달일부터 30일 이내에 특허법원에 심결취소소송을** 제기할 수 있다.

보충 심판 절차의 신속을 돕기 위한 제도

1. 적시제출주의 등 (제146조의2, 2021.11.18. 시행)

  (1) 적용 규정: 민사소송법 제146조~149조 준용.

  (2) 적시제출주의: 공격·방어 방법은 적절한 시기에 제출해야 하며, 기간 경과 시 제출 불가. 다만, 정당한 사유 소명 시 예외.

  (3) 제출기한의 제한

  (4) 실시한 공격·방어방법의 각하: 고의 또는 중대한 과실로 절차 지연 시, 심판원은 직권 또는 신청에 따라 각하 가능.

2. 산업재산권분쟁조정위원회 회부 (제152조의2, 2021.11.18. 시행)

  (1) 제도 도입 취지: 중소·벤처기업 보호 및 분쟁 장기화 방지 및 심판과 조정의 연계를 통해 제도 활성화.

  (2) 회부 절차: 심판장은 당사자 동의를 받아 심판절차 중지 가능하다. 조정위원회 회부 결정 시 기록 송부한다.

  (3) 회부 후 처리

    1) 조정 불성립 시 심판 재개.

    2) 조정 성립 시 심판청구는 취하 간주.

  (4) 서류 반출: 조정 목적의 경우 디자인등록 관련 서류 반출 가능 (제207조 제1항).

---

319) 이 경우, 심결에 있어서 취소의 근거가 된 이유는 해당 사건에 대해 심사관을 기속한다. 취소결정불복심판 역시 마찬가지이다.
320) 심결에서 취소의 기본이 된 이유는 그 사건에 대하여 심사관을 기속한다(제157조 제3항).

1. 등록무효심판

(1) '이해관계인' 의미

1) '이해관계인'은, 무효심판의 대상이 되는 등록디자인이 유효하게 존속함으로 인해 그 **권리의 대항을 받을 염려**가 있어, **현재 업무상 손해**를 받고 있거나 **장래 손해를 받을 우려**가 있는 자를 말한다(대법원 99후1331).

2) 등록디자인과 동일하거나 유사한 디자인의 물품을 **생산·판매하였거나,** 또는 **현재 생산·판매**하고 있는 자로서, 그 등록디자인의 **소멸에 직접적이고 현실적인 이해관계**를 가진 자, 즉, **해당 등록디자인과 동종의 물품에 관한 사업을 영위하고 있는 자**도 이해관계인에 해당한다(대법원 98후1358).

(2) 이해관계 소멸을 부정한 판례 사안

한편, 등록디자인권자 갑과 그로부터 **의장권 침해 고소를 당한** 을 사이의 합의서에, 제품 제작에 대해 **사과하고,** 향후 동일 제품을 **제작하지 않겠으며,** 기존 제품을 **폐기하겠다는 내용만 포함**되어 있었고, **당시 계속 중이던 무효심판청구 사건의 처리에 관한 기재가 없었던 경우,** 이러한 합의만으로는 무효심판을 유지할 이해관계가 **소멸하였다고 단정할 수 없다**(대법원 99후1331).

2. 소극적 권리범위확인심판

(1) '이해관계인'의 의미

소극적 권리범위 확인심판의 청구인은, 등록권리자 등으로부터 권리의 대항을 받아 **업무상 손해를 입었거나 입을 염려가 있는 자**이어야 하며, 해당 대상물을 제조·판매·사용하는 것을 업으로 하는 자에 한하지 않고, 그 업무의 성질상 **장래에 업으로서 제조·판매·사용하리라고 추측**이 갈 수 있는 자도 **포함**된다 할 것이다(대법원 97후3241).

(2) 이해관계를 부정한 판례 사안

다만, **피심판청구인이 실시하거나 실시하려고도 하지 않는 디자인**에 대한 권리범위 확인심판 청구는, 심판청구인에게 **이해관계가 없어** 심판의 이익이 인정되지 않으므로 **부적법하여 각하되어야 한다**(대법원 96후665).

1. 한 벌 물품의 디자인등록에 대하여 그 한 벌 물품의 디자인이 디자인보호법 제42조(한 벌 물품의 디자인)의 규정에 위반된다는 것을 이유로 디자인등록의 무효심판을 청구할 수 없다. 47회   [○ | ×]

2. 디자인권의 권리범위 확인심판 청구에 있어서, 복수디자인등록출원된 디자인등록에 대하여는 각 디자인마다 권리범위 확인심판을 청구하여야 한다. 57회   [○ | ×]

3. 권리범위 확인심판을 청구할 때에는 등록디자인과 대비할 수 있는 도면을 첨부하여야 한다. 56회 [○ | ×]

4. 디자인권의 권리범위 확인심판은 디자인권이 소멸된 후에도 심판청구의 이익이 있는 경우에는 청구할 수 있다. 45회   [○ | ×]

5. 특허법과 달리 디자인보호법에는 정정심판제도가 존재하지 않는다. 59회   [○ | ×]

6. 특허심판원장은 디자인보호법 제119조(보정각하결정)에 따른 심판이 청구된 경우에 그 청구가 이유 있다고 인정될 때에는 심결로써 보정각하결정을 취소하여야 한다. 58회   [○ | ×]

정답 | 1. ○ 2. ○ 3. ○ 4. × 5. ○ 6. ×

심판제도 관련 조문

디자인보호法

제124조(심사규정의 디자인등록거절결정에 대한 심판에의 준용) ① 디자인등록거절결정에 대한 심판에 관하여는 제48조제1항부터 제3항까지, 제48조제4항제1호, 제49조, 제63조 및 제65조를 준용한다. 이 경우 제48조제4항제1호 중 "제62조에 따른 디자인등록거절결정 또는 제65조에 따른 디자인등록결정(이하 "디자인등록여부결정"이라 한다)의 통지서가 발송되기 전까지"는 "거절이유통지에 따른 의견서 제출기간까지"로 보고, 제49조제3항 중 "제119조에 따라 심판을 청구한 경우"는 "제166조제1항에 따라 소를 제기한 경우"로, "그 심결이 확정될 때까지"는 "그 판결이 확정될 때까지"로 본다.

② 제1항에 따라 준용되는 제63조는 디자인등록거절결정의 이유와 다른 거절이유를 심판절차에서 발견한 경우에만 적용한다.

제125조(공동심판의 청구 등) ① 디자인권 또는 디자인등록을 받을 수 있는 권리의 공유자가 그 공유인 권리에 관하여 심판을 청구할 때에는 공유자 모두가 공동으로 청구하여야 한다.

② 제1항에도 불구하고 같은 디자인권에 관하여 제121조제1항의 디자인등록무효심판 또는 제122조의 권리범위 확인심판을 청구하는 자가 2인 이상이면 각자 또는 모두가 공동으로 심판을 청구할 수 있다.

③ 공유인 디자인권의 디자인권자에 대하여 심판을 청구할 때에는 공유자 모두를 피청구인으로 하여야 한다.

④ 제1항 또는 제2항에 따른 청구인이나 제3항에 따른 피청구인 중 1인에게 심판절차의 중단 또는 중지의 원인이 있으면 모두에게 그 효력이 발생한다.

제125조의2(국선대리인) ① 특허심판원장은 산업통상자원부령으로 정하는 요건을 갖춘 심판 당사자의 신청에 따라 대리인(이하 "국선대리인"이라 한다)을 선임하여 줄 수 있다. 다만, 심판청구가 이유 없음이 명백하거나 권리의 남용이라고 인정되는 경우에는 그러하지 아니하다.

② 국선대리인이 선임된 당사자에 대하여 심판절차와 관련된 수수료를 감면할 수 있다.

③ 국선대리인의 신청절차 및 수수료 감면 등 국선대리인 운영에 필요한 사항은 산업통상자원부령으로 정한다.
[본조신설 2019. 1. 8.]

제126조(심판청구방식) ① 제121조부터 제123조까지에 따라 디자인등록의 무효심판, 권리범위 확인심판 또는 통상실시권 허락의 심판을 청구하려는 자는 다음 각 호의 사항을 적은 심판청구서를 특허심판원장에게 제출하여야 한다.〈개정 2013. 7. 30.〉

  1. 당사자의 성명 및 주소(법인인 경우에는 그 명칭 및 영업소의 소재지)
  2. 대리인이 있는 경우에는 그 대리인의 성명 및 주소나 영업소의 소재지(대리인이 특허법인·특허법인(유한)인 경우에는 그 명칭, 사무소의 소재지 및 지정된 변리사의 성명)
  3. 심판사건의 표시
  4. 청구의 취지 및 그 이유

② 제1항에 따라 제출된 심판청구서를 보정하는 경우에는 그 요지를 변경할 수 없다. 다만, 다음 각 호의 어느 하나에 해당하는 경우에는 그러하지 아니하다.

  1. 제1항제1호에 따른 당사자 중 디자인권자의 기재를 바로잡기 위하여 보정(추가하는 것을 포함한다)하는 경우
  2. 제1항제4호에 따른 청구의 이유를 보정하는 경우
  3. 디자인권자 또는 전용실시권자가 제122조에 따라 청구한 권리범위 확인심판에서 심판청구서의 **확인대상 디자인**(청구인이 주장하는 피청구인의 디자인을 말한다)의 도면에 대하여 피청구인이 자신이 **실제로 실시하고 있는 디자인**과 비교하여 **다르다고 주장**하는 경우에 청구인이 피청구인의 **실시 디자인과 같게** 하기 위하여 심판청구서의 확인대상 디자인의 도면을 보정하는 경우

③ 제122조에 따른 권리범위 확인심판을 청구할 때에는 **등록디자인과 대비할 수 있는 도면을 첨부**하여야 한다.

④ 제123조제1항에 따른 통상실시권 허락의 심판의 청구서에는 제1항 각 호의 사항 외에 다음 각 호의 사항을 추가로 적어야 한다.

1. 실시하려는 자기의 등록디자인의 번호 및 명칭
2. 실시되어야 할 타인의 특허발명·등록실용신안 또는 등록디자인의 번호·명칭 및 특허나 등록의 연월일
3. 특허발명·등록실용신안 또는 등록디자인의 통상실시권의 범위·기간 및 대가

제127조(디자인등록거절결정 등에 대한 심판청구방식) ① 제119조 또는 제120조에 따라 보정각하결정, 디자인등록거절결정 또는 디자인등록취소결정에 대한 심판을 청구하려는 자는 다음 각 호의 사항을 적은 심판청구서를 특허심판원장에게 제출하여야 하며, 특허심판원장은 제120조에 따른 디자인등록취소결정에 대한 심판이 청구된 경우에는 그 취지를 이의신청인에게 알려야 한다.〈개정 2013. 7. 30.〉
1. 청구인의 성명 및 주소(법인인 경우에는 그 명칭 및 영업소의 소재지)
2. 대리인이 있는 경우에는 그 대리인의 성명 및 주소나 영업소의 소재지(대리인이 특허법인·특허법인(유한)인 경우에는 그 명칭, 사무소의 소재지 및 지정된 변리사의 성명)
3. 출원일과 출원번호(디자인등록취소결정에 대하여 불복하는 경우에는 디자인등록일과 등록번호)
4. 디자인의 대상이 되는 **물품 및 물품류**
5. **디자인등록거절결정일, 디자인등록취소결정일 또는 보정각하결정일**
6. 심판사건의 표시
7. 청구의 취지 및 그 이유
② 제1항에 따라 제출된 심판청구서를 보정하는 경우에는 그 요지를 변경할 수 없다. 다만, 다음 각 호의 어느 하나에 해당하는 경우에는 그러하지 아니하다.
1. 제1항제1호에 따른 청구인의 기재를 바로잡기 위하여 보정(추가하는 것을 포함한다)하는 경우
2. 제1항제7호에 따른 청구의 이유를 보정하는 경우

제128조(심판청구서 등의 각하 등) ① 심판장은 다음 각 호의 어느 하나에 해당하는 경우에는 기간을 정하여 그 보정을 명하여야 한다. 다만, 보정할 사항이 **경미하고 명확한 경우**에는 직권으로 보정할 수 있다.〈개정 2023. 9. 14.〉
1. 심판청구서가 제126조제1항·제3항·제4항 또는 제127조제1항에 위반된 경우
2. 심판에 관한 절차가 다음 각 목의 어느 하나에 해당되는 경우
    가. 제4조제1항 또는 제7조에 위반된 경우
    나. 제85조에 따라 내야 할 수수료를 내지 아니한 경우
    다. 이 법 또는 이 법에 따른 명령으로 정하는 방식에 위반된 경우
② 심판장은 제1항 본문에 따른 보정명령을 받은 자가 지정된 기간에 보정을 하지 아니하거나 보정한 사항이 제126조제2항 또는 제127조제2항을 위반한 경우에는 심판청구서 또는 해당 절차와 관련된 청구 등을 결정으로 각하하여야 한다.〈개정 2022. 2. 3., 2023. 9. 14.〉
③ 제2항에 따른 결정은 서면으로 하여야 하며 그 이유를 붙여야 한다.
④ 심판장은 제1항 단서에 따라 직권보정을 하려면 그 직권보정 사항을 청구인에게 통지하여야 한다.〈신설 2023. 9. 14.〉
⑤ 청구인은 제1항 단서에 따른 **직권보정 사항을** 받아들일 수 없으면 직권보정 사항의 통지를 받은 날부터 **7일 이내**에 그 직권보정 사항에 대한 의견서를 심판장에게 제출하여야 한다.〈신설 2023. 9. 14.〉
⑥ 청구인이 제5항에 따라 의견서를 제출한 경우에는 해당 직권보정 사항은 **처음부터 없었던 것으로 본다.**〈신설 2023. 9. 14.〉
⑦ 제1항 단서에 따른 **직권보정이 명백히 잘못된** 경우 그 직권보정은 처음부터 **없었던 것으로 본다.**〈신설 2023. 9. 14.〉
[제목개정 2022. 2. 3.]

제129조(보정할 수 없는 심판청구의 심결각하) 부적법한 심판청구로서 그 흠을 보정할 수 없을 때에는 피청구인에게 답변서 제출의 기회를 주지 아니하고 심결로써 각하할 수 있다.

제130조(심판관) ① 특허심판원장은 심판이 청구되면 심판관에게 심판하게 한다.
② 심판관의 자격은 대통령령으로 정한다.
③ 심판관은 직무상 독립하여 심판한다.

제131조(심판관의 지정) ① 특허심판원장은 각 심판사건에 대하여 제133조에 따른 합의체를 구성할 심판관을 지정하여야 한다.

② 특허심판원장은 제1항의 심판관 중 심판에 관여하는 데에 지장이 있는 사람이 있으면 다른 심판관에게 심판하게 할 수 있다.

제132조(심판장의 지정) ① 특허심판원장은 제131조제1항에 따라 지정된 심판관 중에서 1명을 심판장으로 지정하여야 한다.

② 심판장은 그 심판사건에 관한 사무를 총괄한다.

제133조(심판의 합의체) ① 심판은 3명 또는 5명의 심판관으로 구성되는 합의체가 한다.

② 제1항의 합의체의 합의는 과반수로 결정한다.

③ 심판의 합의는 공개하지 아니한다.

제134조(답변서 제출 등) ① 심판장은 심판이 청구되면 청구서 부본을 피청구인에게 송달하고 기간을 정하여 답변서를 제출할 수 있는 기회를 주어야 한다.

② 심판장은 제1항의 답변서를 받았을 때에는 그 부본을 청구인에게 송달하여야 한다.

③ 심판장은 심판에 관하여 당사자를 심문할 수 있다.

제135조(심판관의 제척) 심판관은 다음 각 호의 어느 하나에 해당하는 경우에는 그 심판 관여로부터 제척된다.
1. 심판관 또는 그 배우자이거나 배우자였던 사람이 사건의 당사자, 참가인 또는 이의신청인인 경우
2. 심판관이 사건의 당사자, 참가인 또는 이의신청인의 친족이거나 친족이었던 경우
3. 심판관이 사건의 당사자, 참가인 또는 이의신청인의 법정대리인이거나 법정대리인이었던 경우
4. 심판관이 사건에 대한 증인, 감정인으로 된 경우 또는 감정인이었던 경우
5. 심판관이 사건의 당사자참가인 또는 이의신청인의 대리인이거나 대리인이었던 경우
6. 심판관이 사건에 대하여 심사관 또는 심판관으로서 보정각하결정, 디자인등록여부결정, 디자인일부심사등록 이의신청에 대한 결정 또는 심결에 관여한 경우
7. 심판관이 사건에 관하여 직접 이해관계를 가진 경우

제136조(제척신청) 제135조에 따른 제척의 원인이 있으면 당사자 또는 참가인은 제척신청을 할 수 있다.

제137조(심판관의 기피) ① 심판관에게 공정한 심판을 기대하기 어려운 사정이 있으면 당사자 또는 참가인은 기피신청을 할 수 있다.

② 당사자 또는 참가인은 사건에 대하여 심판관에게 서면 또는 구두로 진술을 한 후에는 기피신청을 할 수 없다. 다만, 기피의 원인이 있는 것을 알지 못한 경우 또는 기피의 원인이 그 후에 발생한 경우에는 그러하지 아니하다.

제138조(제척 또는 기피의 소명) ① 제136조 및 제137조에 따라 제척 및 기피 신청을 하려는 자는 그 원인을 적은 서면을 특허심판원장에게 제출하여야 한다. 다만, 구술심리를 할 때에는 구술로 할 수 있다.

② 제척 또는 기피의 원인은 신청한 날부터 3일 이내에 소명하여야 한다.

제139조(제척 또는 기피 신청에 관한 결정) ① 제척 또는 기피 신청이 있으면 심판으로 결정하여야 한다.

② 제척 또는 기피의 신청을 당한 심판관은 그 제척 또는 기피에 대한 심판에 관여할 수 없다. 다만, 의견을 진술할 수 있다.

③ 제1항에 따른 결정은 서면으로 하여야 하며 그 이유를 붙여야 한다.

④ 제1항에 따른 결정에는 불복할 수 없다.

제140조(심판절차의 중지) 제척 또는 기피의 신청이 있으면 그 신청에 대한 결정이 있을 때까지 심판절차를 중지하여야 한다. 다만, 긴급한 경우에는 그러하지 아니하다.

제141조(심판관의 회피) 심판관이 제135조 또는 제137조에 해당하는 경우에는 특허심판원장의 허가를 받아 해당 사건에 대한 심판을 회피할 수 있다.

제142조(심리 등) ① 심판은 구술심리 또는 서면심리로 한다. 다만, 당사자가 구술심리를 신청하였을 때에는 서면심리만으로 결정할 수 있다고 인정되는 경우 외에는 구술심리를 하여야 한다.

② 구술심리는 공개하여야 한다. 다만, 공공의 질서 또는 선량한 풍속을 문란하게 할 우려가 있으면 그러하지 아니하다.

③ 심판장은 제1항에 따라 구술심리로 심판을 할 경우에는 그 기일 및 장소를 정하고 그 취지를 적은 서면을 당사자 및 참가인에게 송달하여야 한다. 다만, 해당 사건에 출석한 당사자 및 참가인에게 알렸을 때에는 그러하지 아니하다.

④ 심판장은 제1항에 따라 구술심리로 심판을 할 경우에는 특허심판원장이 지정한 직원에게 기일마다 심리의 요지와 그 밖에 필요한 사항을 적은 조서를 작성하게 하여야 한다.

⑤ 제4항의 조서는 심판장 및 조서를 작성한 직원이 기명날인하여야 한다.

⑥ 제4항의 조서에 관하여는 「민사소송법」 제153조·제154조 및 제156조부터 제160조까지의 규정을 준용한다.

⑦ 심판에 관하여는 「민사소송법」 제143조·제259조·제299조 및 제367조를 준용한다.

⑧ 심판장은 구술심리 중 심판정 내의 질서를 유지한다.

제143조(참가) ① 제125조제2항에 따라 심판을 청구할 수 있는 자는 심리가 종결될 때까지 그 심판에 참가할 수 있다.

② 제1항에 따른 참가인은 피참가인이 그 심판의 청구를 취하한 후에도 심판절차를 속행할 수 있다.

③ 심판의 결과에 대하여 이해관계를 가진 자는 심리가 종결될 때까지 당사자의 어느 한쪽을 보조하기 위하여 그 심판에 참가할 수 있다.

④ 제3항에 따른 참가인은 모든 심판절차를 밟을 수 있다.

⑤ 제1항 또는 제3항에 따른 참가인에게 심판절차의 중단 또는 중지의 원인이 있으면 그 중단 또는 중지는 피참가인에 대하여도 그 효력이 발생한다.

제144조(참가의 신청 및 결정) ① 심판에 참가하려는 자는 참가신청서를 심판장에게 제출하여야 한다.

② 심판장은 참가신청이 있는 경우에는 참가신청서 부본을 당사자 및 다른 참가인에게 송달하고 기간을 정하여 의견서를 제출할 수 있는 기회를 주어야 한다.

③ 참가신청이 있는 경우에는 심판으로 그 참가 여부를 결정하여야 한다.

④ 제3항에 따른 결정은 서면으로 하여야 하며 그 이유를 붙여야 한다.

⑤ 제3항에 따른 결정에는 불복할 수 없다.

제145조(증거조사 및 증거보전) ① 심판에서는 당사자, 참가인 또는 이해관계인의 신청에 의하여 또는 직권으로 증거조사나 증거보전을 할 수 있다.

② 제1항에 따른 증거조사 및 증거보전에 관하여는 「민사소송법」 제2편제3장 중 증거조사 및 증거보전에 관한 규정을 준용한다. 다만, 심판관은 과태료의 결정을 하거나 구인을 명하거나 보증금을 공탁하게 하지 못한다.

③ 증거보전신청은 심판청구 전에는 특허심판원장에게 하고, 심판계속 중에는 그 사건의 심판장에게 하여야 한다.

④ 특허심판원장은 심판청구 전에 제1항에 따른 증거보전신청이 있으면 증거보전신청에 관여할 심판관을 지정한다.

⑤ 심판장은 제1항에 따라 직권으로 증거조사나 증거보전을 하였을 때에는 그 결과를 당사자참가인 또는 이해관계인에게 송달하고 기간을 정하여 의견서를 제출할 수 있는 기회를 주어야 한다.

제146조(심판의 진행) 심판장은 당사자 또는 참가인이 법정기간 또는 지정기간에 절차를 밟지 아니하거나 제142조제3항에 따른 기일에 출석하지 아니하여도 심판을 진행할 수 있다.

제146조의2(적시제출주의) 심판절차에서의 주장이나 증거의 제출에 관하여는 「민사소송법」 제146조, 제147조 및 제149조를 준용한다.

제147조(직권심리) ① 심판에서는 당사자 또는 참가인이 신청하지 아니한 이유에 대하여도 심리할 수 있다. 이 경우 당사자 및 참가인에게 기간을 정하여 그 이유에 대하여 의견을 진술할 기회를 주어야 한다.

② 심판에서는 청구인이 신청하지 아니한 청구의 취지에 대하여는 심리할 수 없다.

제148조(심리·심결의 병합 또는 분리) 심판관은 당사자 양쪽 또는 어느 한쪽이 같은 2 이상의 심판에 대하여 심리 또는 심결을 병합하거나 분리할 수 있다.

제149조(심판청구의 취하) ① 심판청구는 심결이 확정될 때까지 취하할 수 있다. 다만, 제134조제1항에 따른 답변서가 제출된 후에는 상대방의 동의를 받아야 한다.

② 제1항에 따라 취하를 하였을 때에는 그 심판청구는 처음부터 없었던 것으로 본다.

제150조(심결) ① 심판은 특별한 규정이 있는 경우를 제외하고는 심결로써 종결한다.

② 제1항의 심결은 다음 각 호의 사항을 적은 서면으로 하여야 하며 심결을 한 심판관은 그 서면에 기명날인하여야 한다.〈개정 2013. 7. 30.〉

　1. 심판의 번호

　2. 당사자 및 참가인의 성명 및 주소(법인인 경우에는 그 명칭 및 영업소의 소재지)

　3. 대리인이 있으면 그 대리인의 성명 및 주소나 영업소의 소재지(대리인이 특허법인·특허법인(유한)인 경우에는 그 명칭, 사무소의 소재지 및 지정된 변리사의 성명)

　4. 심판사건의 표시

　5. 심결의 주문(제123조의 심판의 경우에는 통상실시권의 범위·기간 및 대가를 포함한다)

　6. 심결의 이유(청구의 취지 및 그 이유의 요지를 포함한다)

　7. 심결연월일

③ 심판장은 사건이 심결을 할 정도로 성숙하였을 때에는 심리의 종결을 당사자 및 참가인에게 알려야 한다.

④ 심판장은 필요하다고 인정하면 제3항에 따라 심리종결을 통지한 후에도 당사자 또는 참가인의 신청에 의하여 또는 직권으로 심리를 재개할 수 있다.

⑤ 심결은 제3항에 따른 심리종결통지를 한 날부터 20일 이내에 한다.

⑥ 심판장은 심결 또는 결정이 있으면 그 등본을 당사자, 참가인 및 심판에 참가신청을 하였으나 그 신청이 거부된 자에게 송달하여야 한다.

제151조(일사부재리) 이 법에 따른 심판의 심결이 확정되었을 때에는 그 사건에 대하여는 누구든지 같은 사실 및 같은 증거에 의하여 다시 심판을 청구할 수 없다. 다만, 확정된 심결이 각하심결인 경우에는 그러하지 아니하다.

제152조(소송과의 관계) ① 심판장은 심판에서 필요하면 그 심판사건과 관련되는 디자인일부심사등록 이의신청에 대한 결정 또는 다른 심판의 심결이 확정되거나 소송절차가 완결될 때까지 그 절차를 중지할 수 있다.

② 법원은 소송절차에서 필요하면 디자인에 관한 심판이 확정될 때까지 그 소송절차를 중지할 수 있다.

③ 법원은 디자인권 또는 전용실시권의 침해에 관한 소가 제기된 경우에는 그 취지를 특허심판원장에게 통보하여야 한다. 그 소송절차가 끝났을 때에도 또한 같다.

④ 특허심판원장은 제3항에 따른 디자인권 또는 전용실시권의 침해에 관한 소에 대응하여 그 디자인권에 관한 무효심판 등이 청구된 경우에는 그 취지를 제3항에 해당하는 법원에 통보하여야 한다. 그 심판청구의 각하결정, 심결 또는 청구의 취하가 있는 경우에도 또한 같다.

제152조의2(산업재산권분쟁조정위원회 회부) ① 심판장은 심판사건을 합리적으로 해결하기 위하여 필요하다고 인정되면 당사자의 동의를 받아 해당 심판사건의 절차를 중지하고 결정으로 해당 사건을 「발명진흥법」 제41조에 따른 산업재산권분쟁조정위원회(이하 "조정위원회"라 한다)에 회부할 수 있다.

② 심판장은 제1항에 따라 조정위원회에 회부한 때에는 해당 심판사건의 기록을 조정위원회에 송부하여야 한다.

③ 심판장은 조정위원회의 조정절차가 조정 불성립으로 종료되면 제1항에 따른 중지 결정을 취소하고 심판을 재개하며, 조정이 성립된 경우에는 해당 심판청구는 취하된 것으로 본다.

제153조(심판비용) ① 제121조제1항 및 제122조에 따른 심판비용의 부담에 관한 사항은 심판이 심결에 의하여 종결될 때에는 그 심결로써 정하고, 심판이 심결에 의하지 아니하고 종결될 때에는 결정으로써 정하여야 한다.

② 제1항의 심판비용에 관하여는 「민사소송법」 제98조부터 제103조까지, 제107조제1항·제2항, 제108조, 제111조, 제112조 및 제116조를 준용한다.

③ 제119조·제120조 또는 제123조의 심판비용은 청구인 또는 **이의신청인**이 부담한다.

④ 제3항에 따라 청구인 또는 **이의신청인**이 부담하는 비용에 관하여는 「민사소송법」 제102조를 준용한다.

⑤ 심판비용액은 심결 또는 결정이 확정된 후 당사자의 청구를 받아 특허심판원장이 결정한다.

⑥ 심판비용의 범위·금액·납부 및 심판에서 절차상의 행위를 하기 위하여 필요한 비용의 지급에 관하여는 그 성질에 반하지 아니하는 범위에서 「민사소송비용법」 중 해당 규정의 예에 따른다.

⑦ 심판의 대리를 한 변리사에게 당사자가 지급하였거나 지급할 보수는 특허청장이 정하는 금액의 범위에서 심판비용으로 본다. 이 경우 여러 명의 변리사가 심판의 대리를 한 경우라도 1명의 변리사가 심판대리를 한 것으로 본다.

제154조(심판비용액 또는 대가에 대한 집행권원) 이 법에 따라 특허심판원장이 정한 심판비용액 또는 심판관이 정한 대가에 관하여 확정된 결정은 집행력 있는 집행권원과 같은 효력을 가진다. 이 경우 집행력 있는 정본은 특허심판원 소속 공무원이 부여한다.

제155조(디자인등록거절결정 등에 대한 심판의 특칙) 제134조제1항·제2항, 제143조 및 제144조는 제119조 또는 제120조에 따른 심판에는 적용하지 아니한다.

제156조(심사 또는 디자인일부심사등록 이의신청 절차의 효력) 심사 또는 디자인일부심사등록 이의신청 절차에서 밟은 디자인에 관한 절차는 디자인등록거절결정 또는 디자인등록취소결정에 대한 심판에서도 그 효력이 있다.

제157조(디자인등록거절결정 등의 취소) ① 심판관은 제119조 또는 제120조에 따른 심판이 청구된 경우에 그 청구가 이유 있다고 인정할 때에는 심결로써 보정각하결정, 디자인등록거절결정 또는 디자인등록취소결정을 **취소**하여야 한다.

② 심판에서 보정각하결정, 디자인등록거절결정 또는 디자인등록취소결정을 취소할 경우에는 심사에 부칠 것이라는 심결을 할 수 있다.

③ 제1항 및 제2항에 따른 심결에서 취소의 기본이 된 이유는 그 사건에 대하여 심사관을 기속한다.

기출 지문 OX

1. 디자인권이 공유인 경우에 같은 디자인권에 대하여 디자인등록무효심판을 청구하는 자가 2인 이상이면, 각자 또는 모두가 공동으로 심판을 청구하여야 한다. **58회** [○ | ×]

2. 디자인등록 무효심판의 청구가 있는 때에는, 심판장은 그 청구서의 부본을 디자인권자 및 그 전용실시권자에게 송달하고, 기간을 정하여 답변서를 제출할 수 있는 기회를 주어야 한다. **47회** [○ | ×]

3. 심판청구는 심결이 확정될 때까지 취하할 수 있으나, 무효심판의 경우 답변서가 제출된 후에는 상대방의 동의를 받아야 한다. **53회** [○ | ×]

정답 | 1. × 2. × 3. ○

제8장 심결취소소송 및 재심

디자인보호法

제158조(재심의 청구) ① 당사자는 확정된 심결에 대하여 재심을 청구할 수 있다.
② 제1항의 재심청구에 관하여는 「민사소송법」 제451조 및 제453조를 준용한다.

제159조(사해심결에 대한 불복청구) ① 심판의 당사자가 공모하여 제3자의 권리 또는 이익을 사해(詐害)할 목적으로 심결을 하게 한 경우에는 제3자는 그 확정된 심결에 대하여 재심을 청구할 수 있다.
② 제1항의 재심청구의 경우에는 심판의 당사자를 공동피청구인으로 한다.

제160조(재심청구의 기간) ① 당사자는 심결 확정 후 재심사유를 안 날부터 30일 이내에 재심을 청구하여야 한다.
② 대리권의 흠을 이유로 재심을 청구하는 경우에 제1항의 기간은 청구인 또는 법정대리인이 심결등본의 송달에 의하여 심결이 있은 것을 안 날의 다음 날부터 기산한다.
③ 심결 확정 후 3년이 지나면 재심을 청구할 수 없다.
④ 재심사유가 심결 확정 후에 생겼을 때에는 제3항의 기간은 그 사유가 발생한 날의 다음 날부터 기산한다.
⑤ 제1항 및 제3항은 해당 심결 이전의 확정심결과 저촉한다는 이유로 재심을 청구하는 경우에는 적용하지 아니한다.

제161조(재심에 의하여 회복한 디자인권의 효력 제한) ① 다음 각 호의 어느 하나에 해당하는 경우에 디자인권의 효력은 해당 심결이 확정된 후 재심청구 등록 전에 선의로 수입 또는 국내에서 생산하거나 취득한 물품에는 미치지 아니한다.
　　1. 무효가 된 디자인권(디자인등록취소결정에 대한 심판에 의하여 취소가 확정된 디자인권을 포함한다)이 재심에 의하여 회복된 경우
　　2. 디자인권의 권리범위에 속하지 아니한다는 심결이 확정된 후 재심에 의하여 그 심결과 상반되는 심결이 확정된 경우
　　3. 거절한다는 취지의 심결이 있었던 디자인등록출원에 대하여 재심에 의하여 디자인권이 설정등록된 경우
② 제1항 각 호에 해당하는 경우의 디자인권의 효력은 다음 각 호의 어느 하나의 행위에 미치지 아니한다.
　　1. 해당 심결이 확정된 후 재심청구 등록 전에 한 해당 디자인의 선의의 실시
　　2. 등록디자인과 관련된 물품의 생산에만 사용하는 물품을 해당 심결이 확정된 후 재심청구 등록 전에 선의로 생산·양도·대여·수출 또는 수입하거나 양도 또는 대여의 청약을 하는 행위

제162조(재심에 의하여 회복한 디자인권에 대한 선사용자의 통상실시권) 제161조제1항 각 호의 어느 하나에 해당하는 경우에 해당 심결이 확정된 후 재심청구 등록 전에 국내에서 선의로 그 디자인의 실시사업을 하고 있는 자 또는 그 사업을 준비하고 있는 자는 실시하고 있거나 준비하고 있는 디자인 및 사업의 목적 범위에서 그 디자인권에 관하여 통상실시권을 가진다.

제163조(재심에 의하여 통상실시권을 상실한 원권리자의 통상실시권) ① 제123조제1항 또는 제2항에 따라 통상실시권을 허락한다는 심결이 확정된 후 재심에서 이에 상반되는 심결이 확정된 경우에는 재심청구 등록 전에 선의로 국내에서 그 디자인의 실시사업을 하고 있는 자 또는 그 사업을 준비하고 있는 자는 원통상실시권의 사업 목적 및 디자인의 범위에서 그 디자인권 또는 재심의 심결이 확정된 당시에 존재하는 전용실시권에 대하여 통상실시권을 가진다.
② 제1항에 따라 통상실시권을 가진 자는 디자인권자 또는 전용실시권자에게 상당한 대가를 지급하여야 한다.

제164조(재심에서의 심판규정의 준용) 재심의 절차에 관하여는 그 성질에 반하지 아니하는 범위에서 심판의 절차에 관한 규정을 준용한다.

제165조(「민사소송법」의 준용) 재심청구에 관하여는 「민사소송법」 제459조제1항을 준용한다.

제166조(심결 등에 대한 소) ① 심결에 대한 소와 제124조제1항(제164조에서 준용하는 경우를 포함한다)에 따라 준용되는 제49조제1항에 따른 각하결정 및 심판청구나 재심청구의 각하결정에 대한 소는 특허법원의 전속관할로 한다.

② 제1항에 따른 소는 당사자, 참가인 또는 해당 심판이나 재심에 참가신청을 하였으나 그 신청이 거부된 자만 제기할 수 있다.

③ 제1항에 따른 소는 심결 또는 결정의 등본을 송달받은 날부터 30일 이내에 제기하여야 한다.

④ 제3항의 기간은 불변기간으로 한다.

⑤ 심판장은 주소 또는 거소가 멀리 떨어진 곳에 있거나 교통이 불편한 지역에 있는 자를 위하여 직권으로 제3항의 불변기간에 대하여 부가기간을 정할 수 있다.

⑥ 심판을 청구할 수 있는 사항에 관한 소는 심결에 대한 것이 아니면 제기할 수 없다.

⑦ 제150조제2항제5호에 따른 대가의 심결 및 제153조제1항에 따른 심판비용의 심결 또는 결정에 대하여는 독립하여 제1항에 따른 소를 제기할 수 없다.

⑧ 제1항에 따른 특허법원의 판결에 대하여는 대법원에 상고할 수 있다.

제167조(피고적격) 제166조제1항에 따른 소는 특허청장을 피고로 하여 제기하여야 한다. 다만, 제121조제1항, 제122조, 제123조제1항 및 제2항에 따른 심판 또는 그 재심의 심결에 대한 소는 그 청구인 또는 피청구인을 피고로 하여 제기하여야 한다.

제168조(소 제기 통지 및 재판서 정본 송부) ① 법원은 심결에 대한 소와 제124조제1항(제164조에서 준용하는 경우를 포함한다)에 따라 준용되는 제49조제1항에 따른 각하결정에 대한 소 또는 제166조제8항에 따른 상고가 제기되었을 때에는 지체 없이 그 취지를 특허심판원장에게 통지하여야 한다.

② 법원은 제167조 단서에 따른 소에 관하여 소송절차가 완결되었을 때에는 지체 없이 그 사건에 대한 각 심급의 재판서 정본을 특허심판원장에게 보내야 한다.

제169조(심결 또는 결정의 취소) ① 법원은 제166조제1항에 따라 소가 제기된 경우에 그 청구가 이유 있다고 인정할 때에는 판결로써 해당 심결 또는 결정을 취소하여야 한다.

② 심판관은 제1항에 따라 심결 또는 결정의 취소판결이 확정되었을 때에는 다시 심리를 하여 심결 또는 결정을 하여야 한다.

③ 제1항에 따른 판결에서 취소의 기본이 된 이유는 그 사건에 대하여 특허심판원을 기속한다.

제170조(대가에 관한 불복의 소) ① 제123조제3항에 따른 대가에 대하여 심결·결정을 받은 자가 그 대가에 불복할 때에는 법원에 소송을 제기할 수 있다.

② 제1항에 따른 소송은 심결·결정의 등본을 송달받은 날부터 30일 이내에 제기하여야 한다.

③ 제2항에 따른 기간은 불변기간으로 한다.

제171조(대가에 관한 소송의 피고) 제170조에 따른 소송에서 제123조제3항에 따른 대가에 대하여는 통상실시권자·전용실시권자 또는 디자인권자를 피고로 하여야 한다.

제172조(변리사의 보수와 소송비용) 소송을 대리한 변리사의 보수에 관하여는 「민사소송법」 제109조를 준용한다. 이 경우 "변호사"는 "변리사"로 본다.

선별
디자인보호법

제8편

헤이그 협정에 따른 국제출원

제1장

헤이그 국제출원 시스템

I. 의의[321]

(1) '헤이그 협정에 따른 국제출원'이란, 하나의 출원으로 **복수의 국가 또는 정부 간 기구(체약당사자[322])에 출원한 것과 동일한 효과를 부여**하는 제도를 말한다. 보충자료1,2

(2) 세계지식재산기구(WIPO) 국제사무국에 **직접 제출**하거나, 수리관청을 통해 **간접 제출**하는 방법이 있다.[323]

II. 헤이그 협정에 따른 국제출원 절차 보충자료3

1. 국제출원인의 자격 요건 (제네바 협정 제3조)

(1) 체약당사자(또는 체약당사자인 정부 간 기구의 회원국)의 국민이거나, 체약당사자에 주소·거주지·실질적 영업소가 있는 자.

(2) 국제출원인이 둘 이상인 경우에는 각자 위의 요건 중 하나를 충족하면 된다.

2. 국제출원서의 제출

(1) 국제출원인은 국제출원서를 국제사무국에 **직접 제출**하거나, **수리관청을 통해 간접 제출**할 수 있다.

(2) **직접제출한 경우**

1) 국제출원서를 국제사무국에 제출한 날이 곧바로 국제출원 제출일로 인정된다.

2) 국제출원서는 영어, 프랑스어, 스페인어로 작성한다.[324]

(3) **간접 제출한 경우**

1) 특허청이 **국제출원서를 접수한 날로부터 1개월 이내**에 국제사무국에 도달해야 **국제출원 제출일**로 인정된다.[325]

2) 국제출원서는 영어로 작성한다.

---

321) 취지: 지정 체약당사자 영역에서의 디자인 권리 보호를 요청함으로써, 디자인 국제출원 절차의 단순화 및 비용 절감 등을 도모하기 위함이다.

322) '체약당사자(Contracting Party)'란 헤이그 협정의 당사자인 국가 또는 정부 간 기구를 의미한다. 현재 정부 간 기구로는 유럽연합(EU)과 아프리카지식재산기구(OAPI)가 있다.

323) 상표법상 마드리드 제도와의 차이점: 자신의 선행하는 기초출원 또는 기초등록이 필요하지 않으며, 자기지정이 가능하다. 보충자료1 참고

324) 국제출원서의 언어 요건 위반 시, 출원일 인정의 하자가 발생할 수 있다.

325) 따라서, 특허청 수수료 또는 대리인 위임장 등 **형식요건의 미비로 보정이 필요한 경우**, 가능한 한 **신속하게 보정이 이루어져야** 한다. 또한, 국내 수수료를 제외한 국제출원 수수료(기본료, 공개료, 지정수수료)는 **국제사무국에 직접 납부**해야 한다.

3. 국제사무국의 방식심사

(1) 국제사무국은 정한 **형식요건 충족 여부**를 심사하며, 형식요건을 만족하는 경우 **국제등록을 진행**한다.

(2) 요건을 만족하지 못하는 경우 **하자통지서를 발송하며 보정을 권고**하고, 보정하지 않으면 국제출원은 **포기간주**된다.[326]

(2) 국제사무국은 **형식요건만을 심사**하며, 신규성 등 **실체적 요건**을 이유로 국제등록을 거절할 수 없다.

4. 국제등록 및 국제등록공개

(1) 국제등록[327]

형식요건을 충족한 국제출원은 **국제등록부에 기록**되고, 지정관청에 송부되어 개별국 심사가 진행된다.

(2) 국제등록공개

즉시공개신청[328] 또는 공개연기 신청이 없는 경우, 국제등록일로부터 **12개월**이 경과되면 WIPO의 **국제디자인공보에 공개**된다.

공개연기신청

(1) 공개연기신청은 출원일(또는 우선일)부터 **30개월 이내**에 공개된다. 공개연기는 출원서 제출과 동시에 신청하여야 한다.

(2) **디자인 전체에 대해서만** 공개연기 신청이 가능하며, **공개연기 도중에 기간 연장**은 **불허된다.** 다만, 조기공개는 전부 또는 일부에 대해 신청할 수 있다.

(3) 공개연기를 신청한 출원인은 출원 시 **공개료를 납부하지 않고, 도면 대신 견본**을 제출할 수 있다. 단, 이 경우 **공개기간 만료 3개월 전까지** 공개료를 납부하고 도면을 제출하여야 한다. 위 사항이 지켜지지 않으면 해당 **국제등록은 취소 간주**된다. (도면 일부 부족 시 일부 취소 간주)

(4) 출원인은 **공개연기 기간 중에도 국제등록의 포기 또는 감축이 가능**하다. 다만, 포기 또는 감축 신청은 반드시 **연기기간 만료 3주 전까지 국제사무국에 접수**되어야 한다.

---

326) 하자통지서의 일부 요건의 하자는 국제출원 제출일의 연기를 수반한다.
327) 국제등록 이후 지정관청의 심사가 이뤄진다는 점에서 실질적인 의미의 출원일로 볼 수 있다. 형식요건 하자가 없는 한, 국제출원의 제출일이 출원일로 인정된다.
328) 즉시공개신청 시 국제등록 후에 바로 공개된다.

5. 지정 체약당사자 관청에 의한 실체심사

(1) 국제등록에 대한 실체심사

1) 국제디자인공보에 공개되면, 각 지정관청은 **자국 법에 따른 실체심사를 개시**한다.

2) 심사 결과, 보호거절 사유가 있다고 판단되면 국제사무국에 통지할 수 있다.

3) 단, **형식요건을 이유로 보호를 거절할 수는 없다.**

(2) 심사결과의 통지

1) 보호거절 여부는 원칙적으로 **국제공개일로부터 6개월 이내**에 통지되어야 한다.

2) 다만, 이의신청 기회를 부여하는 체약당사자 관청은 통지기간을 **12개월로 연장**한다는 선언을 할 수 있다.[329]

(3) 거절통지에 대한 대응

거절통지를 받은 경우, 출원인은 **해당 관청에 직접 출원한 것과 동일한 구제수단**을 가진다. 따라서 해당 체약당사자의 국내법령에서 정한 절차와 기한을 따라 관할 관청에 직접 제출해야 다투어야 한다.

(4) 보호부여 통지서(또는 등록결정서)

1) 실체심사 이후, 지정관청은 **국제사무국에 보호 부여 통지**를 할 수 있다.

2) 보호 부여 통지가 없더라도, 국제공개일로부터 6개월 또는 12개월 이내에 **거절이유통지가 없으면 자동으로 보호 부여의 효과가 발생한다.**

6. 보호의 존속기간

국제등록은 **최초 5년간 유효**하며, **5년 단위로 갱신이 가능하다.**[330]

7. 국제등록의 변경

국제등록에 대해 다음 사항은 **수수료 납부와 함께** 국제사무국에 신청서를 **직접 제출**하여 이루어진다.
- 권리자 이름·주소 및 소유권 변경
- 지정 체약당사자 전부 또는 일부에 대하여, 전부의 포기, 혹은 일부의 감축 신청

---

329) 즉, 일부심사등록출원에 대해서는 6개월, 심사등록출원에 대해서는 12개월 안에 보호 거절 여부를 통지해야 한다고 볼 수 있다.

330) **원칙적으로 2회 연장 가능**하여 총 **15년간 보호**된다. 다만, 체약당사자의 **국내법이 15년 초과 보호를 허용하는 경우**, 그 이상 횟수의 갱신도 가능하다.

헤이그, 마드리드의정서, PCT간 주요사항 비교

	헤이그 국제출원	마드리드의정서에 따른 국제출원 (상표)	PCT (특허협력조약) 국제출원
기초출원	불필요	필수	불필요
간접출원	가능	필수	가능
사후지정	불가능	가능	불가능
자기지정	가능	불가능	가능
국제조사	없음	없음	국제조사 有, 선택적 국제예비심사
비고	출원-등록 절차의 단일화 기능	기초출원을 기반으로 보호영역 확장 可	지정국 진입까지 우선권기간이 30개월까지 연장되는 효과 有

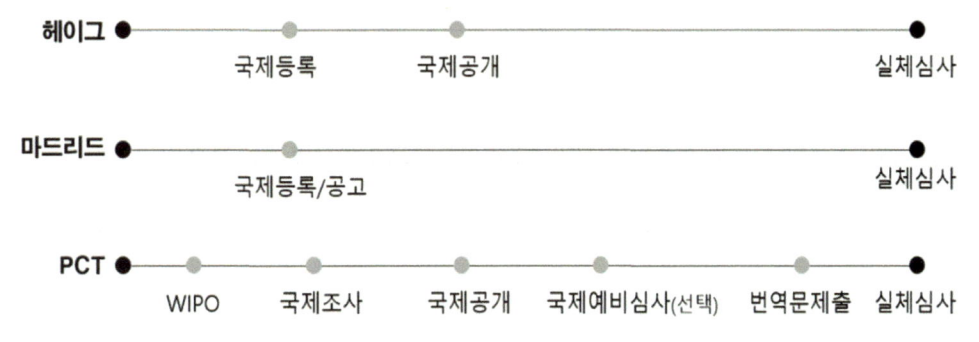

헤이그, 마드리드의정서, PCT 절차 흐름도

보충자료2 헤이그 국제출원의 장점

1. 간편한 출원절차

하나의 언어, 하나의 출원서, 하나의 통화로 다수 국가에 동시에 출원 가능

2. 비용절감 효과

(1) 수수료 최소화 및 하나의 언어 사용으로 번역료 절감

(2) 거절이유 발생하지 않으면 지정관청에 등록 가능하므로 대리인 선임비용 절감 가능

3. 선출원 또는 선등록의 불요구

(1) 기초출원 또는 기초등록 없이 국제적 보호 가능

(2) 체약당사자의 금지선언 없는 한, 자기지정 가능

4. 권리 취득 여부의 파악 용이

(1) 국제등록공개일부터 6개월 또는 12개월 후 거절이유통지 없으면 자동 등록

(2) 권리취득 여부를 일괄적으로 파악 가능

5. 사후 관리의 편리성

(1) 하나의 국제등록으로 전체 지정 체약당사자 영역에 효력

(2) 소유권 변경, 주소 변경, 권리 포기·감축, 갱신 등이 일괄 관리 가능

보충자료3 헤이그 국제디자인등록출원(디자인보호법 제9장 제2절)관련 주요 절차

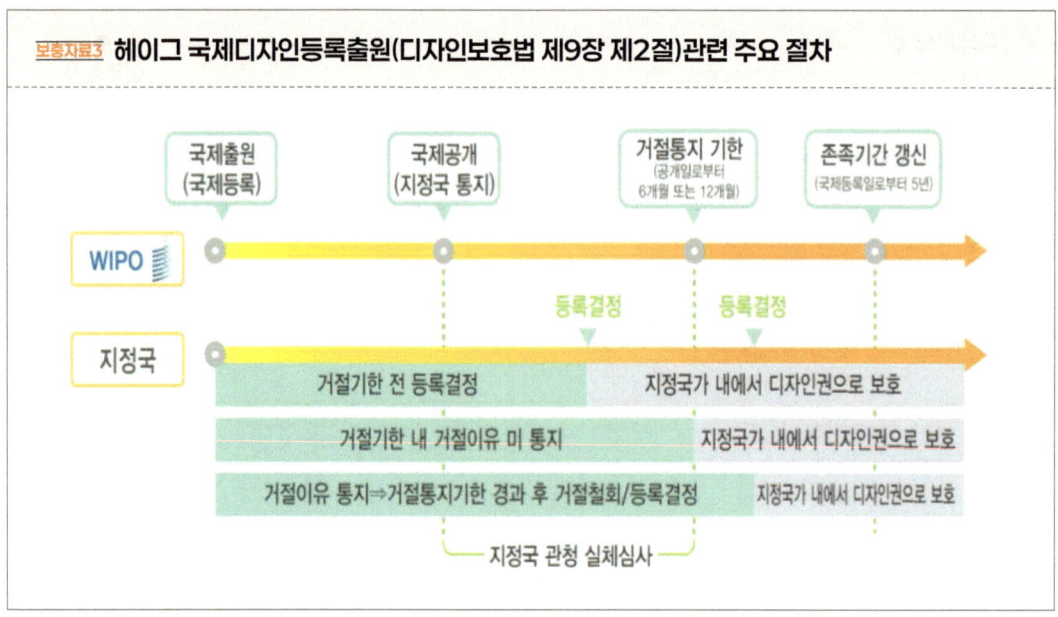

1. 국제사무국은 오로지 방식요건만을 심사하고, 디자인의 실체적인 요건 흠결을 이유로 국제등록을 거절할 수 없다. 반면, 지정국 관청은 국제등록의 방식요건 위반을 들어 국제등록 보호를 거절할 수 없다. 60회

   [○ | ×]

2. 마드리드의정서에 따른 국제상표출원과 달리, 헤이그 협정에 의한 디자인의 국제출원은 기초출원이나 기초등록을 요구하지 않는다. 60회

   [○ | ×]

3. 특허협력조약(PCT)에 의한 국제특허출원과 달리, 헤이그 협정에 의한 디자인의 국제출원은 국제조사절차가 없다. 60회

   [○ | ×]

정답 | 1. ○ 2. ○ 3. ○

제173조(국제출원) 「산업디자인의 국제등록에 관한 헤이그협정」(1999년 세계지식재산기구에 의하여 제네바 외교회의에서 채택된 조약을 말하며, 이하 "헤이그협정"이라 한다) 제1조(vi)에 따른 국제등록(이하 "국제등록"이라 한다)을 위하여 출원을 하려는 자는 특허청을 통하여 헤이그협정 제1조(vii)에 따른 국제출원(이하 "특허청을 통한 국제출원"이라 한다)을 할 수 있다.

제174조(국제출원을 할 수 있는 자) 특허청을 통한 국제출원을 할 수 있는 자는 다음 각 호의 어느 하나에 해당하여야 한다. 2인 이상이 공동으로 출원하는 경우에는 각자 모두가 다음 각 호의 어느 하나에 해당하여야 한다.

1. 대한민국 국민
2. 대한민국에 주소(법인인 경우에는 영업소를 말한다)가 있는 자
3. 그 밖에 산업통상자원부령으로 정하는 바에 따라 대한민국에 거소가 있는 자

제175조(국제출원의 절차) ① 특허청을 통한 국제출원을 하려는 자는 산업통상자원부령으로 정하는 방식에 따라 작성된 국제출원서 및 그 출원에 필요한 서류(헤이그협정의 특정 체약당사자가 요구하는 서류 등을 말한다)를 특허청장에게 제출하여야 한다.

② 국제출원서에는 다음 각 호의 사항을 적거나 첨부하여야 한다.

1. 헤이그협정 제1조(vii)에 따른 국제출원의 취지
2. 특허청을 통한 국제출원을 하려는 자의 성명 및 주소(법인인 경우에는 그 명칭 및 영업소의 소재지를 말한다). 국제출원을 하려는 자가 2인 이상으로서 그 주소가 서로 다르고 대리인이 없는 경우에는 연락을 받을 주소를 추가로 적어야 한다.
3. 제174조 각 호에 관한 사항
4. 디자인을 보호받으려는 국가(헤이그협정 제1조(xii)에 따른 정부 간 기구를 포함하며, 이하 "지정국"이라 한다)
5. 도면(사진을 포함한다. 이하 같다)
6. 디자인의 대상이 되는 물품 및 물품류
7. 헤이그협정 제5조(1)(vi)에 따른 수수료의 납부방법
8. 그 밖에 산업통상자원부령으로 정하는 사항

③ 특허청을 통한 국제출원을 하려는 자가 헤이그협정 제5조(5)에 따른 공개연기신청을 하려는 경우에는 국제출원서에 도면을 대신하여 산업통상자원부령으로 정하는 바에 따른 견본을 첨부할 수 있다.

④ 특허청을 통한 국제출원을 하려는 자는 지정국이 요구하는 경우에 다음 각 호의 사항을 국제출원서에 포함하여야 한다.

1. 디자인을 창작한 사람의 성명 및 주소
2. 도면 또는 디자인의 특징에 대한 설명
3. 디자인권의 청구범위

제176조(국제출원서 등 서류제출의 효력발생시기) 국제출원서, 그 출원에 필요한 서류 및 제177조제2항에 따른 서류는 특허청장에게 도달한 날부터 그 효력이 발생한다. 우편으로 제출된 경우에도 또한 같다.

제177조(기재사항의 확인 등) ① 특허청장은 국제출원서가 도달한 날을 국제출원서에 적어 관계 서류와 함께 헤이그협정 제1조(xxviii)에 따른 국제사무국(이하 "국제사무국"이라 한다)에 보내고, 그 국제출원서 사본을 특허청을 통한 국제출원을 한 자(이하 이 조에서 "국제출원인"이라 한다)에게 보내야 한다.

② 제1항에도 불구하고 특허청장은 국제출원서의 기재사항이 다음 각 호의 어느 하나에 해당하는 경우에는 국제출원인에게 상당한 기간을 정하여 보완에 필요한 서류(이하 이 장에서 "대체서류"라 한다)의 제출을 명하여야 한다.

1. 산업통상자원부령으로 정하는 언어로 작성되지 아니한 경우
2. 국제출원의 취지가 명확하게 표시되지 아니한 경우

3. 특허청을 통한 국제출원을 한 자의 성명 또는 명칭이 적혀 있지 아니하거나 명확하게 적혀있지 아니하여 국제출원인을 특정할 수 없는 경우

4. 국제출원인(대리인이 디자인에 관한 절차를 밟는 경우에는 그 대리인을 말한다)과 연락을 하기 위한 주소 등이 명확하게 적혀있지 아니한 경우

5. 도면 또는 견본이 없는 경우

6. 지정국 표시가 없는 경우

③ 제2항에 따른 제출명령을 받은 자가 지정기간 내에 대체서류를 제출한 경우에는 그 대체서류가 특허청장에게 도달한 날을 국제출원서가 도달한 날로 본다.

제178조(송달료의 납부) ① 특허청을 통한 국제출원을 하려는 자는 특허청장이 국제출원서 및 출원에 필요한 서류를 국제사무국으로 보내는 데에 필요한 금액(이하 "송달료"라 한다)을 특허청장에게 내야 한다.

② 송달료, 그 납부방법·납부기간, 그 밖에 필요한 사항은 산업통상자원부령으로 정한다.

③ 특허청장은 특허청을 통한 국제출원을 하려는 자가 송달료를 내지 아니한 경우에는 상당한 기간을 정하여 보정을 명하여야 한다.

④ 특허청장은 제3항에 따른 보정명령을 받은 자가 지정된 기간에 송달료를 내지 아니한 경우에는 해당 절차를 무효로 할 수 있다.

I. 의의

헤이그 협정에 따른 국제등록을 위한 출원을 하려는 자는 **특허청을 통하여** 국제출원 할 수 있다 (제173조).

II. 국제출원을 할 수 있는 자 (제174조).

1. i) 대한민국 **국민**, ii) 대한민국에 **주소**(법인인 경우 **영업소**)가 있는 자, iii) 그 밖에 산업통상자원부령으로 정하는 바에 따라 대한민국에 거소[331]가 있는 자의 어느 하나에 해당하여야 한다.

2. **공동 출원**의 경우, **모두**가 위 요건을 만족해야 한다.

III. 출원서 및 필요서류의 제출 (제175조 및 제176조)

1. 출원서 제출

(1) 특허청을 통해 국제출원을 하려는 자는 일정 방식에 따른 국제출원서 및 필요한 서류[332]를 특허청장에게 제출하여야 한다(제175조 제1항).

(2) 이 경우, 각 서류는 **영어**로 작성하여야 하고(시행규칙 제90조 제2항 후단), 우편 제출을 불문하고 **특허청장에게 도달한 날부터 효력이 발생**한다(제176조).

---

331) 30일 이상 거주할 목적으로 대한민국에 체류하는 장소(시행규칙 제87조)
332) 헤이그 협정의 특정 체약당사자가 요구하는 서류 등

2. 국제출원서의 기재 및 첨부사항 (제175조 제2항)

1) 국제출원의 **취지**

2) 출원인의 **성명** 및 주소 (법인: 명칭 및 영업소 소재지)

3) 주소가 다른 출원인: 대리인 없이 2인 이상 출원 시 연락처 추가 기재

4) 제174조에 따른 **주체적** 요건

5) **지정국** (협정에 따른 정부 간 기구 포함)

6) **도면** (사진 포함)

7) **물품명 및 물품류**

8) **수수료 납부** 방법

9) 기타 산업통상자원부령으로 정하는 사항

3. 도면 대체 견본의 첨부 (제175조 제3항)

헤이그협정 제5조 (5)에 따른 **공개연기 신청**을 하려는 경우, 출원인은 **도면 대신 견본**을 첨부할 수 있다.

4. 추가적인 필수 기재사항 (제175조 제4항)

지정국이 요구하는 경우, i) 디자인 **창작자**의 성명 및 주소, ii) 도면 또는 **디자인의** 특징에 대한 **설명**, iii) 디자인권의 **청구범위**를 국제출원서에 포함하여야 한다(제175조 제4항).

IV. 기재사항의 확인과 보완절차

1. 국제사무국 및 국제출원인에 송부 (제177조)

특허청장은 **국제출원서가 도달한 날**을 국제 출원서에 **기재**하여 **국제사무국에 송부**하며, 그 사본을 국제출원인에게 송부하여야 한다(제177조 제1항).

2. 대체서류 제출명령 (제177조 제2항)

(1) 보완사유

다음 각 경우에 해당하는 때에는 특허청장은 **상당한 기간을 정하여 대체서류 제출을 명해야 한다.**

i) **영어**로 작성되지 않은 경우

ii) 국제출원의 **취지**가 명확하지 않은 경우

iii) 출원인의 성명 또는 명칭이 없거나 불명확하여 **출원인을 특정할 수 없는 경우**

iv) 출원인 또는 대리인과의 **연락처가 불명확**한 경우

v) **도면 또는 견본**이 없는 경우

vi) **지정국 표시**가 없는 경우

(2) 대체서류 제출의 효과

1) 대체서류가 **지정된 기간 내에 제출된 경우**: 해당 대체서류가 특허청장에게 도달한 날을 국제출원서의 도달일로 본다(제177조 제3항).

2) 대체서류가 **기간 이후 제출된 경우**: 특허청장은 이를 **반려**하여야 한다(시행규칙 제91조 제3항).

V. 송달료의 납부 (제178조)

1. 국제출원인은 국제출원서 및 첨부서류의 국제사무국 송부에 필요한 금액(**송달료**)을 **특허청장**에게 납부333)해야 한다(제178조 제1항).
2. 송달료 미납부 시, 특허청장은 상당한 기간을 정하여 **보정 명령을 해야 하며**(제178조 제3항), 기간 내에도 미납부 시, **절차를 무효로 할 수 있다**(제178조 제4항).

VI. 국제출원의 취하

출원을 취하하려는 경우, 특허청장이 **국제출원서가 국제사무국에 송부되기 전까지**, 시행규칙 별지 제20호 서식의 **국제출원 취하서**를 특허청장에게 제출하여야 한다(시행규칙 제93조).

VII. 국제사무국에 대한 절차

1. 국제등록과 관련한 각종 변경 신청 또는 국제등록의 갱신은 **국제출원인 또는 대리인이 국제사무국에 직접 신청**해야 한다.334)
2. 절차의 예시: 소유권 변경, 권리자의 이름 또는 주소 변경, 국제등록의 포기, 감축, 경정, 갱신 등

---

333) 송달료의 납부방법, 납부기간 등은 **산업통상자원부령으로 정한다**(제178조 제2항).
334) 체약당사자 관청(예: 특허청)을 통해 할 수 없다.

1. 특허청을 통한 국제출원을 하려는 자가 헤이그 협정 제5조(5)에 따른 공개 연기 신청을 하려는 경우에는, 국제출원서에 도면을 대신하여 산업통상자원부령으로 정하는 바에 따른 견본을 첨부할 수 있다. 59회

　[○ | ×]

2. 대한민국 특허청을 통해 헤이그 협정에 따른 국제출원을 할 경우, 출원서는 영어로 작성해야 한다. 54회

　[○ | ×]

3. 특허청장은 국제출원서가 도달한 날을 국제출원서에 적어 관계 서류와 함께 헤이그 협정 제1조(약어적 표현)에 따른 국제사무국에 보내고, 그 국제출원서의 원본을 특허청을 통한 국제출원을 한 자에게 보내야 한다. 58회

　[○ | ×]

4. 특허청장은 특허청을 통한 국제출원을 하려는 자가 송달료를 내지 아니한 경우에는, 상당한 기간을 정하여 보정을 명하여야 한다. 58회

　[○ | ×]

정답 | 1. ○ 2. ○ 3. × 4. ○

제3장

국제디자인등록출원

Ⅰ. 대한민국을 지정국으로 한 출원 (국내 진입)

1. 국내 출원으로 취급

> **디자인보호法**
>
> **제179조(국제디자인등록출원)** ① 헤이그협정 제1조(vi)에 따른 국제등록으로서 대한민국을 지정국으로 지정한 국제등록(이하 "국제디자인등록출원"이라 한다)은 이 법에 따른 디자인등록출원으로 본다.
> ② 헤이그협정 제10조(2)에 따른 국제등록일은 이 법에 따른 디자인등록출원일로 본다.
> ③ 국제디자인등록출원에 대하여는 헤이그협정 제1조(viii)에 따른 국제등록부(이하 "국제등록부"라 한다)에 등재된 국제등록명의인의 성명 및 주소(법인인 경우에는 그 명칭 및 영업소의 소재지를 말한다), 도면, 디자인의 대상이 되는 물품, 물품류, 디자인을 창작한 사람의 성명 및 주소, 디자인의 설명은 이 법에 따른 디자인등록출원인의 성명 및 주소(법인인 경우에는 그 명칭 및 영업소의 소재지를 말한다), 도면, 디자인의 대상이 되는 물품, 물품류, 디자인을 창작한 사람의 성명 및 주소, 디자인의 설명으로 본다.

(1) 대한민국을 지정국으로 지정한 국제디자인등록출원(=**국제등록**)은 **국내출원**으로 본다.

(2) **국제등록일**(헤이그협정 제10조(2))을 국내 **출원일**로 본다.

2. 출원서의 제출 간주 및 출원일 인정 규정의 적용 배제

> **디자인보호法**
>
> **제181조(디자인등록출원의 특례)** ① 국제디자인등록출원에 대하여 이 법을 적용할 때에 국제등록공개는 제37조제1항에 따른 디자인등록출원서의 제출로 본다.
> ② 국제디자인등록출원에 대하여 이 법을 적용할 때에 국제등록부에 등재된 사항과 도면은 제37조제1항 및 제2항에 따른 디자인등록출원서의 기재사항과 도면으로 본다.
> ③ 국제디자인등록출원에 대하여는 제37조 제3항을 적용하지 아니한다.
>
> **제182조(출원일 인정 등의 특례)** 국제디자인등록출원에 대하여는 제38조를 적용하지 아니한다.

(1) **국제등록공개**를 국내 **출원서의 제출**로 봄과 동시에, 국내에서 **심사가 개시**된다.

(2) 출원서 및 도면 간주(제181조 제2항)

(3) 도면을 사진 또는 견본으로 갈음할 수 있다는 규정(제37조 제3항)의 적용 배제

(4) **출원일 인정**에 관한 제38조 적용이 **배제**된다.[335]

---

335) 즉, 출원서가 특허청장에게 도달된 날을 출원일로 한다는 규정의 내용 및 보완사유에 대한 규정 적용 배제된다.

Ⅱ. 디자인 등록요건의 특례

1. 공업상 이용가능성

평면적인 물품(예: 직물지, 벽지 등)에 관한 국제디자인등록출원인 경우, **한 면에 관한 도면만 제출되었다 하더라도**, 공업상 이용 가능성이 없다는 이유로 **추가 도면을 요구하거나 거절할 수 없다** (헤이그협정 공통규칙 제9조 제3항).

2. 확대된 선출원주의

> **디자인보호**法
>
> **제180조(디자인등록요건의 특례)** 제33조제3항을 국제디자인등록출원에 대하여 적용할 때에 "제52조, 제56조 또는 제90조제3항에 따라 디자인공보"는 "헤이그협정 제10조(3)에 따른 국제등록공보, 제56조 또는 제90조제3항에 따라 디자인공보"로 한다.

확대된 선출원(제33조 제3항) 적용시 **국제등록공개**를 국내법에 의한 **출원공개로 간주**한다.

3. 거절이유통지 및 거절결정

> **디자인보호**法
>
> **제193조(거절결정의 특례)** 국제디자인등록출원에 대하여는 제62조제1항제2호 중 제37조제4항에 따라 디자인등록을 받을 수 없는 경우는 적용하지 아니한다.
>
> **제194조(거절이유통지의 특례)** 제63조제1항을 국제디자인등록출원에 대하여 적용할 때에 "디자인등록출원인에게"는 "국제사무국을 통하여 국제디자인등록출원인에게"로 한다.

국제디자인등록출원에 대하여는 제37조 제4항(심사등록출원과 일부심사등록출원의 구별)에 따라 등록받을 수 없는 경우에는 적용이 배제된다.

Ⅲ. 절차 및 조치의 특례

1. 조약우선권주장

> **디자인보호**法
>
> **제188조(조약에 따른 우선권 주장의 특례)** 제51조제4항을 국제디자인등록출원에 대하여 적용할 때에 "디자인등록출원일"은 "헤이그협정 제10조(3)에 따른 국제등록공개가 있은 날"로 한다.

출원인은 **국제등록공개**가 있는 날부터 **3개월** 이내에 우선권 **증명서류**를 제출해야 한다.

2. 보정

디자인보호法

제186조(출원보정의 특례) ① 제48조제1항을 국제디자인등록출원에 대하여 적용할 때에 "도면의 기재사항이나 사진 또는 견본"은 "도면의 기재사항"으로 한다.

② 국제디자인등록출원에 대하여는 제48조제3항을 적용하지 아니한다.

③ 제48조제4항을 국제디자인등록출원에 대하여 적용할 때에 "제1항부터 제3항까지의 규정"은 "제1항 및 제2항"으로 하고, 같은 항 제1호 중 "제62조에 따른 디자인등록거절결정 또는 제65조에 따른 디자인등록결정(이하 "디자인등록여부결정"이라 한다)"은 "헤이그협정 제10조(3)에 따른 국제등록공개가 있은 날부터 디자인등록여부결정"으로 한다. 〈개정 2023. 6. 20.〉

④ 제48조제5항(요지변경 간과 시 출원일 늦춤규정)을 국제디자인등록출원에 대하여 적용할 때에 "제1항부터 제3항까지의 규정"은 "제1항 및 제2항"으로 한다.

(1) "도면의 기재사항이나 사진 또는 견본"은 "도면의 기재사항"으로 한다.

(2) 심사등록출원과 일부심사등록출원 간의 변경에 대한 보정(제48조 제3항)은 적용이 배제된다.

(3) 제48조 제4항 제1호의 기간에서, 국제등록공개가 있은 날부터 등록여부결정시까지 보정 가능한 것으로 본다.

3. 직권보정, 직권재심사의 배제

디자인보호法

제195조(직권보정의 특례) 국제디자인등록출원에 대하여는 제66조를 적용하지 아니한다.

제195조의2(디자인등록결정 이후의 직권 재심사의 특례) 국제디자인등록출원에 대해서는 제66조의2를 적용하지 아니한다.

4. 분할출원

디자인보호法

제187조(분할출원의 특례) ① 제50조제1항을 국제디자인등록출원에 대하여 적용할 때에 "디자인등록출원의 일부"는 "제63조에 따른 거절이유통지를 받은 경우에만 디자인등록출원의 일부"로 한다.

② 제50조제3항을 국제디자인등록출원에 대하여 적용할 때에 "제48조제4항"은 "제186조제3항"으로 한다.

(1) 국제디자인등록출원의 출원인은, **거절이유 통지를 받은 경우**에만 분할출원이 가능하다.

(2) 분할출원 시기는 국제출원에서의 보정가능 시기와 동일하다.

5. 출원공개

제189조(출원공개의 특례) 국제디자인등록출원에 대하여는 제52조를 적용하지 아니한다.

국제디자인등록출원에 대하여는 신청에 의한 **출원공개** 규정이 적용되지 **않는다.**

6. 우선심사

제192조(우선심사의 특례) 제61조제1항제1호를 국제디자인등록출원에 대하여 적용할 때에 "제52조에 따른 출원공개"는 "헤이그협정 제10조(3)에 따른 국제등록공개"로 한다.

출원인은, 국제등록공개 후 타인이 업으로서 실시하는 경우 우선심사를 신청할 수 있다.

7. 비밀디자인청구 및 예외적 열람청구

제184조(비밀디자인의 특례) 국제디자인등록출원에 대하여는 제43조를 적용하지 아니한다.

제185조(국제등록공개의 연기가 신청된 국제디자인등록출원의 열람 등) ① 특허청장은 헤이그협정 제11조에 따라 국제등록공개의 연기가 신청된 국제디자인등록출원에 대하여 다음 각 호의 어느 하나에 해당하는 경우에는 같은 협정 제10조(5)(a)에 따른 비밀사본의 열람청구에 응하여야 한다.
  1. 국제디자인등록출원을 한 자(이하 이 절에서 "국제디자인등록출원인"이라 한다)의 자격에 관한 행정적 또는 사법적 절차의 진행을 목적으로 분쟁 당사자가 국제디자인등록출원에 대한 열람청구를 하는 경우
  2. 국제등록부에 등재된 국제등록명의인의 동의를 받은 자가 열람청구를 하는 경우
② 제1항에 따라 비밀사본을 열람한 자는 그 열람한 내용을 무단으로 촬영·복사 등의 방법으로 취득하거나 알게 된 내용을 누설·도용하여서는 아니 된다.

(1) 국제출원은 헤이그협정에 따른 공개연기절차를 별도로 두고 있으므로, 비밀디자인 규정을 적용하지 않는다.

(2) 국제등록공개의 연기가 신청된 국제디자인등록출원에 대한 예외적 열람사유는 제185조 제1항 각 호에 따른다. 비밀사본을 열람한 자가 내용을 무단으로 취득하거나 누설·도용할 경우, **비밀 누설죄**에 해당할 수 있다(제225조).

8. 취하 및 포기 간주

제183조(국제등록의 소멸로 인한 국제디자인등록출원 또는 국제등록디자인권의 취하 등) ① 헤이그협정 제16조(1)(ⅳ)에 따른 포기 및 같은 협정 제16조(1)(ⅴ)에 따른 감축 등 변경사항의 등재에 따라 국제등록의 전부 또는 일부가 소멸된 경우에는 그 소멸된 범위에서 해당 국제디자인등록출원의 전부 또는 일부가 취하된 것으로 보며, 국제등록디자인권(국제디자인등록출원인이 제198조제2항에 따라 국내에서 설정등록을 받은 디자인권을 말한다. 이하 같다)의 전부 또는 일부가 포기된 것으로 본다.
② 제1항에 따른 취하 또는 포기의 효력은 국제등록부에 해당 국제등록의 변경사항이 등재된 날부터 발생한다.

(1) 국제등록의 **전부 또는 일부가 소멸**된 경우, 소멸 범위에서 **국제출원 전부 또는 일부가 취하**된 것으로 보며, **국제등록디자인권의 전부 또는 일부가 포기**된 것으로 본다.

(2) 이 때, 국제등록의 포기 또는 감축 등 변경사항에 대한 국제등록부 등재는 각 체약당사자 관청에 등재된 것과 동일한 효력을 가지는 것으로 본다.

9. 권리의 승계

디자인보호法

제191조(디자인등록을 받을 수 있는 권리 승계의 특례) ① 제57조제3항을 국제디자인등록출원에 대하여 적용할 때에 "상속이나 그 밖의 일반승계의 경우를 제외하고는 디자인등록출원인 변경신고"는 "국제디자인등록출원인이 국제사무국에 명의변경신고"로 한다.

② 국제디자인등록출원에 대하여는 제57조제4항 및 제5항을 적용하지 아니한다.

③ 제57조제6항을 국제디자인등록출원에 대하여 적용할 때에 "제2항 및 제5항"은 "제2항"으로 한다.

헤이그 협정에는 상속 그 밖의 일반승계 규정이 없기 때문에 국제사무국에 명의변경 신청이 별도로 요구되고, 따라서 **일반승계도 특정승계와 마찬가지로 취급**된다. 또한, 상속 그 밖의 일반승계에 대한 신고의무를 규정한 제57조 4항 등의 규정 적용이 배제된다.

10. 등록료 및 수수료

디자인보호法

제196조(등록료 및 수수료의 특례) ① 국제등록디자인권의 존속기간을 헤이그협정 제17조(2)에 따라 갱신하려는 자 또는 국제디자인등록출원인은 산업통상자원부령으로 정하는 물품 및 물품류에 따라 같은 협정 제7조(1)에 따른 표준지정수수료 또는 같은 협정 제7조(2)에 따른 개별지정수수료를 국제사무국에 내야 한다.

② 제1항에 따른 표준지정수수료 및 개별지정수수료에 관한 사항은 산업통상자원부령으로 정한다.

③ 국제디자인등록출원이나 국제등록디자인권에 대하여는 제79조부터 제84조까지 및 제86조(제1항제2호에 따른 무효심판청구에 대한 수수료는 제외한다)를 적용하지 아니한다.

제197조(등록료 및 수수료 반환의 특례) 제87조를 국제디자인등록출원에 대하여 적용할 때에 같은 조 제1항제3호는 국제디자인등록출원에 대하여는 적용하지 아니한다.

11. 설정등록

디자인보호法

제198조(디자인권 설정등록의 특례) ① 국제디자인등록출원에 대하여는 제90조제2항을 적용하지 아니한다.

② 특허청장은 국제디자인등록출원에 대하여 제65조에 따른 디자인등록결정이 있는 경우에는 디자인권을 설정하기 위한 등록을 하여야 한다.

특허청장은 디자인등록결정이 있는 경우, 별도 등록료 납부절차 없이(제90조 제2항 배제) 곧바로 설정등록을 하여야 한다. 국제출원시 출원료와 등록료를 미리 납부하기 때문이다.

12. 국제등록부의 경정

제203조(국제등록부 경정의 효력 등) ① 헤이그협정 제1조(viii)에 따른 국제등록부의 경정(이하 이 조에서 "경정"이라 한다)이 있는 경우에는 해당 국제디자인등록출원은 경정된 대로 효력을 가진다.

② 경정의 효력은 해당 국제디자인등록출원의 국제등록일로 소급하여 발생한다.

③ 경정이 산업통상자원부령으로 정하는 사항에 관한 것으로서 해당 국제디자인등록출원에 대한 등록여부결정이 있은 후에 통지된 경우에 그 등록여부결정은 없었던 것으로 본다.

13. 서류의 열람 등

제205조(서류의 열람 등의 특례) 제206조제2항을 국제디자인등록출원에 대하여 적용할 때에 "제52조에 따라 출원공개"는 "헤이그협정 제10조(3)에 따라 국제등록공개"로 한다.

국제등록의 비밀사본에 대한 서류열람 신청은 불허된다.

IV. 등록 후 법률관계에 관한 특례

1. 디자인권의 존속기간

제199조(디자인권 존속기간 등의 특례) ① 국제등록디자인권은 제198조제2항에 따라 국내에서 설정등록된 날부터 발생하여 헤이그협정 제10조(2)에 따른 국제등록일(이하 "국제등록일"이라 한다) 후 5년이 되는 날까지 존속한다. 다만, 국제등록일 후 5년이 되는 날(이하 이 항에서 "국제등록만료일"이라 한다) 이후에 등록결정이 되어 제198조제2항에 따라 국내에서 설정등록된 경우에는 설정등록된 날부터 발생하여 국제등록만료일 후 5년이 되는 날까지 존속한다.

② 제1항에 따른 국제등록디자인권의 존속기간은 헤이그협정 제17조(2)에 따라 5년마다 갱신할 수 있다.

(1) 디자인권은 설정등록일부터 발생하여 **국제등록일 후 5년까지** 존속한다. (단, 국제등록일 후 5년이 되는 날 이후에 설정등록된 경우, 5년이 되는 날로부터 존속기간을 기산한다.)

(2) 존속기간은 **5년마다 갱신 가능**하다. (국내법상 디자인권의 존속기간은 20년이므로, 국내에서 국제등록의 갱신은 5년 단위로 최대 3회 가능하다.)

2. 보호범위

제200조(등록디자인 보호범위의 특례) 제93조를 국제등록디자인권에 대하여 적용할 때에 해당 국제등록디자인권의 보호범위는 다음 각 호의 구분에 따른다.

1. 제48조에 따른 보정이 없는 경우: 국제등록부에 등재된 사항, 도면 및 디자인의 설명
2. 제48조에 따른 보정이 있는 경우: 각각 보정된 디자인등록출원서의 기재사항, 도면 및 디자인의 설명

3. 등록의 효력

제201조(디자인권 등록효력의 특례) ① 국제등록디자인권의 이전, 포기에 의한 소멸 또는 존속기간의 갱신은 국제등록부에 등재함으로써 효력이 발생한다. 다만, 특허청장이 국제등록디자인권의 이전이 제96조제1항 단서 또는 같은 조 제2항에 위반되어 효력이 발생하지 아니한다고 국제사무국에 통지한 경우에는 그러하지 아니하다.

② 제98조제1항제1호를 국제등록디자인권에 대하여 적용할 때에 "이전(상속이나 그 밖의 일반승계에 의한 경우는 제외한다), 포기에 의한 소멸 또는 처분의 제한"은 "처분의 제한"으로 한다.

③ 제98조제2항을 국제등록디자인권에 대하여 적용할 때에 "디자인권·전용실시권"은 "전용실시권"으로 한다.

4. 디자인권의 포기

제202조(디자인권 포기의 특례) ① 국제등록디자인권에 대하여는 제106조제1항을 적용하지 아니한다.

② 제107조를 국제등록디자인권에 대하여 적용할 때에 "디자인권·전용실시권"은 각각 "전용실시권"으로 한다.

(1) **디자인권에 대한 포기**는 국제사무국 소관사항이므로 실시권자, 질권자의 **동의 없이도 가능**하며, 따라서 제106조 제1항 적용을 배제한다.

(2) 또한 제107조에서 디자인권이 제외되므로, 국제등록**디자인권**에 대한 포기는 **국제등록부 등재일부터**, 실시권에 대한 포기는 **국내등록부 등재일부터** 효력이 발생한다(제2항).

5. 금지청구권 등

제204조(권리침해에 대한 금지청구권 등의 특례) 국제등록디자인권에 대하여는 제113조제2항을 적용하지 아니한다.

비밀디자인이 적용되지 않으므로, **비밀디자인권자의 침해금지 청구요건**에 대한 제113조 제2항이 **적용되지 않는다.**

국제출원에 관한 특례	헤이그협정에 따른 국제출원	특허법 PCT 비교
출원일 인정규정 (法179, 法182)	1) 국제등록일을 출원일로 간주 2) 38조 적용 배제	
종속성 (法183)	국제등록에 대해 종속적 관계	독립적 관계
확대된 선출원지위 (法180)	국제등록공개를 출원공개로 간주	국제공개 (PCT21) + 국내단계진입 시, 지위 발생 (단, 국어PCT는 不要)
직권보정 (法195)	적용 배제	적용 ○
직권 재심사 (法195-2)	적용 배제	적용 ○
출원 공개 (法189)	적용 배제	적용 ○
비밀디자인 (法184)	적용 배제	-
분할출원 (法187)	적용 ○ (거절이유통지 받은 경우로 제한)	적용 ○ (특례 적용 없음)
우선심사 (法192)	적용 ○	적용 ○
존속기간 특례 (法199)	5년마다 연장 가능	관련 규정 없음

기출 지문 OX

1. 국제디자인등록출원서에 첨부되는 도면에는 창작내용의 요점을 적어야 한다. 56회   [○ | ×]

2. 국제디자인등록출원에 대하여는 디자인보호법 제43조에 따라 그 디자인을 비밀로 할 것을 청구할 수 없다. 54회   [○ | ×]

3. 국제디자인일부심사등록출원을 국제디자인심사등록출원으로 또는 국제디자인심사등록출원을 국제디자인일부심사등록출원으로 변경하는 보정을 할 수 있다. 56회   [○ | ×]

4. 국제디자인등록출원에 대하여는 등록을 받을 수 있는 권리의 상속이나 그 밖의 일반승계가 있는 경우 승계인은 지체 없이 그 취지를 특허청장에게 신고하여야 한다. 56회   [○ | ×]

5. 국제등록디자인권은 원칙적으로 헤이그협정 제10조(2)에 따른 국제등록일로부터 발생하여 국제등록일 후 5년이 되는 날까지 존속한다. 55회   [○ | ×]

6. 헤이그협정 제1조(vi)에 따른 국제등록으로서 대한민국을 지정국으로 지정한 국제등록은 이 법에 따른 디자인등록출원으로 본다. 62회   [○ | ×]

정답 | 1. × 2. ○ 3. × 4. × 5. × 6. ○

※ 보칙, 벌칙 조문

1) 보칙

디자인보호法

제206조(서류의 열람 등) ① 디자인등록출원 또는 심판 등에 관한 증명, 서류의 등본 또는 초본의 발급, 디자인등록원부 및 서류의 열람 또는 복사가 필요한 자는 특허청장 또는 특허심판원장에게 신청할 수 있다.
② 특허청장 또는 특허심판원장은 제1항의 신청이 있더라도 제52조에 따라 출원공개되지 아니하고 디자인권의 설정등록이 되지 아니한 디자인등록출원에 관한 서류와 공공의 질서 또는 선량한 풍속을 문란하게 할 우려가 있는 것은 허가하지 아니할 수 있다.

제207조(디자인등록출원·심사·심판 등에 관한 서류의 반출 및 공개금지) ① 디자인등록출원, 심사, 디자인일부심사등록이의신청, 심판, 재심에 관한 서류 또는 디자인등록원부는 다음 각 호의 어느 하나에 해당하는 경우를 제외하고는 외부로 반출할 수 없다.〈개정 2021. 8. 17., 2024. 2. 6.〉
    1. 제59조제1항 또는 제2항에 따른 선행디자인의 조사 등을 위하여 디자인등록출원 또는 심사에 관한 서류를 반출하는 경우
    1의2. 제152조의2제2항에 따른 조정을 위하여 디자인등록출원, 심사, 디자인일부심사등록 이의신청, 심판, 재심에 관한 서류나 디자인등록원부를 반출하는 경우
    2. 「산업재산 정보의 관리 및 활용 촉진에 관한 법률」 제12조제1항에 따른 산업재산문서 전자화업무의 위탁을 위하여 디자인등록출원, 심사, 디자인일부심사등록 이의신청, 심판, 재심에 관한 서류나 디자인등록원부를 반출하는 경우
    3. 「전자정부법」 제32조제2항에 따른 온라인 원격근무를 위하여 디자인등록출원, 심사, 디자인일부심사등록 이의신청, 심판, 재심에 관한 서류나 디자인등록원부를 반출하는 경우
② 디자인등록출원, 심사, 디자인일부심사등록 이의신청, 심판 또는 재심으로 계속 중인 사건의 내용이나 디자인등록여부결정·심결 또는 결정의 내용에 관하여는 감정·증언하거나 질의에 응답할 수 없다.

제209조(서류의 송달) 이 법에 규정된 서류의 송달절차 등에 관한 사항은 대통령령으로 정한다.

제210조(공시송달) ① 송달을 받을 자의 주소나 영업소가 불분명하여 송달할 수 없을 때에는 공시송달을 하여야 한다.
② 공시송달은 서류를 송달받을 자에게 어느 때라도 교부한다는 뜻을 디자인공보에 게재함으로써 한다.
③ 최초의 공시송달은 디자인공보에 게재한 날부터 2주일이 지나면 그 효력이 발생한다. 다만, 같은 당사자에 대한 이후의 공시송달은 디자인공보에 게재한 날의 다음 날부터 그 효력이 발생한다.

제211조(재외자에 대한 송달) ① 재외자로서 디자인관리인이 있으면 그 재외자에게 송달할 서류는 디자인관리인에게 송달하여야 한다.
② 재외자로서 디자인관리인이 없으면 그 재외자에게 송달할 서류는 항공등기우편으로 발송할 수 있다.
③ 제2항에 따라 서류를 항공등기우편으로 발송한 경우에는 그 발송을 한 날에 송달된 것으로 본다.

제212조(디자인공보) ① 특허청장은 디자인공보를 발행하여야 한다.
② 디자인공보는 산업통상자원부령으로 정하는 바에 따라 전자적 매체로 발행할 수 있다.
③ 특허청장은 전자적 매체로 디자인공보를 발행하는 경우에는 정보통신망을 활용하여 디자인공보의 발행사실·주요목록 및 공시송달에 관한 사항을 알려야 한다.
④ 디자인공보에 게재할 사항은 대통령령으로 정한다.

제213조(서류의 제출 등) 특허청장 또는 심사관은 당사자에게 심판 또는 재심에 관한 절차 외의 절차를 처리하기 위하여 필요한 서류, 그 밖의 물건의 제출을 명할 수 있다.

제214조(디자인등록표시) 디자인권자·전용실시권자 또는 통상실시권자는 등록디자인에 관한 물품 또는 그 물품의 용기나 포장 등에 디자인등록의 표시를 할 수 있다.

제215조(허위표시의 금지) 누구든지 다음 각 호의 어느 하나에 해당하는 행위를 하여서는 아니 된다.

1. 디자인등록된 것이 아닌 물품, 디자인등록출원 중이 아닌 물품 또는 그 물품의 용기나 포장에 디자인등록표시 또는 디자인등록출원표시를 하거나 이와 혼동하기 쉬운 표시를 하는 행위

2. 제1호의 표시를 한 것을 양도·대여 또는 전시하는 행위

3. 디자인등록된 것이 아닌 물품, 디자인등록출원 중이 아닌 물품을 생산·사용·양도 또는 대여하기 위하여 광고·간판 또는 표찰에 그 물품이 디자인등록 또는 디자인등록출원된 것으로 표시하거나 이와 혼동하기 쉬운 표시를 하는 행위

제216조(불복의 제한) ① 보정각하결정, 디자인등록여부결정, 디자인등록취소결정, 심결, 심판청구나 재심청구의 각하결정에 대하여는 다른 법률에 따른 불복을 할 수 없으며, 이 법에 따라 불복할 수 없도록 규정되어 있는 처분에 대하여는 다른 법률에 따른 불복을 할 수 없다.

② 제1항에 따른 처분 외의 처분에 대한 불복에 대하여는 「행정심판법」 또는 「행정소송법」에 따른다.

제217조(비밀유지명령) ① 법원은 디자인권 또는 전용실시권의 침해에 관한 소송에서 당사자가 보유한 영업비밀(「부정경쟁방지 및 영업비밀보호에 관한 법률」 제2조제2호에 따른 영업비밀을 말한다. 이하 같다)에 대하여 다음 각 호의 사유를 모두 소명한 경우에는 그 당사자의 신청에 의하여 결정으로 다른 당사자(법인인 경우에는 그 대표자), 당사자를 위하여 소송을 대리하는 자, 그 밖에 그 소송으로 인하여 영업비밀을 알게 된 자에게 그 영업비밀을 그 소송의 계속적인 수행 외의 목적으로 사용하거나 그 영업비밀에 관계된 이 항에 따른 명령을 받은 자 외의 자에게 공개하지 아니할 것을 명할 수 있다. 다만, 그 신청 시점까지 다른 당사자(법인인 경우에는 그 대표자), 당사자를 위하여 소송을 대리하는 자, 그 밖에 그 소송으로 인하여 영업비밀을 알게 된 자가 제1호에 규정된 준비서면의 열람이나 증거 조사 외의 방법으로 그 영업비밀을 이미 취득하고 있는 경우에는 그러하지 아니하다.

1. 이미 제출하였거나 제출하여야 할 준비서면 또는 이미 조사하였거나 조사하여야 할 증거에 영업비밀이 포함되어 있다는 것

2. 제1호의 영업비밀이 그 소송 수행 외의 목적으로 사용되거나 공개되면 당사자의 영업에 지장을 줄 우려가 있어 이를 방지하기 위하여 영업비밀의 사용 또는 공개를 제한할 필요가 있다는 것

② 제1항에 따른 명령(이하 "비밀유지명령"이라 한다)의 신청은 다음 각 호의 사항을 적은 서면으로 하여야 한다.

1. 비밀유지명령을 받을 자

2. 비밀유지명령의 대상이 될 영업비밀을 특정하기에 충분한 사실

3. 제1항 각 호의 사유에 해당하는 사실

③ 법원은 비밀유지명령이 결정된 경우에는 그 결정서를 비밀유지명령을 받은 자에게 송달하여야 한다.

④ 비밀유지명령은 제3항의 결정서가 비밀유지명령을 받은 자에게 송달된 때부터 효력이 발생한다.

⑤ 비밀유지명령의 신청을 기각 또는 각하한 재판에 대하여는 즉시항고를 할 수 있다.

제218조(비밀유지명령의 취소) ① 비밀유지명령을 신청한 자 또는 비밀유지명령을 받은 자는 제217조제1항에 따른 요건을 갖추지 못하였거나 갖추지 못하게 된 경우 소송기록을 보관하고 있는 법원(소송기록을 보관하고 있는 법원이 없는 경우에는 비밀유지명령을 내린 법원)에 비밀유지명령의 취소를 신청할 수 있다.

② 법원은 비밀유지명령의 취소 신청에 대한 재판이 있는 경우에는 그 결정서를 그 신청을 한 자 및 상대방에게 송달하여야 한다.

③ 비밀유지명령의 취소 신청에 대한 재판에 대하여는 즉시항고를 할 수 있다.

④ 비밀유지명령을 취소하는 재판은 확정되어야 그 효력이 발생한다.

⑤ 비밀유지명령을 취소하는 재판을 한 법원은 비밀유지명령의 취소 신청을 한 자 또는 상대방 외에 해당 영업비밀에 관한 비밀유지명령을 받은 자가 있는 경우에는 그 자에게 즉시 비밀유지명령의 취소 재판을 한 사실을 알려야 한다.

제219조(소송기록 열람 등의 청구 통지 등) ① 비밀유지명령이 내려진 소송(모든 비밀유지명령이 취소된 소송은 제외한다)에 관한 소송기록에 대하여 「민사소송법」 제163조제1항의 결정이 있었던 경우에 당사자가 같은 항에서 규정하는 비밀 기재 부분의 열람 등의 청구를 하였으나 그 청구절차를 해당 소송에서 비밀유지명령을 받지 아니한 자가 밟았을 때에는 법원서기관, 법원사무관, 법원주사 또는 법원주사보(이하 이 조에서 "법원사무관등"이라 한다)는 「민사소송법」 제163조제1항의 신청을 한 당사자(그 열람 등의 청구를 한 자는 제외한다. 이하 제3항에서 같다)에게 그 청구 직후에 그 열람 등의 청구가 있었다는 사실을 알려야 한다.

② 제1항의 경우에 법원사무관등은 제1항의 청구가 있었던 날부터 2주일이 지날 때까지(그 청구절차를 밟은 자에 대한 비밀유지명령신청이 그 기간 내에 이루어진 경우에는 그 신청에 대한 재판이 확정되는 시점까지) 그 청구절차를 밟은 자에게 제1항의 비밀 기재 부분의 열람 등을 하게 하여서는 아니 된다.

③ 제2항은 제1항의 열람 등의 청구를 한 자에게 제1항의 비밀 기재 부분의 열람 등을 하게 하는 것에 대하여 「민사소송법」 제163조제1항의 신청을 한 당사자 모두의 동의가 있는 경우에는 적용되지 아니한다.

2) 벌칙

디자인보호法

제220조(침해죄) ① 디자인권 또는 전용실시권을 침해한 자는 7년 이하의 징역 또는 1억원 이하의 벌금에 처한다.
② 제1항의 죄는 피해자가 명시한 의사에 반하여 공소를 제기할 수 없다.〈개정 2022. 6. 10.〉

제221조(위증죄) ① 이 법에 따라 선서한 증인, 감정인 또는 통역인이 특허심판원에 대하여 거짓의 진술·감정 또는 통역을 한 경우에는 5년 이하의 징역 또는 5천만원 이하의 벌금에 처한다.〈개정 2017. 3. 21.〉
② 제1항에 따른 죄를 범한 자가 그 사건의 디자인등록여부결정, 디자인일부심사등록 이의신청에 대한 결정 또는 심결이 확정되기 전에 자수한 경우에는 그 형을 감경하거나 면제할 수 있다.

제222조(허위표시의 죄) 제215조를 위반한 자는 3년 이하의 징역 또는 3천만원 이하의 벌금에 처한다.

제223조(거짓행위의 죄) 거짓이나 그 밖의 부정한 행위로써 디자인등록 또는 심결을 받은 자는 3년 이하의 징역 또는 3천만원 이하의 벌금에 처한다.

제224조(비밀유지명령위반죄) ① 국내외에서 정당한 사유 없이 제217조제1항에 따른 비밀유지명령을 위반한 자는 5년 이하의 징역 또는 5천만원 이하의 벌금에 처한다.
② 제1항의 죄는 비밀유지명령을 신청한 자의 고소가 없으면 공소를 제기할 수 없다.

제225조(비밀누설죄 등) ① 특허청 또는 특허심판원 직원이나 그 직원으로 재직하였던 사람이 디자인등록출원 중인 디자인(헤이그협정 제11조에 따라 연기 신청된 국제디자인등록출원 중인 디자인을 포함한다)에 관하여 직무상 알게 된 비밀을 누설하거나 도용한 경우에는 5년 이하의 징역 또는 5천만원 이하의 벌금에 처한다.
② 특허청 또는 특허심판원 직원이나 그 직원으로 재직하였던 사람이 제43조제1항에 따른 비밀디자인에 관하여 직무상 알게 된 비밀을 누설한 경우에는 5년 이하의 징역 또는 5천만원 이하의 벌금에 처한다.
③ 제43조제4항에 따라 비밀디자인을 열람한 자(제43조제4항제4호에 해당하는 자는 제외한다)가 같은 조 제5항을 위반하여 열람한 내용을 무단으로 촬영·복사 등의 방법으로 취득하거나 알게 된 내용을 누설하는 경우에는 2년 이하의 징역 또는 2천만원 이하의 벌금에 처한다.
④ 제185조제1항에 따라 비밀사본을 열람한 자가 같은 조 제2항을 위반하여 열람한 내용을 무단으로 촬영·복사 등의 방법으로 취득하거나 알게 된 내용을 누설·도용하는 경우에는 2년 이하의 징역 또는 2천만원 이하의 벌금에 처한다.

제226조(전문기관 등의 임직원에 대한 공무원 의제) 제59조제1항에 따른 전문기관의 임직원이나 임직원으로 재직하였던 사람은 제225조를 적용할 때에 특허청 직원 또는 그 직원으로 재직하였던 사람으로 본다.〈개정 2024. 2. 6.〉

제227조(양벌규정) 법인의 대표자나 법인 또는 개인의 대리인, 사용인, 그 밖의 종업원이 그 법인 또는 개인의 업무에 관하여 제220조제1항, 제222조 또는 제223조의 어느 하나에 해당하는 위반행위를 하면 그 행위자를 벌하는 외에 그 법인에는 다음 각 호의 구분에 따른 벌금형을, 그 개인에게는 해당 조문의 벌금형을 과(科)한다. 다만, 법인 또는 개인이 그 위반행위를 방지하기 위하여 해당 업무에 관하여 상당한 주의와 감독을 게을리하지 아니한 경우에는 그러하지 아니하다.
  1. 제220조제1항의 경우: 3억원 이하의 벌금
  2. 제222조 또는 제223조의 경우: 6천만원 이하의 벌금

제228조(몰수 등) ① 제220조제1항에 해당하는 침해행위를 조성한 물건 또는 그 침해행위로부터 생긴 물건은 몰수하거나 피해자의 청구에 의하여 피해자에게 교부할 것을 선고하여야 한다.

② 피해자는 제1항에 따른 물건을 받은 경우에는 그 물건의 가액을 초과하는 손해액에 대하여만 배상을 청구할 수 있다.

제229조(과태료) ① 다음 각 호의 어느 하나에 해당하는 자에게는 50만원 이하의 과태료를 부과한다.

1. 제145조에 따라 준용되는 「민사소송법」 제299조제2항 및 제367조에 따라 선서를 한 자로서 특허심판원에 대하여 거짓 진술을 한 자

2. 특허심판원으로부터 증거조사 또는 증거보전에 관하여 서류나 그 밖의 물건 제출 또는 제시의 명령을 받은 자로서 정당한 이유 없이 그 명령에 따르지 아니한 자

3. 특허심판원으로부터 증인, 감정인 또는 통역인으로 출석요구된 사람으로서 정당한 이유 없이 출석요구에 응하지 아니하거나 선서·진술·증언·감정 또는 통역을 거부한 자

② 제1항에 따른 과태료는 대통령령으로 정하는 바에 따라 특허청장이 부과·징수한다.

선별 디자인보호법

2025년 6월 19일 1판 1쇄 발행

저　　자 : 선혜민
발 행 처 : ME: LAB
주　　소 : 서울시 서초구 반포대로 81, 2층 (서초동, 영림빌딩)
문　　의 : 1661-2486
홈페이지 : www.megaexpert.co.kr
등　　록 : 2007년 12월 12일 제 322-2007-000308호
I S B N : 978-89-6634-914-2 (13360)
정　　가 : 36,000원